本刊由"大成国学基金——湖南大学岳麓书院发展基金高等研究院项目"资助出版

CSSCI 来源集刊

原

道

第 47 辑

肖永明　　陈仁仁　　主编

湖南大学出版社

·长 沙·

图书在版编目（CIP）数据

原道. 第 47 辑 / 肖永明，陈仁仁主编. -- 长沙：
湖南大学出版社，2024. 7. -- ISBN 978-7-5667-3675-8

Ⅰ. C53

中国国家版本馆 CIP 数据核字第 202482NM88 号

原道·第 47 辑
YUANDAO · DI 47 JI

主　　编：肖永明　陈仁仁
责任编辑：王桂贞
印　　装：长沙创峰印务有限公司
开　　本：710 mm×1000 mm　1/16　　印　　张：20.5　字　　数：396 千字
版　　次：2024 年 7 月第 1 版　　　　印　　次：2024 年 7 月第 1 次印刷
书　　号：ISBN 978-7-5667-3675-8
定　　价：76.00 元

出 版 人：李文邦
出版发行：湖南大学出版社
社　　址：湖南·长沙·岳麓山　　邮　　编：410082
电　　话：0731-88822559（营销部），88821594（编辑室），88821006（出版部）
传　　真：0731-88822264（总编室）
网　　址：http://press.hnu.edu.cn
电子邮箱：wanguia@126.com

目　次

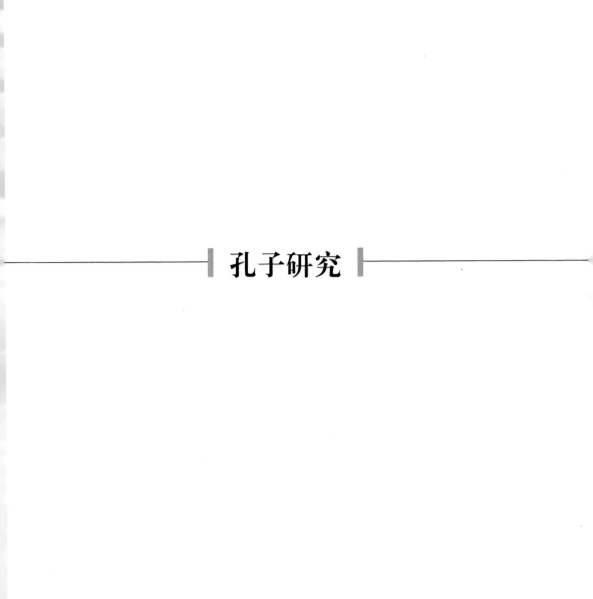

孔子研究

出土文献中所见的孔子"慎独论"

——以《仲尼曰》《孔子诗论》为中心

王振辉*

[内容提要]

  安大简《仲尼曰》有两则有关"慎独"的语录，证明孔子很可能是"慎独论"的提出者。上博简《孔子诗论》中的"《燕燕》之情，以其独也"也是孔子"慎独论"的文献之一。从训释的角度看，"慎"指谨慎，"独"指具有个体性、内在性、本真性、主宰性的道德心灵。"慎独"便是敬慎其心，保持道德情感的真实和道德自我的自觉，使道德心灵主宰身体行为而达到"独而无对"的状态。孔子是在礼乐论或仁礼关系的视域下提倡"慎独论"的，将"独"作为礼乐实践的心灵基础。孔子的"慎独论"有继往开来的思想史意义：一方面将周人政治性的"慎其德"转化为道德性的"慎其独"，完成了思想突破；另一方面又深刻影响了《五行》《中庸》《大学》《礼器》以及《荀子》等先秦文献中的"慎独论"。

[关键词]

慎独；孔子；《仲尼曰》；《孔子诗论》；安大简

---

* 王振辉，清华大学人文学院博士研究生。

　　"慎独"是儒家工夫论的重要概念，对宋明理学工夫论的形塑有决定性的影响。西汉以降，"慎独"被学者们视为孔门后学的思想创造。2022 年下半年出版的《安徽大学藏战国竹简（二）》（以下简称"安大简"）中的《仲尼曰》出现了两则有关"慎独"的语录，这是目前所见最早的"慎独论"文献。这一发现表明，孔子极有可能是"慎独论"的提出者。这一新材料颠覆了传统见解，更新了我们对先秦"慎独论"的认识，具有重大的学术史和思想史意义。根据新材料，我们应该将"慎独论"归入"孔子哲学"部分，将其视为孔子的思想贡献。

　　由于《仲尼曰》公布时间较短，学界还没有充分意识到《仲尼曰》的思想价值。本文旨在立足出土文献，结合传世文献，详细考察"慎独"概念的训释，分析孔子"慎独论"蕴含的义理层次，并探究孔子提出"慎独论"的思想史意义，以完整地呈现孔子"慎独论"的面貌。

一、"慎独"的提出者是孔子

　　《仲尼曰》一共记载了二十五条孔子语录，其中有八条见于今本《论语》。有学者指出，《仲尼曰》可能摘抄自《论语》在战国时的编定本，或为截至目前发现的最早《论语》文本。[1] 这一看法有一定的道理。孔子去世后，孔门弟子内部或许流传多种孔子语录的编订本。对比《仲尼曰》和今本《论语》，《仲尼曰》文字更加质朴，而今本《论语》的文字显然经过了一定程度的修饰，因而《仲尼曰》早于今本《论语》的最终成书时代。但《仲尼曰》文字简略，不太可能是《论语》编纂的原始材料，而更有可能是对流行于楚地的《论语》版本之摘录，或是对《论语》编纂的原始材料之摘录。

　　《仲尼曰》中有两条材料直接涉及"慎独论"。

　　中（仲）尼曰："君子所慎，必才（在）人之所不闻与人之所不见。"（简 3—4）

　　中（仲）尼曰："弟子女（如）出也，十指＝（手指）女（汝），十貝＝（目

---

[1] 常河、丁一鸣《"安大简"最新研究成果发布》，《光明日报》2022 年 8 月 20 日。

视）女＝（汝，汝）于（乌）敢为不善乎！害（盖）君子慎其独也。"（简5—6）[1]

整理者已经指出《中庸》《大学》与这两则材料的关联。简而言之，《中庸》"戒慎乎其所不睹，恐惧乎其所不闻"[2]源自第一则语录，《大学》引曾子语"十目所视，十手所指"[3]源自第二则语录。而《大学》《中庸》《礼器》《荀子·不苟》等先秦文献中常见的"君子慎其独"表达，亦首次出现在《仲尼曰》中。这说明"君子慎其独"很可能是孔子提出的思想命题，先秦其他文献中的"慎独论"都是对孔子"慎独论"的继承和发展。可以推想，"君子慎其独"已经成为孔门后学的公共知识，以至于他们没有必要在"君子慎其独"前面添加"子曰""仲尼曰"之类的字眼。

《上海博物馆藏战国楚竹书》（以下简称"上博简"）《孔子诗论》有一则材料与孔子的"慎独论"密切相关。关于《孔子诗论》的性质，丁四新曾说："《孔子诗论》与《缁衣》的行文方式相仿，可能是子羔氏记述其师孔子论《诗》的著作。且从总体上看，此篇竹书主要反映了孔子的诗学思想及其一般性思想观念。"[4]《孔子诗论》记载："《燕燕》之情，以其独也。"[5]大多数学者将"独"释为"孤独"，这一训释是错误的。《燕燕》诗见于《诗经·邶风》，主旨是表达庄姜的哀悲之情，与孤独无关。《孔子诗论》中的"独"其实就是"君子慎其独"之"独"。其比较直接的证据是简帛《五行》均以"慎独"来解读《燕燕》。下面以《郭店楚墓竹简》（以下简称"郭店简"）《五行》为例。

"〔瞻望弗及〕，泣涕如雨。"能"差池其羽"，然而能至哀。君子慎其

[1] 安徽大学汉字发展与应用研究中心编《安徽大学藏战国竹简（二）》，中西书局2022年版，第43页。
[2] 朱熹《四书章句集注》，中华书局1983年版，第17页。
[3] 朱熹《四书章句集注》，第7页。
[4] 丁四新《上博楚竹书〈孔子诗论〉〈参德〉思想合论》，《华中师范大学学报（人文社会科学版）》2022年第2期。
[5] 马承源主编《上海博物馆藏战国楚竹书（一）》，上海古籍出版社2001年版，第145页。释文见丁四新主编《上博楚竹书哲学文献研究》，河北教育出版社2022年版，第336页。

〔独也〕。[1]

刘信芳在研究《孔子诗论》时指出："《五行》之'独'谓'慎独'，今既读《诗论》，知《五行》以'独'解《燕燕》，本之于儒学宗师之所传。"[2] 刘先生意识到"慎独"本于孔子，可谓有先见之明。令人遗憾的是，由于近二十年来没有出现与孔子"慎独论"直接相关的文献，刘氏的观点没有引起学界的足够重视。目前，《仲尼曰》证实"慎独论"为孔子的思想创造，结合《五行》篇以"慎独"解说《燕燕》的事实，我们有更充分的理由将"《燕燕》之情，以其独也"视为孔子"慎独论"文献。

传统儒者比较重视《大学》《中庸》中的"慎独"论述，并根据这两篇文献认为"慎独"出于曾子、子思之学。朱子关于这一问题的观点影响最大。朱子认为《大学》有经有传："右经一章，盖孔子之言，而曾子述之。凡二百五字。其传十章，则曾子之意而门人记之也。"[3] 照这种讲法，"君子慎其独"出现在传文部分，属于曾子门人记录的"曾子之意"。郑玄认为，子思为了"昭明圣祖之德"而作《中庸》。朱熹继承了这一观点，又基于"孔—曾—思—孟"的道统论谱系，将子思视为"曾氏之再传"，属"曾子门人"之列。可见，朱熹最终将"慎独"的发明权归于曾子。从道统论的逻辑追溯上去，朱子认为"慎独"是孔门传授心法之一，但这只是姿态性的"虚说"。因为文献的局限，朱子始终没有将孔子作为"慎独论"的提出者。简帛《五行》出土之后，现代学者开始重视子思学说的独立性，不再像朱子那样强调曾子、子思之间的道统传承，但是仍然将"慎独"看成曾子学派和子思学派的思想成果。[4] 然而，根据《仲尼曰》和《孔子诗论》，"慎独论"本是孔子之学，曾子和子思分别继承并发展了孔子的理论。考虑到曾子和子思都从学于晚年的孔子，[5] 我们推测"慎独"更有可能是孔子晚期的思想结晶。

----

〔1〕 荆门博物馆编《郭店楚墓竹简》，文物出版社 1998 年版，第 149-150 页。释文参见李零《郭店楚简校读记》，中国人民大学出版社 2007 年版，第 101 页。
〔2〕 刘信芳《楚简〈诗论〉释文校补》，《江汉考古》2002 年第 2 期。
〔3〕 朱熹《四书章句集注》，第 4 页。
〔4〕 王中江《早期儒家的"慎独"新论》，梁涛、斯云龙主编《出土文献与君子慎独——慎独问题讨论集》，漓江出版社 2012 年版，第 166 页。
〔5〕 宋立林《子思生卒及师承考述》，《人文论丛》2018 年第 1 期。

二、"慎独"的字义训释

先秦文献中普遍存在的"君子慎其独"表述说明"慎其独"在先秦儒学中有稳定且统一的含义。目前学界关于"慎独"的训释存在很大争议,异解纷纭。《仲尼曰》和《孔子诗论》的出土则为解决学界的争议提供了新的材料。

(一)关于"慎"的诠释

郑玄和朱子都以"谨"训"慎",这代表了西汉以来的主流观点。清儒王念孙则提出不同的看法,主张将先秦文献中的"慎独"之"慎"训为"诚"。[1] 现代学者也提出了几种新解,例如:廖名春以"心里珍重"释"慎"[2],魏启鹏以"顺"释"慎"[3],张锦枝以"思"释"慎"[4]。这些训释都有训诂学的依据,然而其是否契合先秦文本中"慎其独"的含义,还需要进一步讨论。

首先需要考察"慎"的本义。廖名春认为,"心里珍重"是"慎"的本义,这一观点在中国哲学界影响很大,但是其准确性有待商榷。"慎"字从心从真,而"真"字是"珍"字的初文,[5] 廖名春据此认为:"'珍'之本义为宝,为珍重;'慎'字增义符'心',本义就是'心里珍重'。"[6] 但是根据《说文解字》,"慎"的古文是从火从日的一个字:"慎,谨也,从心真声。𤆪,古文。"[7] 高鸿缙认为此字是会意字:"从火在日间,会意。白日之火不易见,故当慎。"[8] 高氏的分析是正确的。在初民的生活世界中,白日之火是危险之物,应当小心谨慎地对待。因而,"慎"的最初含义是"谨慎",不是"心里珍重"。

在《仲尼曰》中,"慎独"之"慎"也应该解释为"谨慎"。首先,《中庸》

〔1〕 王念孙《读书杂志》卷8,中华书局1991年版,第643页。
〔2〕 廖名春《"慎独"本义新证》,《学术月刊》2004年第8期。
〔3〕 魏启鹏《马王堆汉墓帛书〈德行〉校释》,巴蜀书社1991年版,第11页。
〔4〕 张锦枝《简帛〈五行〉"慎独"涵义探析——兼论与〈大学〉〈中庸〉〈礼器〉〈不苟〉篇"慎独"涵义之统一》,《哲学分析》2012年第3期。
〔5〕 朱芳圃《殷周文字释丛》,中华书局1962年版,第190页。
〔6〕 廖名春《"慎独"本义新证》,《学术月刊》2004年第8期。
〔7〕 许慎《说文解字》,中华书局2020年版,第338页。
〔8〕 李圃主编《古文字诂林》第8册,上海教育出版社2003年版,第956页。

以"戒慎乎其所不睹,恐惧乎其所不闻"来改写《仲尼曰》的"君子所慎,必在人之所不闻与人之所不见"。在子思的心目中,"慎"的意思就是"戒慎恐惧",这与郑玄以来以"谨"训"慎"的传统吻合。这一点有效地驳斥了其他诸种关于"慎"的异解。其次,"慎"字所蕴含的"戒慎恐惧"的情感特征在第二则材料中也得到体现。在面临"十手指汝""十目视汝"的道德监督时,弟子应当保持谨慎小心、战战兢兢的心灵状态。无论是以"诚"训"慎"还是以"思""顺""内心珍重"等训"慎",都无法准确地传达简文中"戒慎恐惧"的情感特征。

学者们大多通过推寻《大学》《中庸》等文献的上下文语境来确定"慎独"之"慎"的训释。这一方法虽然常用,但是过度依赖便会造成谬误。这里我们借用王念孙以"诚"训"慎"的例子来说明。王念孙说:

《中庸》之"慎独","慎"字亦当训为"诚",非上文"戒慎"之谓。(莫见乎隐,莫显乎微",即《大学》"十目所视,十手所指",则"慎独"不当有二义。陈硕甫云:"《中庸》言慎独,即是诚身。")故《礼器》说礼之以少为贵曰:"是故君子慎其独也。"郑注云:"少其牲物,致诚悫。"是"慎其独"即"诚其独"也。"慎独"之为"诚独",郑于《礼器》已释讫,故《中庸》《大学》不复释。孔冲远未达此旨,故训为谨慎耳。凡经典中"慎"字,与"谨"同义者多,与"诚"同义者少。训"谨"训"诚",原无古今之异,("慎"之为"谨",不烦训释。故传、注无文。非"诚"为古义而"谨"为今义也。)唯"慎独"之"慎"则当训为"诚",故曰:"君子必慎其独",又曰:"君子必诚其意"。《礼器》《中庸》《大学》《荀子》之"慎独",其义一而已矣。[1]

王念孙以"诚"训"慎"的依据在于有关"慎独"的文献常常与"诚"有关,例如《中庸》中的"诚身"与《大学》中的"诚意"等。然而王念孙没有意识到,在这些文献中"诚"的对象并非"独",这导致他犯了过度推理的错误。从义理诠释的角度看,"慎独"与"诚"确实有密切关联。但是文字训诂与义理诠释不能等同:正确的训诂应当基于字词的本义和文本的语境,诠释则涉及对整个思想体系的深入理解。王念孙混淆了"诠释"与"训诂",从而得出以"诚"训"慎"

[1] 王念孙《读书杂志》卷 8,第 643 页。

的谬论。其他反对以"谨"训"慎"的学者，某种意义上犯了同样的方法论错误，限于篇幅，本文不一一批驳。总而言之，以"谨"训"慎"既符合字词的本义，又与《仲尼曰》的文本语境相契合，因此是更为恰当的选择。

（二）关于"独"的诠释

《说文解字》对"独"的释义是"犬相得而斗也，从犬蜀声"[1]。以"犬"的习性解"独"，并非"独"字的本义。在《仲尼曰》中，"独"字写作"蜀"。《说文解字》曰："🜪，葵中蚕也。从虫，上目象蜀头形，中象其身蜎蜎。《诗》曰：'蜎蜎者蜀。'"[2] 蚕之独行，是为"独"，这是"独"字的原始意象。与"独"的本义相比，"慎独"之"独"作为严格的哲学概念，具有高度的抽象化特征。古人对"慎独"之"独"有三种主流解读。第一，汉儒将"慎独"理解为"慎其闲居之所为也"。[3] 第二，朱子将"独"看作"人所不知而己所独知之地"，具体指最初萌动的意念。[4] 第三，阳明及其后学将"独"理解为本体性的良知，刘宗周更是将"独"称为"独体"。[5] 上述哪种观点更符合《仲尼曰》的文意呢？

根据《仲尼曰》简文，可以直接排除汉儒将"独"看成物理空间的观点。简文"弟子如出也，十手指汝，十目视汝，汝乌敢为不善乎"说明"慎独"是"出"时的工夫。那么，"出"指的是什么呢？《学而》篇载："弟子入则孝，出则弟。"[6]《子罕》篇载："出则事公卿，入则事父兄，丧事不敢不勉，不为酒困，何有于我哉？"[7] 由此可知，"出"在古典语境中主要指家庭以外的社会性活动，因而汉儒将"独"理解为"闲居之所为"是不正确的。

既然"独"不是指物理空间，那么它是否与精神空间——"心"有关呢？前文已论，上博简《孔子诗论》中的"独"就是"慎独"之"独"。《孔子诗论》载：

---

[1] 许慎《说文解字》，第319页。
[2] 许慎《说文解字》，第438页。
[3]《礼记正义》卷52，《十三经注疏》阮元校刻本，中华书局2009年版，第3527页。
[4] 朱熹《四书章句集注》，第18页。
[5] 刘宗周《人谱》，吴光主编《刘宗周全集》第3册，浙江古籍出版社2012年版，第4页。
[6] 朱熹《四书章句集注》，第49页。
[7] 朱熹《四书章句集注》，第113页。

……《绿衣》之思，《燕燕》之情，盖日动而皆贤于其初者也。……《燕燕》之情，以其独也。[1]

"情"兼有情实、情感两义，指真情实感。这种情感不仅是自然情感，而且是使人"贤于其初"的道德情感。"独"则是促使真情实感得以生发、流露的内在根据。真情实感属于广义的心灵范畴，而作为其根基的"独"则是更加渊深和精微的心灵层次。此"独"就是《仲尼曰》所言"人之所不闻与人之所不见"者。与身体行为相比，"独心"是不睹不闻的绝对内在者，它只对践道者自己显现，即只能为践道者自身内在地经验到。因而，"独心"具有隐秘性、内在性、个体性等特征。"独心"是真实无妄的道德情感和道德行为之根源，其自身就是本真的存在，具有无可置疑的真实性。这一本真的道德心灵，在孔子的思想中相当于"其心三月不违仁"的"仁心"。

除了前文提到的"内在性""个体性""本真性"等特征，"独"还有一个特征：主宰性。这一点可以借助子思的"慎独论"来阐明。竹书《五行》言："耳目鼻口手足六者，心之役也。心曰唯，莫敢不唯；诺，莫敢不诺。"[2] 丁四新曾指出："简帛书所谓'慎独'谓慎心，'独'指心君，与耳、目、鼻、口、四肢相对，心君实身体诸器官的绝对主宰者，具有至尊无上的独贵地位。"[3] 因而，"慎其独"的实质是通过戒慎恐惧保持"独"的主宰性。子思的"慎独论"直接源自孔子，可以推知，孔子的"独"也具有"主宰性"特征。《仲尼曰》简文曰："十手指汝，十目视汝，汝乌敢为不善乎！"[4] 在"十手指汝，十目视汝"的情境下，道德心灵通过戒慎恐惧而显现自身，承担自身，进而引生道德行为。这一过程必然伴随着道德心灵对身体行为的整饬和主宰。

根据上述分析，我们可以检讨历代学者对"慎独"的诠释。郑玄以"慎其闲居之所为也"解释"慎独"乖离了先秦古义。朱子将"独"看成"人所不知而己所独知"，朱注虽然比郑注有所推进，但仍不合孔子原义。因为朱子的"独"指有

---

[1] 马承源主编《上海博物馆藏战国楚竹书（一）》，第 28 页。
[2] 荆门博物馆编《郭店楚墓竹简》，第 151 页。释文参见李零《郭店楚简校读记》，第 103 页。
[3] 丁四新《郭店楚墓竹简思想研究》，东方出版社 2000 年版，第 141-142 页。
[4] 安徽大学汉字发展与应用研究中心编《安徽大学藏战国竹简（二）》，第 43 页。

善有恶或可善可恶的意念，而孔子的"独"指内在而本真的道德心灵。明代心学家反对宋儒的"戒惧于念虑"，而主张"戒惧于本体"[1]，尤其是刘宗周将"独"视为主宰性的心体，在基本取向上遥契孔子。然而，明儒的解释有着心学的思想背景和问题意识。例如，刘宗周的"独体说"是为了纠正阳明后学对心体的玄虚化理解而提出的，"独体"具有"即流行即主宰"以及心、性、情、知合一的特征。显然，孔子没有蕺山的问题意识，先秦的"独"概念还没有如此复杂的含义。简帛《五行》出土之后，将"慎独"理解为"慎其心"逐渐成为学者们的共识。本文凭借《孔子诗论》与《五行》的思想同质性，指出"独"是内在的道德心灵。子思之学源自孔子之教，由此反推，孔子之"慎独"同样是"慎其心"之义。

综合前文所论，"慎"即谨慎，"独"是具有个体性、内在性、本真性和主宰性的道德心灵，这种"独心"是道德情感与道德行为的心灵根据。"慎独"的基本含义便是戒慎恐惧以敬慎其心，保持道德情感的真实和道德自我的自觉，以主宰身体行为。

三、礼乐论视域下的"慎独"

孔子为什么要提出"慎独论"呢？或者说，孔子是在什么样的问题意识和思想视域下提出"慎独论"的？这一问题过于宏观，我们可以从一个具体的问题寻找突破口：《诗》三百篇，孔子为什么用"独"来评论《燕燕》而不是其他诗篇呢？

郑玄曾经论述《燕燕》的主旨："妇人之礼、送迎不出门。今我送是子乃至于野者，舒己愤、尽己情。"[2]"远送"本不合"妇人之礼"，而庄姜远送戴妫以至于野，说明真情实感的自然流露超越了世俗的礼仪规范。在孔子的评论中，"独"是真情实感得以生发的源泉，与外在的礼仪规范相比，具有无可置疑的内在性、个体性和真实性。这提示我们，"慎独"很可能是在礼乐论或者仁礼关系论的视域下

---

〔1〕 王畿《寿邹东廓翁七袤序》，董平编《邹守益集》卷27，凤凰出版社2007年版，第744页。

〔2〕 《毛诗正义》卷2，《十三经注疏》阮元校刻本，第627页。

提出的。面对礼崩乐坏的现实，孔子的问题意识是如何重建礼乐的基础。在《论语》中，孔子通过"摄礼归仁"[1]而将内在的仁心看成外在礼乐的真实依据。在《孔子诗论》中，"独"同样具有相对于礼乐规范的独立性和超越性。"独"与"仁"是同一层级的概念，二者所指相同，而且"独"的概念更加凸显了"仁心"的主宰性和个体性。

上述观点并没有过度解读。简帛《五行》援引《燕燕》来论述"慎独"，恰恰涉及了礼乐论。下面以帛书《五行·说》为例：

能差池其羽然后能在至哀。言至也。差池者，言不在衰绖，不在衰绖，然后能在至哀。夫丧，正经修领而哀杀矣，言至内者之不在外也。是之谓独。[2]

"差池其羽"本指鸟儿两翼舒张之貌，《五行》则以此来喻丧服。丧服是外在的，而哀悲之情所源出之心则是"至内者之不在外"的"独心"。《五行》的这一思想源自《孔子诗论》，由此推知孔子的"慎独论"也与礼乐论密切相关。这一点从《仲尼曰》的两则材料中能够间接地分析出来。

《仲尼曰》的第一则材料是"君子所慎，必在人之所不闻与人之所不见"。这句话看似与礼乐论没有直接关联，不过结合上博简《民之父母》中的"三无说"，我们便会清晰地发现"慎独"的礼乐论背景。上博简《民之父母》记载如下。

孔子曰："三无乎，无声之乐，无体之礼，无服之丧，君子以此横于天下。奚（倾）耳而听之，不可得而闻也；明目而视之，不可得而见也，而德气塞于四海矣，此之谓三无。"[3]

相对于可睹可闻的礼乐丧服，作为"三无"的无声之乐、无体之礼、无服之丧具有"不可得而闻""不可得而见"的特征，这与"独"的不睹不闻的特征一致。孙希旦解释"三无"时曾说："无声之乐，谓心之和而无待于声也。无体之礼，谓心之敬而无待于事也。无服之丧，谓心之至诚恻怛而无待于服也。"[4]

---

〔1〕 劳思光《新编中国哲学史》第 1 卷，广西师范大学出版社 2005 年版，第 83 页。

〔2〕 国家文物局古文献研究室编《马王堆汉墓帛书（一）》，文物出版社 1980 年版，第 19 页。释文参考庞朴《庞朴文集》第 2 卷《竹帛〈五行〉篇校注》，山东大学出版社 2005 年版，第 125 页。

〔3〕 马承源主编《上海博物馆藏战国楚竹书（二）》，第 163-164 页。释文见丁四新等著《上博楚竹书哲学文献研究》，河北教育出版社 2022 年版，第 417 页。

〔4〕 孙希旦《礼记集解》卷 49，中华书局 1998 年版，第 1276 页。

"独"就是"无待"的意思，孙希旦用"无待"来诠释"三无"，恰好凸显了"三无"之"独"的特征。其实，"三无"和"独"都是指作为礼乐本原的仁心。孔子又引《诗》来说明如何呈现"三无"。

子夏曰："无声之乐，无体之礼，无服之丧，何诗是昵（近）？"孔子曰："善哉！商也，将可学诗矣。'成王不敢康，夙夜基命宥密'，无声之乐；'威仪尼尼（逮逮），不可选也'，无体之礼也；'凡民有丧，匍匐救之'，无服之丧也。"[1]

君子夙夜修德，就是"无声之乐"；敬慎威仪，就是"无体之礼"；勉于丧事，就是"无服之丧"。这三者其实是"慎独"的具体表现方式。"三无"的主旨是讨论礼乐的内在本原，"慎独"与"三无"的思想关联性表明"慎独论"同样是针对礼乐本原问题而提出的。

《仲尼曰》的第二则材料同样隐含着礼乐论的视域。简文强调弟子应该将他人"十手指汝，十目视汝"的道德评价和道德监督作为个体修身省察的契机。"十手指汝，十目视汝"的对象显然不是不睹不闻的"独心"，而是可睹可闻的言与行。在古典时代，人们对行为的道德评价主要是看其言行是否合于礼仪规范。"慎独"不是孤守虚明，它必须涉及独心对于言行的主宰，表现为具体的"慎言"与"慎行"。换言之，"慎独"的工夫需要在生活世界中展开，其目的是使"独心"贯彻到礼乐实践之中而为礼乐实践奠基。"弟子如出也"充分说明了这一点。《论语》中与"出"相关的文献有"仲弓问仁"章的"出门如见大宾，使民如承大祭"。王夫之《四书笺解》云："'出门'则必与人相接，特不相酬酢者，易于自怠而不庄；'使民'则必有使之之事，特非己所勤而可以任意则不慎。'如见大宾'，如其言动之必庄也；'如承大祭'，如其莅事之必慎也。庄与慎皆敬也。"[2] "出门""使民"都是"出"时的具体行为，而"如见大宾""如承大祭"说明君子应以践行宾客之礼、祭祀之礼的恭慎态度参与社会活动，将恭慎之心贯彻到"出"的活动之中，这与《仲尼曰》所描述的弟子以敬慎之心面对"十手指汝，十目视汝"的情况类似。

[1] 马承源主编《上海博物馆藏战国楚竹书（二）》，第166页。释文见丁四新等著《上博楚竹书哲学文献研究》，第417页。

[2] 王夫之《四书笺解》卷4，《船山全书》第6册，岳麓书社2011年版，第292页。

清儒凌廷堪比较早地意识到"慎独"与礼乐的关联，虽然他没有看到安大简《仲尼曰》和简帛《五行》。凌氏的论述非常精彩：

慎独指礼而言。礼之以少为贵，《记》文已明言之。然则《学》《庸》之慎独，皆礼之内心精微可知也。后儒置《礼器》不观，而高言慎独，则与禅家之独坐观空何异？由此观之，不唯明儒之提倡慎独为认贼作子，即宋儒置诠解慎独亦属郢书燕说也。今考古人所谓慎独者，盖言礼之内心精微，皆若有威仪临乎其侧，虽不见礼，如或见之，非人之所不知己所独知也。仲弓问仁，子曰："出门如见大宾，使民如承大祭。"言正心必先诚意也，即慎独之谓也。[1]

在凌氏看来，"慎独"是"言礼之内心精微，皆若有威仪临乎其侧，虽不见礼，如或见之"，这可以看作是对《仲尼曰》"十手指汝，十目视汝，汝乌敢为不善乎"句的绝妙诠释。凌氏将以"礼之内心精微"解释"慎独"，实质上是将"慎独"看成"礼文"背后的"礼意"，这与清儒重视阐发"礼意"的传统一致。[2]当然，凌氏的说法容易使人误解，以为敬慎的对象是威仪。孔子所言的"慎"，不是一种心理学意义上的"慎"，而是心性论意义上的"慎"。"慎"不是畏惧某个对象物，而是"独心"自身的凝聚、收敛、震动和醒觉。"独心"之自我敬慎是为了保证自身时刻在场，不会为欲望所役而出离自身。即便"独心"为欲望所役，"慎"本身即是唤醒"独心"的动力因。通过戒慎恐惧，心灵处于一种独而无对的状态，真实、自然的道德情感与道德行为由此发生。如果只是畏惧威仪而没有敬慎其心，就会导致对礼乐规范的盲目遵守，流为虚伪的道德表演。在此意义下，明代心学将"独"作为良知本体，是对孔子之教的遥契，而不是凌氏所谓的"认贼作子"。但不可否认，宋明理学受禅学影响很大，而且没有特别强调"慎独"的礼乐论背景，凌廷堪揭示了这一点，无疑有先见之明。

---

[1] 凌廷堪《校礼堂文集》卷16《慎独格物说》，中华书局1998年版，第144-145页。
[2] 林存阳、罗刚《清儒礼学研究中的"礼意"追求》，《湖南大学学报（社会科学版）》2024年第2期。

四、孔子"慎独论"的思想史意义

孔子在中国文明史上具有上承六经、下开九流的枢纽地位，其"慎独论"同样有着继往开来的意义。本节我们讨论孔子的"慎独论"与西周文明的可能性关联及其对孔门后学"慎独论"的影响。

（一）从"慎其身""慎其德"到"慎其独"

《孔子诗论》中以"独"评论"《燕燕》之情"，说明"慎独论"的形成极有可能与孔子的解《诗》活动有关。值得注意的是，《燕燕》诗中出现了"淑慎其身"的表达："仲氏任只，其心塞渊。终温且惠，淑慎其身"[1]。此处的"身"不是指身体，而是指"自身"，这已经具有了某种个体性的意味。孔子拈出"慎其独"，或许受到了"淑慎其身"的启发。

孔子"慎独论"的思想资源可能不止《诗经》。周人的文献中虽然没有出现"慎独"，但是有大量的"慎德""敬德"的表达。例如《尚书·文侯之命》有"丕显文武，克慎明德"[2]，《大克鼎铭》有"淑慎厥德"[3]，《邢人佞钟》有"克慎厥德"[4]，"敬德"与"慎德"含义相近。《尚书》中多次出现"敬德"，例如："惟不敬厥德，乃早坠厥命"[5]，"知今我初夫服，宅新邑，肆惟王其疾敬德"[6]。孔子提出"慎其独"，或许是对西周"慎其德"的转化。

从"慎其德"到"慎其独"，构成了思想上的一次重大转折和突破。在周人的语境中，"德"有很强的政治性意味。正如丁四新所说："'德'连接着'天命''王'和'人民'三者，它是政治性主体，即周人承担天命，获得天命肯定的政治主体性之所在。"[7] 因而，"德"主要指王朝之"德"，落实下来指政治主体之

〔1〕《毛诗正义》卷2，《十三经注疏》阮元校刻本，第628页。

〔2〕《尚书正义》卷20，《十三经注疏》阮元校刻本，第539页。

〔3〕中国社会科学院考古研究所编《殷周金文集成》，中华书局2007年版，第1514页。

〔4〕中国社会科学院考古研究所编《殷周金文集成》，第102页。

〔5〕《尚书正义》卷15，《十三经注疏》阮元校刻本，第452页。

〔6〕《尚书正义》卷15，《十三经注疏》阮元校刻本，第453页。

〔7〕丁四新《德政与德教——论郭店竹简〈尊德义〉篇的政治哲学》，《社会科学战线》2020年第2期。

"德"，其内容是爱民、保民之类的政治活动。随着时代的发展，"德"的纯粹道德性意味越来越凸显，到了孔子时代，"西周时期与王朝'天命'相联系的集体和外在的'德'，逐渐转为个人化、内在化的'德'"[1]。"慎独"正是在"精神内在化"的背景下作为严肃的哲学概念出场的。"德"内在于个体性的心灵而成为君子能够内在经验的"独"。君子之"慎其独"，是为了保持道德情感的本真与道德行为的纯粹，而不是为了任何外在的政治性或功利性目的。与其他语词相比，"独"字巧妙地表达了道德心灵的属我性、内在性、本真性、个体性等特征。在孔子时代，大多数人还深受传统的"慎其德"影响，将"德"视为政治主体（王）的专属。孔子拈出"独"的概念，将"慎其独"看成是君子的修身工夫，正是为了扭转西周的传统观念，以"开辟价值之源，挺立道德主体"[2]。

目前已有学者意识到"慎其德"与"慎其独"的关联，但是他们的目的是将"慎其德"作为对"慎其独"的新解，这与本文的观点不同。[3]孔子作为"轴心突破"的核心人物之一，提出"慎其独"正是对西周政治性的"慎其德"传统的突破。只有理解"慎其独"与"慎其德"之不同，我们才能深刻体会孔子将"独"提升为严肃哲学概念的良苦用心及其在思想史上的重大意义。

（二）孔门后学中的"慎独论"

孔子的"慎独论"对孔门后学产生了深刻的影响。《五行》《中庸》《大学》《礼器》以及《荀子·不苟》等先秦儒学文献中都出现了"慎独论"。孔门后学在继承孔子"慎独论"的基础上，又在具体的语境下对"慎独论"作了进一步的推衍。

前文的讨论已经涉及子思的"慎独论"与孔子的关联。总结而言，子思对孔子"慎独论"的继承有两个方面。（1）《五行》引《燕燕》来阐发"慎独"是对《孔子诗论》"《燕燕》之情，以其独也"思想的继承和推衍。（2）《中庸》的"戒慎乎其所不睹，恐惧乎其所不闻"直接源自《仲尼曰》中的"君子所慎，必在人

〔1〕 余英时《论天人之际：中国古代思想起源试探》，中华书局2014年版，第212页。
〔2〕 牟宗三《中国哲学十九讲》，《牟宗三先生全集》第29册，联经出版事业有限公司2003年版，第61页。
〔3〕 刘贡南《慎独即慎德》，梁涛主编《出土文献与君子慎独——慎独问题讨论集》，第129-141页。

之所不睹与人之所不闻"。子思学派对孔子的"慎独论"的推进之处体现在如下三点。第一,子思学派更加明确地将"慎独"与"修身"关联起来。孔子的"独"可能已经具有主宰言行的功能,但是已有文献没有明确体现这一点。子思子揭示并强化了"独"的主宰性,发展出了"心役体"的思想:"耳、目、鼻、口、手、足六者,心之役"[1]。这一思想的进一步发展便是孟子的"大体""小体"之分。第二,子思学派在"五行说"的视野下讨论"慎独"。根据《荀子·非十二子》的说法,子思认为"五行说"是"此真先君子之言也"[2]。因而,我们不排除"五行说"是孔子遗说的可能性。然而从已有文献看,孔子论述"慎独"时没有提及五行。子思学派则明确将"慎独"作为达到仁、义、礼、智、圣五者和谐为一的工夫。第三,子思将"慎独"与天命之性关联起来。《中庸》所言"慎独"的目的是使"道"不离己身,最终回归天命之性。简而言之,作为"慎其心"的"慎独"是为了呈现和率循天命之性。这是孔子"慎独"思想中没有的内容。不过,"天命之谓性"的观点源自《性自命出》的"性自命出,命自天降"。根据丁四新的观点,《性自命出》可能是孔子的思想创造。[3]或许,孔子已经将"慎独"与"性命"进行了勾连,只是目前的文献还无法证实这一点。

《大学》"诚意章"中关于"慎独"的论述也继承了《仲尼曰》的思想:

"所谓诚其意者,毋自欺也。如恶恶臭,如好好色,此之谓自谦。故君子必慎其独也。小人闲居为不善,无所不至,见君子而后厌然,掩其不善而著其善。人之视己,如见其肺肝,然则何益矣。此谓诚于中形于外,故君子必慎其独也。曾子曰:"十目所视,十手所指,其严乎?"富润屋,德润身,心广体胖,故君子必诚其意。[4]

"曾子曰"中的"十目所视,十手所指"是对《仲尼曰》"十目视汝,十手指汝"的转述,而"其严乎"可能是曾子的评论。从思想内容来看,《大学》的"慎独"是为说明"诚意"而服务的,二者有一定的关联,但不能等同。"诚意"是纯

〔1〕 荆门博物馆编《郭店楚墓竹简》,第151页。释文参见李零《郭店楚简校读记》,第103页。
〔2〕 王先谦《荀子集解》卷3,中华书局1988年版,第94页。
〔3〕 丁四新《作为中国哲学关键词的"性"概念的生成及其早期论域的开展》,《中央民族大学学报(哲学社会科学版)》2021年第3期。
〔4〕 朱熹《四书章句集注》,第7页。

化意念的工夫，即诚实于己而不自欺。而"慎独"是敬慎其心而保持道德情感的真实和道德心灵的自觉以主宰身体行为。二者都与"诚"有关，故而《大学》的作者将其放在一起论述，不无道理。但是，"诚意"是作用于意念的工夫，而"慎独"是作用于心体的工夫，这一区分非常重要。有些学者将"慎其独"等同于"诚其意"[1]，犯了混淆概念的错误。

《礼器》篇大概成篇于战国中期，[2] 其中关于"慎独"的论述尤其突出了礼乐论的视域。

> 礼之以多为贵者，以其外心者也。德发扬，诩万物，大理物博，如此则不得以多为贵乎？故君子乐其发也。礼之以少为贵者，以其内心者也。德产之致也精微，观天下之物无可以称其德者，如此则得不以少为贵乎？是故君子慎其独也。[3]

《礼器》将"乐其发"和"慎其独"对言，前者对应"外心"，即推扩心之广度，后者对应"内心"，即保持心之精度。"慎其独"就是回归礼乐之原，保持内心的诚敬。《礼器》在思想倾向上与孔子的"慎独论"高度一致。凌廷堪以"礼之内心精微"解读"慎独"之所以暗合孔子之教，正是源自对《礼器》的深刻理解。

荀子思想通常被视为思孟之学的歧出，但《荀子·不苟》篇也出现了"慎其独"。

> 君子养心莫善于诚，致诚则无它事矣。唯仁之为守，唯义之为行。诚心守仁则形，形则神，神则能化矣。诚心行义则理，理则明，明则能变矣。变化代兴，谓之天德。天不言而人推高焉，地不言而推厚焉，四时不言而百姓期焉。夫此有常，以至其诚者也。君子至德，嘿然而喻，未施而亲，不怒而威：夫此顺命，以慎其独者也。善之为道者，不诚则不独，不独则不形，不形则虽作于心，见于色，出于言，民犹若未从也；虽从必疑。[4]

荀子的慎独论的特点有三。第一，"诚"与"独"的关联被揭示出来："不诚则不独，不独则不形"。这意味着"诚"是"独"的前提，唯有内心真实，"心"

---

〔1〕 梁涛《郭店楚简与君子慎独》，梁涛、斯云龙主编《出土文献与君子慎独——慎独问题讨论集》，第37页。

〔2〕 王锷《〈礼记〉成书考》，西北师范大学2004年博士学位论文，第107页。

〔3〕 孙希旦《礼记集解》卷23，第644页。

〔4〕 王先谦《荀子集解》卷2，第46-47页。

才能具有主宰性，进而将真实的内心形之于外。在孔子的"慎独论"中，"《燕燕》之情，以其独也"说明"独"或"慎独"是使道德情感真实无妄的工夫，即"独"是"诚"（情）的前提，在这一点上荀子与孔子存在微妙差异。第二，荀子将"慎独"与"顺命"联系起来。所谓"顺命"，即"顺天地四时之命"，这显然有一种宇宙论的背景。天地四时之变化代兴是天德，而人如果"慎独"而守仁行义，亦能达到至德之境，如天之化运一样自然而诚。第三，荀子更加强调"慎独"的政治维度。"慎独"的目的是诚于中、形于外，进而尽伦尽制，化民成俗。如果不能慎独而只是做表面的道德表演，那么百姓也不会跟从。需要指出，有学者认为荀子的"慎独"吸收了子思之学的思想资源。[1] 这一观点并非完全无据，因为荀子关于"诚—独—形"的论述或许受到了《中庸》影响。不过从荀子对子思"五行说"的批判来看，荀子继承子思"慎独论"的可能性较小。即便荀子受子思的"慎独论"影响，他继承的也主要是《中庸》而非《五行》的思想。而在本文看来，荀子的"慎独论"直接继承孔子的可能性更大一些。

在 21 世纪初关于先秦"慎独论"之观念谱系的讨论中，出现了两种对立的观点。庞朴、魏启鹏等人认为先秦存在两种类型的"慎独论"，《五行》《礼器》等篇的"慎独"指"慎其心"，而《大学》《中庸》的"慎独"指"慎其闲居之所为"。[2] 不过更主流的观点认为先秦文献中的"慎独"有统一的含义，只是学者们对"慎独"的具体训释还存在争议。现在看来，《五行》《大学》《中庸》《礼器》《荀子》的"慎独论"的共同渊源是孔子。先秦文本中关于"慎其独"的论述虽然有一定差异，但是均指"慎其心"。《仲尼曰》的公布，可以为学界近二十年关于先秦"慎独"谱系的讨论画上一个句号。

---

〔1〕 商晓辉、谢扬举《从马王堆帛书〈五行〉看荀子慎独思想》，《甘肃社会科学》，2017 年第 4 期。

〔2〕 庞朴《帛书五行篇研究》，齐鲁书社 1980 年版，第 33 页。魏启鹏《马王堆汉墓帛书〈德行〉校释》，第 11 页。

五、余 论

《仲尼曰》的抄手在竹简最后评论："仲尼之耑语也，朴快周极。"[1]"朴快周极"即朴实、明快、周遍而极致，这是对《仲尼曰》的公允评价。近代以来，因为疑古思潮的缘故，学界长期将《论语》作为考察孔子思想的唯一可靠材料。这一观念目前来看是有问题的。郭店简、上博简、安大简中都有大量的孔子类文献，这类文献不断更新我们对孔子思想乃至先秦思想的认识。除此之外，许多传世文献（例如《左传》《孟子》等）都出现了"孔子曰"或"仲尼曰"的材料，郭沂教授专门编了《子曰全集》汇集这类文献。[2]出土文献中的有些"子曰"类文献与传世文献的记载有明确的对应关系，这为学界重新审视"子曰"类文献的真伪提供了契机。目前研究孔子思想不应以《论语》为限，而应参照出土文献以及能够证实的传世文献中的"子曰"类材料。本文所利用的《仲尼曰》便是《论语》的重要补充，其思想价值重大，应该受到学界的重视。

本文依托安大简《仲尼曰》和上博简《孔子诗论》，发掘了孔子的"慎独"思想，并以孔子为中心重新考察先秦"慎独论"的发展脉络。本文的主要观点如下。

（1）关于"慎独"的训释，古注以"谨"训"慎"是正确的，符合文字训诂学以及文本语境。根据《仲尼曰》《孔子诗论》，参考简帛《五行》，可知"独"指具有个体性、内在性、本真性和主宰性等特征的道德心灵。

（2）孔子是在礼乐论的视域下提出"慎独论"的。"独"是相对于外在礼乐的内在性的、个体性的心灵。"慎独"要求在礼乐实践中保持道德主体的自觉和道德情感的真实，敬慎其心而主宰言行，使心灵处于"独而无对"的状态。

（3）孔子"慎独论"具有继往开来的意义。一方面，孔子的"慎其独"是对周人"慎其身""慎其德"思想的继承与转化；另一方面，孔门后学文献中的"慎其独"都是对孔子"慎其独"的继承和发挥，其基本含义都是"慎其心"。

---

[1] 安徽大学汉字发展与应用研究中心编《安徽大学藏战国竹简（二）》，第43页。
[2] 郭沂主编《子曰全集》，中华书局2017年版。

　　"独"本来是一个寻常的语词，而孔子将其提升为一个重要的哲学概念。这一思想突破不仅影响了儒家传统，还影响了道家传统。例如：庄子的"见独"[1]说应该受到了孔子或孔门后学的影响，而庄子的"见独"又直接影响到了郭象的独化论。这条思想史的线索可谓"草灰蛇线，伏脉千里"，从侧面反映出孔子"慎独论"对中华文明的发展影响之大。因而，未来的中国哲学史书写，应该将"慎独论"作为孔子哲学的重要模块。

---

[1]　王先谦《庄子集解》卷2，中华书局1987年版，第61页。

道德教化与实质正义的追寻

——孔子反对铸刑鼎的思想解读

张　辉*

[内容提要]

孔子反对铸刑鼎与他提倡道德教化治国和追求实质正义的理念密切相关。在治国方式的选择上，孔子主张"为政以德"，提倡德治，强调为政者以身作则，教化百姓，反对采用刑罚治国，认为刑罚无法消除为恶之心，不能从根本上防止犯罪，以刑治国并非治国的主要方式，只能作为德政的补充和最后不得已的选择。在对待法律上，孔子注意到具体固定的法律在应对无穷多变的现实时存在滞后和僵化的局限，认为国家社会治理单纯依靠法律容易造成对实质正义的背离。相比于关注法律的程序正义，孔子更看重行为本身的正当性，追求内在的实质正义，而不是机械地遵从外在的法律形式。

[关键词]

孔子；铸刑鼎；道德教化；实质正义

* 张辉，河南财经政法大学经济伦理研究中心讲师，哲学博士。

《左传》中记载了孔子反对铸刑鼎一事，当代学者从不同角度解读了这一重要历史事件，分析了孔子反对的理由，但是对于孔子这一态度与其思想整体之间的关联以及背后的意图还缺乏足够关注。因而，从思想层面上考察孔子的立场，揭示这一事件的重要意涵，对把握孔子的法律精神乃至中国传统法治特色都具有重要意义。

一、事件之过程及以往之解释

《左传·昭公二十九年》记载：

冬，晋赵鞅、荀寅帅师城汝滨，遂赋晋国一鼓铁，以铸刑鼎，著范宣子所为刑书焉。仲尼曰："晋其亡乎！失其度矣！夫晋国将守唐叔之所受法度，以经纬其民，卿大夫以序守之，民是以能尊其贵，贵是以能守其业。贵贱不愆，所谓度也。文公是以作执秩之官，为被庐之法，以为盟主。今弃是度也，而为刑鼎，民在鼎矣，何以尊贵？贵何业之守？贵贱无序，何以为国？且夫宣子之刑，夷之蒐也，晋国之乱制也，若之何以为法？"[1]

晋国大夫赵鞅、荀寅将范宣子所作的刑书铸于鼎上，遭到了孔子的激烈反对，并痛斥这一做法"失其度矣"，废弃了唐叔之法度，导致国家治理、民众生活一切依赖于刑鼎，后果则是贵贱无序，国将不国，更何况范宣子所著之刑书只是乱制，不足以为法。在此之前二十三年，郑国发生了类似的一件事：郑人铸刑书，晋国大夫叔向致信郑相子产，强烈谴责这一做法。《左传·昭公六年》记载：

三月，郑人铸刑书。叔向使诒子产书曰："始吾有虞于子，今则已矣。昔先王议事以制，不为刑辟，惧民之有争心也。犹不可禁御，是故闲之以义，纠之以政，行之以礼，守之以信，奉之以仁，制为禄位以劝其从，严断刑罚以威其淫。惧其未也，故诲之以忠，耸之以行，教之以务，使之以和，临之以敬，涖之以强，断之以刚，犹求圣哲之上，明察之官，忠信之长，慈惠之师，民于是乎可任使也，而不生祸乱。民知有辟，则不忌于上，并有争心，以征于书，而徼幸以成之，弗可为矣。

---

[1] 杜预集解《左传》，上海古籍出版社 2015 年版，第 912 页。

夏有乱政而作《禹刑》，商有乱政而作《汤刑》；周有乱政而作《九刑》。三辟之
兴，皆叔世也。今吾子相郑国，作封洫，立谤政，制参辟，铸刑书，将以靖民，不
亦难乎？《诗》曰：'仪式刑文王之德，日靖四方。'又曰：'仪刑文王，万邦作
孚。'如是，何辟之有？民知争端矣，将弃礼而征于书，锥刀之末，将尽争之，乱
狱滋丰，贿赂并行，终子之世，郑其败乎！肸闻之，国将亡，必多制，其此之
谓乎！"[1]

　　叔向在信中指出，先王治国"议事以制，不为刑辟"，是担心民众滋生争斗之
心，因而用仁义忠信来教化民众，避免产生纷乱。今铸造刑书公之于众，则会导致
民众抛弃礼义，唯刑书是征，不再有所顾忌，最终必然争斗蜂起。刑罚治国，是政
治混乱的表现，是衰世才会出现的现象。因此叔向提醒子产不可用刑罚治国安民，
而要效法文王，以德治国；否则，终其之世，国家就会衰败。

　　以上两事发生相隔不久，起因相同，皆是由铸刑书而致，都遭到当时贤者[2]
的批判，孔子以为如此将会导致晋国政治社会失序、国家衰亡，叔向同样担忧郑国
不久也会导致亡国的结局。此二事有诸多相似之处，历来学者也一并论述。孔颖达
谓："范宣子制作刑书，施于晋国……犹如郑铸刑鼎，仲尼讥之，其意亦与叔向讥
子产同。"[3] 今一并将二事经过简略叙述于上，意在结合起来考察孔子反对铸刑
鼎的缘由。

　　孔子反对铸刑鼎是中国古代法制史上的重大事件，一般的法制史著作、法学教
材和代表性通史类著述多有关注，常见的解释是孔子反对公布成文法，[4] 这种解
释主要是拿西方法制史上存在着由秘密法到成文法的转变过程来比附。至于孔子为
何反对成文法，主要解释是因为当法律处于秘密状态时，民众不知法律的内容，

---

〔1〕　杜预集解《左传》，第744页。
〔2〕　孔子之贤自不待言，叔向亦为当时有名之贤者，孔子称其为"古之遗直也"。（杜预集解《左传》，
　　　　第810页。）
〔3〕　《春秋左传正义》卷53，《十三经注疏》标点本，北京大学出版社1999年版，第1513页。
〔4〕　如《中国法制史》教材中说"郑国开了公布成文法之先河，被认为是中国历史上第一次公布成文
　　　　法"，紧随其后的晋国铸刑鼎"成为中国历史上第二次公布成文法的活动"。（朱勇主编《中国法
　　　　制史》，高等教育出版社2017年版，第57页。）冯友兰在《中国哲学史新编》中也将子产铸刑书
　　　　视之为成文法的公布。（冯友兰《三松堂全集》卷8，河南人民出版社2001年版，第170页。）俞
　　　　荣根《中国成文法公布问题考析》一文中对此有详尽的列举，可备参考。（俞荣根《礼法传统与
　　　　中华法系》，中国民主法治出版社2016年版，第4-9页。）

"刑不可知，威不可测，则民畏上也"〔1〕。这一解释忽视了春秋时期的时代背景和孔子的整体思想，并不能恰当揭示这一事件的意义和孔子反对的理由。

除此解释外，还有人认为孔子并不反对公布成文法，而是反对刑鼎上的内容，以为范宣子所作的刑法违背礼制，是"乱制"。明代丘濬曾言孔子之所以反对并不是因为"刑之轻重不可使人知"，而是刑鼎上所著范宣子之法"非善耳，非谓圣王制法不可使人知也"〔2〕。今人持这一立论最有力者为俞荣根。〔3〕

还有一些论者从社会政治角度分析，认为孔子、叔向的批评态度出于政治立场，是站在维护礼法君主制的立场上反对集权君主制的表现，〔4〕是新兴的地主阶级与旧贵族之间矛盾的体现，〔5〕是为了避免因成文法的公布而导致"贵贱差异和等级特权不复存在"〔6〕的现象，是为了防止借铸刑鼎之名"夺取制订和公布法律制度的'霸权'的企图"〔7〕等。这些解释或有浓厚的意识形态色彩，或缺乏直接的有力证据，猜测成分过多，并不能很好地解释孔子的立场。

总之，以往解读从不同角度分析了孔子反对铸刑鼎的理由，考辨了其中一些重要的史事，对我们理解孔子的态度有不少启发。但是由于史料有限，或者以西视中，立场先行，以至于众说纷纭，难以有一个令人信服的合理解释。关于孔子对铸刑鼎的批判，我们既不应立场先行，简单地指责孔子反对成文法、代表旧势力、拒绝新变革；也不能任意猜测，过度解读，在没有确凿证据的前提下把孔子的态度直接夸大为政治立场的对立。或许我们可以转换思路，搁置对"被庐之法""夷之蒐""宣子之刑"等涉及资料有限的史事的猜测，本着历史主义精神，回到孔子的立场，从孔子思想整体出发，结合叔向对郑刑书的态度，参考历代重要注疏和传统理解，内在地揭示孔子态度背后的意图。

〔1〕《春秋左传正义》卷43，第1227页。
〔2〕丘濬《大学衍义补》卷102，京华出版社1999年版，第878页。
〔3〕俞荣根《礼法传统与中华法系》，第3页。
〔4〕孔许友《论春秋时期的刑书书写——以铸刑鼎之争为中心》，《云南社会科学》2016年第3期。
〔5〕徐祥民、胡世凯主编《中国法制史》，山东人民出版社2000年版，第40页。
〔6〕朱勇主编《中国法制史》，第58页。
〔7〕廖宗麟《如何看待春秋期间郑铸刑书、晋铸刑鼎的法律意义》，《河池学院学报》2005年第6期。

二、道德教化的追求

孔子反对晋国铸刑鼎的一个核心理由是抛弃唐叔所持守的法度，将刑鼎作为国家治理、民众行事的依据会导致不别贵贱、秩序失常，无以为国。这里涉及两个关键问题：一是唐叔所持守之法度为何？一是为何孔子以为专依刑鼎会导致国家衰亡、社会无序？

关于唐叔之法度，今已不可尽考，《左传·定公四年》对唐叔分封的情况有这样的记载：武王克商后，周公辅佐成王，分封诸侯，"分康叔以大路……命以《康诰》，而封于殷虚，皆启以商政，疆以周索。分唐叔以大路……命以《唐诰》，而封于夏虚，启以夏政，疆以戎索"〔1〕。《唐诰》内容早已亡佚，不过我们可以从现存《康诰》中一窥梗概。《康诰》为周成王分封康叔到殷人旧地时发布的训令，文中主要告诫康叔治理民众要"明德慎罚"，〔2〕畏天保民，即是说治理国家首先应该提倡德治，不可滥用刑罚。同作为周朝治国的原则，唐叔之法度当与此类似。

孔子认可唐叔之法度，是由于它与孔子的治国理念相一致。关于如何治理国家，《论语》中有多条"问政"于孔子的对话。在治理国家上，孔子倡导"为政以德"〔3〕，奉行道德教化的原则，认为这是国家治理的根本和关键。"为政以德"首先要求统治者以身作则，做出道德表率，这样就会收到"譬如北辰居其所而众星共之"的效果，民众会像众星环绕北斗一样归向为政者，最后"天下之民归心"。〔4〕孔子强调为政者的素质对于国家治理的重要性，他说：

政者，正也。子帅以正，孰敢不正？〔5〕

苟正其身矣，于从政乎何有？不能正其身，如正人何？〔6〕

---

〔1〕 杜预集解《左传》，第 934 页。
〔2〕 蔡沈《书集传》云："明德慎罚，一篇之纲领。"（朱杰人等主编《朱子全书外编》第 1 册，华东师范大学出版社 2010 年版，第 168 页。）
〔3〕 朱熹《四书章句集注》，中华书局 1983 年版，第 53 页。
〔4〕 朱熹《四书章句集注》，第 194 页。
〔5〕 朱熹《四书章句集注》，第 137 页。
〔6〕 朱熹《四书章句集注》，第 144 页。

其身正，不令而行；其身不正，虽令不从。[1]

修身以先，则民莫不从矣。[2]

治理国家关乎正道原则，不是所有的理念都可以被用来治国，也不是能产生实际效果的原则都可以被采纳，唯有合乎道义的原则才能被推行，所谓"政者正也"。孔子认为，只有统治者的行为合乎正道，才会直接引起民众的效仿，自然民众行为也趋向正道，这样管理起来就很容易。如果自身做不到行为合乎正道，即便强迫民众，民众也难以服从。在孔子的理解中，统治者的行为倾向至为重要，关乎民众的喜好，最终影响到治国施政的效果。孔子指出：

上好礼则民莫敢不敬，上好义则民莫敢不服，上好信则民莫敢不用情。[3]

上好礼，则民易使也。[4]

如果统治者遵守礼制，行为合乎规范，追求道义，讲求诚信，则民众没有不尊敬服从长上的，这样就容易管理。如果统治者自己提倡的都做不到，民众势必不能信服。孔子从治理国家的角度出发，特别重视统治者在道德方面的表率作用：

君子笃于亲，则民兴于仁。[5]

季康子患盗，问于孔子。孔子对曰："苟子之不欲，虽赏之不窃。"[6]

孔子强调，治国最要紧的是为政者的言行表现要成为民众的榜样，这样自然会产生上行下效的政治效应。荀子用仪表和影子来比喻这种效果："君者仪也，民者景也，仪正而景正。"[7] 君王在上做出表率，民众在下自然效仿，最后实现国家社会的善治，这就是孔子讲的"修己以安人""修己以安百姓"。

此外，"为政以德"还要求以道德来教化民众，端正人心，提升民众的道德水平。《论语·为政》篇中，孔子区分了"政刑"和"德礼"治国效果的不同："道之以政，齐之以刑，民免而无耻；道之以德，齐之以礼，有耻且格。"朱子注

---

[1] 朱熹《四书章句集注》，第143页。

[2] 侯乃峰《上博楚简儒学文献校理》，上海古籍出版社2018年版，第344页。

[3] 朱熹《四书章句集注》，第142页。

[4] 朱熹《四书章句集注》，第159页。

[5] 朱熹《四书章句集注》，第103页。

[6] 朱熹《四书章句集注》，第137页。

[7] 楼宇烈主撰《荀子新注》，中华书局2018年版，第237页。

"道"为"引导"、"政"为"法制禁令"。[1] 用政令来引导民众,用刑罚来管束百姓,那么即便民众不敢为恶,能免于刑罚,但这只是出于对刑罚的恐惧,为恶之心未尝不在,并不能培养人的道德感和羞耻心。相比之下,道德有巨大的感染力,用道德来引导民众,则民众易受感化,正如"德之流行,速于置邮而传命"[2]。同时又用礼制加以规劝,民众不仅有道德感,也能自觉知晓正道,不生祸乱,这样自然容易管理。显然,对于孔子而言,在国家治理上道德教化相比于刑罚具有根源性的作用。孔子这一主张也与叔向在信中所要表达的意思一致。叔向言先王"行之以礼,守之以信,奉之以仁",目的在于"民于是乎可任使也,而不生祸乱"。一旦民众行事专据法令,则不再顾忌道德,就会出现祸乱。正如沈家本所指出,叔向和孔子立论的根据在于追求德治而排斥刑罚:"叔向探原立论,实与夫子道德齐礼之旨相同……先王之道在德礼不在刑政也。"[3]

孔子强调对民众进行道德教化,因为在他看来,治理国家的效果与公众的道德水平息息相关。在回答为何不直接参与国家管理时,孔子说:"《书》云:'孝乎惟孝,友于兄弟,施于有政。'是亦为政,奚其为为政?"[4] 每个人的行为合乎道德规范,国家自然容易治理,就相当于参与政治了。孔子把公共的政治治理与个人的道德素质直接关联起来,将道德视作政治的根本,他说"为政在人,取人以身,修身以道,修道以仁"[5]。在孔子看来,个人的道德素质有了保证,自然就不会犯上作乱。《论语》中有言:"有子曰:'其为人也孝弟,而好犯上者,鲜矣;不好犯上,而好作乱者,未之有也。'"[6] 此虽出于有子之口,但是与孔子的一贯主张相符。用道德教化民众,民众具备良好的道德素养,就会做到上下有序,"贵贱不愆",各安其业,尽职守责。这即是孔子赞誉唐叔法度之原因。

孔子提倡为政以德,一方面要求统治者以身作则,身体力行;另一方面要求教化民众,提高民众的道德素质,培养民众的道德感。因而,他极力反对不施教化而

---

〔1〕 朱熹《四书章句集注》,第 54 页。
〔2〕 朱熹《四书章句集注》,第 229 页。亦见于《郭店楚简》中的《尊德义》一篇。
〔3〕 沈家本《历代刑法考》,中华书局 1985 年版,第 838 页。
〔4〕 朱熹《四书章句集注》,第 59 页。
〔5〕 朱熹《四书章句集注》,第 28 页。
〔6〕 朱熹《四书章句集注》,第 47 页。

专恃刑杀的行为，愤怒指斥"不教而杀谓之虐"[1]。据《荀子·宥坐》记载，孔子担任鲁国司寇[2]，有父子相讼，孔子拘禁三个月后又将其释放，鲁国大夫季孙听说后很不高兴，以为应该"杀一人以戮不孝"。对此，孔子解释说：

> 上失之，下杀之，其可乎！不教其民而听其狱，杀不辜也。三军大败，不可斩也；狱犴不治，不可刑也。罪不在民故也……《书》曰："义刑义杀，勿庸以即，予维曰未有顺事。"言先教也。[3]

在治国的方式上，孔子认为最紧要的是先教化百姓而非施加刑罚。如果不加教化，则不能从根本上防止犯罪，这样刑罚不可胜用；而且任凭民众犯罪而加以惩罚，则与虐待民众、专杀无辜无异。刑罚只是出于不得已的最后手段，而非首要选择。孔子此论与《康诰》中"明德慎罚"思想一脉相承。所引"义刑义杀"一句即出于《尚书·康诰》，意为即便是合理的惩罚也不要立即执行，而要考虑为何没有慎重处理好。在对待刑罚问题上，孔子始终谨慎视之，不将其作为治国的主要手段。在《颜渊》篇中，他与季康子关于如何看待刑杀有如下对话：

> 季康子问政于孔子曰："如杀无道，以就有道，何如？"孔子对曰："子为政，焉用杀？子欲善，而民善矣。君子之德风，小人之德草。草上之风，必偃。"[4]

孔子认为治国者不可恃用刑杀，关键在于做出道德表率以教化民众，如此上行下效，实为为政之关键。如果专恃刑罚，其结果就如叔向信中所言，"民知有辟，则不忌于上，并有争心，以征于书"。民众唯刑律是从，不再讲求道德，互相争斗，这样国家很难治理了。

在《孔子家语》中，有数则关于孔子对用刑罚治国的看法：

> 圣人之设防，贵其不犯也。制五刑而不用，所以为至治也。[5]

> 圣人之治，化也，必刑政相参焉。太上以德教民，而以礼齐之。其次以政事导民，以刑禁之，刑不刑也。化之弗变，导之弗从，伤义以败俗，于是乎用刑矣。[6]

---

[1] 朱熹《四书章句集注》，第194页。
[2] 司寇一职主管刑狱，"正刑明辟"。
[3] 楼宇烈主撰《荀子新注》，第578页。
[4] 朱熹《四书章句集注》，第138页。
[5] 宋立林译注《孔子家语译注》，上海古籍出版社2022年版，第418页。
[6] 宋立林译注《孔子家语译注》，第427页。

（孔子）由司空而鲁大司寇，设法而不用，无奸民。[1]

此书过去多斥为伪书，今据出土文献知此书成书复杂，不能全以伪书视之，其形成、编纂、流传是一个动态的历史过程。上引数条材料虽不一定尽出于孔子本人，但也颇能反映孔子对于刑罚的态度在后人中的影响。孔子理想的治国模式是实行德治教化，这样无人为恶，自然达到良好的治理社会效果。用刑罚治国，是衰世的表现，如叔向所说："夏有乱政而作《禹刑》，商有乱政而作《汤刑》；周有乱政而作《九刑》。三辟之兴，皆叔世也。"儒者理想中治世的实现靠的并不是各种繁密的刑罚。后世司马光在解读叔向"国将亡，必多制"时，引申道："叔向有言：'国将亡，必多制。'明王之政，谨择忠贤而任之，凡中外之臣，有功则赏，有罪则诛，无所阿私，法制不烦而天下大治。所以然者何哉？执其本故也。及其衰也，百官之任不能择人，而禁令益多，防闲益密，有功者以阂文不赏，为奸者以巧法免诛，上下劳扰而天下大乱。所以然者何哉？逐其末故也。"[2] 司马光的理解也是基于对选贤任能的德治的肯定和对凭恃惩罚禁令的排斥。跟叔向一样，孔子对于刑罚治国保持着很高的警惕性，他反对刑杀，主张"设法而不用"，通过教化来防止民众触犯刑罚。在孔子看来，为政以德，实行教化，民众没有争心，社会和谐稳定，自然能从根本上免除刑罚，从而达到"无讼"的理想社会。孔子说："听讼，吾犹人也，必也使无讼乎！"[3]《大戴礼记·礼察》中对此句的解释是："礼云礼云，贵绝恶于未萌，而起敬于微眇，使民日徙善远罪而不自知也。"[4] 通过礼乐教化防止犯罪于将然之前，而非在已然之后加以惩罚，是孔子"德治""无讼"理想的具体体现。

孔子提倡道德教化，反对专恃刑杀的治国思想影响极大，奠定了后世中国政治和法律实践中德主刑辅的传统。董仲舒曾言："为政而任刑，谓之逆天，非王道也。"[5] 在稍后的盐铁会议上，贤良文学派在与桑弘羊关于治国理念选择的辩论

[1] 宋立林译注《孔子家语译注》，第 1 页。
[2]《资治通鉴》卷 57，中华书局 1956 年版，第 1837 页。
[3] 朱熹《四书章句集注》，第 6 页。
[4] 王聘珍《大戴礼记解诂》，中华书局 1983 年版，第 22 页。
[5] 苏舆《春秋繁露义证》，中华书局 1992 年版，第 328 页。

上明确主张先礼后刑："古者，周其礼而明其教，礼周教明，不从者然后等之以刑……今废其德教，而责之以礼义，是虐民也。"[1]《唐律疏议》所确立的"德礼为政教之本，刑罚为政教之用"原则也是对这一理念的贯彻。儒家这一治国理念与法家形成了强烈的对比，法家专恃刑杀，轻罪重罚，以为不如此不足以禁绝奸邪，不能最后达到以刑去刑、天下无刑的结果。《韩非子·内储说上》曰："公孙鞅之法也重轻罪。重罪者，人之所难犯也；而小过者，人之所易去也。使人去其所易，无离其所难，此治之道。夫小过不生，大罪不至，是人无罪而乱不生也……行刑重其轻者，轻者不至，重者不来，是谓以刑去刑也。"[2] 法家否认道德在治国中的作用，崇奉强力，相信"威势之可以禁暴，而德厚之不足以止乱也"[3]，认为人在本性上都是自私自利的，人的行为都是出于利益的考虑，主张严刑峻法，以此达到使人不敢触犯刑罚的目的，这正是韩非鼓吹"明主之治国也，众其守而重其罪，使民以法禁而不以廉止"[4] 的原因。

当然，在实际政治运作中，孔子并没有完全否定刑罚的作用。他在担任司寇一职时，曾诛杀"少正卯"。但是对于孔子而言，毕竟专用刑罚来治国，只能使人处于恐惧之中，不能从根本上避免作恶。刑罚不是最终的目的，只是教化之后不得已才使用的手段，所谓"礼乐不兴，则刑罚不中"[5]。在孔子心目中，那个"无讼"的社会才是理想的社会。而晋国铸刑鼎，抛弃了"明德慎罚"的唐叔法度，专恃刑罚，"民在鼎矣"，将民众完全置于刑威之下，"与其说是一次各国竞起纷纷制订公布成文法典的潮流，毋宁说其本质在于率先明确采取了新的社会控制模式"[6]。这种新的治理模式，从"表面上看，是一个单纯的法律问题，深层却体现了早期法家与早期儒家关于法律、关于国家治理的不同立场"[7]。以刑罚治国完全违背了孔子追求礼乐教化治国的理念，知此，就不难理解孔子为何听闻晋国铸刑鼎后如此愤慨了。

〔1〕 王利器《盐铁论校注》，中华书局 1992 年版，第 584-585 页。
〔2〕 王先慎《韩非子集解》，中华书局 1998 年版，第 225 页。
〔3〕 王先慎《韩非子集解》，第 461 页。
〔4〕 王先慎《韩非子集解》，第 418 页。
〔5〕 朱熹《四书章句集注》，第 142 页。
〔6〕 黄东海、范忠信《春秋铸刑书刑鼎究竟昭示了什么巨变》，《法学》2008 年第 2 期。
〔7〕 喻中《孔子为什么反对"铸刑鼎"》，《法制日报》2009 年 8 月 26 日。

三、实质正义的追寻

孔子讥刑鼎与他追求德治、排斥刑罚直接相关，我们进一步分析会发现，孔子反对刑鼎的原因也涉及他对法律的态度。我们先看叔向在痛斥郑刑书时提出的一个主要理由：昔先王议事以制，不为刑辟，惧民之有争心也。对"议事以制"这句话的解读是理解叔向态度的关键。杜预注解本句为"临事制刑，不豫设法也，法豫设则民知争端"[1]，认为先王治理国家时，遇事方制定刑罚，并不预先制定法令，以防民众事先知道而起争端。汉晋间人李奇理解本句为："先议其犯事，议定后乃断其罪，不为一成之刑著于鼎也。"[2] 清人王引之解"议事以制"为："谓度事之轻重以断其罪，不豫设为定法也。"[3] 杜预、李奇、王引之皆认为"议事以制"是指不预先制定成法，而是按照罪刑的轻重具体量刑。

不同于杜预等将"议事以制"解释为不预先制定法令，孔颖达、沈家本将之理解为"举其大纲"，只制定主要条目，却并不规定具体细节，以便临事灵活处理。孔颖达指出："而云'临事制刑，不豫设法'者，圣王虽制刑法，举其大纲。但共犯一法，情有浅深，或轻而难原，或重而可恕，临其时事，议其重轻，虽依准旧条，而断有出入，不豫设定法，告示下民，令不测其浅深，常畏威而惧罪也。"[4] 沈家本也持同样的看法："夫象魏之上，六象同悬，其所著于象者亦举其大者要者而已，细微节目，不能备载也……惟举其大者要者，使民知所避，其中情之同异、罪之轻重细微节目，仍在临时之拟议。"[5] 以上两种理解虽然稍有不同，但都主张根据犯罪的具体情况区别对待、灵活处理，不可设置统一具体的成法。

叔向所言的这种先王"议事以制，不预设法"的治国理念确有文献依据。《尚书·康诰》记载周公告诫康叔：

[1] 杜预集解《左传》，第745页。
[2] 《汉书》卷23《刑法志》，中华书局1962年版，第1094页。
[3] 王引之《经义述闻》，世界书局1975年版，第452页。
[4] 《春秋左传正义》卷43，第1226页。
[5] 沈家本《历代刑法考》，第839页。

人有小罪，非眚，乃惟终，自作不典，式尔。有厥罪小，乃不可不杀。乃有大罪，非终，乃惟眚灾，适尔，既道极厥辜，时乃不可杀。[1]

《康诰》中强调刑罚必须具体对待，要注重区分犯罪的主观意愿和认罪态度，以此做出相应的惩罚。《尚书·吕刑》亦言"轻重诸罚有权。刑罚世轻世重，惟齐非齐，有伦有要"[2]，强调刑罚要根据客观实际的不同（非齐）而区别对待。

在叔向看来，先王治国不预先制定出具体的惩罚规定，而是在实际操作中根据犯罪的主观意愿、危害结果等各种不同的情况来加以具体量刑，将犯罪本身的意图、后果作为刑罚轻重的依据，实行轻罪轻刑、重罪重刑、罪刑相称、罚当其罪，反对机械地按照定法来量刑，目的是避免重罪轻罚、轻罪重罚等罪刑不符的非正义现象。孔颖达在疏解中明确指出了不预定成法是为了能根据实际情况灵活处理："法之所以不可豫定者，于小罪之间，或情有大恶，尽皆致之极刑，则本非应重之罪，悉令从其轻比，又不足以创小人也。于大罪之间，或情有可恕，尽加大辟，则枉害良善，轻致其罚，则脱漏重辜。以此之故，不得不临时议之，准状加罪。"[3]正是为了防止按照统一法令导致的畸轻畸重、罪刑失衡现象，叔向和孔子反对抛弃先王之制，痛斥铸刑鼎的行为。

追求罪刑相当，本是公正的应有之义，但是完全以现成的固定的刑鼎作为标准，抛弃先王"议事以制"的原则，极易出现因不能灵活处置而造成的罪罚不符的情况。铸造刑鼎，制定成法，法律就获得了固定的形式，具有稳定性、明确性和普遍性，就必须平等地适用一切情况，而不能完全兼顾犯罪的具体原因和实际危害，这其实是指法律的形式正义。罗尔斯这样论述形式正义："类似情况得到类似处理，有关的同异都由既定规范来鉴别。制度确定的正确规范被一贯地坚持，并由当局恰当地给予解释。这种对法律和制度的公正一致的管理，不管它们的实质性原则是什么，我们可以把它们称为形式的正义。"[4]固然法律获得固定的形式，可以避免因执行者的一己私利或偏爱而导致"同罪异罚"[5]的随意性，但是完全依

[1] 顾颉刚、刘起釪《尚书校释译论》，中华书局2005年版，第1319页。
[2] 顾颉刚、刘起釪《尚书校释译论》，第1995页。
[3] 《春秋左传正义》卷43，第1226页。
[4] 罗尔斯《正义论》，何怀宏等译，中国社会科学出版社2009年版，第45页。
[5] 杜预集解《左传》，第501页。

赖法律，单纯遵循法律的固定形式，是无法应对现实中的各种不同情况的，正所谓"法令既定，虽未必时有所改造，而未必遂因时变通之事"[1]。制定刑鼎，严格按照刑鼎处理纷争，不因任何特别情况而有所灵活变通，其结果就会造成实质上的不正义。这种不正义表现在如下两个方面。

第一，单纯强调法律的形式，就会导致对法律内容正当性的忽视，甚至会造成恶法亦法这样的极端情况。不同于法家主张"法虽不善犹善于无法"[2]，孔子和儒家非常关注法律内容本身的正当性，而不是能否机械地遵从法律的形式。《论语·公冶长》中记载："子谓公冶长：'可妻也。虽在缧绁之中，非其罪也。'以其子妻之。"[3] 从孔子这里的态度可以看出，触犯法律本身并不是最可怕的，行为本身是否正当正义才是最重要的，因为形式上合乎法律并不一定意味着实质层面上具有正义，法律之外还有更高的评价标准。如果民众受到法律不合理的惩罚，应该首先质疑的是法律本身的正义性，而不是民众是否遵守了既定的法律程序。

第二，在现实中，任何法律的普遍性都是有限度的，都不能穷尽现实中的情况，再完善的法律也难以做到具体情况具体处理。这就造成一方面民众可以通过法律预知自己行为的后果而故意逃避罪责，另一方面在一些特殊情况下的善行又会遭到惩罚。正如孔颖达在疏解中所指出的："法之设文有限，民之犯罪无穷。为法立文，不能网罗诸罪。民之所犯，不必正与法同，自然有危疑之理。"[4] 同时，法律的明确性和稳定性往往伴随着法律的滞后和僵化，这容易导致罪责与刑罚不完全相符，最终伤害实质正义。这就是说，如果单靠定法治国，抛弃"先王议事以制"的传统，其后果就是："今郑铸之于鼎，以章示下民，亦既示民，即为定法。民有所犯，依法而断。设令情有可恕，不敢曲法以矜之。罪实难原，不得违制以入之。法既豫定，民皆先知，于是倚公法以展私情，附轻刑而犯大恶，是无所忌而起争端也。"[5] 如果民众行为完全依照法律裁断，则无法做到特殊情况特殊处理，难免导致情有可原的而不能加以宽恕、罪责难逃的而不能实施重罚，势必造成民众钻法

〔1〕 沈家本《历代刑法考》，第839页。
〔2〕 高流水、林恒森译注《慎子、尹文子、公孙龙子全译》，贵州人民出版社1996年版，第25页。
〔3〕 朱熹《四书章句集注》，第75页。
〔4〕 《春秋左传正义》卷43，第1227页。
〔5〕 《春秋左传正义》卷43，第1226页。

律的漏洞而逃避制裁、谋取私情。若是随意变更法律，又非制定成法的本意。如此一来，则导致"若铸之于器，则一成而不可易，故民可弃礼征书，争及锥刀。若欲变法，必先毁器，岂不难哉"〔1〕的困境。在实践中，法律不可能事无巨细、包罗万象，因此孔子斥责"民在鼎矣"这种惟法律是从的行为。

孔子对预定成法、强调单纯通过遵守法律程序来治国的效果，有很大的怀疑。因为在这种治理模式下，处理事情固然有一定的标准可依，但是人就成为被动的存在，只是法律的机械执行者，而不能根据具体的情况发挥个体的主动性。在前些年学界争论不断的"亲亲相隐"一事中，针对"吾党有直躬者，其父攘羊，而子证之"的态度，孔子表达了不同意见："吾党之直者异于是，父为子隐，子为父隐，直在其中矣。"〔2〕虽然检举不法行为合乎通常的社会规范，但在孔子看来，这一旦出现在父子之间就伤害了亲情伦理，不能算作正当合情的做法。孔子看重的不是能否机械地遵从法律的形式，而是能否真正实现正义本身。换言之，孔子重视的是行为本身的正当性，而不是能否合乎法律规范，追求的是内在的实质正义，并不是外在的规定程序。任何法律背离了内在的善，就只是一纸具文。孔子这一理念深深影响了后世中国对于法律在治国中作用的评价。孟子对此有经典的表述："徒善不足以为政，徒法不能以自行。"〔3〕《荀子·君道》中也指出：

> 有乱君，无乱国；有治人，无治法……法不能独立，类不能自行，得其人则存，失其人则亡。法者，治之端也；君子者，法之原也。故有君子，则法虽省，足以遍矣；无君子，则法虽具，失先后之施，不能应事之变，足以乱矣。〔4〕

在儒家看来，法律毕竟是由人制定的，也要靠人来执行，法律本身没有独立性，它作用的发挥关键还在于人；而且法律无法随时应变、涵盖现实中所有的情况，所以法律无法保证良好的治理效果。与其单纯遵循法律规定，不如追求情理具合，硬搬法令条文而牺牲实质正义是不被认可的。李约瑟在观察中国传统法律时敏锐地指出："在整个中国历史上有一种反对法典化的倾向，审理案件坚持就事论

---

〔1〕 沈家本《历代刑法考》，第 840 页。
〔2〕 朱熹《四书章句集注》，第 146 页。
〔3〕 朱熹《四书章句集注》，第 275 页。
〔4〕 楼宇烈主撰《荀子新注》，231 页。

事，强调妥协与和谐"[1]，"中国人有一种深刻的信念，认为任何案件必须根据它的具体情况进行裁决，也就是说，就事论事……在中国人思想上，公正的观念比成文法的观念要重要得多"[2]。

孔子强调实质正义的思想也体现在论述仁礼关系中。礼作为普遍的规范，如果没有内在的精神，很容易沦为一种外在的形式，因而孔子强调礼的内在精神——仁，所谓"人而不仁如礼何"，[3]"礼云，礼云，玉帛云乎哉"?[4] 礼若不能依据仁不断损益，就会落入僵化的形式从而背离它体现人情这一根本诉求，失去它存在的价值和意义，从而造成对仁实质上的伤害。因此，在孔子这里，仁比礼更具有优先性，是礼之价值本源。杜维明指出："仁作为一个内在的品质并不是由礼的机制从外造就成的，相反，仁是更高层次的概念，它规定着礼的含义。"[5] 孔子强调仁的优先性和根源性，背后无疑透露出对实质正义的关切。这里需要补充的是，孔子对仁的强调并不意味着否认礼的作用，孔子追求的是仁礼互动基础上的统一，但前者被认为具有根本性的决定作用。

"先王议事以制"，不预设成法，根据犯罪的不同情况加以灵活惩罚，其目的是避免按照统一的规定而导致罪罚失衡、人心不服的现象，从而实现实质正义。一旦"民在鼎矣"，法律固定下来，获得普遍的形式，则容易导致对法律自身正当性的忽视，从而造成恶法亦法这样的极端现象，而且会因法律形式的滞后和僵化而无法应对各种不同的情况，以致出现罪刑不符、违背情理的情况，从而背离实质正义。因而，孔子对单纯通过法律来治国有很高的警惕性，他看重行为本身的正当性，追求内在的实质正义而不是外在的法律形式，这也是他极力痛斥铸刑鼎的主要原因。

---

〔1〕 李约瑟《四海之内：东方和西方的对话》，劳陇译，生活·读书·新知三联书店1987年版，第14页。

〔2〕 李约瑟《四海之内：东方和西方的对话》，第77页。

〔3〕 朱熹《四书章句集注》，第61页。

〔4〕 朱熹《四书章句集注》，第178页。

〔5〕 杜维明《人性与自我修养》，胡军、于民雄译，中国和平出版社1988年版，第8页。

四、结　语

在参考古代注疏和孔子整体思想的关照下，我们看到，孔子反对铸刑鼎与他提倡道德教化治国以及追求实质正义的思想观念有直接关联。在治国方式上，孔子认为最重要的是为政者以身作则、教化百姓，而刑罚只是不得已的手段，并非首要选择。在对待法律上，孔子警惕法律自身的局限性，认为社会治理单纯依赖法律容易导致实质上的不正义，即出现恶法亦法、罪刑不符的情况，同时又妨碍个人主动性的发挥。因而，相比于单纯依赖法律，孔子更强调追求实质正义。由于儒学在中国古代长期占据着思想主流地位，孔子对铸刑鼎的态度在很大程度上型塑着中国法律传统的特质。这也启示我们：在建设现代法治国家的过程中，在重视程序正义的前提下，要注意到中国的法律传统。

从"孔子遗谶"的流传看孔子形象建构

舒显彩*

[内容提要]

"孔子遗谶"是两汉之交的谶纬学家为否定秦王朝、维护刘氏正统地位而编造的一则孔子"预测"秦始皇行径与命运的谶言。南北朝以降，文人及地方士绅对谶言内容做了损益，其目的是维护儒学权威，提升本地名气。在汉王朝假孔子之言巩固统治的过程中，孔子渐由传道授业的"圣"变成知晓天命的"神"，地位跃居帝王之上。后世官方与民间分别致力于建构"孔子遗谶"所塑造的孔子形象之一端：官方尊孔子为维护道统、心系天下的师表；民间在弱化孔子政治光环的同时保留了其神秘主义色彩。从"孔子遗谶"的发展情况来看，官方与民间的信仰元素并非泾渭分明，二者往往源于同一文化土壤，共享同一价值符号，这也是"孔子遗谶"中孔子"神"的一面由谶而显、借谶而兴、赖谶而传，赓续数千年的文化根基。

[关键词]

孔子遗谶；流传；孔子；信仰

---

* 舒显彩，山东大学历史学院博士研究生。本文系国家社科基金项目"宋学视域下的术数思想研究"（21BZX066）阶段性成果。

　　孔子是中国传统文化与王朝道统的象征符号，其形象常附丽于经书、科举、祠庙和释奠礼之中，愈至后世愈显尊崇。近百年来，顾颉刚、冯友兰、林存光、戴梅可等学者对历史上的孔子形象作了较深入的探讨。[1] 前辈学者多借儒家经典和正史材料阐释孔子形象与典章制度、时代思想的渊源，至于民众对精英阶层所体认的孔子形象的接纳、重塑以及不同文化所建构的孔子形象之关系，仍有诸多未明之处。本文以中国古代流布较广的"孔子遗谶"为切入点，在厘清谶言发展脉络的基础上阐释孔子形象与"时""势"互相形塑的历程。

一、为汉制法："孔子遗谶"的兴起

　　"孔子遗谶"是孔子"预测"秦始皇亵渎孔庙器物后病死沙丘的谶言。《论衡·实知篇》云："孔子将死，遗谶书，曰：'不知何一男子，自谓秦始皇，上我之堂，踞我之床，颠倒我衣裳，至沙丘而亡。'其后，秦王兼吞天下，号始皇，巡狩至鲁，观孔子宅，乃至沙丘，道病而崩。"[2] 按《史记·秦始皇本纪》，秦始皇三十七年（前210年）最后一次巡狩，他先后游云梦、过丹阳、登会稽、历琅邪、至平原津，最后病死沙丘，其间不曾抵达孔庙。[3] 尽管谶言与史实不符，却仍有人对秦始皇损毁孔子器物之事深信不疑。东汉时期，鲁相韩敕曾将孔庙失修的原因归咎于"秦项作乱，不尊图书，倍道畔德，离败圣舆食粮，亡于沙丘"[4]。有学者认为，"孔子遗谶"为秦代民谣，其作者可能是一位有文化修养的儒生，他用通俗的文字指控了秦始皇焚书坑儒、横征暴敛等罪行。[5] 也有学者指出，"孔子遗

〔1〕　相关研究参见顾颉刚《春秋时的孔子和汉代的孔子》，顾颉刚编《古史辨》第2册，上海古籍出版社1982年版，第130-139页；冯友兰《中国哲学简史》，赵复三译，生活·读书·新知三联书店2013年版，第50-64页；林存光《历史上的孔子形象：政治与文化语境下的孔子和儒学》，齐鲁书社2004年版，第98-152页；戴梅可、魏伟森《幻化之龙：两千年中国历史变迁中的孔子》，何剑叶译，陕西人民出版社2019年版，第151-199页。

〔2〕　黄晖《论衡校释》卷26，中华书局2017年版，第1241页。

〔3〕　《史记》卷6《秦始皇本纪》，中华书局1959年版，第260-264页。

〔4〕　高文《汉碑集释》，河南大学出版社1997年版，第181-182页。

〔5〕　张宁《秦民谣探述》，吴永琪主编《秦文化论丛》第10辑，三秦出版社2003年版，第128页。

谶"系汉儒伪造。〔1〕钩沉史乘可知,"孔子遗谶"乃两汉之交的谶纬学家为维护刘氏正统地位而编造的"预言"。纬书中的相关记载,是我们判定谶言产生背景的重要依据。

《春秋演孔图》对秦始皇的罪行及命运的阐述与《论衡》多有相通之处。其文云:"驱除名政,衣吾衣裳,坐吾曲床,滥长九州,灭六王,至于沙丘亡。"〔2〕作为诠释《春秋》的重要纬书,《春秋演孔图》自溯其名曰:"得麟之后,天下血书鲁端门曰:趋作法,孔圣没。周姬亡,彗东出。秦政起,胡破术。书纪散,孔不绝。子夏明日往视之,血书飞为赤鸟,化为白书,署曰演孔图,中有作图制法之状。"〔3〕此言附会色彩浓厚。又该书言:"邱水精,治法为赤制功。"〔4〕"为赤制功"意即为代表火德的汉王朝确立法度,是新五德终始说旗帜下的政治舆论。据此推测,《春秋演孔图》当作于汉王朝改土德为火德之后。据杨权考证,火德说的确立者是刘向,确立时间为汉成帝河平三年(前 26 年)至成帝元延元年(前 12年)。〔5〕这是《春秋演孔图》成书年代的上限。至于下限,则与其现实目的即塑造光武政权的合法性相关。该书留存了很多颂扬刘秀的溢美之词,如"其人日角龙颜,姓卯金刀,含仁义,戴玉英,光中再,仁雄出,日月角",文后附注"光,日光也。再,再中也。汉含孳曰:夜景移位复中,支庶起也"。〔6〕刘秀之姓即"卯金刀",他以旁支宗室的身份起事,后南面称君,可谓"支庶起"。"日角"一词,亦见于《东观汉记·世祖光武皇帝纪》:"上为人隆准,日角。"〔7〕朱祐恭维刘秀时也说:"公有日角之相,此天命也。"〔8〕上引史料表明,《春秋演孔图》很可能是刘秀集团为排除异己、争夺天命而作,其编撰时间不晚于中元元年(56 年)光武帝"宣布图谶于天下"〔9〕之际。言《春秋演孔图》著于成帝至光武帝时期,

〔1〕 舒大刚主编《中国历代大儒》,吉林教育出版社 1997 年版,第 114-115 页。
〔2〕 安居香山、中村璋八辑《纬书集成》,河北人民出版社 1994 年版,第 584 页。
〔3〕《纬书集成》,第 578 页。
〔4〕《纬书集成》,第 579 页。
〔5〕 杨权《新五德理论与两汉政治:"尧后火德"说考论》,中华书局 2006 年版,第 133-134 页。
〔6〕《纬书集成》,第 580-581 页。
〔7〕 刘珍等撰,吴树平校注《东观汉记校注》卷 1,中华书局 2008 年版,第 1 页。
〔8〕《后汉书》卷 22《朱祐传》,中华书局 1965 年版,第 769 页。
〔9〕《后汉书》卷 1 下《光武帝纪下》,第 84 页。

不仅契合纬书"萌于成帝,成于哀、平,逮东京尤炽"〔1〕的整体发展趋势,也意味其创作年代略早于《论衡》,书中所载"孔子遗谶"乃汉代官方意识形态的产物。

"孔子遗谶"采取了两种较间接的方式宣明刘氏正统:一是贬斥秦始皇,二是神化孔子。谶言对秦始皇的评价集中体现在"驱除"二字上。该词屡见于两汉典籍,如《史记·秦楚之际月表》云:"乡秦之禁,适足以资贤者为驱除难耳。"〔2〕《风俗通义·皇霸》曰:"秦因愚弱之极运,震电之萧条,混一海内,为汉驱除。"〔3〕班固同样认为秦朝乃"余分闰位,圣王之驱除云尔"。颜师古注:"言驱逐蠲除,以待圣人也。"〔4〕在汉代人眼中,嬴秦并不具备政治合法性,作为汉王朝的"驱除",其职责是"洒扫天下"以待真主,扮演着替刘邦清除统一宇内障碍的角色。

自孔子周游列国至《史记》成书,学界对他的最高评价一直是"圣"。其中,子贡据"生前事"称赞孔子:"固天纵之将圣,又多能也。"〔5〕司马迁立足于"身后名",认为孔子起于布衣而传十余世,为学者所宗,"可谓至圣矣"〔6〕。孟子和荀子也分别将其誉为"圣之时者"〔7〕和"天下圣人"〔8〕。在重人道、轻神道的圣人观下,位居"人伦之至"的圣人无法超越肉体桎梏,更无需具备生而知之、预测后事的神力,故"圣者不神"〔9〕。但是,西汉中期以来的天人感应说模糊了"圣"与"神"的界限,今文经学家眼中的圣人饱含神秘主义色彩,"能独见前睹,与神通精者,盖皆天所生也"〔10〕。对此,王充总结道:"儒者论圣人,以为前知千岁,后知万世,有独见之明,独听之聪,事来则名,不学自知,不问自晓,故称

〔1〕 阎若璩《尚书古文疏证》卷7,上海古籍出版社1987年版,第983页。
〔2〕 《史记》卷16《秦楚之际月表》,第760页。
〔3〕 应劭撰,王利器校注《风俗通义校注》卷1,中华书局2010年版,第49页。
〔4〕 《汉书》卷99下《王莽传下》,中华书局1962年版,第4194-4195页。
〔5〕 皇侃《论语义疏》卷5,中华书局2013年版,第212页。
〔6〕 《史记》卷47《孔子世家》,第1947页。
〔7〕 《孟子注疏》卷10上,《十三经注疏》阮元校刻本,中华书局1980年版,第2741页。
〔8〕 王先慎《韩非子集解》卷19,中华书局1998年版,第446页。
〔9〕 《论衡校释》卷26,第1277页。
〔10〕 陈立《白虎通疏证》卷7,中华书局1994年版,第341页。

圣，〔圣〕则神矣。"〔1〕随着圣人观的革新，"孔子遗谶"中知晓来世的孔子应时而生。"夫贤圣者，道德智能之号；神者，眇茫恍惚无形之实。"〔2〕为将孔子塑造成神人，谶言的作者不再一味强调孔子的道德与学识，而是通过虚构秦始皇之事以烘托孔子的预见力与权威性。就行文逻辑而言，"孔子遗谶"所叙孔子之语是层层递进的关系：首先，对不速之客秦始皇身份的交代；其次，对秦始皇罪恶行径的揭露；最后，对秦始皇结局的预判。经此，作者从两个维度强化了孔子神格。其一，孔子知天命、晓来事，洞悉数百年后的政治事件。他对秦始皇行径与结局的"预测"似暗含果报思想，即秦始皇暴虐无礼的性情与病死沙丘的命运之间存在联系，这种因果报应说"在中国思想中根深蒂固且流传广泛，却尤与汉代士人及百姓中的思想氛围相协调"〔3〕。其二，孔子地位尊崇，他生前使用过的厅堂、曲床和衣裳皆是神圣之物，不容亵渎。总之，"孔子遗谶"标志汉代人建构孔子形象时，于"圣者不神"之外找到了另一条近乎"化圣为神"的思想路径。

除将孔子塑造为知天命者以迎合西汉中期以来的神学思潮外，谶言还巧妙附会了儒家经典。据《论语·为政》，子张曾请教孔子"十世"是否可知。子曰："殷因于夏礼，所损益可知也；周因于殷礼，所损益可知也。其或继周者，虽百世亦可知也。"〔4〕孔子本想教导弟子鉴往有益于知来、礼制的损益和文化的传承有规律可循，造谶者为拔高孔子地位，有意曲解文意，围绕只言片语大做文章。按"一世三十年"的原则，从孔子生活的时代（前551—前479年）往后推十世，便是公元前三世纪中叶至前二世纪初，秦灭六国、始皇病死沙丘、汉继秦而兴等政治事件皆集中于该时段，此类事件又多在"孔子遗谶"中有所反映。如此看来，汉代人杜撰孔子谶言意在证明"十世可知""其或继周者可知也"确可信从。而汉王朝正

---

〔1〕《论衡校释》卷26，第1241页。
〔2〕《论衡校释》卷26，第1277页。
〔3〕余英时《东汉生死观》，侯旭东等译，上海古籍出版社2005年版，第41页。
〔4〕《论语义疏》卷1，第42-44页。

统观念中的"继周者",正是自己。[1]

概言之,无论是贬低始皇,视秦为"驱除";还是神化孔子,附会"十世可知","孔子遗谶"都服务于"为汉帝制法"[2]的主旨,其现实目的是强调刘氏政权的合法性。

二、化而裁之:"孔子遗谶"的演变

汉代谶言纷繁驳杂,其中确有不少对时局产生过影响,然因正朔更替和官府禁令,多数不经之语渐湮没于历史烟尘。[3]与此形成鲜明对比的是,"孔子遗谶"不仅通过了主流意识形态的汰选,还屡为后世典籍所征引。

接汉人之踵记述"孔子遗谶"的是南朝刘敬叔。《异苑》"小儿辇沙"条云:

> 秦世有谣曰:"秦始皇,何僵梁。开吾户,据吾床。饮吾酒,唾吾浆。飧吾饭,以为粮。张吾弓,射东墙。前至沙丘,当灭亡。"始皇既坑儒焚典,乃发孔子墓,欲取诸经传,圹既启,于是悉如谣者之言。又言谣文刊在冢壁,政甚恶之,乃远沙丘而循别路,见一群小儿辇沙为阜,问,云:"沙丘。"从此得病。[4]

按其说,秦始皇不仅毁坏孔子的床及衣服,窃取孔子馔食,还耀武扬威,张弓射向孔宅墙壁。类似记载亦见于《殷芸小说》:

> 秦世有谣云:"秦始皇,何强梁;开吾户,据吾床;饮吾浆,唾吾裳;餐吾饭,以为粮;张吾弓,射东墙;前至沙丘当灭亡。"始皇既焚书坑儒,乃发孔子墓,欲

---

[1] 两汉典籍中有不少"汉室继周"的言论,如《汉书·律历志》:"汉高祖皇帝,著《纪》,伐秦继周。"《汉书·吾丘寿王传》:"今汉自高祖继周,亦昭德显行,布恩施惠,六合和同。"值得注意的是,《汉书·礼乐志》文末引《论语》孔子答子张问,旋即补充道:"今大汉继周,久旷大仪,未有立礼成乐,此贾谊、仲舒、王吉、刘向之徒所为发愤而增叹也。"这为笔者的推测提供了证据。分别参见《汉书》卷21、64、22,第1023、2798、1075页。

[2] 《纬书集成》,第579页。

[3] 自曹魏开始,政府屡禁谶纬,燔毁相关著作并严惩挟藏谶记者,至于宋末,汉代的谶纬之书"尽失其传"。相关研究参见《四库全书总目》卷6《经部·易类六》,中华书局1965年版,第46页;吕宗力《两晋南北朝之纬学——经学界的通纬风尚》,张政烺先生九十华诞纪念文集编委会编《揖芬集:张政烺先生九十华诞纪念文集》,社会科学文献出版社2002年版,第655—669页。

[4] 刘敬叔《异苑》卷4,中华书局1996年版,第29页。

取经传。墓既启，遂见此谣文刊在冢壁，始皇甚恶之。及东游，乃远沙丘而循别路，忽见群小儿攒沙为阜，问之："何为？"答云："此为沙丘也。"从此得病而亡。或云："孔子将死，遗书曰：'不知何男子，自谓秦始皇，上我之堂，据我之床，颠倒我衣裳，至沙丘而亡。'"[1]

殷芸辑录了两个版本的谶言，前者与《异苑》内容相近，后者承自《论衡》。他将后出之文置于首位，或因刘敬叔版"孔子遗谶"在当时影响力更大。总体看来，南朝人在汉代"孔子遗谶"的基础上做了两大增改。

一是进一步丑化秦始皇。汉代"孔子遗谶"未交待秦始皇是否知晓孔子临终之言，仅云其巡行至鲁后擅闯孔子故居，最后病死沙丘。南朝人则将谶言与焚书坑儒联系起来，又云秦始皇派人挖开孔墓后亲见谣文。刘敬叔和殷芸在摒弃"滥长九州，灭六王"的同时新增关涉儒学发展的故事情节，意在以文化罪行取代政治罪行。此亦说明，南朝人传播"孔子遗谶"之目的已与汉代大异其趣，后者主要基于政治立场，假孔子之言贬黜秦始皇、神化刘氏政权；前者则基于文化立场，借孔墓被毁、典籍被焚等情节完成对秦始皇"反儒"形象的塑造。批秦角度的变化实乃王朝更替的必然结果：宋、梁两朝去秦较远，已无需借秦始皇的政治罪行反衬自身合法性。然而，江山有代际，文脉薪火传，儒学在秦始皇执政期间遭遇的浩劫永为文化之殇，这也是后世文人批判秦始皇的主要由头。

二是通过曲折离奇的故事情节突出谶言的应验性。据《异苑》和《殷芸小说》，秦始皇看见孔子冢壁上的谶言后旋即改变巡守路线，但天命不可违，他费尽心机绕过作为行政地名的沙丘，却撞见了小儿輂沙时堆砌的"沙丘"，终未逃脱"前至沙丘当灭亡"的宿命。秦始皇的戏剧性结局不仅强化了孔子神格，还折射出南朝人的生命观：叱咤风云的帝王尚且无法掌控自己的生死，普通民众更难主宰自己的命运。谶言所反映的消极宿命论既深受等级森严、清浊分明的门阀制度的影响，也与当时流布较广的应验故事有关。魏晋南北朝时期的文人喜读"释氏辅教之书"，这类书籍"大抵记经像之显效，明应验之实有，以震耸世俗，使生敬信之

---

[1] 殷芸编纂，周楞伽辑注《殷芸小说》卷2《周六国前汉人》，上海古籍出版社1984年版，第51页。

心，顾后世则或视为小说"[1]。南朝版 "孔子遗谶" 很可能是在吸收应验故事叙述模式的基础上，才新增孔子之言终成真、始皇之命难改易等内容。

唐宋以降，《意林》《开元占经》《白氏六帖》《王子安集》《事类备要》《孔氏祖庭广记》等书皆记载了 "孔子遗谶"，内容大致相同。如孔元措《孔氏祖庭广记·庙中古迹》曰：

> 郓国夫人并官氏殿，昔为先圣宴居之堂，按《论衡》及鲁人相传云："孔子将亡，遗秘书曰：'后世一男子，自称秦始皇，上我堂，踞我床，颠倒我衣裳，至沙丘而亡。'"始皇至鲁，观孔子宅，至沙丘而崩。[2]

孔元措曾任第 51 代衍圣公，宋室南迁后，金廷命其 "兼曲阜县令，仍世袭"[3]，主孔子祭祀事宜。成书于金哀宗正大年间的《孔氏祖庭广记》基本承袭了《论衡》版 "孔子遗谶"，"鲁人相传云" 表明谶言已呈现本土化趋势，在孔子故里颇具影响力。身兼圣人后裔与朝廷命官的饱学之士不加辨析地将 "孔子遗谶" 附于 "郓国夫人并官氏殿" 等实景描写之后，既有推崇先祖之意，也说明鲁国故地有不少人对谶言的真实性深信不疑。

明清时期，涉及孔子和沙丘的著述常提及 "孔子遗谶"。如陈镐《阙里志》云：

> 秦始皇既焚书坑儒，乃发孔子墓，欲取经传。墓既启，见冢壁上刻文云："秦始皇，何强梁。开吾户，据吾床。饮吾浆，唾吾堂。餐吾饭，以为粮。张吾弓，射东墙。前至沙丘，当灭亡。"始皇甚恶之，愤而循别路，见郡小儿攒沙为阜。问之："何为？"答曰："此为沙丘也。"从此得病而亡。[4]

皮锡瑞认为 "《阙里志》当有所本，惟《志》不云本于何书"，理由是《春秋演孔图》和《论衡》皆不言离败食粮事，惟《韩敕造孔庙礼器碑》中的记载与《阙里志》合。[5] 比勘文本可知，上引内容更接近《异苑》和《殷芸小说》中的

〔1〕 鲁迅《中国小说史略》，《鲁迅全集》第 9 卷，人民文学出版社 2005 年版，第 56 页。
〔2〕 孔元措《孔氏祖庭广记》卷 9《庙中古迹》，商务印书馆 1936 年版，第 94 页。
〔3〕《金史》卷 105《孔元措传》，中华书局 1975 年版，第 2312 页。
〔4〕 陈镐《阙里志》卷 11《古迹志》，山东友谊出版社 1989 年版，第 533 页。
〔5〕 皮锡瑞《汉碑引经考》，新文丰出版公司编辑部编《石刻史料新编》第 1 辑第 27 册，新文丰出版公司 1982 年版，第 20613 页。

记载，故陈镐所参考的更可能是南朝版"孔子遗谶"而非《韩敕造孔庙礼器碑》。

与此同时，还有部分作品本于《论衡》或唐宋版"孔子遗谶"。如孔继尧所绘《圣迹图》之"冢志兴亡"图勾勒了秦始皇率人开挖孔墓时的场景：被一群武士簇拥着的秦始皇衣冠楚楚，立于华盖之下，迎面一人单膝跪地，向他汇报对面的情况。顺着汇报者所指方向望去，三名男子正挥镢捣毁孔墓，墓门已曝露于外。

《圣迹图》中的"冢志兴亡"图

图后附有按语：

曲阜即孔林，始皇发墓，见冢内有记曰："后世一男子，自称秦始皇，上我堂，跃我床，颠倒我衣裳，行至沙丘而亡。"果验。

赞：儒教其穷，时值祖龙。圣有先觉，冢识其踪。沙丘殄灭，适殒厥躬。何伤日月，二世覆宗。[1]

作为颂扬孔子生平事迹的著作，《阙里志》引述"孔子遗谶"是为了进一步巩固孔子地位，烘托其神力。此外，明清方志文献也常征引该谶，并在"集体认同"与"社会记忆"的驱动下对内容进行增补。张鹏翮《治河全书·滋阳县泉图》载："县东二里黑风口西有沙丘。始皇东巡封泰山，登峄山之巅，立碑颂德，乃至阙里，发孔子墓。既启，见冢壁上刊文云：'秦始皇，何强梁。开吾户，据吾床。饮吾浆，唾吾堂。殄吾饭，以为粮。张吾弓，射东墙。前至沙丘当灭亡。'始皇恶之，东游不欲循沙丘。行至此，忽见小儿攒沙为阜。问之：'何为？'答曰：'此为沙丘也。'从此病笃而亡。至今地名沙堆社。"[2] 张鹏翮曾于康熙三十九年至四十七年（1700—1708 年）任河道总督，并多次走访黄河下游，在实地考察的基础上撰成《治河全书》。[3] 然而，沙丘位于滋阳县一说却非其原创，很可能源于康熙早年付梓的《滋阳县志》。其文云：

> 沙丘：城东二里黑风口西。秦始皇东巡，封泰山，登峄山之巅，立碑颂德。乃至阙里，发孔子墓。既启，见冢壁上刊文云："秦始皇，何强梁。开吾户，据吾床。饮吾浆，唾吾堂。前至沙丘当灭亡。"七月至此，见童子聚沙为丘。果病笃。丙寅，始皇崩。至今地名沙堆社。[4]

山东滋阳县境内的假沙丘尚且可以被杜撰，隶属于顺德府广宗县的真沙丘自然不会错失"地名炒作"之良机。乾隆年间修编的《顺德府志》载："秦始皇发孔子墓，见冢内有记云：'后世一男子，自称秦始皇，上我堂，跃我床，颠倒我衣裳，行至沙丘而亡。'果验。三十七年辛卯，始皇东巡，还至平原津而病，七月崩于沙丘。"[5] 民国《广宗县志》亦承袭此说。[6] 滋阳县与广宗县虽相距千里，但在沙丘归属问题上却不约而同地援引"孔子遗谶"，说明有关孔子、秦始皇与沙丘的传说不仅是文人骚客附庸风雅的谈资，更是地域文化认同的重要依托。

---

〔1〕 顾沅编，孔继尧绘图《圣庙祀典图考》，清道光六年吴门赐砚堂顾氏刊本，第 66A 页。
〔2〕 张鹏翮《治河全书》卷 7《滋阳县泉图》，天津古籍出版社 2007 年版，第 801-802 页。
〔3〕 胡传淮主编《张鹏翮研究》，中国文联出版社 2011 年版，第 42-63 页。
〔4〕 李灊修，仲弘道纂（康熙）《滋阳县志》卷 1《土地部》，清康熙十一年刻本，第 30A-30B 页。
〔5〕 徐景曾（乾隆）《顺德府志》卷 16《杂事》，清乾隆十五年刻本，第 93B 页。
〔6〕 姜榾荣修，韩敏修等纂（民国）《广宗县志》卷 1《大事纪》，民国二十二年铅印本，第 1B 页。

质言之，自汉以来，"孔子遗谶"的内容略有变异，但无论是删去秦灭六国，还是新增焚书坑儒、封禅泰山、小儿聚沙为丘等情节，故事的吸引力与影响力都有增无减。每一次对文本的增删，都体现了不同群体的现实需求。

三、寓变于常："孔子遗谶"的叙事逻辑

原本虚构的故事竟能历久弥新，越传越神，使得官吏、文人皆为之浓墨重彩，实属罕见。难道汉代以来，真无人道破"孔子遗谶"之伪？

其实，王充早已揭晓谶言之虚妄。他说："案始皇本事，始皇不至鲁，安得上孔子之堂，踞孔子之床，颠倒孔子之衣裳乎?"[1] 清代考据学家也曾多次否定"孔子遗谶"的真实性。如熊伯龙云："既不至鲁，谶记何见而云始皇至鲁? 至鲁未可知，其言孔子曰'不知何一男子'之言，亦未可用。"[2] 马骕等进一步指出："始皇未尝至鲁，此妄谬何足辩。"[3] 尤值一提的是，光绪年间新修的《滋阳县志》钩沉史籍，稽诸舆图，花大量笔墨纠正了前志关于沙丘的疏误。其文曰："前志以此地为秦始皇所崩之沙丘，大误。按《史记》秦始皇三十七年南游云梦，上会稽，并海上，北至琅邪，又北至荣成山，并海西，至平原津而病，七月丙寅崩于沙邱台。徐广曰：'赵有沙邱宫，在巨鹿。'《括地志》：'沙邱台在邢州平乡县东北二十里。'按平乡县今属直隶顺德府，去滋阳甚远。至前志所云始皇发孔子墓见壁上刊文云云，至此见童子聚沙为邱，遂病笃，殆类瞽说，不足辨已。"[4] 作者所举数条关于"孔子遗谶"不足为信的证据皆中肯綮。既如此，与史实相悖的"孔子遗谶"缘何还能流传上千年？欲探析其中隐奥，需超越"真"与"假"的事实判断，从故事情节所承载的"常"与"变"中寻绎线索。

"孔子遗谶"的"常"指它具有稳定的思想根基。谶言自始至终都表达了对孔

---

〔1〕《论衡校释》卷 26，第 1244 页。
〔2〕 熊伯龙《无何集》卷 11《杂家类·谶纬辨》，中华书局 1979 年版，第 421 页。
〔3〕 马骕《绎史》卷 149《战国·秦始皇无道》，中华书局 2002 年版，第 3734-3735 页。
〔4〕 李兆霖、周衍恩修，黄师闰、蒋继洙纂（光绪）《滋阳县志》卷 6《古迹志》，清光绪十四年刻本，第 1B-2A 页。

子的颂扬以及对秦始皇的贬斥，其中的尊孔意识契合大多数王朝的政治诉求。《大唐新语》云："自汉魏以来，历代皆封孔子后，或为褒城侯，或号褒圣侯。至开元二十七年，诏册孔子为文宣王，其嗣褒城侯，改封文宣王。"[1] 随着孔子封号渐隆，孔庙也从阙里延及全国，从唐太宗贞观四年（630年）诏令各州县立孔庙开始，"孔庙遂是兼有正统文化宣导者与国家教育执行者的双重功能"[2]。与官方尊孔政策相得益彰的是民间对孔子的神化。荒废学业者认为孔子会托梦责备自己，甚至"愤其广为疏例，系而捶之"[3]；佛教徒尊孔为"儒童菩萨"[4]，日日顶礼膜拜。明清时期，巴蜀信众曾将孔子与老君、如来一同供奉于三教寺。刻于乾隆年间的四川渠县《重修三教寺碑记》云："中如来、左孔子、右老君像，皆石刻，此三教所以名也……但思三教中惟儒教正中平易，有如日月经天、江河行地，所以尊崇至圣先师。自京师及各省会、郡邑皆立学宫，春秋祭享，典重礼隆，不与一切象教同视。"[5] 地方百姓祭祀孔子主要基于个人功利主义立场——以淫祠的方式祈求"非望之福"。时人虽宣称儒教"不与一切象教同视"，然就本质而言，民间祀典中的孔子与佛、道二教的至上神并无功能上的区别，三者都被赋予庇佑一方、福泽信众之职能。"孔子遗谶"正是借官方与民间尊孔之契机流传开的，故后世对孔子神格的塑造较前代有过之而无不及。以雍正年间修纂的《山东通志》为例，该书虽承袭旧说，称秦始皇看见孔子冢壁上的谶言后试图捣毁孔墓，却又新增"闻墓内琴声，遂不敢动"[6] 等情节以强化孔子的威慑力。足见孔子神格在谶言改编、流传的过程中层累积淀，最后成为古代社会尊孔传统的重要一环。

"孔子遗谶"的"变"指文本内容迎合了不同时代、不同群体的需求。根据自汉至清故事情节的不同，可将其分为萌芽期、发展期和定型期三个阶段（见下表）。

〔1〕 刘肃《大唐新语》卷11《褒锡》，中华书局1984年版，第166页。

〔2〕 黄进兴《优入圣域：权力、信仰与正当性》，陕西师范大学出版社1998年版，第230-231页。

〔3〕 《太平御览》卷400《人事部·凶梦》，中华书局1960年版，第1848页。

〔4〕 赜藏主《古尊宿语录》卷23《汝州叶县广教（归）省禅师语录》，中华书局1994年版，第429页。

〔5〕 杨维中修，钟正懋纂，郭奎铨续纂（民国）《渠县志》卷12《文征志八上》，民国二十一年铅印本，第72A-72B页。

〔6〕 岳浚、法敏修，杜诏等编纂（雍正）《山东通志》卷11《阙里六》，乾隆元年刻本，第51A-51B页。

"孔子遗谶"流传情况表

阶段	朝代	传播主体	主要传播媒介	新增内容	现实目的
萌芽期	汉代	谶纬学家	《春秋演孔图》 《论衡》 《韩敕造孔庙礼器碑》		否定秦朝、 为汉制法
发展期	南朝 至 唐宋	文学家	《异苑》 《殷芸小说》 《意林》 《开元占经》 《白氏六帖》 《王子安集》 《事类备要》 《孔氏祖庭广记》	(1) 焚书坑儒 (2) 开挖孔墓 (3) 群小儿攒沙为阜	网罗轶事、 维护儒学地位
定型期	明清	地方士绅	《阙里志》 《圣迹图》 《滋阳县志》 《广宗县志》 《顺德府志》 《山东通志》	沙丘地望	附会典故、 提升本地名气

其中，两汉之际的谶纬学家编造"孔子遗谶"的目的是否定嬴秦、为汉制法；南朝至唐宋之间，文学家开始成为改编和传播谶言的主力，为博得大众青睐，他们增添了秦始皇焚书坑儒、开挖孔墓、改变巡行路线却见"群小儿攒沙为阜"等情节；及至明清时期，地方志编纂者异军突起，故《滋阳县志》《顺德府志》《广宗县志》都格外强调沙丘的地望。故事的每一次重新架构都蕴藏着深厚的社会文化渊薮。具体而言，东汉以降，佛教迅猛发展，渐有压倒儒学之势，"民间佛经，多于六经数十百倍"[1]。为捍卫儒学正统，具有责任心和忧患意识的士人一方面援儒批佛，声称"佛道至尊至大，尧、舜、周、孔曷不修之乎？七经之中不见其辞"[2]，一方面继续神化孔子，以至汉代"谶纬神学对孔子出生、禀赋和能力的神化在六朝

---

〔1〕《隋书》卷 35《经籍志四》，中华书局 1973 年版，第 1099 页。
〔2〕牟融《牟子》，中华书局 1991 年版，第 4 页。

志怪小说中都有所体现"〔1〕。经南朝人改编后的"孔子遗谶"不再是附丽经文的微言大义，而是集曲折性、戏剧性和占验性于一体的文学作品，既反映了衣冠礼乐之士对秦始皇打压儒学的愤懑之情，又能满足市井百姓的猎奇心，有效地平衡了"礼"与"俗"的关系。及至明清，士绅群体的发展壮大进一步激发了人们的乡土情怀，地方名人、名迹成为被讴歌的对象，《阙里志》《滋阳县志》《顺德府志》等书就诞生于这样的时代背景之下。为借孔子威望"装点门面"，县志编纂者将目光投向"孔子遗谶"，他们或以讹传讹，传扬秦始皇挖掘孔墓之事；或移花接木，将本属于广宗县的沙丘归入滋阳县。此举不仅能提升本地名气，还推动了"孔子遗谶"由庙堂、文坛走向乡土，最终融入地方社会。

上述分析表明，"孔子遗谶"的神秘化、应验化和本土化倾向是多重力量共同作用的结果，故事的"常"与"变"所牵涉的思维方式的转变、话语体系的嬗递和地方力量的博弈，都是历史于曲径通幽处所潜藏的无限内蕴。"孔子遗谶"的相关情节为顺应"时"与"势"的需求而产生的"自我坚守"或"自我进化"的特质催生了文化的自省与自觉，这是谶言失去官方意识形态支持后仍流传上千年的重要原因。

四、由"孔子遗谶"管窥孔子形象的两种变化趋势

蒲慕州曾将中国古代社会中的宗教现象分为官方的、智识分子的、通俗的三种，并认为"所谓的官方和民间的差别，也许只是崇拜者的仪节和崇拜目的的不同，而不在其根本的宇宙观和道德观"〔2〕。自汉到清，"孔子遗谶"经历了从官方到智识分子再到民间的下移路线，完成了由朝至野、由政治神话至奇闻轶事再到地方史的蜕变，这是神化孔子的历程，是时代思想附会历史传说的历程，更是官方意识形态与民间信仰互动的历程。

"孔子遗谶"中神而灵之、为汉制法的孔子形象产生于两汉之际经学神秘化浪

〔1〕 史燕《六朝小说中的孔子形象》，郑州大学 2012 年硕士学位论文，第 23 页。
〔2〕 蒲慕州《追寻一己之福：中国古代的信仰世界》，上海古籍出版社 2007 年版，第 3 页。

潮之下。后世官方和民间分别致力于建构谶纬神学所反映的孔子形象之一端：官方尊孔子为维护道统、心系天下的师表；民间则在弱化孔子政治光环的同时保留了其神秘主义色彩。为捍卫正统礼教中的圣人形象，官府严禁民间擅立淫祠祭祀孔子，即使少数民族政权亦循此制。北魏孝文帝曾下诏："尼父禀达圣之姿，体生知之量，穷理尽性，道光四海。顷者淮徐未宾，庙隔非所，致令祠典寝顿，礼章殄灭，遂使女巫妖觋，淫进非礼，杀生鼓舞，倡优媟狎，岂所以尊明神敬圣道者也。自今已后，有祭孔子庙，制用酒脯而已，不听妇女合杂，以祈非望之福。"[1] 大定二十六年（1186 年），金王朝规定："曩者边场多事，南方未宾，致令孔庙颓落，礼典凌迟，女巫杂觋淫进非礼。自今有祭孔庙制，用酒脯而已，犯者以违制论。"[2] 魏晋以来，各王朝所尊奉的孔子俨然"德配天地，道贯古今，删述六经，垂宪万世"[3] 的圣人，他高居庙堂，不容好鬼神事的巫觋窥祀。

对于民间百姓而言，巍巍乎如泰山的"素王"太过玄远，他们更乐于接受神通广大、知晓来事的孔子形象。唯一不同的是，民间将孔子的神力由预测王朝兴衰换成了改变个人命运。对于汲汲于功名者而言，孔子与三教九流的诸路神仙一样，是追求一己之福过程中的精神寄托。据《神仙感遇传·御史姚生》，姚御史曾派三位后生隐居深山潜心学习，不久，一仙界贵妇突然造访，有意将自己的女儿们许配给这三位读书人，为使他们"顿悟"，她忙召孔子前来，"宣父乃命三子，指六籍篇目以示之，莫不了然解悟，大义悉通，咸若素习"[4]。在圣俗混成、人神交通的奇幻故事中，孔子被塑造成掌管知识并受天界差遣的小仙。《唐故朝散大夫起居舍人冯府君（复）墓志铭并序》载冯复幼时聪颖好学，"尝梦文宣王谓之曰：孺子可教也。发箧中黄散饮之，味如蒲黄。又授书一口，即《孝经》也。既而目所暂睹，不忘于心。思之员来，有若成诵。实为神助，谁曰怪迂。"[5] 依墓志所云，冯复曾于梦中得到孔子所赐黄散和《孝经》，自此成为过目不忘、出口成章的奇才。撰者将冯复博闻强识的原因归结于"实为神助"，意在奉孔子为贻人福惠的

---

〔1〕 《魏书》卷 7 上《高祖纪上》，中华书局 1974 年版，第 136 页。

〔2〕 宇文懋昭《大金国志校证》卷 18，中华书局 1986 年版，第 250 页。

〔3〕 沈定均修，吴联薰增纂，陈正统整理《漳州府志》卷 8《祀典》，中华书局 2011 年版，第 168 页。

〔4〕 杜光庭《神仙感遇传》卷 3《御史姚生》，中华书局 2013 年版，第 462 页。

〔5〕 吴钢主编《全唐文补遗·千唐志斋新藏专辑》，三秦出版社 2006 年版，第 207 页。

神灵。

有学者指出，中国古代的国家与精英阶层推动着"正统实践"，即国家准许一个被认可的神灵符号，经地方的精英积极推动，引领或迎合着普通百姓，故而，官方意识形态为地方社会提供的是信仰的形式——象征符号，而非内容。[1] 通过对"孔子遗谶"中孔子形象的梳理可知，官方意识形态与民间信仰并非表与里、形与义、被动与主动的关系，其主要区别在于侧重点不同，即前者以统治秩序为纲，后者以百姓福祉为要。二者虽有分流，但又"互为各自的版本，存在着相互翻译的可能性，是中国宗教的一体两面"[2]。任何一则有影响力的信仰或传说都是官方与民间共振、精英与庶民互动的结果。"孔子遗谶"兴于汉代统治阶层，后传播到地方并不断被各类人士建构的历史，正是官方意识形态被民间有选择性地吸收与重塑的过程。从谶言的发展情况来看，官方与民间的信仰元素并非泾渭分明，二者往往源于同一文化土壤，共享同一价值符号，这也是"孔子遗谶"中孔子"神"的一面由谶而显、借谶而兴、赖谶而传，赓续数千年的文化根基。

---

〔1〕 徐天基《帝制晚期中国文化的研究框架与范式——反思华琛的标准化理论》，《世界宗教研究》2013 年第 6 期。

〔2〕 Maurice Freedman, *On the Sociological Study of Chinese Religion*, in Arthur P. Wolf, *Religion and Ritual in Chinese Society*, Stanford University Press, 1974, p37.

经学与哲学研究

经传与经史：帛书《缪和》引用卦爻辞的体例与思想特色

蔡典娉 蔡 卓*

[内容提要]

《缪和》中存在数种指称经文文本的体例，其中完整称引卦名和爻题是《缪和》最突出的特点。《易传》、易说类文献引用卦爻辞可以分作引《易》以解《易》、引《易》为证、既证又解三种体例，而《缪和》中《易》、史结合的内容最具特色，其中"引《易》证史"的体例常被视作"以史解《易》"，实际上二者分属"用《易》"和"解《易》"两种不同的《易》说路径，不应将之简单归为一类。《易》、史的会通反映了深刻的历史哲学内涵，其中尊古思维是促成二者结合的根本动力，既实现了卦爻辞到德义内涵的意义转换，更赋予《周易》神圣的典范性。此外，《易》、史皆被视作蕴含人道义理的载体，这是二者得以会通的基本前提。

[关键词]

帛书《易传》；卦爻辞；历史；缪和

* 蔡典娉，北京师范大学历史学院博士研究生；蔡卓，深圳大学社会科学学院暨当代中国思想文化研究所副教授，历史学博士。本文系教育部人文社会科学研究青年基金项目"长沙马王堆汉墓帛书《周易》经传研究史与集释疏证"（21YJC770003）阶段性成果。

长沙马王堆汉墓出土的帛书《二三子》《系辞》《衷》《要》《缪和》《昭力》被统称为"帛书《易传》"，这些出土的《易传》文献，具有重要的学术价值。其中，《缪和》的传《易》内容十分独特，尤其是其引用《周易》卦爻辞的特点，[1] 涉及易学和经学研究的重要内容——经传关系与经传体例。目前关于《缪和》引《易》特点的专门性和系统性论述成果较为缺乏。本文在考察《缪和》引《易》特点的同时，也注意将之与其他《易传》类文献以及先秦汉初易学材料进行对比，以期更好地探究和说明其中的引《易》特色。

一、称《易》与爻题

《缪和》每章都引用了《周易》卦爻辞，其如何指称《易经》？按照体例特点，《缪和》可分作四大部分，[2] 各部分之间的体例和引《易》方式差别很大。

第一部分，提问的学生在引《易》时，共使用了两种体例：第一种是如《缪和》第1章的"《易·涣》之九二曰"，这一体例在引用爻辞时详细地称引书名、卦名和爻题；第二种是在引用卦爻辞时较为简略地称为"周易"，不过这一体例仅一见，出现在《缪和》第3章中。

第二部分中，作为传经者的"先生"在引用卦爻辞时，会详细称述卦名和爻题，如《缪和》第15章的"《恒》之初六"。

第三部分，六个章节引《易》时一律作"易卦其义曰"，"易卦"的说法较为独特。廖名春先生认为，"卦"是"《易》"的别称，所以"易卦"是同义连言。[3] 鄙意此"易卦"应理解为偏正结构"《易》卦"，意思是"《易》之卦"。先秦文献中使用"易卦"的说法见于《左传·昭公三十年》："在易卦，雷乘乾曰

---

[1] 除特别说明之外，后文"引用《周易》卦爻辞"将简称为"引《易》"。

[2] 第一部分从第1章至第12章，是师生问答体，记录"先生"（即"子"）与学生讨论《易》；第二部分从第13章至第18章，记录"子"的易说内容；第三部分从第19章到第24章，为六篇说类故事；第四部分为第25章，体例上类似《小象》。

[3] 廖名春《帛书〈易传〉引〈易〉考》，收入氏著《帛书〈周易〉论集》，上海古籍出版社2008年版，第58-59页。

大壮，天之道也。"〔1〕同样，《左传》此例也应理解为"易之卦"。《缪和》第三部分的称《易》方式和文本体例十分特殊，与其他部分迥然有别，这一部分内容的来源很可能与其他章节有别。

第四部分的引《易》特点类似《小象传》，不引用一则完整的爻辞，而是集中直接引用爻辞中的某一部分，然后用下定义的方式诠释爻辞，如"'憧憧往来'，仁不达也"〔2〕。

此外，其他帛书《易传》篇章如何指称《易经》也是一个值得关注的问题。《二三子》中不少章节频频以"卦曰"来指代《周易》卦爻辞，刘彬先生认为这与《二三子》中"《易》曰"的意义相同。〔3〕"卦曰"这种说法不见于《缪和》，早期的易类文献也很少见到这种说法，较为接近的例子在《国语·周语下》："其卦曰：'必三取君于周。'"〔4〕但这则卦辞不见于《周易》，很可能是其他占筮系统的内容，显然这里的"卦"专指这一卦的内容，当然也不是指称《易经》。同样《二三子》的"卦曰"也并非泛指《易经》或作为整个文本的名称，而是表示某一卦的内容。"卦"无法和"周易"与"易"一样作为特指《易经》的名称，最主要的原因是其不具备特指性和区别性。除了前文引用的《国语·周语下》的卦辞，在《左传》《国语》等典籍中亦有一些不属于《周易》的卦辞，这表明当时社会上流行的占筮体系并不只有《周易》一家，其他占筮体系同样有属于自己的卦辞，因此如果单称"卦"，并不能表示特指《周易》。另外，帛书《衷》不少章节都有这样一种引《易》体例，如"《无妄》之卦，有罪而死，无功而赏，所以啬故也。"〔5〕这种给整个卦概括和下定义的方式，也多见于今本《系辞》"三陈九卦"和《杂卦》。

被不少人视作与《缪和》为上下篇关系的《昭力》，其各章体例较为统一，如皆使用"易"来指代《易经》，而涉及具体爻辞时，则采用"卦名"加部分爻辞的

---

〔1〕 《春秋左传正义》卷53，《十三经注疏》阮元校刻本，中华书局1980年版，第2128页。
〔2〕 裘锡圭主编《长沙马王堆汉墓简帛集成（叁）》，中华书局2014年版，第146页。
〔3〕 刘彬、孙航、宋立林《帛书〈易传〉新释暨孔子易学思想研究》，中国社会科学出版社2016年版，第35页。
〔4〕 徐元诰《国语集解》，中华书局2002年版，第91页。
〔5〕 裘锡圭主编《长沙马王堆汉墓简帛集成（叁）》，第90页。

形式，如《昭力》第 1 章的"《师》之'左次'"。[1] 这实际上和《缪和》中详细称述卦名和爻题的形式有类似之处，其不同之处在于，《昭力》往往只讨论一则爻辞中的部分内容，为了突出讨论的内容一般不使用爻题，亦不通释整则爻辞。

概括而言，帛书《易传》存在多种指称《易经》和卦爻辞的体例，与今本《易传》的表达方式也有许多不同之处，其中以《缪和》前 18 章引用爻辞、使用了"易+卦名+爻题"或"卦名+爻题"的形式最具代表性。爻题的产生时间曾引起有关学者的讨论，李镜池认为："'九'、'六'二字，在原始的《周易》是没有的；它的插入，当在战国末、秦汉间。"[2] 从今天的出土发现来看，这样的估计显然过于保守，上海博物馆藏战国楚竹书《周易》（后文简称上博简《周易》）经文就已出现爻题，而《系辞》《小象》《文言》也屡见使用爻题，加上《缪和》屡屡称引爻题的辞例，足以说明至少在战国中后期，爻题就已经是《周易》卦爻辞的固定组成部分。《缪和》这种同时称引卦名和爻题的体例，罕见于其他早期《易传》和易说文献。[3]

总结而言，《易传》在引用爻辞时，存在数种不同称引《易经》的体例，有称引爻题者如《乾·文言》"初九曰'潜龙勿用'，何谓也"；有仅称卦名者如《二三子》的"《卦》曰"、《昭力》的"《师》之'王三锡命'"；甚至存在没有任何名称而直接引用爻辞者如《系辞》"'亢龙有悔'，子曰'贵而无位，高而无民'"；最常见的是简称"《易》曰"或"《周易》曰"。这些体例俱见于《缪和》之中，其中完整称引书名、卦名和爻题的体例，是《缪和》最突出的特点。这一强调突出爻题的体例与战国易学流行的"爻位说"有密切关联。在此之前，占断和解卦主要依据取象、变卦和用辞，《左传》《国语》就基本不涉及爻位，也不见爻题，[4] 而是采用之卦的方式示爻；到了战国，以《易传》为代表的易学将爻位关系体系化和义理化，发展出一套完善的"当、中、乘、承、比、应"六爻位置

---

[1] 裘锡圭主编《长沙马王堆汉墓简帛集成（叁）》，第 148 页。

[2] 李镜池《〈周易〉筮辞考》，《周易探源》，中华书局 1978 年版，第 66 页。

[3] 目前所见早期引用《周易》卦爻辞的材料中，仅见《文言》《小象》明确称引爻题。

[4] 曹福敬先生认为"爻题"的形成时间在公元前 513 年之后，或在孔子晚年甚至更晚，参见曹福敬《谈〈周易〉爻题的形成时间及相关诸问题》，《周易研究》2006 年第 2 期。

关系规则的"爻位说"。因而"爻题"作为表达一爻的阴阳属性与爻位次序，同时也作为一爻之名，就显得愈发重要，因此最终形成爻题作为卦爻辞固定部分的体例。

二、引用《周易》卦爻辞的三种体例

考察引用《周易》卦爻辞之目的、作用及其体例，更能反映时人对《周易》的认识与解释情况，其中更涉及用《易》问题，从中也能考察《周易》在中国古代思想文化世界中的实际影响。依照所引卦爻辞的性质和作用，《易传》文献存在三种引《易》体例。

第一，引《易》以解《易》，这一体例属于"解《易》"范畴，即引《易》的作用在于解释卦爻辞本身的意义。在前理解中，这些卦爻辞的意义属于未知的内容。在今本、帛本《易传》中，这种体例最为常见，数量要远多于另外两种体例。《缪和》同样如此，除了第 13、14 章，以及属于说类故事体裁的第 19 章至第 24 章之外，其余章节都可视作引《易》以解《易》的体例。

第二，引《易》为证，这种体例与第一种体例不同，这是将《周易》卦爻辞视作说理论证的主要依据，可进一步分为证言与证史两类，这一方法属于"用《易》"。"证言"是通过引《易》，用以论证某种观点或说明某种道理；"证史"则通过引《易》来揭示历史中蕴藏的经验教训。[1] 证言和证史表面上论证的对象不同，但其目标都是致力于阐发某种道理。在前理解中，这些卦爻辞属于意义已经明确而非不明待解的内容。相比第一种体例，这类引《易》为证的数量明显要少很多，大部分《易传》文献的主要作用在于解释《周易》卦爻辞。引《易》为证的内容，虽在著述和成书时借助引用卦爻辞阐论义理，但形成文本后这些义理反而成为帮助读者理解卦爻辞含义的门径，因此不少研究者将其视作引《易》以解《易》的体例。本文主要是从文本著述和成书的角度考察《易传》引用卦爻辞的体

---

[1] 四库馆臣把这类引用经典内容，用以论证历史故事蕴含的道理的体例称为"证事"，参见《四库全书总目》卷 16，中华书局 1987 年版，第 136 页。

例，从作者引《易》的论述目的和前理解中卦爻辞是否已知的特点，区分"引《易》以解《易》"与"引《易》为证"两种体例。《缪和》中存在不少属于"引《易》为证"的内容，这一特点罕见于其他《易传》文献，如《缪和》第19—24章的语类故事，往往先讲述一则历史故事，最后以卦爻辞作结，点明故事主旨。《缪和》之外的《易传》文献中只有今本《系辞》和帛书《要》的"子曰"之语属于严格意义上的"引《易》为证"。帛书《要》"引《易》为证"的内容皆见于今本《系辞》，例如："子曰：'危者，安其位者也；亡者，保其存者也；乱者，有其治者也。是故君子安而不忘危，存而不忘亡，治而不忘乱，是以身安而国家可保也。《易》曰：'其亡其亡，系于苞桑。'"此例孔子先是谈论了居安思危的观点，结尾引用《否》九五爻辞佐证其观点，这是典型的"引《易》证言"。[1]

此外，《缪和》中还存在既通过引用卦爻辞论证观点又解释卦爻辞含义的内容，此即引《易》的第三种体例"既证又解"。这种体例分别出现在第13、14章。

君人者有大德于臣而不求其报，则□□□要，晋、齐、宋之君是也。臣人者有大德于君［而不］求其报，［则］□□□，死则子孙无后于□，关龙逢、王子比干、伍子［胥、介］子推是也。夫君人者有大德于臣而不求其报，生道也。臣者［有大德于君］而不求其报，死道也。是故圣君求报☑而弗得者，死亡随［之］矣。故报不可不求也。其在《易》也，《复》之六二曰："休复，吉。"则此言以□□□□□□也，又□□□□□□焉，将何吉之求矣？[2]

昔者先君☑□不□□□产外内，使亲而不相德也，疏而不相怨。政之成也，故人之□□□□，犹恐人之不顺也，故其在《易》也，［《讼》之六三曰："食旧德，贞厉，终吉。或从王］事，无成。'"子曰："'食旧德'者，好善从□□□□□□干事，食旧德以自厉☑□□□□□也。夫产于今之世，而为☑也，不亦宜乎？故曰：'食旧德，贞厉。或从王事，无成。'"[3]

这两章先由"子曰"之语起首，如第13章阐述臣有德于君而不求回报是错误

---

〔1〕 帛书《要》也有相同内容，此不赘述。

〔2〕 裘锡圭主编《长沙马王堆汉墓简帛集成（叁）》，第137页。☑表示完全缺失且无法确定具体字数的字，□表示残存但无法识别的字，［］内为补出的脱文。同上，不另文说明。

〔3〕 裘锡圭主编《长沙马王堆汉墓简帛集成（叁）》，第138页。

之举，继而引用《复》卦六二爻辞为证，以《周易》论证臣有德于君需求回报的道理，而后文在称引爻辞之后，"子"又继续解释这则爻辞的要义。第 14 章的体例与第 13 章一致，先是开篇立论，继而引用《讼》卦六三爻辞为证，接着再详细解释爻辞"食旧德"的具体含义。另一方面，今本《系辞》和帛书《要》中也存在这类"既证又解"的内容，如《系辞》："子曰：'德薄而位尊，知小而谋大，力小而任重，鲜不及矣。'《易》曰：'鼎折足，覆公𫗧，其形渥，凶。'言不胜其任也。这则易说材料的体例以"子曰"之语开篇立论，接着引《易》作证，最后再结合中心论点阐释卦爻辞大义。这类"既证又解"的体例在《易传》文献中数量最少，此处卦爻辞兼具两种角色，既是作为权威经典，又是被解释的对象，显然是综合了前两种引《易》体例的特点。

三、《易》、史结合的两种形式

前文提及"引《易》为证"的体例有两大类别，除了"证言"之外还有一类"证史"，先秦秦汉文献中史、《易》结合的内容较为零散，数量并不突出。《缪和》却集中出现了不少史、《易》结合的内容，可以说经史内容大量结合的"历史易"，是《缪和》最为突出的易学特色，这一特点也是其他早期《易传》文献所不具备的。既有研究已注意到《缪和》这种独特的论《易》方法，如：郑万耕先生认为，《缪和》这种"引史证《易》"的解《易》特点，反映了作者视《易》为总结历史教训和理政的教科书，开后世"引史证《易》"的风气；[1] 张善文先生也将《缪和》这种形式称为"援史证《易》式"，并解释这种形式是以成汤以来的历史故事印证《易》理；[2] 林忠军先生认为，《缪和》第 19—24 章的特点是不固守经文局限，而以史事阐发其中含义，属于"以史证《易》"。[3]

---

[1] 郑万耕《帛书〈易传〉散议》，朱伯崑主编《国际易学研究》第 1 辑，华夏出版社 1995 年版，第 128–129 页。

[2] 张善文《论帛书〈周易〉的文献价值》，1995 年台北"第二届海峡两岸《周易》学术研讨会"论文。

[3] 林忠军《论以史治〈易〉》，朱伯崑主编《国际易学研究》第 5 辑，华夏出版社 1999 年版，第 135–136 页。

上述观点都将《缪和》第三部分（第 19—24 章）这种体例视为用史事证《易》，即将卦爻辞视为需要解释的内容。学界对此存在不同的意见，如：刘大钧先生以"以史证《易》"或"以《易》释史"两可的说法指代《缪和》第三部分；[1] 王化平先生认为"以史证《易》"可细分为两种体例：第一种是"以史证《易》"，如解释《困》卦时引用秦穆公等人的故事（《缪和》第 2 章）；第二种是"经史互证"，即《缪和》第三部分的内容。[2] 这些意见都很好地启发我们关注《易传》经史互动的内容及体例，鄙意《易传》中经史融合的内容及分类仍有可辨析和深入讨论之处。除了《缪和》之外，今本《易传》和帛书《易传》都出现了史、《易》结合的内容。厘清这种体例下经史之间的关系和各自的性质，对研究易学思想和古文献体例有十分重要的意义。

（一）以史解《易》

今本《易传》的相关内容主要出现在《象传》和《系辞》，其中《系辞》的历史内容与卦爻辞结合的内容比较丰富，[3] 而《象传》仅一例；[4] 帛书《易传》除了《缪和》之外，《二三子》也有两例结合历史与卦爻辞的内容。第一例是"二三子问曰：'人君至于饥乎？'孔子曰：'昔者晋厉公路其国，芜其地，出田七月不归，民反诸云梦。无车而独行，☑□□□□武公□焉，不得食其肉，此'其形渥'也。'"第二例是"孔子曰：'丰，大□也。勿忧，用贤弗害也。日中而盛，用贤弗害，其亨亦宜矣。黄帝四辅，尧立三卿，帝王者之处盛也长，故曰宜日中。'"[5]《二三子》这两例都出现在孔子解释卦爻辞的内容中，第一例是以晋厉公的故事解释爻辞"其形渥"的意思；第二例是以黄帝、尧用人之例解释卦辞"宜日中"的意思，显然此二例是属于解释卦爻辞的体例。《二三子》的记载表明这种结合历史解释《周易》卦爻辞的方法源远流长，属于孔子传授《周易》的重

---

〔1〕 刘大钧《再读帛书〈缪和〉篇》，《周易研究》2007 年第 5 期。
〔2〕 王化平《帛书〈易传〉研究》，巴蜀书社 2007 年版，第 235 页。
〔3〕 《系辞》中史、《易》结合的内容如："古者包牺氏之王天下也，仰则观象于天，俯则观法于地，观鸟兽之文，与地之宜，近取诸身，远取诸物，于是始作八卦……黄帝、尧、舜垂衣裳而天下治，盖取诸《乾》《坤》"，"《易》之兴也，其当殷之末世，周之盛德邪，当文王与纣之事邪"。
〔4〕 《明夷·象》："明入地中，'明夷'。内文明而外柔顺，以蒙大难，文王以之。'利艰贞'，晦其明也，内难而能正其志，箕子以之。"
〔5〕 以上二例见于裘锡圭主编《长沙马王堆汉墓简帛集成（叁）》，第 43-44、56 页。

要方法。这种以史解《易》的方法体现了孔子重德义轻卜筮的义理易学特色。

《缪和》第 2、4、5、13 章和第 3 部分(第 19—25 章)都出现了历史故事与卦爻辞结合论证的内容,其中除了第 13 章和第 3 部分之外,其余属于引《易》以解《易》,如第 2 章:

凡生于天下者,无愚知、贤不肖,莫不愿利达显荣。今《周易》曰:"困,亨,贞大人吉,无咎,有言[不]信。"敢问大人何吉于此乎? 子曰:"此圣人之所重言也,曰'有言不信'。凡天之道,壹阴壹阳,壹短壹长,壹晦壹明。夫人道仇之。是故汤□□王,文王拘于羑里,秦[穆公困]于殽,[齐桓公]辱于长勺,越王勾践困于[会稽],晋文君困于骊氏。古古至今,霸王之君未尝忧困而能□□之任,则遗□□也。夫困之为达也,亦犹□□□□□□□☑故《易》曰:"'困,亨,贞大人吉,无[咎,有言]不信。'[其此]之谓也。"[1]

此章通过一系列典型的历史人物及其事迹,阐述《困》卦卦辞蕴含的困达互相转换的辩证思想,这是弟子缪和向先生求教《困》卦卦辞,先生借用自然现象和古代霸王之君的事例来解惑,后者即为借用历史来解释卦辞的义理内涵。

前文提到的《彖传》《二三子》相关章节和《缪和》第 2、4、5 章都是先引用卦爻辞,再解释卦爻辞,史事包含于解释卦爻辞的语句之中,引用史事的目的在于解释卦爻辞的含义,这属于"以史解《易》"的体例;而《系辞》的相关部分是以伏羲、黄帝、尧、舜等上古时期的君主来解释八卦的起源与《易》卦的作用,同样以《易》为解释和说明的对象,也属于"以史解《易》"的体例。这一体例中,"史"无疑是论据,是用来阐明卦爻辞意义的依据,并具备如下特点:第一,一般是知名的典型历史人物和历史事件,如大禹勤政、周文王被囚、秦穆公受困于殽、晋文公受困于骊氏等,这些内容在当时就已经是流传度很高的故事;第二,引述往往比较简略,仅简要提及相关历史人物和简述相关史事,并没有叙述完整的前因后果和详细的人物言行;第三,某些内容与史实不符,并非可信度较高的史料,如上文提及的《二三子》第 5 章引述的晋厉公之事实为楚灵王之事。究其原因,主要在于这些人物与故事材料是用于解《易》的论据,而非作为史籍的史料,因

---

[1] 裘锡圭主编《长沙马王堆汉墓简帛集成(叁)》,第 123 页。

此史事是否详尽严谨并非首要问题。此外，后世经师也不乏使用"以史解《易》"的方法注疏经书，如郑玄、孔颖达等人都曾使用过这种方法。[1]

（二）引《易》证史

《缪和》第三部分第 19—24 章的体例一致，都是先叙述一段完整的故事，最后援引一则卦爻辞作结明义，如第 24 章："赵简子欲伐卫，使史墨入［视之。期］以卅日，六十日焉反。简子大怒，以为有外志也。史墨曰：'吾君殆乎大过矣！卫使蘧伯玉相，子路为辅，孔子客焉，史子突焉，子贡出入于朝而莫之留也。此五人也，一治天下者也，而［今］皆在卫，是□□□□□□毋又是心者，况举兵而伐之乎？'《易》卦其义曰：'观国之光，利用宾于王。'"[2]

《缪和》第三部分过去被许多学者视作以史解《易》的体例，[3] 可若仔细对比《缪和》第三部分与《象传》《系辞》《二三子》以及《缪和》前 18 章史、《易》结合的相关内容，可以发现《缪和》第三部分与前文被称为"以史证《易》"的体例是不相同的。以上文《缪和》第 24 章为例，此中《观》卦六四爻辞明显不是被解释的对象，文中也没有任何一处直接解释爻辞的含义，反而援引了爻辞来说明"赵简子欲伐卫"的故事内涵，这显然属于"引《易》证史"的体例，即史、《易》结合的第二种模式。

《缪和》第三部分从其文本体例和卦爻辞性质来看，和上文被称为"以史解《易》"的内容不同，不能等同视之，自然也不可用"以史证《易》"来统称它们。从行文体例来看，这些章节是论事引史的内容在前、卦爻辞出现在后（即章末尾句），而且整章之中不见任何直接解释卦爻辞的文字。所以这一部分往往在历史故事的最后直接引用卦爻辞作结，而不对卦爻辞作任何解释。类似的体例也见于其他先秦秦汉文献，如《韩诗外传》：

齐崔杼弑庄公，荆蒯芮使晋而反。其仆曰："君之无道也，四邻诸侯莫不闻也，以夫子而死之，不亦难乎？"荆蒯芮曰："善哉！而言也！早言，我能谏；谏而不用，我能去；今既不谏，又不去。吾闻之；食其食，死其事，吾既食乱君之

〔1〕 朱彦民《史学视野下的易学》，华南理工大学出版社 2017 年版，第 90 页。
〔2〕 裘锡圭主编《长沙马王堆汉墓简帛集成（叁）》，第 146 页。
〔3〕 学界又有引史证《易》、援史证《易》等说法，本文则以"以史解《易》"统一称呼。

食，又安得治君而死之！"遂驱车而入，死其事。仆曰："人有乱君，犹必死之；我有治长，可无死乎！"乃结缨自刭于车上。君子闻之，曰："荆蒯芮可谓守节死义矣，仆夫则无为死也，犹饮食而遇毒也。"《诗》曰："夙夜匪懈，以事一人。"荆先生之谓也。《易》曰："不恒其德，或承之羞。"仆夫之谓也。[1]

这类先引史再引卦爻辞作结的体例，与《缪和》第三部分的结构一致，都是引用经典来阐发历史故事的德义内涵。《汉书·儒林传》认为，"婴推诗人之意，而作内外传数万言，其语颇与齐、鲁间殊，然归一也"[2]。此言韩婴所作的内、外传都是传经之作，主要用于阐释诗人的创作意图，但这一说法遭到四库馆臣的明确反对："《汉志》以《韩外传》入诗类，盖与《内传》连类及之。王世贞称《外传》引《诗》以证事，非引事以明《诗》，其说至确。今《内传》解《诗》之说已亡，则《外传》已无关于《诗》义。"[3]

此说明确反对《汉书·儒林传》所认为的《韩诗外传》是阐发《诗》义的观点，并称引王世贞的说法，指出《韩诗外传》的体例是"引《诗》证事"，此处的"事"即本文所言的"史"。

王世贞和四库馆臣的意见十分正确，他们仔细分析了《韩诗外传》的结构体例，指出《韩诗外传》主要运用《诗》来证明史事，而与阐释《诗》义无关，这与《缪和》第三部分各章的情况十分相似。在这种体例下，《周易》卦爻辞就并非意义不明和需要被解释的内容，而是判别是非和论证观点的重要依据，因而具有超越一般的经典地位。从逻辑上说，《周易》要成为这种"不刊之典"首先要具备两个前提条件：第一，《周易》的内容及含义已被使用者掌握，或者说被赋予一定的含义，属于前理解中"已知"的内容；第二，《周易》已经超越一般典籍进入了"经典"的序列，被认为蕴含了深刻的德义内涵且具有恒久的价值。

"引《易》证史"体例下引述的历史故事，一般内容更为详尽，其特定的故事内涵是由卦爻辞赋予的。同样，这一体例下的"史"也并非全为严谨可信的史料，其中也有与史实相出入的内容，如《缪和》第21章记载夫差率吴师在夏季攻打楚

[1] 屈守元《韩诗外传笺疏》，巴蜀书社2012年版，第353页。
[2] 《汉书》卷88，中华书局1962年版，第3613页。
[3] 《四库全书总目》卷16，第136页。

国，最终大败楚人，并入其国都之事。但据《春秋》《左传》和《史记》可知，此当为鲁定公四年阖闾冬季率师入楚都之事。在《缪和》第 19—24 章这类体例中，《周易》卦爻辞是阐明某种道理的重要依据以及判断是非的重要标准，历史故事的义理内涵因为引用的卦爻辞而得到概括和彰明。鄙意将这一体例区别开来，概括为"引《易》证史"更为合适。此外需要指出的是，这类"引《易》证史"的体例，除《缪和》之外，并未出现在今本《易传》和其他帛书《易传》之中。

要判断相关内容是"以史解《易》"还是"引《易》证史"，最主要一点就是要考察引用的"卦爻辞"和"史"的内容，即考察哪一方是属于含义不明而需要被解释的内容，哪一方又是用作论证他者的论据。如果《周易》的内容含义不明，需要通过解释才明晰，则为"以史解《易》"，是为解《易》；反之，如果所涉及的历史内容需要《周易》来揭示其中的道理，则为"引《易》证史"，是为用《易》。伽达默尔认为："文本的意义超越它的作者，这并不是暂时的，也不是永远如此的。因此理解就不只是一种复制的行为，而始终是一种创造性的行为。"[1]这是从他者的角度赋予文本突破作者和时空限制的超越性，从而使文本具备多元开放的诠释意义。据此，无论是"以史解《易》"或"引《易》证史"，"史"与"《易》"皆能作为诠释对方的论据，彼此"互证"，而不再有诠释对象和凭证论据的区别，此或为部分学者将以《缪和》第三部分为代表的"引《易》证史"内容，视作"以史解《易》"或"经史互证"体例的原因，实际上遵循此诠释路径，无疑消解了作者在不同体例和形式方面注入的不同论述意图，鄙意探讨易类文献的论述方式或体例，还是应从创作论述和文本成书的角度出发，关注文本内容如何运用多种手段说《易》。

综上所述，从上文讨论的先秦秦汉《易传》和易说资料来看，《周易》与历史结合的内容并不少见，而且存在"以史解《易》"和"引《易》证史"两种截然不同的方式。这一现象无疑为进一步思考易学与史学的经史关系以及探究早期义理易学的多样性，提供了坚实的文献依据。

----

[1] 伽达默尔《诠释学Ⅰ：真理与方法》，洪汉鼎译，商务印书馆 2009 年版，第 419-420 页。

四、《易》、史会通的历史哲学思想

《易传》文献之外，其他西汉早期之前的文献中，也存在易、史结合的诠释范式，如《战国策·秦策四》中的"以史解《易》"："《诗》云：'靡不有初，鲜克有终。'《易》曰：'狐濡其尾。'此言始之易，终之难也。何以知其然也？智氏见伐赵之利，而不知榆次之祸也；吴见伐齐之便，而不知干隧之败也。"[1] 而《说苑·指武》则为"以《易》证史"的内容："昔吴王夫差好战而亡，徐偃王无武亦灭。故明王之制国也，上不玩兵，下不废武。《易》曰：'存不忘亡'，是以身安而国家可保也。"[2]

这些散见于各种早期典籍的内容足以说明这种《易》、史结合的阐释方式流传较广，并不局限于易类文献之中。《易》、史二者看似畛域分明，何以能结合互动呢？这一体例背后的思想渊源和思维观念十分值得探析。

（一）尊古思维

《缪和》大量运用《易》、史结合的特点，在众多易学材料中显得独树一帜，这种易学阐释范式与其尊古的历史哲学思维相关，这种思想观念深刻影响了《缪和》与其他易类文献的易学观及其易学诠释的展开方式。总体而言，其中涉及的历史多为著名历史人物及其相关事迹，"以史解《易》"更是以正面典范意义的君主为主，如大禹、商汤、文王、齐桓公、晋文公等等。尊古思维推崇古代社会和古之圣君，认为过去存在一个完美和理想的"黄金时代"，其遗留的历史传统和经验为后人树立了治理社会和修养身心的典范，人们应该重视这些历史遗产并积极响应和效仿。这一思维是中国古代思想文化世界的一个突出特征，以人文理性见长的战国诸子也多具备这一特点。《缪和》将《易》视作古之圣王倚重的治世宝典，如《缪和》第一章"夫《易》，明君之守也"，第六章"夫《易》，上圣之治也"，这些《缪和》中多次出现的泛化历史形象——明君、圣人、圣君、先君、上圣、古

---

[1] 范祥雍《战国策笺证》，上海古籍出版社 2006 年版，第 401 页。
[2] 向宗鲁《说苑校证》卷 15，中华书局 1987 年版，第 365 页。

君子、明王、古之圣君，都是名异实同的说法，都是指古代的圣君圣王。[1] 从古老圣典中求取人生修为和社会治理的历史普遍道理与经验，并以此作为权威的依据和准绳，这正是尊古思维影响下的具体表现。

《缪和》罗列的正面历史人物皆为古代著名君主，其典型形象或相关事迹的展现，填补了阐释对象卦爻辞和阐释目标德义内涵之间的空间，实现了意义转化，并避免了枯燥而僵硬的阐释方式。这也与中国传统少纯粹说理推衍、多采取"古人未尝离事而言理"的哲学思想阐释方法相关。这些被古代圣王确立的历史性道德伦理、行为规范和经验智慧作为易学解释的内容，除了生动具体地揭示相关德义内涵之外，更赋予《周易》卦爻辞以神圣典范性。因此，可以说尊古思维是推动《易》、史结合的根本动力。

（二）人文主义

《易经》历来被视作成书较早的古老文献，《系辞》更是将其与伏羲、神农等传说时期的君主联系起来。更通行的说法是，《易经》的形成在商周之际，且与周文王有密切的关系。《要》中孔子解释其好《易》的原因时也说："《尚书》多於矣，《周易》未失也，且有古之遗言焉。"[2] 此处孔子将《周易》和《尚书》进行比较，认为《周易》保全更加完好，兼之保留了古人的言论，这实际上等于将《周易》等同于《尚书》，视作一种具有记言功能的历史文献。作为成书已久的古老文本，《易经》显然承载了许多古代历史信息，从文献内容和性质而言可谓"《易》中有史"。

从论述方式来看，《缪和》相较于其他帛书《易传》晚出，[3] 是战国后期典型的诸子著作。[4] 诸子的史学思想发达，具有突出的历史哲学特征，这主要表现

---

[1] 如《缪和》第四章将大禹称为"圣君"，将之与"今有土之君"对比并批评后者，其尚古意味非常明显。

[2] 裘锡圭主编《长沙马王堆汉墓简帛集成（叁）》，第116页。

[3] 刘震先生认为"《二三子》与《衷》多属于解释，当为早出，而《缪和》在内容上使用了许多对于《周易》的引申与理解，应当是在《周易》的德行思想比较成熟的时候，在时间上要晚于前面两者。"参见刘震《帛书〈昭力〉易学观初探》，《周易研究》2007年第2期。

[4] 廖名春先生认为《缪和》思想的综合性较强，具有战国末期学术的特点，参见廖名春《帛书〈缪和〉〈昭力〉简说》，陈鼓应主编《道家文化研究》第3辑，上海古籍出版社1993年版，第207-215页。

在诸子立说注重运用历史内容进行说理论证和阐发哲理，同时也注意运用概括抽象的哲学思想来提炼历史内涵。[1] 前者在诸子易说材料中表现为"以史解《易》"，后者则为"以《易》证史"，这两类《易》、史结合的体例都具有共同的前理解与诠释前提，即二者无论是解释《周易》还是诠释历史，其最终目的都是为了说理，都致力于挖掘《周易》或历史当中蕴含的经验教训和道德义理，卦爻辞和历史则作为承载哲理内涵的外在形式。春秋以来，怀疑天命的思想日益高涨，并朝重视人的根本作用之方向发展，可以说这一时期历史哲学的主要特征就是人文主义。葛志毅先生认为，春秋战国时期，"人事活动在社会历史发展中的作用开始受到重视，人们开始用人类自身的因素去解释和说明社会历史的发展"[2]。在这种历史哲学思维影响下，一方面过去被视为占筮之书的《周易》，在这一时期的易学诠释活动中，与记录人类社会发展变化的历史相结合，被发掘出丰富的道德和哲理内涵；另一方面被视为蕴含鉴往知来与贯通古今作用的义理之书，《周易》同样可以作为诠释历史过程中的人事道德与哲理内涵的经典依据。

《缪和》（包括《昭力》）与其他战国至汉初的易说材料一样，除了抽离占筮外壳，也几乎不讨论形而上的命题，而是专注探究属于人事范畴的政治和道德问题。同时，用德义内涵匡定《周易》与历史的价值，更进一步塑造了其以义理为主要价值与核心内容的特征，此处《易》不再以占筮为主要用途，而史也不以记事载言为主要目的，二者皆以发掘人生修养、治国理政的道德经验为最终价值归宿。显然，这一诠释理路下卦爻辞和历史都被视作饱含道德伦理和经验教训的载体，以人道为核心的义理内容就是卦爻辞和历史本身蕴含的最重要价值。从这个意义上而言，《易》、史同质，这是二者会通的基本前提。

结　语

帛书《缪和》作为一种特殊的《易传》文献，在引用《周易》卦爻辞方面存

〔1〕 吴怀祺、林晓平《中国史学思想会通·先秦史学思想卷》，福建人民出版社 2018 年版，第 144 页。
〔2〕 葛志毅《战国诸子史学思想发凡》，《大连大学学报》2008 年版第 5 期。

在许多不同于其他易类文献的地方。首先，在称引《易经》的体例方面，《缪和》存在多种不同的体例，其中完整称引书名、卦名和爻题的体例就罕见于其他《易传》文献。第二，从所引卦爻辞的性质和作用来看，《缪和》存在"引《易》以解《易》"、"引《易》为证"、"既证又解"三种不同的体例，这与其他《易传》文献较为相似。第三，《缪和》中出现了不少《周易》卦爻辞与历史结合的内容，其中又可细分为"以史解《易》"和"引《易》证史"两种不同的体例，前者多见于《彖传》《系辞》《二三子》之中，后者目前仅见于《缪和》。卦爻辞和历史结合是《缪和》易说的一大重要特色，其中尊古思想是将《周易》和历史内容相结合的根本动力，同时也生动地诠释了《缪和》将《周易》视作古代圣王立身治世宝典的易学观。另外，重视人事范畴的人文主义精神，亦是《周易》和历史结合的基本前提，在这一诠释理路的统摄下，《易》、史同质，皆为人道义理的文字载体。

王者之制禄爵

——论《礼记·王制》对"封建"的构成

丁肇聿*

[内容提要]

　　《礼记》中唯有《王制》一篇以"王者之制度"为内容，通过对政治制度的整体设计，完成了一个"封邦建国"式政体的构成。作为政体，"封建"以爵、禄的双重系统为基本特征，但爵、禄双重系统的一体化才是"封建"的结构性要素。《王制》通过对"礼制"的具体规定，巧妙地将相互独立的爵、禄系统收摄进同一个等级序列中，使爵、禄系统在不改变自身结构的情况下，通过等级制实现爵、禄之间的等级换算。原本由二元的爵、禄系统构成的政治结构，由此成功转型为以天子为中心的"一元—二重—三层"封建政治结构。《王制》的制度虽有空想性质，但《王制》通过构成封建政治的方式揭示了封建之为封建的结构性本质，因此《王制》之作的目的不是对制度的记录，而是教导王者如何制定制度。

[关键词]

《王制》；爵禄；封邦建国；制度；礼

* 丁肇聿，同济大学人文学院博士研究生。

　　《礼记》是"对'礼经'解说的汇编"[1]，《礼记》四十九篇中有五篇与"制度"相关，[2] 但只有《王制》一篇专讲"王者之制度"。[3] 传统的《王制》研究将《王制》中的制度视为"先王之制"，欲借《王制》的文本重现古代政治制度的原貌。[4] 现代《王制》研究在继承传统方法的基础上发展了《王制》研究的形式，并取得了相当丰硕的成果。[5] 在这一传统研究方法之外，还有一种由晚清经学家开启的新视角。为了在经学中为晚清的政治改革建立正当性，晚清今文家突破

---

〔1〕　王锷《〈礼记〉成书考》，中华书局 2007 年版，第 3 页。

〔2〕　《曲礼》《王制》《礼器》《少仪》《深衣》题下皆引郑玄注曰："此于《别录》属《制度》。"《礼记正义》卷 1、11、23、35、58，《十三经注疏》标点本，北京大学出版社 1999 年版，第 6、330、716、1013、1560 页。

〔3〕　《礼器》讲"宫室器具度量"、《少仪》是记载"相见及荐羞之小威仪"、《深衣》记载"天子至于庶人的服式之制"、《曲礼》则是"载各种礼制，记其委曲原由"。华友根《西汉礼学新论》，上海社会科学院出版社 1998 年版，第 154—155 页。

〔4〕　传统《王制》研究基于《王制》为"先王之制"这一立场展开，试举一例予以说明。郑玄在《王制》"天子之县内……"句中对"县内"的注解为"县内，夏时天子所居州界名也。殷曰畿，……周亦曰畿。"郑玄认为称"县内"而不称"畿"，意味着《王制》此制是夏朝制度。《礼记正义》卷 11，第 352 页；孔颖达虽不完全同意郑玄对《王制》中制度的考据结论，但他同样沿用了《王制》为"先王之制"的预设。在孔颖达为《王制》所作疏证之中，随处可见其对《王制》中制度究竟是夏殷制还是周制的讨论。例如对《王制》开篇"王者之制禄爵：公、侯、伯、子、男，凡五等"的爵制，孔颖达认为，"此五等者，谓虞夏及周制。殷则三等，公、侯、伯也"。孔颖达认为《王制》所记爵制，属于虞夏或周的古制。可见孔颖达在为《王制》作正义时采取的基本立场，也是将《王制》当作杂采虞夏殷周的古制记录，欲借《王制》的文本重现古代政治制度的原貌。《礼记正义》卷 11，第 331 页。

〔5〕　当代《王制》研究的成果大致有三类。第一，"《王制》学"问题，即通过经学家对《王制》的解读，研究其本人的治经立场。此类研究的代表性成果有沈时凯《朱熹理想政治制度在其〈礼〉经编纂中的体现——以〈仪礼集传集注·王制篇〉为考察文本》，《朱子学刊》2017 年第 1 期；邝其立《从〈王制笺〉看皮锡瑞的经学观》，陈明、朱汉民主编《原道》第 42 辑，湖南大学出版社 2021 年版，第 102—112 页；王启发《吴澄对〈礼记·王制〉篇的改编及其意义解析》，《学海》2020 年第 3 期。第二，《王制》的成篇年代问题。此类研究的代表性成果有王锷《〈礼记〉成书考》，中华书局 2007 年版；章可《〈礼记·王制〉的地位升降与晚清今古文之争》，《复旦学报（社会科学版）》2011 年第 2 期；毋燕燕《〈王制〉单篇别行现象论析》，《华中学术》2019 年第 2 期。第三，对《王制》制度本身的研究。此类研究的代表性成果有齐义虎：《〈礼记·王制〉之官制研究》，《天府新论》2021 年第 3 期；吕思煊《"司空职"与〈王制〉义》，《中国文化》2018 年第 2 期；孙术兰《〈礼记·王制〉制度研究》，南京师范大学 2020 年硕士学位论文。

了以《王制》为"先王之制"的传统立场，将《王制》看作"素王之制"，[1] 认为《王制》是"素王"以改制为目的为现实政治设计的制度蓝本，甚至认为"素王"就是孔子。[2] 古文家极力反对"素王之制"说，并借此否认孔子改制的事实，从而取消六经的神圣权威。[3] 尽管晚清《王制》研究遭到"借经术以文饰其政论"的批评，[4] 但确实为《王制》研究带来了新的气象。因为今文学家为《王制》冠以"素王之制"的名义，使《王制》的制度有机会跳出"先王之制"的预设。这样一来，对《王制》制度本身的讨论就能够挣脱考据的桎梏，转而直面这样一个问题：不论《王制》的制度是"先王"的还是"素王"的，其制度设计本身究竟何以承担"王者之制"的资格？[5] 目前学界的《王制》研究，对这一问题尚缺乏关注。因此，本文试图接续这一新视角，从《王制》制度设计的整体结构中，探索《王制》的制度设计究竟如何体现"王者"的品格。

一、《王制》的性质

晚清的时局，促使经学家从传统思想资源中寻找现实政治改革的依据。晚清《王制》地位的提升，是因为它的"制度"主题符合当时今文家的改制需求。然

---

[1] 俞樾首次提出了《王制》是"孔氏之遗书，七十子后学者所记"的看法，廖平继承其说，认为《王制》是"孔子以匹夫制作，其行事具于《春秋》，复推其意于五经。孔子已殁，弟子纪其制度，以为《王制》"。俞樾《达斋丛说》，《九九销夏录》四种合刊本，中华书局 1995 年版，第 326 页。廖平《王制集说》凡例，舒大刚、杨世文主编《廖平全集》第 5 卷，上海古籍出版社 2015 年版，第 133 页。

[2] 康有为在《考订王制经文序》中说："《王制》者，盖孔子将修《春秋》，损益周礼而作。"康有为《考定王制经文序》，姜义华、张荣华编校《康有为全集》第 2 集，中国人民大学出版社 2007 年版，第 15 页。引文标点参考章可改动，与《全集》略有不同。章可《〈礼记·王制〉的地位升降与晚清今古文之争》，第 128 页注 1。

[3] 从章太炎为反驳今文学家而撰写的《王制驳议》中可以看出，章太炎反驳《王制》为素王之制，是为了从根本上反对今文学家用经学建立政治正当性的意图。章太炎坚决认为《王制》非孔子新制，意不在《王制》本身，而在那由公羊家建立、康有为继承的孔子改制权威。章太炎《王制驳议》，傅杰编校《章太炎学术史论集》，云南人民出版社 2008 年版，第 450 页。

[4] 梁启超《清代学术概论》，岳麓书社 2009 年版，第 6 页。

[5] 丁肇聿《晚清〈王制〉的今古文之争与近代经学的转型历程》，曾亦、郭晓东主编《春秋学研究》第 3 辑，上海古籍出版社 2024 年版，第 303-308 页。

而，《礼记》中以"制度"为内容的篇目不只《王制》，但受到今文家重视的只有《王制》。这意味着虽然同属"制度"，《王制》的性质与其他篇目有本质的不同。

（一）《王制》之为"王者之制度"

《王制》一文，顾名思义，为"王者之制度"。在古代汉语中，"制"与"度"独立成文，"制"指规则的制定，"度"则包括"国之法制、度之丈尺、量之斛斗，衡之斤两"等，[1] 不论是国家制度还是日常生活规范，都属于"制度"所囊括的范围。与《王制》同属"制度"的《礼记》其他篇章，主要为日常生活涉及的礼节仪式制定规则，比如规定器具、衣服等日常用品的制式，[2] 唯有《王制》关注"王臣、侯国、服制、畿内封、八州封国、方伯、巡守、田猎、冢宰、司空、司马、司寇、司徒等"，都是只与共同体的构成相关的政治制度。[3]

也就是说，《礼记》收录的"制度"多与个人生活相关，唯有《王制》关注政治体的构成。因此，虽然传统的"制度"是一个广义概念，但《王制》为"制度"加上"王者"的定语后，就可与现代政治制度概念等量齐观。现代"制度"是一个狭义概念，特指政治制度，即"政治主体从事政治活动所要遵循的各种准则之总和，以及政治组织架构及其运行机制"[4]。而《王制》作为"王者之制度"，所记录的政治制度也堪称完备。《王制》通过对政治制度的全方位设计，成功地构成了一个以"封邦建国"为结构的政治实体。从这个意义上说，《王制》无愧为"王者之制度"，因为它关心的并非个人层面的问题，而是一个政体如何构成自身的问题。且"非天子不议礼，不制度，不考文"[5]，唯有"王者"才既有资格也有责任对政治体构成的问题作出决断。

---

〔1〕《尚书正义》卷3，《十三经注疏》标点本，北京大学出版社1999年版，第61页。

〔2〕《礼器》讲"宫室器具度量"、《少仪》是记载"相见及荐羞之小威仪"、《深衣》记载"天子至于庶人的服式之制"、《曲礼》则是"载各种礼制，记其委曲原由"，都是日常生活所涉及的各种仪式规则。华友根《西汉礼学新论》，第154-155页。

〔3〕李耀仙《〈王制订〉书刊行的几点说明》，李耀仙主编《廖平选集》下册，巴蜀书店出版社1998年版，第3页。

〔4〕王成等著《中国政治制度史》，山东大学出版社2014年版，第1页。

〔5〕《礼记正义》卷53，第1457页。

"《王制》,封建制也",将《王制》当作"博士钞撮应诏之书"的章太炎,[1]也同意《王制》的制度勾勒了一个"封邦建国"式的政治结构。作为"王者之制度",《王制》通过对政治制度的具体规定,构成了一个以封邦建国为组织形式的政治实体。"封邦建国"是西周的创制,"昔武王克商,成王定之,选建明德,以藩屏周"[2]。周代殷而有天下后,为了巩固周王朝的统治,建立了封邦建国的政治体制。作为政治体制,它是国家的组织形式。这样一种体制之所以在周初被创建,是出于周人对如何继承商王朝政治遗产的实际考虑。武王在克商之后,"取得的只是天下共主的声名和商人的南部王畿,并未真正取得商人的实际疆域和外服诸国"[3],这直接导致了武王死后第二年"三监之叛"的发生。以此为契机,摄政的周公在平定"三监之叛"的同时,通过将原商王朝的土地分封给同姓亲戚和异姓功臣的方式,分化了商族的势力,为西周建立了一个"全新的轮廓及政治体系"[4]。作为一个政治体,"三监之叛"和周公的东征是西周构成自身的重要契机。封建政体在这一特定的时刻产生,西周作为一个国家也因此建立起来。在这一初创时刻,封建政体的构成还比较简单,其中最重要的两个结构性要素是土地与人口的分封,[5]政体的组织和运行还未形成严密的制度。[6]随着国家和社会的不

---

〔1〕 章太炎《王制驳议》,《章太炎学术史论集》,第 453 页。

〔2〕 《春秋左传正义》卷 54,《十三经注疏》标点本,北京大学出版社 1999 年版,第 1545 页。

〔3〕 宫长为、徐义华《殷遗与殷鉴》,中国社会科学出版社 2011 年版,第 113 页。

〔4〕 李峰《西周的政体:中国早期的官僚制度和国家》,生活·读书·新知三联书店 2010 年版,第 35 页。

〔5〕 《左传·定公四年》记祝佗之言曰:"昔武王克商,成王定之,选建明德,以藩屏周。故周公相王室,以尹天下,于周为睦。分鲁公以大路、大旂,夏后氏之璜,封父之繁弱,殷民六族,条氏、徐氏、萧氏、索氏、长勺氏、尾勺氏,使帅其宗氏,辑其分族,将其类丑,以法则周公,用即命于周。是使之职事于鲁,以昭周公之明德。分之土田陪敦、祝、宗、卜、史,备物、典策,官司、彝器;因商奄之民,命以伯禽而封于少皞之虚。分康叔以大路、少帛、綪茷、旃旌、大吕,殷民七族,陶氏、施氏、繁氏、锜氏、樊氏、饥氏、终葵氏;封畛土略,自武父以南,及圃田之北竟,取于有阎之土,以共王职。取于相土之东都,以会王之东蒐。聘季授土,陶叔授民,命以《康诰》,而封于殷虚,皆启以商政,疆以周索。分唐叔以大路、密须之鼓、阙巩、沽洗,怀姓九宗,职官五正。命以《唐诰》,而封于夏虚,启以夏政,疆以戎索。"《春秋左传正义》卷 54,第 1545-1550 页。

〔6〕 《尚书·康诰》:侯甸男邦采卫;《尚书·酒诰》:侯甸男卫邦伯;《尚书·康王之诰》:庶邦侯甸男卫,皆与后世所谓"五等爵制"不合。《尚书正义》卷 14、18,第 358、378、519 页。

断发展，西周中期政府经历了一个不断扩大与系统化（systematization）的决定性过程，[1]"封建"也逐渐从特定政治时刻下的政治行动，演变为内在于国家结构的政治制度——从这个意义上说，这就是西周的"王制"。

作为"王者之制度"，《王制》要通过对政治活动与政治组织的具体规定，构成政治体并使其有效维持自我运行。然而，从这些规定的条文来看，《王制》的制度却显得有些不切实际。比如《王制》将国家的政区划分为"九州"，"州方千里"，每一州都建立"百里、七十里、五十里"三种大小的国家，共建立"千七百七十三国"。[2]诸如此类的整齐设置带有空想的性质，完全没有考虑到中国地理的实际情况，是纯粹在理念层面上进行的制度规划。正因为这种规划明显与西周曾实行的制度不符，郑玄在注解《王制》时，才将这些明显与周制不符的制度解释为"夏殷制度"，因此遭到后人的批评。[3]也正是《王制》对制度规划的空想性质，使得身处晚清今古文论争中心的章太炎，无论如何也不相信《王制》是"素王"所建立的新制。因为《王制》的制度设计是"内则教人旷官，外则教人割地"，这些制度对现实的枉顾，甚至是"管、晏之所羞称，贾捐之所不欲弃，桑维翰、秦桧所不敢公言"[4]，又怎会出自"圣人"之手呢？

（二）《王制》之为"理念类型"的刻画

政治制度的写定，是一个政治体完成自身构成的反映。只有当一个政治体完成其自身的构成时，才能以制度的形式确立自身。政治制度一旦落实在文本之中，就说明"其有系统且系统建立在某种经常性原则上，其有常规性、规律性，有一般化原则"[5]。也就是说，政治制度体现的是"一般化""普遍性"原则，虽然制度本身一定呈现为一种"执行的动态"，[6]即制度在实施过程中一定会与一般化原则产生动态的偏差，但这并不妨碍政治制度作为一般化原则天然地具有刻画"理

---

〔1〕 李峰《西周的政体：中国早期的官僚制度和国家》，第88页。

〔2〕 《礼记正义》卷11，第339页。

〔3〕 皮锡瑞就认为郑玄的这一做法是"强为弥缝"。皮锡瑞《王制笺自序》，王锦民校笺《〈王制笺〉校笺》，华夏出版社2005年版，第4页。

〔4〕 章太炎《王制驳议》，《章太炎学术史论集》，第454页。

〔5〕 李峰《西周的政体：中国早期的官僚制度和国家》，第148页。

〔6〕 白钢主编《中国政治制度通史》第1卷总论，社会科学文献出版社2011年版，第4页。

念类型"（idea type）的功能。[1] 以《王制》的制度设计而言，虽然与西周实行过的制度有偏差，也很难想象其在现实中施行的可能性，但由于《王制》具有政治制度的一般化性质，它依然能够对封建政体作出"理念类型"的刻画。

自从孔子表达了"从周"的理想后，[2]"周制"就成为理想政制的代名词。所谓"周制"，从"政治组织架构及其运行机制"上说，是"天子建国，诸侯立家，卿置侧室，大夫有贰宗，士有隶弟子"的"封邦建国"政治体制；[3] 从"政治主体从事政治活动所要遵循的准则"上说，是"贵贱有等，长幼有差，贫富轻重皆有称"的"礼乐"等级制度。[4] 因此"理想政制"在中国的语境中，从来不是一种形而上的"理念"，而是实际政体与制度的指代："理想政制"就是集"封建"之体与"礼乐"之用为一体的周代"王制"。这也是为什么直到行郡县已近千年的中唐时期，柳宗元依然要写《封建论》来反对当时盛行的"改行封建"的政治设想。

但是通观先秦流传下来的文献，其中没有任何一份真由周公手定的西周"王制"文本。刘歆曾将《周礼》当作"周公致太平之迹"，[5] 除了有支持王莽当政的因素外，[6] 多少也反映了刘歆本人对周代政治制度文本的渴求。因为，先秦学者无数次以"制礼作乐"描述周代政治的致太平之状，却找不到这一"礼乐制度"的任何实录。那么，礼乐之为礼乐、封建之为封建的要害究竟何在呢？周代政治制度究竟有何构成性因素，使"周制"成为理想政制的代名词？在这个意义上，《王

---

[1] 陈赟以宗法制度为例，认为《礼记·大传》与《礼记·丧服小记》即对周代宗法的"理念类型"（idea type）的刻画。因此，"它的目的不在于提供经验性认知事实，即西周存在过一种什么样的宗法，而是西周宗法在理念与形式上应该如何理解，这一理解所指向的，不仅仅是试图在所有关于西周宗法的经验性事实的层面做出融贯的因果性解释，而且是给出宗法的意义理解与规范性的基本原则"。陈赟《周礼与"家天下"的王制：以〈殷周制度论〉为中心》，中国人民大学出版社 2019 年版，第 136 页。

[2] 子曰："周监于二代，郁郁乎文哉！吾从周。"简朝亮撰，赵友林、唐明贵校注《论语集注补正述疏》卷 2，华东师范大学出版社 2009 年版，第 221 页。

[3] 《春秋左传正义》卷 5，第 153-154 页。

[4] 《荀子集解》卷 13，中华书局 1988 年版，第 347 页。

[5] 贾公彦《序周礼废兴》，《周礼注疏》卷首，《十三经注疏》标点本，北京大学出版社 1999 年版，第 8 页。

[6] 王葆玹《今古文经学新论》，中国社会科学出版社 1997 年版，第 147-149 页。

制》与《周礼》的"理念类型"刻画才显示出其重要性。《王制》与《周礼》都是"设法之辞",都是以制度实录的形式搭载的理想制度蓝本。但《周礼》是官制设计,[1]"特别关注官职间分工合作关系与层级组织结构",[2] 而官制设计只是《王制》整体政治制度设计中的一个部分。《周礼》特重官制设计当然有其特殊考虑,但从这个意义上来说,《王制》比《周礼》更具备能够构成政治体的"王者之制度"的形式。虽同是"设法",但要深究的是"设法之辞,何以如此",[3] 值得讨论的是,《王制》如何借助政治制度对政治体的构成功能,使"周之所以为周"的构成性因素显现出来。

二、《王制》的制度设计:封建政体的构成性要素

《王制》虽然看似只是各项政治制度的简单罗列,但如果以整体性眼光来看各项制度,就能发现《王制》通过对具体制度的设计,完成了"封建"政体的结构性构成。《王制》以"爵""禄"双重系统为基础,通过对政治制度的全方位设计,完成了"爵""禄"双重系统向"爵—禄"一元系统的转化,成功地构成了一个"封邦建国"式的政体。

(一)爵与禄的双重系统

作为"王者之制度",《王制》将封建政体的结构寓于制度之中。《王制》虽然没有直言"封邦建国"政体的本质性结构,但只要依次阅读其中对各项制度的设计,就能看出《王制》制度所依托的政体拥有一个明显的二重结构,即"爵"的系统与"禄"的系统。《王制》开篇就言"王者之制禄爵",开门见山地指出,封建政体必须依托两个系统来构成,其中"爵"对应"天子建国","禄"对应"诸侯立家","爵—国"与"禄—家"的系统奠定了封建制度的基本结构。封建国家之所以能够运转、政治制度之所以能够施行,都有赖于"爵"系统与"禄"系统的建立。

---

[1] 《周礼》以"官属法"设官、"官职法"分职,完成了一套严密的官制设计。丁进《〈周礼〉大宰官职法新说》,《湖南大学学报(社会科学版)》2023年第5期。
[2] 吕明烜《"司空职"与〈王制〉义》,《中国文化》2018年第2期。
[3] 吕思勉《中国社会史》,上海古籍出版社2007年版,第298页。

国家的建立，其本质是为了将一定范围内的地域和人口组织起来。封建政体之所以需要两个系统同时运作，是出于西周政治现实的需要。为了将天子统辖范围内的人口与地域组织在一起，需要建立一个以天子为核心的垂直管理系统，这一系统为"禄"的系统。受任命的管理者任卿大夫之职，天子授予卿大夫采邑，使其行使管理的职能。然而，相对于辽阔的疆域和大量的人口而言，西周社会的发展水平有限，以天子为核心的垂直管理系统无法应用于"王畿"之外的广大区域。为了让王畿以外的广大地域和众多的人口也能有效地组织起来，必须采取分而治之的方式，也就是通过分封土地来建立"爵"的系统。"封，爵诸侯之土也"[1]，天子将无法垂直管理的土地分封出去，受土地者为"诸侯"，由诸侯在受封的土地上建立"国"的政治单位。如此一来，诸侯就可以在新的政治单位中建立垂直管理系统，将"国"内的土地与人口有效地组织起来。凭借"爵"与"禄"这一双重系统，一个"封建"国家就此成功建立（见表1）。

表1　"爵"系统与"禄"系统的特征

系统	管理者	政治单元	分封形式	世与否
爵	诸侯	国	封邦	世
禄	卿大夫	家	采邑	不世

然而，"爵"与"禄"这一双重系统，并非封建之为封建的充分必要条件。借助"爵"系统，天子能有效地借助分封来统治诸侯，但缺乏有效的手段来统治诸侯国内部；借助"禄"系统，天子能有效地借助官僚系统实施统治，但天子的官僚系统无法控制王畿之外的区域。也就是说，在爵、禄相分离的系统中，统治阶级由"天子、诸侯/天子之卿大夫、诸侯之卿大夫"三个层级组成，然而由于爵、禄系统各自独立的原因，三个层级之间有一个明显的断裂。天子对于第三个层级即诸侯之卿大夫缺乏统治的有效性。因此三个层级形成了二元结构，分别是"天子—诸侯/天子之卿大夫"与"诸侯—诸侯之卿大夫"（见图1）。

[1]　许慎《说文解字》，中华书局1963年版，第287页。

天子

诸侯　　　　　　　　天子之卿大夫

_____

诸侯

诸侯之卿大夫

图1　"爵"系统与"禄"系统的二元结构示意图

这种"爵"与"禄"相分离双重系统，恰恰是商代政治的结构。"昔有成汤，自彼氐羌，莫敢不来享，莫敢不来王，曰商是常"[1]，商代各方国是商王名义上的"诸侯"，这些方国实际上是当地的土著，在与商王确定臣服关系以前，已经形成了各自的政治结构。当商王通过军事镇压与各方国确立臣服关系后，并没有改变其内部的政治结构。由于缺乏对各方国内部政治的有效控制，因此商王一旦失去对诸侯的武力威胁，就会失去对方国的统治。商王朝方国总是"时服时叛"，就是因为商代政治有这一结构性缺陷。商王朝的灭亡也充分证明了，"爵"与"禄"双重系统虽然能够支撑政治的建立，但通过双重系统所建立的政治是一种在结构上发育不完全的政治。因此，周人在吸取商代政治教训后，必须创建一种全新的政治结构来填补商代政治的缺陷；否则，必然重蹈商人的覆辙。

为了解决商代政体的结构性缺陷，周人创建了"封邦建国"的全新政体。周人的封邦建国政体可以说完全保留了商代政治中的"爵""禄"双重系统，但之所以仍称"封邦建国"是周人的一种"创制"，原因在于周人通过等级制的建立，将原本相互独立的爵系统与禄系统有机地整合在一起，成为一体化的"爵—禄"系统。

（二）"爵"与"禄"双重系统向"爵—禄"一元系统的转化

《王制》作为"王者之制度"，其核心正是通过等级制的发明，在不改变爵、禄各自系统的情况下，通过"爵"与"禄"系统的一体化改造，将"天子—诸侯/天子之卿大夫"与"诸侯—诸侯之卿大夫"二元三层结构转化为"天子—天子之

----

[1]《毛诗正义》卷20，《十三经注疏》标点本，北京大学出版社1999年版，第1462页。

卿大夫/诸侯—诸侯之卿大夫"一元三层结构。将原本各自独立的系统与政治结构整合为一个"一元—二重—三层"有机体系，共同构成了封建政体的根本性结构（见图 2）。

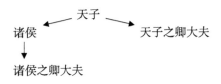

图 2 "爵"系统与"禄"系统"一元—二重—三层"结构示意图

所谓"等级制"，就是以统一的等级排序统摄两个互不相涉的政治系统，给予不同职能者以不同的称谓，不同的称谓在同一个等级系统中拥有不同的等级排序。如此一来，"爵"系统与"禄"系统在保持各自职能独立的同时，又通过等级制得到了统一。不同的称谓是"名"，"名"之间的等级换算规则是"律"，等级制就这样借助"名"与"律"的设置，将"爵""禄"双重系统有机地结合在同一个等级系统之中。只有在封建政治特有的"一元—二重—三层"结构中，才能看出"律"与"名"对于整个制度所起的作用。"律"与"名"的制定是使封建的双重系统互相嵌套进同一个系统的决定性因素。

《王制》所展现的，正是如何通过制度设计，将"爵"系统与"禄"系统通过同一个等级制嵌合起来的问题。"爵"系统的基本结构为"公、侯、伯、子、男"；"禄"系统的基本结构为"诸侯之上大夫卿、下大夫、上士、中士、下士"[1]。《王制》在不改变两套系统各自结构的情况下，巧妙地通过制度的设计，将两套系统纳入同一个等级排序中。

首先，通过土地制度的设计，将属于"爵"系统的"天子—诸侯"结构与"禄"系统的"天子—天子之卿大夫"结构联系起来。

对借助爵、禄系统而建立的政治体来说，最根本的制度莫过于土地制度。不管是爵系统还是禄系统，都是依靠对土地的占有而建立起来的。"天子诸侯及卿大夫有地者，皆曰君"[2]，统治集团要将人口组织起来，就必须拥有对土地的支配权；

---

[1] 《礼记正义》卷 11，第 332 页。
[2] 《仪礼注疏》卷 29，《十三经注疏》标点本，北京大学出版社 1999 年版，第 553 页。

同样，因为拥有对土地的支配权，统治阶级才得以形成。虽然爵、禄系统各自的土地制度有本质上的不同，[1] 但爵、禄系统都是通过土地制度建立起来的，"天子有田以处其子孙，诸侯有国以处其子孙，大夫有采以处其子孙，是谓制度"[2]。所以，《王制》首先通过对爵、禄系统土地分配制度的设计，将分属爵系统的诸侯与分属禄系统的天子之卿大夫纳入同一个等级排序。

> 天子之田方千里，公侯田方百里，伯七十里，子男五十里。不能五十里者，不合于天子，附于诸侯曰附庸。天子之三公之田视公侯，天子之卿视伯，天子之大夫视子男，天子之元士视附庸。[3]

《王制》首先规定"爵"系统内部的土地分配原则："天子之田方千里，公侯田方百里，伯七十里，子男五十里。不能五十里者，不合于天子，附于诸侯曰附庸。"而紧接着的"天子之三公之田视公侯，天子之卿视伯，天子之大夫视子男，天子之元士视附庸"，虽然是在"禄"系统内部规定土地分配的原则，但并非直接使用"天子之三公之田方X里"的形式，而是先用"禄"系统中职位的等级比照"爵"系统中爵位的等级，通过等级之间的对应规则，将"禄"系统统摄入"爵"系统。因此"禄"系统内部的土地分配原则，就因为"爵"系统土地分配原则的确定而得以确定。

比如，要知道"禄"系统中"天子之卿"采邑的大小，首先要知道"禄"系统中"天子之卿"这一职级相当于"爵"系统中"伯"这一爵位，因为"爵"系统规定了"伯"之田为七十里，因此与"伯"同等级的"天子之卿"之田也为七十里。这样一来，虽然从政治结构上来说，诸侯与天子之卿大夫依然分属两个相互独立的系统，但由于在土地制度中"爵"与"禄"之间可以相互换算，因此诸侯虽然是"有土之君"，却因为其受封土地的大小与天子之卿大夫在等级上相应，因此从等级上来说相当于天子之卿大夫。由此就解决了王畿与诸侯属于两个平行单元

---

[1] 诸侯以"分封"的形式拥有对土地的支配权，卿大夫则以"采邑"的形式拥有支配权。二者本质性的区别有：诸侯"世"，卿大夫"不世"；"公食贡，大夫食邑"。诸侯对土地的支配相当于"税收"，而卿大夫对土地的支配相当于"俸禄"，二者属于两个体系。徐元浩《国语集解》，中华书局2002年版，第350页。

[2] 《礼记正义》卷21，第681页。

[3] 《礼记正义》卷11，第332页。

的问题（见表2）。

表2 "天子—诸侯"与"天子—卿大夫"的二元平行结构

"天子—诸侯"系统	"天子—卿大夫"系统
天子	天子
公侯	天子之三公
伯	天子之卿
子男	天子之大夫
附庸	天子之元士

"天子—诸侯"与"天子—卿大夫"就由上表所示的两个二元平行结构，变为下表所示的一元统一结构（见表3）。

表3 "天子—诸侯"与"天子—卿大夫"的一元结构

天子	
公侯	三公
伯	天子之卿
子男	天子之大夫
附庸	天子之元士

紧接着，《王制》又通过卿大夫的禄制设计，将不同规模的诸侯国纳入同一个等级排序：

诸侯之下士视上农夫，禄足以代其耕也。中士倍下士，上士倍中士，下大夫倍上士。卿四大夫禄。君十卿禄。次国之卿三大夫禄，君十卿禄。小国之卿倍大夫禄，君十卿禄。[1]

对于一个诸侯国的内部而言，"诸侯之下士视上农夫，禄足以代其耕也。中士倍下士，上士倍中士，下大夫倍上士。卿四大夫禄"，这是在"诸侯之上大夫卿、下大夫、上士、中士、下士，凡五等"的禄系统内部，对食禄的多少进行规定。

---

[1]《礼记正义》卷11，第335页。

然而《王制》的禄制设计没有止步于禄系统内部，而是在此基础上进一步规定了"君十卿禄。次国之卿三大夫禄，君十卿禄。小国之卿倍大夫禄，君十卿禄"。

按正义的解释，"大夫以下，位卑禄少，故大小国不殊，卿与君禄重位尊，故禄随国之大小为节"[1]。古人写书通常习惯减省，若以"互文"的规则将本条禄制补充完整，那么禄制应该如表4所示[2]。

表4　《王制》的禄制度

律	名		
2^0	小国下士	次国下士	大国下士
2^1	小国中士	次国中士	大国中士
2^2	小国上士	次国上士	大国上士
2^3	小国下大夫	次国下大夫	大国下大夫
2^4	小国中大夫	次国中大夫	大国中大夫
2^5	小国上大夫	次国上大夫	大国上大夫
2^6	小国下卿		
$2^5 \times 3$		次国下卿	
2^7	小国中卿		大国下卿
$2^6 \times 3$		次国中卿	
2^8	小国上卿		大国中卿
$2^7 \times 3$		次国上卿	

------

[1]《礼记正义》卷11，第337页。

[2]《王制》原文中缺少中大夫、上大夫之禄的算法，于"卿"也只笼统地说了"卿四大夫禄"。如果按照"互文"的方式将禄制补充完整，那么应该可以得到"中大夫倍下大夫、上大夫倍中大夫"以及"下卿四上大夫，中卿倍下卿，上卿倍中卿"的原则。以上是笔者按照"互文"的方法，为《王制》补充的完整禄制排序。然而经张翼翔师兄提示，《王制》原文中"中大夫"的空缺究竟是"互文"的省略之辞，还是《王制》中本无"中大夫"的设置，似乎还有商榷的余地。张翼翔指出，若依照《左传》成公三年臧宣叔之言，则大国、小国禄制相差两等，小国下卿与大国下大夫同列，似乎说明当时并无"中大夫"这一等级（等级依次为下卿→上大夫→下大夫）。《春秋左传正义》卷26，第714-715页。根据张翼翔的猜想，"'中大夫'作为一种爵禄等级，在春秋时期即使存在，也仅出现于齐国等极少数大国之中，是其官僚机构膨胀的一种体现；而《王制》未提及'中大夫'，恰恰说明《王制》的两级大夫制设计，可能更接近春秋乃至更早时期的普遍性现实"。备此一说以供参考。

续表

律	名		
2^9			大国上卿
$2^8 \times 10$	子男		
$2^7 \times 3 \times 10$	伯		
$2^9 \times 10$			公侯

诸侯作为"有地之君",原本属于独立的"爵"系统。《王制》通过将其纳入禄制,采用与卿大夫食禄相互换算的方式,使"爵"系统中的"大夫之君"成了"禄"系统中的"天子之臣"。

在上述禄制中,大夫以下大小国不殊,而紧随其后的朝聘会盟制度又确定了大小国大夫以下的等级排序:

> 次国之上卿,位当大国之中,中当其下,下当其上大夫。小国之上卿,位当大国之下卿,中当其上大夫,下当其下大夫。[1]

因为本章与《左传·成公三年》臧宣叔为成公解说的朝聘会盟制度内容几乎完全一致,[2] 所以《王制》虽未明言,但依然可以将本章当作专为朝聘会盟制度而设。依本章规定,不同规模的各诸侯国也能被纳入同一个等级排序(见表5)。

表5 《王制》的朝聘会盟等级表

律	名		
1	小国下士		
2	小国中士	次国下士	
3	小国上士	次国中士	大国下士
4	小国下大夫	次国上士	大国中士
5	小国中大夫	次国下大夫	大国上士

---

[1] 《礼记正义》卷11,第337-338页。

[2] 《左传·成公三年》:冬,十一月,晋侯使荀庚来聘,且寻盟。卫侯使孙良夫来聘,且寻盟。公问诸臧宣叔曰:"中行伯之于晋也,其位在三,孙子之于卫也,位为上卿,将谁先?"对曰:"次国之上卿,当大国之中,中当其下,下当其上大夫。小国之上卿,当大国之下卿,中当其上大夫,下当其下大夫。上下如是,古之制也。"《春秋左传正义》卷26,第715页。

续表

律	名		
6	小国上大夫	次国中大夫	大国下大夫
7	小国下卿	次国上大夫	大国中大夫
8	小国中卿	次国下卿	大国上大夫
9	小国上卿	次国中卿	大国下卿
10		次国上卿	大国中卿
11			大国上卿

按《国语·鲁语上》所记，"先王制诸侯，使五年四王、一相朝"[1]。朝聘盟会制度是周代贯彻政令的主要方式。[2] 天子借盟会申明自己的共主地位，以维系对诸侯的统治。[3] 在禄制中，由于"位卑禄少"，因此无论诸侯国的规模如何，大夫以下食禄的规格都是统一的。而朝聘会盟是所有人明确自己与天子之间关系的场合，因此朝聘会盟必须建立格外严密的等级排序。

将上述土地制度、禄制和朝聘会盟结合起来看就能发现，《王制》不仅对如何分配土地、食禄以及如何安排朝聘会盟做了规定，更重要的是，通过三种制度的安排，《王制》已在不知不觉中建立了一个完整的等级排序，这个排序将爵、禄的系统统摄在一起，使得原本相互独立的爵、禄系统中的人，都可以在这一排序中找到自己的等级"系数"，爵、禄系统之间的关系以及它们与天子的关系，都可以转换为"系数"之间的关系（见表6）。[4]

---

[1] 《国语集解》，第 144 页。

[2] 谢乃和《古代社会与政治——周代的政体及其变迁》，黑龙江人民出版社 2011 年版，第 253 页。

[3] 葛志毅《春秋政治抉微》，葛志毅、张惟明著《先秦两汉的制度与文化》，黑龙江教育出版社 1998 年版，第 107 页。

[4] 所谓"系数"即指表格中第一列的数字。按照 0—14 的系数，整个"天下"作为一个政治体由 15 个级别的统治阶级构成。

表6 《王制》的"律—名"等级总表

律	名			
0	小国下士			
1	小国中士	次国下士		
2	小国上士	次国中士	大国下士	
3	小国下大夫	次国上士	大国中士	
4	小国中大夫	次国下大夫	大国上士	
5	小国上大夫	次国中大夫	大国下大夫	
6	小国下卿	次国上大夫	大国中大夫	
7	小国中卿	次国下卿	大国上大夫	
8	小国上卿	次国中卿	大国下卿	
9		次国上卿	大国中卿	
10			大国上卿	
11	子男			天子之大夫
12		伯		天子之卿
13			公侯	天子之三公
14				天子

不同的制度，就是等级间换算规则的不同应用。例如，在禄制中，小国下士与次国下士食禄相同，但在朝聘会盟制度中，小国下士比次国下士低一个等级。在保持等级制的前提下，可以通过改变不同制度中的换算规则，将这一等级系统应用到任何一种制度中。[1]

比如，按等级系统，《王制》禄制的换算规则可用公式表示（见表7）。

---

[1] 前文注释中已经指出，经张翼翔提示，《王制》中究竟有无"中大夫"等级的设置仍然需要进一步商榷。本文是在保留"中大夫"等级的前提下，为《王制》整理出"爵—禄"的总体等级排序。本文的重点在于，《王制》通过制度设计勾勒了一个一元的等级序列模型，因此不论《王制》究竟是否有"中大夫"一级的设置，都不妨碍等级序列模型本身的存在。本文暂时搁置《王制》是否设置"中大夫"的考据工作，在保留"中大夫"一级的前提下，希望能先为《王制》建立一个等级之间可以相互换算的模型系统。

表7　《王制》的禄制换算表

诸侯国大小	官职		
	大夫、士	卿	君
小国	2^n	2^n	$2^{n-3} \times 10$
次国	2^{n-1}	$2^{n-2} \times 3$	$2^{n-5} \times 3 \times 10$
大国	2^{n-2}	2^{n+1}	$2^{n-4} \times 10$

其中，n 为各爵、禄对应的等级系数，只要将具体的数值代入其中，就可以得出爵、禄任意一个系统中的任意一个人食禄的具体数值。[1] 对于不同的具体制度，公式可以有相应的变化。重要的并不是"公式"本身，而是使"公式"成为可能的"律"与"名"所搭建的等级制框架。

只要这个由等级系数的"律"与"名"搭建起来的等级制框架不变，就可以将其应用于任何一个具体制度中。《王制》正是以这样的方式，巧妙地将原本分属于两个系统的"爵"与"禄"整合到同一个更大的"爵—禄"系统中。之所以能够完成这个关键转化，是因为对"名"与"律"的恰当运用。整个"爵—禄"的天下体系，通过一个严密的等级制度建立起来。在"天下"这个政治体中，统治阶级的人分属于不同的系统、拥有不同的职能。但不论哪个系统、哪种职能，都享有同一个等级排序，这意味着不同系统中的不同职能可以转换为同一个等级系统中的不同等级。一旦可以转化为等级，等级之间就可以通过量化原则相互转换。在等级系统中，给定任何一个等级以某个具体内容，就可以通过公式计算出任何一个其他等级所对应的内容。也就是说，在这个等级制度中，可以通过"律"的规则，由一个已知的"名"推算出任何一个未知的"名"。

---

[1] 比如按《王制》所言，"诸侯之下士视上农夫"，而"上农夫食九人"，按照食禄=基础俸禄×禄制等级系数，即可得出任意一个人的食禄之数。例如，小国之中大夫的食禄为 $9 \times 2^4 = 144$，即食144人。

三、王制："封建"与"礼制"的一体两面

对于《王制》的上述制度设计，已不断有学者通过考据指出，它既不可能是周代制度，也不具有任何实施的现实性。然而，《王制》设计这些既非历史也不现实的制度，并不是真的要落实这些制度，而是要通过这些制度设计，建立一个以天子为中心的、一元的等级排序。在《王制》的作者看来，只有建立了这个一元的等级排序，才能够成功构成封邦建国式政治体。而这个等级排序如果不依托制度则不可能建立，因此《王制》几乎是"不得已"地必须对其题材和体裁作出这样的安排。

因此，即便《王制》对政治制度的设计缺乏历史性与现实性，但在"如何构成一个政治体"的问题上，《王制》有其独特的价值。有学者在对比《周礼》与《王制》后指出，二文虽同为"理念类型"的刻画，但《周礼》"基于一种政治体系的既成状态"，而《王制》关心的"并非如何维系制度，而是如何有效地生成制度"[1]。说《周礼》是"基于政治的既成状态"或许有些武断，但通观《王制》全文，确实能感受到作者着眼于制度的"生成"。《王制》作者身处的时代似乎已然"礼坏乐崩"，他所面临的是完全失序的政治现实。现实政治秩序的"缺位"促成了《王制》的"制作"。不论是《王制》文本的形式还是内容，都反映了《王制》之作的意图不是在既有秩序基础上的"重建"，而是要在秩序尽失的状态下，从无到有"生成"秩序。

政治秩序是对政体自身构成的反映。政治的失序是政体结构性弊病造成的结果；同样的，稳定的政治秩序意味着一个结构健全的政体。在《王制》的作者看来，要构成一个健全的封建政体，最根本的结构性要素是爵、禄系统的搭建和爵、禄双重系统的一体化实现。爵、禄系统的搭建并不困难，困难的是如何将爵、禄双重系统有机地结合起来，这也是一个封建政体能否构成自身的关键。正是针对这个特定的政治构成问题，《王制》的作者才选择这样来安排《王制》的形式和内容。

[1] 吕明煊《"司空职"与〈王制〉义》，《中国文化》2018年第2期。

《王制》设计这样一套政治制度的目的，是通过建立由"律"与"名"的形式化原则建构的等级排序，将爵、禄两个系统纳入同一个等级排序，从而使爵、禄系统在不改变自身结构的情况下，能够通过等级排序进行通约、替换，由此构成一个"一元—二重—三层"的封建政治结构。而这个封建政体的决定性结构，只有通过"王者之制度"——为政治体设计一套完整政治制度的方式才能完成。

因为以"律"与"名"建立起来的等级排序，是一个纯粹形式化的原则，它只能在具体的政治制度中显示自身。因此，要建立"律"与"名"的形式化等级排序，就不得不草拟一份完整的政治制度。而政治制度总是"以财物为用，以贵贱为文，以多少为异，以隆杀为要"[1]，表现为一套与声、服、器相关的等级规定——"礼制"。"礼制"就是"具有何种等级就用何种礼典"[2]。所谓"经礼三百，曲礼三千"[3]，"曲礼三千"又作"威仪三千"，[4] 可见"礼"既指代规定政治体构成的"王制"，又指代规定个人日常生活的仪式礼典。为什么规定国家如何构成的"经礼"与规定各种生活仪式的"曲礼"都用"礼"来指代？因为在封建政体的构成之中，政体必须借助礼仪来构成自身，礼仪也必然是对政治构成的反映。因为构成封建政体结构的"律"与"名"是一种形式化原则，形式化原则必须在具体制度中才能使自身得到显现。因此，在等级化仪式所构成的"礼制"背后，是一套"律"与"名"的形式化原则在起作用。可以说，"律"与"名"的形式化原则是"礼"之"体"，具体的"仪"则是"礼"之"用"；如果不以一套仪式化的政治制度为载体，那么形式化原则的"律"与"名"是无法建立的。因此，《王制》为了建立"律"与"名"的形式化原则，就不得不在等级制的框架下进行政治制度的设计。除了土地制度、禄制、朝聘会盟制度这三个作为骨干的制度外，《王制》还有许多诸如服制之类的"仪式化"的制度规定。[5] 这些看似十分

----

[1] 《荀子集解》卷 13，中华书局 1988 年版，第 357 页。

[2] 沈文倬《宗周礼乐文明考论》，浙江大学出版社 1999 年版，第 4 页。

[3] 《礼记正义》卷 23，第 740 页。

[4] 《礼记正义》卷 53，第 1454 页。

[5] 比如《王制》中就有对衣服制度的等级规定："三公一命卷，若有加，则赐也。不过九命。次国之君，不过七命；小国之君，不过五命。大国之卿，不过三命；下卿再命，小国之卿与下大夫一命。"《礼记正义》卷 11，第 352 页。

不具有现实性的、整齐的等级制度，本来就不是出于"施行"的目的而设计的，而是为了建立等级制的形式化原则而设计的。

这就可以解释，为什么后人除了常用"封建"来指代周制之外，还总以"礼乐"来形容那个作为理想制度的周制。因为从政体构成的角度来说，周制是以"封邦建国"为体制，通过爵、禄双重系统建构的一种政治结构。然而，这种政治结构的构成性要素却不在爵、禄系统本身，而在如何将爵、禄双重系统组成一个有机的整体。这一"封建"的构成性要素，是"律"与"名"的形式化等级体系，"礼乐"的等级制度就是这一形式化原则在具体政治中的应用。所以《礼记·王制》这个篇名，实际上已经概括了它的写作目的。《王制》之所以为"王"制，是因为通过对政治制度的设计来完成政治体的构成是"王者"的权力与职责之所在。而"王制"属于一种"礼制"，是因为封建之为封建的构成性因素，只能通过"制礼作乐"的方式实现。这使得《礼记·王制》这个篇名，甚至成了一种同义反复——"王制"必然是"礼制"，"礼制"也必然是"王制"。所以《王制》并非真的要制作一份能够具体实施的政治制度，而是要通过模拟"王者"为政治体设计整套政治制度的过程，揭示一个封邦建国式的国家是如何构成的。因此《王制》的制度设计，虽然看起来完全具备政治制度的形式，却也只流于政治制度的形式——《王制》中的制度完全不具备在现实中实施的可能性。实际上，它只是一部意图教导王者如何为政体设计政治制度的"王制指南"，试图在政治构成的过程中，揭示什么是政治构成的本质。

中华天下大同的文明内涵

——廖平"大统"思想发微

孙　磊[*]

[内容提要]

　　康有为的大同主义以现代西方政治思想中的专制与共和附会公羊三世说，既构成了现代中国革命叙事的基础，也对中华传统政教文明以致命打击。廖平的经学第三变从"小统"到"大统"，立足于中华文明，从政治地理学的角度构想天下图景，为未来立法。廖平以中西文明的文质损益阐释从"小统"到"大统"之路，尤其强调救国之道在于尊孔立教。廖平的"大统"思想以学术中求大同为本，化诸不同以为同，发扬中华天下精神，旨在构建礼乐天下的伦理性世界秩序。礼乐天下，不仅有人伦家庭，而且有和谐的礼乐。从文明的视角看，廖平构想的大同文明论为中华政教文明的推衍，体现了正统的中华天下文明观。在当今的中国与世界中，廖平的"大统""空言"对我们深入思考中华天下大同的文明内涵有重要意义。

[关键词]

廖平；大统；大同；康有为；天下

　　* 孙磊，同济大学政治与国际关系学院教授，哲学博士。本文系上海市哲学社会科学规划项目"儒家春秋公羊学与人类命运共同体价值观研究"（2021FZX001）阶段性成果。

源于儒学经典的大同思想，已化为现代中国寻求富强与文明的世界理想。在晚清"三千年未有之大变局"伊始，今文经学通过阐释大同思想，开启了变法改制与中西文明的对话。康有为的大同思想在此方面无疑具有原创性的贡献。廖平与康有为同为晚清今文经学的代表人物，但由于廖平终生研学，其影响更多局限在古奥的传统经学研究上，其"大统"思想并不为人们所熟悉。作为一代经师，廖平治学有六变，其中最受学界重视的只是其早年的《今古学考》。康有为受此书影响，转入今文经学，后来又读到廖平的《知圣篇》和《辟刘篇》，很快刊行了《孔子改制考》与《新学伪经考》。[1] 由于康有为对现代中国思想的巨大影响，学界对廖平的研究倾向于以此为康有为研究做注脚。近年来，经学研究，尤其是春秋公羊学研究日益受到关注，加之《廖平全集》的出版，对廖平经学的研究不断出现新的声音。[2] 在此基础上，本文主要针对康有为的大同主义及其现代影响，通过考察廖平经学思想的第三变——由"小统"到"大统"，深入阐释廖平"大统"思想的文明内涵，并通过对二者的比较，阐发廖平的"大统"思想对当今时代的意义。

一、康有为的大同主义及其现代影响

康有为是近现代中国思想史上举足轻重的政治思想家，这在学界已为不刊之论，然而对其思想的理解和定位，显然随着我们对晚清"三千年未有之大变局"的深入理解而日益不同。近年来，大陆新儒学"回到康有为"的一系列研究，无疑是对康有为政治儒学的深层探讨。他们主张将康有为作为现代儒学的起点，回到康有为，重新审视构建现代中国的诸种思想资源。[3]

在传统中国，天下思想可谓深入人心，但儒家关于大同思想的理解却有诸多变化。对于《礼记·礼运》文本的解释，向来存在争议。汉儒以为从小康至大同，

〔1〕 黄开国《廖平评传》，百花洲文艺出版社 2015 年版，第 11 页。
〔2〕 参见陈东辉、闵若凡《廖平研究文献目录》，舒大刚主编《儒藏论坛》第 11 辑，四川大学出版社 2017 年版，第 296–326 页。
〔3〕 曾亦《共和与君主》，上海人民出版社 2010 年版；唐文明《敷教在宽》，中国人民大学出版社 2012 年版；干春松《康有为与儒学的"新世"》，华东师范大学出版社 2015 年版。

是礼的运转变易，大同为"大顺"的境界，质朴无文，质中已有完美之礼。宋儒以为《礼运》受老庄和墨家影响，并非孔门真传。由于解释《大学》《中庸》文本的理学盛行，《礼运》在宋代及其后的地位显得晦暗不明。[1] 晚清今文经学中，廖平于《今古学考》中大力阐发《王制》，引发今文学与古文学的争论，康有为则大力阐发《礼运》中的"小康"与"大同"，引发关于儒家历史观的争论。此后，康有为大同主义的历史哲学在中国现代思想史上产生巨大影响，"康有为之后的儒家信奉者，无论其是否认同公羊家之学，也无论其如何理解大同、小康的意义与关系，都和康有为一样在历史目的论的框架中为儒学寻求新的定位"[2]。康有为虽然阐发《礼运》，却不再延续汉宋儒的儒家经义探讨，而是旧瓶装新酒，以治乱世、升平世、太平世的公羊三世说解小康到大同，又以现代西方政治思想中的专制-君宪-共和附会公羊三世。[3] 康有为的《大同书》虽生前秘不示人，只在弟子中传阅，但其大同主义思想由来已久。根据萧公权的研究，康有为早年的《康子内外篇》和《实理公法》（1885—1887）已引入西方的自由、平等、民主思想，寻求一种"世界化"的社会理论，而1902年部分刊行的《大同书》则走向更加激进的社会改造乌托邦之路。《大同书》思想驳杂，其中不乏佛教的影响、种族主义的偏见和对中国传统家庭人伦的诋毁，但其整体构建的乌托邦，"是一个在民主政府领导下的世界国，一个没有亲属、民族或阶级分别的社会，一个没有资本主义弊病而以机器发达来谋最大利益的经济"[4]。萧公权指出，康有为的思想不是"西化"，而是"世界化"，并将其与康德"永久和平"的世界主义思想做简单类比。这种比较颇有见地，彰显了康有为摒弃中西偏见、为全人类寻求幸福生活的思想，与康德的世界主义出发点相同。但萧公权没有看到，康有为所构想的"公议政府"与"世界议会"，比康德的"国际联盟"更加激进，甚至与当今哈贝马斯的很多主

〔1〕 吴飞《〈礼运〉首章再考辨》，上海社会科学院历史研究所编《传统中国研究集刊》第19辑，上海社会科学院出版社2018年版。

〔2〕 唐文明《彝伦攸斁：中西古今张力中的儒家思想》，中国社会科学出版社2019年版，第20页。

〔3〕 康有为《礼运注》，"天下国家身，此古昔之小道也。夫有国、有家、有己，则各有其界而自私之……凡隶天下者公之，故不独不得立国界，以至强弱相争。并不得有家界，以至亲爱不广。且不得有身界，以至货力自卫。故只有天下为公，一切节本公理而已"，姜义华主编《康有为全集》第5集，中国人民大学出版社2007年版，第555页。

〔4〕 萧公权《康有为思想研究》，新星出版社2005年版，第310页。

张相近。[1] 从当今国际秩序来看，康有为对当时资本主义国家霸权的批判直到今天仍然掷地有声，其所指出的国家间的平等竞争、超国家的区域联合以及民主化的世界议会，都是当今全球治理中的重要方向。[2] 然而，客观而言，这些都是现代西方世界主义的思路，并不能被视为中国经典思想对构建世界秩序的原创性贡献。

从现代中国政治发展来看，康有为的大同主义构成了现代中国革命叙事的思想基础。康有为对大同的阐释完全脱离了中国传统的纲常伦理和儒学基本义理，以中国传统政治为君主专制的治乱世，从此中国成为“夷狄”，西方则成为“中国”。谭嗣同、梁启超等人沿袭此看法，主张“中国亦新夷狄”和“用夷变夏”。[3] 自此之后，“中体西用”彻底让位给“西体中用”，儒门内部指责康有为“貌孔心夷”，“用夷变夏”，可谓确切，但也丝毫无法阻挡这种“西体中用”的大趋势。在此意义上，康有为不仅是资产阶级维新思想的启蒙者，更是现代自由主义的先驱。孙中山和毛泽东都有关于大同的论述，孙中山的大同思想则较少有康有为的激进色彩，与传统儒学道统更贴近，尊重人伦宗族，主大同为“天下为公”。毛泽东一生都在思考《大同书》，认为康有为虽然撰写《大同书》，但他不可能在中国实现大同理想。毛泽东将《大同书》中的乌托邦激进理想诉诸于马克思主义的共产主义理想和中国革命的现实行动。[4] 由此来看，现代中国革命反传统的激进叙事亦可以追溯到康有为的大同主义。尽管康有为深知《大同书》的激进危害，生前不主张出版，尽管其晚年闭口不言大同，力主建立一民族国家的现代中国，但其早年以西方政治思想比附公羊三世说所产生的巨大影响，早已成为现代中国激进革命的先声。

从中华政教文明的存续来看，康有为的大同主义是对中华传统政教文明的致命打击。其一，康有为的《新学伪经考》与《孔子改制考》引发了疑古思潮，经学作为中华政教文明基础的地位被动摇，经学的历史主义化必然导致经学的瓦解；其

---

[1] 哈贝马斯《欧盟的危机：关于欧洲宪法的思考》，伍慧萍、朱苗苗译，上海人民出版社 2019 年版，第 85 页。

[2] 参见章永乐《万国竞争：康有为与维也纳体系的衰变》，商务印书馆 2017 年版，第 201-210 页。

[3] 曾亦、郭晓东《春秋公羊学史》（下），华东师范大学出版社 2017 年版，第 1332 页。

[4] 参见萧公权《康有为思想研究》，第 332-336 页。

二，康有为不再将人伦看作中华文明不可或缺的部分，反而将消灭家族作为大同文明的理想，这必然导致中华政教文明内涵的缺失；其三，康有为将中国传统政治指斥为君主专制，将修齐治平的王道天下理想置换为无家无国、天下大同的均质乌托邦，这必然导致中华政教文明的虚无化。[1] 正如吴飞所言，"康有为以来的大同理想虽然来自《礼运》，却根本忘记了大同、小康说出现的语境和话语体系，所以带来的一个重要问题是：现代中国人所确立的文明理想，已经失去了自己的文明根本，缺乏实质的文明内涵，因而对大同理想的表述中，总是带着似是而非的痕迹"[2]。百年后，回顾中国百年来寻求富强、建立现代民族国家之路，重新审视康有为大同主义的现代影响，我们深感要复兴中华天下文明的理想，从富强走向文明，尤需深入阐发天下大同的文明内涵。在此情境下，廖平"大统"思想的意义才得以彰显出来。

二、《地球通义》与廖平经学视野中的天下图景

廖平《今古学考》刊行后，一举成名，此书为其多年心血所成，"张明两汉师法，以集各代经学之大成者也"[3]。其经学二变为《知圣篇》和《辟刘篇》，将古文经学的经典《周礼》视为刘歆伪造之书，申发孔子改制的微言。然而廖平的老师张之洞素喜古文经，不喜公羊，书信中多次告诫其"风疾马良，去道愈远"，又因康有为受此影响后刊行一系列著作，皆有革命之意，戊戌之后，清廷抓捕康党，廖平曾一度受到株连。[4] 这些影响都客观存在，但并非廖平经学第三变的主要原因。对廖平思想影响最大的是中西局势的变化，平分今古文仍然只是中国学术内部的问题，但如今中国学术面临的最大危机不是古今之变，而是中西之变。经学如何面对世界、如何应对中国所面临的西方文明的挑战，才是最迫切的任务。正如廖平

---

〔1〕 陈璧生《经学的瓦解》，华东师范大学出版社 2014 年版，第 137 页；唐文明《彝伦攸斁：中西古今张力中的儒家思想》，第 131 页。

〔2〕 吴飞《大同拟或人伦：现代中国文明理想的探索》，《读书》2018 年第 2 期。

〔3〕 廖平《经学六变记》，舒大刚、杨世文主编《廖平全集》第 2 卷，上海古籍出版社 2015 年版，第 886 页。

〔4〕 黄开国《廖平评传》，第 10-12 页。

自己所言：

> 初以《王制》、《周礼》同治中国，分周、孔同异，袭用东汉法也。继以《周礼》与《王制》不两立，归狱歆、莽，用西汉法。然 "今学" 囿于《王制》，则六艺虽博，特中国一隅之书耳。戊戌之后，始言 '大同'，乃订《周礼》为皇帝书，与《王制》大小不同，一内一外，两得其所。"凡有血气，莫不尊亲"。盖邹衍之说大明，孔子乃免拘墟。[1]

戊戌前后，中国面临与列国竞争局面，朝贡体系崩溃，衰败的中国被卷入西方民族国家间的条约型 "国际法"。对晚清今文经学而言，必须要能从经学中找到普遍主义的公法，以解释这些新的变化、应对这种新的霸权。否则，中国就将屈服于一种外来的公法规则。在此意义上，廖平与康有为思考的问题是一致的："如果格劳秀斯的个人著作可以作为 '公法' 运用于民族国家的竞争关系，为什么《春秋》就不可以作为列国竞争时代的基本法则，孔子的 '礼运' 或 '大同' 思想就不可以作为超越列国并争之世的万世法？"[2] 廖平与康有为并非没有意识到西方 "国际法" 背后的强权与实力，也并非没有感受到中华天下文明正在沦为一种地方性知识，但他们仍然没有放弃经学为万世立法的文化自信。

晚清今文经学重经世致用，政治地理学（舆地学）是其重要组成部分。龚自珍的西北舆地学是为了抵御对中国西北边疆虎视眈眈的沙俄，维护清王朝的大一统。鸦片战争后，魏源的《海国图志》是为了抵御觊觎中国海疆的欧洲列强。廖平刊行于戊戌年间的《地球新义》同样延续了政治地理学 "开眼看世界" 的传统，但作为经学家，廖平的使命是以孔子的万世法解释世界，在观世界中赋予经学以新意，以赓续发扬中华政教文明的宗旨。此书在当时备受学人抨击，指其穿凿附会、乱解经意。今人若从实证的地理学来看，必然讥笑廖平对现代西学知识的无知。这些批评虽言之凿凿，然并未理解廖平作此书的意图。

《地球新义》是廖平经学第三变的代表作，其核心是以经学解释世界，其方法是以比附取象说经。经历甲午海战与戊戌维新，国人已感受到西方船坚炮利之威

---

[1] 廖平《经学六变记》，《廖平全集》第 2 卷，第 884 页。

[2] 汪晖《现代中国思想的兴起》上卷第 2 部《帝国与国家》，生活·读书·新知三联书店 2004 年版，第 733 页。

武，逐渐认识到西方制度文明之先进，但如何将西学融入经学万世法，以描绘经学视野中的世界图景，使国人不盲从于西方制度文明，这是以维护中华文明为己任的经学的新命。廖平区分"小统"与"大统"，正是以此为旨。他从齐学邹衍的"先验小物，推而大之，置于无垠"中引申出"验小推大"的方法，重新整理六经。廖平遵循"帝大王小"的原则，以《王制》《春秋》为"王道"，以《诗经》《易经》为"帝道"。以此观之，中国所推行的仅是如何实现"小康"的"王道"，而要实现"大同"的"帝道"，则有待未来中国在世界中如何自处以及中华文明对世界大同的贡献。

从政治地理学的视角看，经学中的服制问题体现了中华天下观的正统，传统经学关于《禹贡》中的五服与《周礼》中的九服的争论，都是围绕中华文明的内与外展开的。郑玄的解释试图从地理学和文字学的解经入手，证明《禹贡》与《周礼》中的服制没有矛盾，以维护中华文明的天下观。[1] 然而，随着西方地理学的传入，五大洲等地理学知识在《海国图志》中已经出现，亚洲居于世界五大洲之东（以欧洲来看），中国居于亚洲之东（即后来所称"远东"），传统中国的九州与五服的观念由此被打破，中华天下观日益受到动摇。廖平的政治地理学试图在接受西方地理知识的同时，将其融入经学的九州与服制，以维护中华正统的天下观。在他看来，郑玄等传统经师的解释没有看到中国之外的世界，为传统经学所重视的《禹贡》仅为小九州之中国一隅，而《周礼》中隐含着全球大九州的微言。

《地球新义》中关于"王道"与"帝道"、小九州与大九州的政治地理学是廖平经学三变的初步设想。在后来经学三变、四变的一系列著作中，他运用传统经学的资源，尤其从政治地理与制度的层面，对从"小统"（其中包含从"伯统"到"王统"）到"大统"（其中包含从"帝统"到"皇统"）进行了十分详细的经学阐释。例如，廖平运用经学中的九州说与畿服制，结合西方五大洲与赤道半径的地理学知识，推演世界疆域的大小与位置。这种推演过程十分复杂，其核心观点是把"王统"的范围扩大九倍为"帝统"，扩大八十一倍为"皇统"，把天下空间囊括于

---

〔1〕 魏怡昱《孔子、经典与诸子——廖平大统学说的世界图像之建构》，舒大刚主编《儒藏论坛》第2辑，四川大学出版社2007年版，第474页。

内，同时划设大九州，确立新的服制，以重新确立经学视野中的天下图景。[1]

廖平对经学视野中的天下在现代世界格局下的变化有惊人的设想：

> 有王者起，以中国作留京，如周之西京，《乾》之"潜龙"是也。以阿富汗地作行京，如周之东都，所谓《坤》之"黄裳"也。由孔子起数，前之远者帝，近者王，由后而推，近者王，远者帝，即《论语》"其或继周，百世可知"之说也。[2]

以上廖平设想的天下图景中，对经学中的"两京通畿说"在现代世界中的意义予以创造性的阐释。为何以中国为留京，以阿富汗为行京？因为行京必须居中，"中天下而立"，在廖平看来，阿富汗的地理位置正好在全球的中部，东连英属，西接波斯，北控西域回部，南北相距千四百四十余里，东西千五百里，具有极高的地缘政治价值。即使从今天的全球秩序来看，廖平对阿富汗的设想也颇具全球战略眼光。[3] 那么，为何以中国为留京？当时的世界地理知识已经证明了中国并不是地球的中心，中国居于天下中心的自信几近坍塌，然而经学所理解的中国并非仅仅是地理意义上的"王畿"，而是天下文明的中心。尽管中国国力衰弱，但廖平并没有放弃未来全球大一统对中华文明的自信与期许，以中国为留京，秉承"王者居天下之中"的古训，不忘先祖宗周文明崛起的艰辛，"盖大一统之都建于中都，四方朝觐会同，所以中国为四方之极"，"将来之大一统，以中国为皇极居中，统制四方，美为东岳，欧为西岳，奥为南岳，俄为北岳，臣服万国，开拓五洲，圣经规模，始无遗意"[4]。此实为《周礼》"惟王建国，辩方正位，体国经野，设官分职，以为民极"的世界版本，廖平所言"周礼为皇帝书"，即开启以经学为世界立法的全球大一统。

因此，廖平的《地球新义》及以此为基础展开的政治地理学研究是其"大统

[1] 廖平《经传九州通解》，《廖平全集》第4卷，第584-589页；参见习春辉《近代"天下大同"重塑的经学路径》，《东岳论丛》2018年第12期。
[2] 廖平《地球新义》（戊戌本），《廖平全集》第10卷，第18页。
[3] 参见王锐《"全球大一统之制"：〈地球新义〉与廖平的中外形势论》，《浙江学刊》2019年第3期。
[4] 廖平《地球新义》（戊戌本），《廖平全集》第10卷，第69页，廖平所绘的详细的经学意义上的全球地图，可参见廖平《书经周礼皇帝疆域图表》，《廖平全集》第4卷，第335页。

学"的基础，其试图从舆地的视角审视世界，以经学文明为全球立法。地球五大洲与全球大九州的疆域命名，显然不是实证意义上的地理学的差异，而是其背后文明的竞争。廖平以"两京四岳八伯十二牧"的大九州思维去理解地球的五大洲，与同时期西方麦金德、马汉的政治地理学相比，毫不逊色，而以中国为"中央皇极"，则更具有深刻的中华文明自信。时至今日，在中西文明交通的全球化时代，中国在全球治理中的地位日益提升，这种基于经学审视中华文明的前瞻性眼光在寻求全球治理的中国方案中越来越彰显其价值。

三、文质损益与廖平的历史哲学

上述廖平经学思想第三变中，"小统"与"小康"同义，"大统"与"全球大一统""大同"同义。那么，与康有为的大同主义相比，在廖平所阐释的儒家历史观中，如何从"小统"（小康）到"大统"（大同）？在此历史进程中，变与不变的是什么？当晚清中国面临亡国灭种的危机时，廖平以经学的文化自信构想全球大一统，常常被时人讥笑为狂妄不识时务。经学在面向未来时，如何理解当下中国的文明危机？如何实现中国的救亡图存？廖平尤需立足现实，立足中国，阐释通向全球大一统的道路。

三统三世说是儒家公羊学解释中国历史变革的重要思想。康有为将"张三世"创造性地与《礼运》中的"小康""大同"结合起来，融以现代西学知识，构建了独特的大同主义。廖平遵循"三世说"的历史逻辑，但将三世变成了从王、伯（霸）构成的"小统"到皇、帝构成的"大统"。由此，他不再使用治乱世、升平世和太平世，而改为使用由"小统"到"大统"。《王制》与《春秋》所阐释的传统中国只处于"小统"中，其中固然实现了从"伯统"到"王统"的进化，如历史上中国疆域的不断扩大，但如今中国处在列国纷争的新天下格局中，必须要做出新的应对，这就是从"小统"到"大统"、从"王统"到"帝统"的进化。

由此来看，公羊学的历史观确实是进化的历史哲学，但是否存在基督教历史目的论中的终点，诸如黑格尔的"历史的终结"？"大同"是不是这样的"历史的终结"？显然不是。在《忠敬文三代循环为三等政体论》一文中，廖平既驳斥了谈革命色变的顽固守旧派，又驳斥了当时以孟子的民贵君轻思想为大同世的革命派。在他看来，西人有西人革命之理，中国自有中国政治变革之理。他从世界格局出发，重新阐释了《礼记·表记》中"夏尚忠，其弊也野，则救之以敬；殷尚敬，其弊也鬼，则救之以文；周尚文，其弊也史，则更循环用忠"的古说，认为忠、敬、文即西人所说的专制、民权、共和，中国春秋以前已经经历过汤武革命，民权已兴，后弊端丛生，不得不参之君权，此为周召共和，合夏、商、周为一治，此为第一次"通三统"。春秋后已开始第二次"通三统"，然已是原有忠、敬、文基础上的混合，情况复杂，至今已为第二次共和时代，而西方则处于第一次"通三统"的民权时代。如此循环，直到第三次"通三统"则通过全球范围的三统循环，实现全球"大一统"。[1] 廖平以西方政治中的专制、民权、共和政体比附中国历史，显然十分牵强，但其中有两点可表。其一，廖平注意到春秋以后中国的君主制之复杂，绝非西人的专制可以概括。新文化运动以来以西方政体中的专制描述中国的君主制，显然忽视了中国历史上君主制的复杂性；其二，忠、敬、文结合的"通三统"，"周鉴于二代，郁郁乎文哉"是中国政治制度变革的基本机理，与从黑格尔到福山视自由民主政治为"历史的终结"的基督教进化史观完全不同。因此，现代中国政治绝不能简单地将民权或共和当作政治的终极目标而违背"通三统"的循环变革的历史智慧。

实际上，儒家历史哲学绝不是简单的线性进化史观，文质损益更能代表中国政治变革的智慧。廖平在《改文从质说》中指出，中国两千多年周文疲敝，不能不改，又无自救之术，当以质救文，质家则为泰西诸国。他反对宋人的夷夏大防，主张礼失求野，学在四夷，必须取法西方，不能以抵制"用夷变夏"自居于野人。然以质救文，关键是学西方什么？"中国文弊已深，不能不改，又不能自创而仰给于外人，亦如西人灾患已平，饱暖已极，自新无术，而内向中国，中取其形下之器，西取我形上之道，日中为市，交易得所而退，文质彬彬，合乎君子，此文质合通、百世损益之大纲也。"[2] 时值戊戌年间，向西方学习已成维新派的共识，廖平"以质救文"的观点显然与同时期张之洞《劝学篇》中"中学为体，西学为用"

---

〔1〕 廖平《忠敬文三代循环为三等政体论》，《廖平全集》第11卷，第553-554页。

〔2〕 廖平《改文从质说》，《廖平全集》第11卷，第524页。

的主张遥相呼应，而反对革命派以专制为名否定中华政教文明、以民主为名盲目崇拜西方政治文明。[1]

从制度的视角看，廖平构想的全球大一统并不排斥西方制度。他从翻译的西书《百年一觉》中看到：西方担任官职者皆老练之才，此即选贤与能；国家社会主义下，人皆丰衣足食，无穷苦不堪，此即谋闭不兴、盗窃乱贼不作；各种福利社会之举措，此即老有所终，不独亲亲子子。唯独在赞美之余，感叹西方社会缺少司徒之教。若中国社会学习西方，又以伦理补之，才能实现孔子因革损益之道。[2] 廖平粗阅西书，其震撼程度与当时维新派士大夫郭嵩焘出使英法后的极度震撼相似。他所看到的西方大同不过是当时西方初建的福利社会，这与梁启超所说的大同即为国际联合主义、儿童保育主义、老病保险主义、共产主义相似。[3] 当时儒家维新派对西方福利社会的景仰，源自儒家本身所具有的天下一家、民胞物与的大同理想。但廖平同时敏锐地洞察到西方缺少司徒之教的现代性伦理危机。西方司徒之教本由基督教负责，但启蒙运动驱逐上帝后，基督教逐渐退出政治公共领域，致使现代西方政治重制度轻德性、重自由民主权利轻伦理德性教化。因此，中国学习西方制度文明，必须维护本国的司徒教化，正是这一洞见决定了廖平大同思想与康有为的大同主义的根本不同。

四、尊孔保教与廖平的救国之道

在戊戌前后康有为保国会提出的"保国、保种、保教"中，廖平把保教作为第一位，他认为，只有保教才能保国，保教是保国、保种的根本。他既批评维新派的变法革命，维新派"别求新法，二三少年逞其血气，遂欲流血以成大事，同类

---

[1] 廖平并不反对当时维新派提出的兴民权与开议院，但反对维新派对此的盲目崇拜。"若经则不以民治君，而以天治君，帝为天子，王为天王，法天道以出令，较民权最为准确"（廖平《公羊春秋经传验推补正》，《廖平全集》第 7 卷，第 1223 页）。当今儒者蒋庆提出"主权在天"说实接近廖平的主张，参见蒋庆《再论政治儒学》，华东师范大学出版社 2011 年版，第 46 页。
[2] 廖平《地球新义》（戊成本），《廖平全集》第 10 卷，第 45-46 页。
[3] 梁启超《清代学术概论 儒家哲学》，天津古籍出版社 2004 年版，第 72 页。

相杀，伏尸百万，蹂躏乡邦……复宗灭族，断送国家"[1]，更抵制革命派的废除经学，谓经学为中国祖学，"祖学已亡，何以立国。考东西学堂，皆本国祖学为根本，而以各科学润泽之"[2]。与维新派以变法革命求"保国"不同，廖平更欲将中华政教文明的赓续视为救国之道。

廖平提倡尊孔，实阐发中华六经文明的要旨，这与康有为受基督教影响而设孔教会，以孔子为大教主，读经祈祷的怪异尊孔完全不同。《尊孔篇》是廖平孔学发微的思想纲领，他力求阐发孔经的广大精微，使人从学理上敬仰孔子，而非从宗教上崇拜孔子，"盖学堂虽尊孔宗旨，非广大精深、毫无罅隙，何能强人崇信"[3]，若以孔子为学究乡愿，不求知圣，何以尊孔。廖平所言的孔经范围广大，实为中华六经，而不是汉代经学所立的儒家，其致力于通经，打通诸家门户之见。他以儒为"小统"、道为"大统"的学术根基，九流皆出于孔门四科，道家为德行科，主《易》《诗》，名、法、农、墨为政事科，主《春秋》《书》《礼》，纵横、小说为言语科，主《诗》，儒家为文学科，主《书》《春秋》。廖平特别强调道家出于《易》《诗》《乐》三经，是治理全球大一统的皇帝之学。[4] 由此可见，廖平欲阐发的中华六经之道实欲贯通小大、儒道、天人，如此之"新经学"已经超越了以《汉书·艺文志》九流之儒家根基的传统经学，也超越了完全"以经为史"的古文经学的偏见。若完全以经为史，则古不可治今，经必然为历史主义和实证主义的现代学术所摧毁。若经学囿于门户家法，支离破碎、扞格难通，必然难为时代致用，不免衰落。考诸后世经学的命运，廖平的担忧不幸变为现实，而廖平所指明的方向，实有待研究中国古典、阐发中华六经大道的当今学人借鉴。

此外，廖平提倡尊孔，阐发六经，实为保教，以维护当时国人的世道人心。在《群经总义讲义》中，他提出基于经学的教化论。经学有小、大之分，对普通百姓而言，应从"礼、乐、射、御、书、数"的小六艺学起，学习日常为人处世所需所用的技艺，"六经虽不读可也"。而对那些进入大学、有志于安上治民的才俊，

---

[1] 廖平《公羊春秋经传验推补正》，《廖平全集》第 7 卷，第 1304 页。
[2] 廖平《论尊孔》，《廖平全集》第 11 卷，第 761 页。
[3] 廖平《尊孔篇》，《廖平全集》第 2 卷，第 1009 页。
[4] 廖平《地球新义》（丙子本），《廖平全集》第 10 卷，第 121 页。

因材质而习六经，才不至于将圣人治国化民的大经大法尽变为市井乡村之鄙言，不至经术败坏而中国无人才。[1] 由此可见，廖平的尊孔保教并不能被视为某种"文化民族主义"，其并不以民族为限而排斥西方制度，并不保守于当时顽固派"夷夏大防"的经学陋见；也不能被当做保国的策略和工具。保教为文明的根本，保教是为了寻求文明的开新，"中人好古，不如西人求新，尼山之席必为基督所夺……孔经以空言俟后，从来并未实行，则经为新经，借以标示世界大同之规画，则经方如日月初升，何遂言废乎"[2]。此言彰显了廖平的文明忧患与文明自信意识，今日尤振聋发聩。中华文明如何在"六经责我开生面"的经学开新中得以赓续？

廖平经学四变转入天人之学，正是为了回应基督教文明的挑战。大抵文明间的竞争，宗教信仰之争是最核心的。"国之大事在祀与戎"，戎保国，祀保教。当时已有新派人士以西方基督教上帝攻击中国无宗教，甚至以《左传》中的祭祀神明为蛮野的神权政治。廖平研究天学，尤其关注中国传统的祭祀，而祭祀之本在于人的灵魂学，《诗》《易》都与此密切相关。[3] 他提出，中国古有以天为主的"天主教"，经学尊天，素有郊天之祭，天之下有百神，尊百神以尊上帝（天），素有各种祭祀之礼。而天学与人学实相通，天道备，人道洽，"人道洽于下，天道备于上。盖皇帝平治天下，亦如今日之中国，必与外国交涉，外交得宜，而后中国安，鬼神受享，而后天下治。天学即所以助人事，使上天下地可以扞格而可致太平，圣人亦必远鬼神而专务民义，此天人合一之说也"[4]。与一神教的基督教文明不同，天人合一是中华政教文明的最高理想。倘能以此寻求通向全球大一统的大同之道，当为中华文明对世界文明的无量贡献。

廖平与康有为都极为重视尊孔与保教，但二人关注的重心不同。康有为倾向于从政治变革的权威层面尊孔、从制度化宗教的层面保教，以期孔教能成为建立现代中国国家的制度伦理资源。与之相比，廖平则倾向于从文化的层面尊孔、从信仰的层面保教，以期经学的开新能在国家鼎革之际维护国人的共同信仰。

〔1〕 廖平《群经总义讲义》，《廖平全集》第 2 卷，第 773 页。
〔2〕 廖平《尊孔篇》，《廖平全集》第 2 卷，第 1012 页。
〔3〕 廖平关于《诗纬》的文稿详细阐释了诗学为人的灵魂性情之学，参见廖平著，潘林校注《诗说》，华东师范大学出版社 2017 年版，第 1-5 页。
〔4〕 廖平《天人论》，《廖平全集》第 11 卷，第 552 页。

五、礼乐天下与廖平的大同文明论

在廖平经学思想中，大同与"大统""全球大一统"同义，均指六经面向未来，由近及远，由中国及世界，六经的"空言"在世界范围内见诸"行事"，从而得以验证。在《大同学说》一文中，廖平详细阐释了对大同的理解。"大同者何？不同也。化诸不同以为同，是之谓大同"，常人存一己偏私，容易求同，"小人同而不和"，必化其偏私，才能存异。因此，"大同之中，各自形其不同，不同之至，即为大同之至，更由人类以推鬼神，由六合之内以推六合之外。同与不同，无可究诘，而各随人之分量以为景像。《论语》曰：君子和而不同。《中庸》云：参天地，育万物。化其同与不同之形迹，由圣贤以推至诚神话，其分量亦有数等，所谓语大天下莫能载焉者也"〔1〕。从廖平对大同的阐释，已可以看到经学四变中天人之学的影响。于天地万物中化其同与不同，为《易》同人卦和大有卦的要旨。廖平曾以此二卦解大同，谓此为中外和通之卦，为"皇统"大同之世，"同人于野"，即"所谓胡越一家，凡有血气，莫不尊亲，无中外之分，去畛域之见，文质交易，各得其所，彬彬之盛，其效可见，与从先进、学四夷之言互相发明"〔2〕。

世界大同的基础首先在于从学术中求大同。"故药无论有毒无毒，在医者之善用，学无论诸子六经，在读者之善学。欲求世界大同，必先于学术中变大同，以六经为主，以九流为辅，此吾中国学术之大同也。能化诸不同以为同，推之治法，乃有大同之效。"〔3〕以此观以往经学诸家对《礼运》的解释，言其为老庄、墨家思想，非儒家思想，则六经之学日渐堕于九流之儒家，而羞称五伯，羞言功利，至今日则严防中外之界，皆源于学术上褊狭私心。故今日求大同，学术上乃在于从九流上升到六经，不仅融合诸子百家，更要融合中西文明，以西学之质救中学积弊之文，在与世界文明的对话和互鉴中，化诸不同以为同，从而构建实现大同理想的文明基础。

〔1〕 廖平《大同学说》，《廖平全集》第 11 卷，第 795 页。
〔2〕 廖平《地球新义》（丙子本），《廖平全集》第 10 卷，第 164 页。
〔3〕 廖平《大同学说》，《廖平全集》第 11 卷，第 799 页。

从制度的视角看，廖平认为，《礼运》中的大同、小康指治理方式的不同，但二者并非完全没有联系。王伯（霸）之道的小康也有民胞物与之量，但私心未能尽去，故囿于小康。在康有为的大同主义中，大同无家无国，不需要礼；廖平则明确指出，从小康至大同，"礼不废，日益隆盛"，大同则"孔子之礼行于中，必推于外"。[1] 又以儒学中著名的井田问题为例，廖平以为，公田当行数百年后，俟大同后根据贫富的论定乃可行，并以历史上王莽改制致祸为鉴。[2] 熊十力以《周礼》中的井田直接主张周官社会主义，以此实现大同，亦可以视为康有为大同主义的潜在影响，而改革开放后基于实事求是所建立的"家庭联产承包责任制"又何尝不是廖平井田当行数百年后主张的再现！

廖平阐发的大同学说立足于中华六经，以经学面向未来，真正展现了经学为万世立法的普遍主义精神。"大德役小德，大贤役小贤，化兵戈，讲礼让，重道德，后利权，而后可以言太平"[3]，此"全球大一统"之大同是一伦理的世界秩序、礼乐的天下，完全不同于康有为设想的自由平等的大同社会。礼乐天下，不仅有人伦家庭，而且有和谐的礼乐。从文明的视角看，廖平构想的大同文明论为中华政教文明的推衍，体现了正统的中华天下文明观。中华天下文明的核心是自近者始，由内及外，德化天下，但并不诉诸于武力传教与帝国征服。全球大一统是以中华文明为中心、德化不断扩展的伦理性世界秩序，"五帝道大，无中外之分，凡四海之来假者，皆以中国之政教敷布之，使海外各国皆知中国之制也"，[4] 从治理方式来看，这种由小及大、由近及远的扩展方式也符合中国传统平天下的精神，甚至仍能从中看到中华传统朝贡体系的精神。

余 论

梁启超认为，晚清今文经学强调致用，借经术以文饰其政论，失为经学而治经

---

〔1〕 廖平《历礼篇》，《廖平全集》第 11 卷，第 784 页。
〔2〕 廖平《三五学会宗旨》，《廖平全集》第 11 卷，第 765 页。
〔3〕 廖平《公羊春秋经传验推补正》，《廖平全集》第 7 卷，第 850 页。
〔4〕 廖平《地球新义》（戊戌本），《廖平全集》第 10 卷，第 22、68 页。

学之本意，致使经学的根基断裂，转成为西方思想大举横扫中国的导引。[1] 此实为梁启超的卓绝之见。六经是中华文明的根本，中国人找不到本，则变法改制失去了源自中华文明深处的目的论的支持，转而以西方的世界主义为中华大同之旨。康有为以公羊三世说作为社会改造、政治革命的工具，现代新儒学紧承其后，以君主专制与民主共和为对立，将儒家文化当作走向现代共和的工具，则中华文明的根脉何以能得到赓续？百年之后，回溯"三千年未有之大变局"之伊始，我们会发现，政制上的君主还是共和并非变革的根本目的，更重要的仍在于中华政教文明的根脉能否得以传承。

廖平经学多变，然万变不离其宗，即尊孔保教，孔子为万世立法的儒学普遍主义信念从来没有改变。其二变尊今拟古之作（《辟刘篇》）虽属草率，但并未有以此改制革命之心。待康有为二书问世，学术人心大坏，廖平后悔自己提出鲁莽之说。在《评新学伪经考》中，廖平痛斥康有为"未能深明大义，乃敢排斥旧说，诋毁先儒，实经学之蠹贼也"，指其解经"大约于合己者则取之，于异己者则弃之，支离恍惚，莫衷一是。治经之道，固如是哉?"[2] 对于康有为的大同说，廖平更是痛斥其为虎作伥，"惟足下推中国为专制，谓大同为无君，不啻为虎作伥"[3]。廖平经学三变由今古学走向"小统""大统"之辨，实感于当时中华文明所面临的西方文明的挑战，主张经学当与时俱进，打破固有的禁锢，融合诸子学与西学，不仅解释中国，更要解释世界，在世界中理解中华文明的竞争力。从"小统"到"大统"，实蕴含着如何以中华文明为世界立法的文明自信。然囿于蜀地闭塞、视野所限，廖平对西学知之甚少，对西方政治的理解也远不及康有为深刻，致使其全球大一统之论多有牵强附会之处。例如廖平《地球通义》中的以"中国"为天下文明的中心，今天必须加以解释澄清，否则就会成为当今中国盲目自大、自居"天朝上国"的民族主义写照。又如廖平以西方政体变化解释中国政治发展，以为中国先秦已经历民权时代，今天看来也是臆说，唯有对中西政治文明发展有更深入的研究，才能在文明互鉴的意义上进行中西政治文明比较。

[1] 梁启超《清代学术概论 儒家哲学》，第13页。
[2] 廖平《评新学伪经考》，《廖平全集》第11卷，第839页。
[3] 廖平《再与康长素书》，《廖平全集》第11卷，第835页。

　　然吾辈只有理解其在当时中华文明危机中，以经学革新而不忘其本的良苦用心，方能不以今日西学知识苛责古人，而是接续其所开启的寻求礼乐天下的"新经学"之路。以当今 21 世纪的中国与世界观之，廖平的"大统""空言"是否有见诸"行事"之处？兹申论其要义如下。

　　其一，大同代表中华文明普遍主义的天下理想。中华文明自古就崇奉天下理想，以中国为天下之中，并非盲目自大，而是以中国为礼义文明的中心。"王者居天下之中"，此王者为承载王道理想的"天下归往"。近代以来，中国被迫进入现代民族国家体系，却从未放弃尚和合、求大同的天下理想。今日中国之崛起固然要走出对西方叙事的依赖，寻求独特的"中国道路"，然而全球化的日益深入，又何尝不是廖平所言的全球大一统在世界中"行事"的体现？从长远的世界秩序构建来看，中国必不会自居为一特殊国家，而将承载全球治理之重任。基于此，中国更重要的是要塑造一种普遍主义的中华文明，以激励国人的文化自信。廖平的大同思想正是在此方面开启了普遍主义视角下中华文明的赓续自新之路。今日中华文明融入了民族国家富强与社会主义平等的质野，其内涵更加丰富，然以质救文的现代化过程，也面临着"质胜文则野"的新问题，在中国何以为"中国"、天下何以为"大同"的叙事中，更需要丰富其内在的文明内涵。六经是中华文明的源头和根脉所在，如何使经学的开新面向世界、面向未来，不仅关乎中华文明在世界文明中的竞争力，而且关乎中华文明对世界文明的贡献。在此意义上，廖平基于经学研究的"大统"思想启示我们，要更加深入地思考中华文明的普遍主义内涵。

　　第二，中华大同的文明内涵是礼乐天下。自康有为的大同主义盛行以来，国人更多地将大同理解为政治制度上由专制到民主的变革，而忽视了中华天下文明更深层的文明内涵。20 世纪西方现代性危机的深化，使我们对民主制不再盲目崇拜，同时切身感受到自由平等的现代西方文明潜在的德性危机。在此背景下，思考百年前廖平的大同理想，深感其对礼乐天下的文明自信之可贵。中华天下理想不仅是康有为所说的自由平等的大同太平世，更是一种伦理性的世界秩序，不仅以人伦家庭为根本，而且由此推向更加和谐的礼乐文明世界。基于此，廖平的"大统"理想启示我们，应该在反省 20 世纪康有为大同主义及其现代影响的基础上，从学理上更深入地重新阐释礼乐天下的中华文明的内涵。

第三，王道是从小康到大同的必由之路。对小康与大同之间关系的认识，决定了 20 世纪中国的发展道路。在饱受激进的大同主义乌托邦之害后，中国开始更加务实，全面建设小康社会。正如廖平所言，"变易弱肉强食之春秋，为尊让礼乐之天下"，实为中华王道天下文明的理想。平天下须自近者始，必先以《春秋》自治其国，"尊天扶王以立极，托诸强国为二伯，尊二伯以申王法"[1]。以此来看，今日的世界政治同样处于 "新春秋时代"，其中列国有兴衰，但终需由实力强大的国家担任 "伯" 的角色，维护联合国所倡议的王道。随着综合国力的上升，中国如何借鉴由 "伯统" 上升到 "王统" 的春秋之法，再由王道扩展至 "大统" 中的 "帝统" 与 "皇统"，对构建人类命运共同体的天下文明具有深刻的启示。然而我们不能盲目乐观，一百多年前，廖平已清醒地认识到，"当今时局，不过比于隐桓，所谓乱世，小康一统，尚属未能，若大同，更无论矣"，西方国家求力争胜，处战国时代，不知大同专务化争，贤贤亲亲，乐乐利利，何以言大同？我们尤需对当今的 "新春秋时代" 保持清醒的认识，仍要 "以大同为精神，以小康为实用，因时制而为"[2]。

〔1〕 廖平《公羊春秋经传验推补正》，《廖平全集》第 7 卷，第 920 页。
〔2〕 廖平《大同学说》，《廖平全集》第 11 卷，第 802、803 页。

我国早期"知人"观析论

李清良　王　悦[*]

[内容提要]

重视"知人"是中国哲学传统和经典诠释传统的重要特点。早在舜帝时代就已明确强调"知人"以"官人"为目的，以知人之"德"为关注重点，以考察"言""行"为基本方法，并视"知人"为难度极高的实践智慧。到西周，我国"知人"观有了更深刻而系统的发展，不仅注重对内在"心""志"的考察，还将"知人"扩展为对民情民心乃至"天命"的了解，"知人"之"哲"也成了"见微知著""推往知来"的天赋能力和智慧。早期"知人"观所奠定的基本观念，深刻影响了我国哲学传统和经典诠释传统。

[关键词]

知人；知人则哲；六征；知言；经典诠释

---

* 李清良，湖南大学岳麓书院教授，文学博士；王悦，湖南大学岳麓书院博士研究生。本文系国家社科基金重大项目"中国经典诠释传统的理论化与现代化研究"（14ZDB006）阶段性成果。

重视"知人"是我国源远流长的传统，影响极其深远。中国哲学史专家李存山认为，中国哲学"实质上的系统"就是"以'知人'为中心，以'原善''为治'为宗旨"，并以强调"知人则哲"为根本特色。[1] 著名汉学家宇文所安（Stephen Owen）也指出，中国古代诠释传统乃是一种以"知人"为中心、"意在揭示人的言行的种种复杂前提的诠释学"。[2] 已有的研究较多集中于春秋时期以来的"知人"观，本文则试图进一步考察我国早期即春秋之前的"知人"观。

一、舜帝时期已明确提出"知人"观

在 4000 余年前的舜帝时代，我国便有了明确的"知人"观。据《尚书·皋陶谟》（对相关文献真实性的讨论详下）记载，皋陶与同为舜帝大臣的大禹一起讨论治道时，提出了三大治理方略，即"慎身""知人""安民"。大禹对第一点深表赞叹，但对后两点颇觉惊异和不解，故说：

吁！咸若时，惟帝其难之！知人则哲，能官人。安民则惠，黎民怀之。能哲而惠，何忧乎驩兜？何迁乎有苗？何畏乎巧言令色孔壬？

意思是，只怕就连尧帝都难做到"知人"和"安民"，否则就不会出现像驩兜、共工那种"巧言令色"的奸佞之臣以及"三苗"那种不断作乱的氏族百姓了。由大禹的惊异态度（"吁"表惊异）[3]，可知此前并无治理天下"在知人"这种说法。大禹所谓"知人则哲"表明，在他看来，"知人"需要高度的智慧。针对大禹的将信将疑，皋陶接着阐说"知人"和"安民"的具体方法：就"知人"而言，当以"九德"为标准来考察其人之"言"与"行"，"九德"即"宽而栗，柔而立，愿而恭，乱而敬，扰而毅，直而温，简而廉，刚而塞，强而义"。经过皋陶的一番解释，大禹完全认同了他的看法。

---

〔1〕 李存山《"知人则哲"：中国哲学的特色》，《哲学动态》2004 年第 5 期。

〔2〕 宇文所安《中国文学思想读本：原典·英译·解说》，王柏华、陶庆梅译，生活·读书·新知三联书店 2019 年版，第 3 页。"诠释学"原译为"解释学"。

〔3〕 曾运乾《尚书正读》，华东师范大学出版社 2011 年版，第 34 页；周秉钧《尚书易解》，华东师范大学出版社 2010 年版，第 29 页。

皋陶的上述"知人"观，实基于尧舜以来的"知人"实践。

首先，皋陶主张以"九德"作为"知人"的主要标准，乃是继承了尧帝考察人才的办法。据《尚书·尧典》记载，尧帝命夔"典乐教胄子"时特别要求注重培养"胄子"们的"四德"，即"直而温，宽而栗，刚而无虐，简而无傲"。孔颖达《尚书正义》认为，"直、宽、刚、简即皋陶所谋之九德也"。此说虽过于绝对，但至少可以说皋陶所谓"九德"是从尧帝"四德"发展而来的。尧帝之所以要求培养"胄子"们的"四德"，主要是因为他们是政府官员的后备人选。

其次，皋陶强调以"考言""迹行"来"知人"，也是继承了尧舜的"知人"实践传统。皋陶说，"知人"须"亦行有九德，亦言其人有德，乃言曰载采采"（《皋陶谟》），其中衍一"采"字，"乃言"当为"考言"，"乃言曰载采"相当于说"考言于治事也"；[1]"亦"则当读为"迹"："犹检验也。《墨子·尚贤中》：'圣人听其言，迹其行。'《楚辞·惜诵》：'言与行其可迹兮。'此'迹行''迹言'连文之证。《论衡》说此二语曰：'以九德检其行，以事效考其言。'……言检行有九德，检言，如其人有德，乃告之曰：'试治事。'"[2]可见，皋陶是说要通过"考言""迹行"来了解一个人是否有"九德"。这个解释不仅有《墨子》《楚辞》《论衡》等后世文献可为佐证，更有《尚书》的相关记述可作内证。如《尧典》篇载，尧帝要群臣举荐贤才，群臣于是举荐了尧子丹朱、禹父鲧以及共工三人，但尧都不同意。原因是，尧认为丹朱"嚚讼"，即"言不忠信"而"又好争讼"；又谓共工"静言庸违"，意谓"共工巧言，其用违僻"亦即"巧于言而常邪僻"；[3]又认为鲧"方命圯族"即违逆命令而危害族人。[4]可见尧帝之所以对丹朱、共工以及鲧都不满意，正是因为他们在言语和行为上有问题，或言伪而好争，或言巧而行僻，或犯命而不从。这说明尧帝"知人"特重迹考其人之言行。《尧典》又载，尧帝在舜试用三年后说："格！汝舜。询事考言，乃言底可绩，三载，汝陟帝位。"屈万里说："询事，谓尧以事询舜；考言，谓考察其言之验否。"[5]亦见尧帝的

---

[1] 杨筠如《尚书核诂》，陕西人民出版社 2005 年版，第 50 页。
[2] 周秉钧《尚书易解》，第 29-30 页。
[3] 曾运乾《尚书正读》，第 15 页；周秉钧《尚书易解》，第 9 页。
[4] 王先谦《尚书孔传参正》，中华书局 2011 年版，第 55 页。
[5] 屈万里《尚书集释》，台湾联经出版事业股份有限公司 2005 年版，第 18 页。

"知人"之法即是"询事考言"。《尚书·尧典》又载舜登帝位后,规定四方诸侯朝见时"敷奏以言,明试以功,车服以庸"。孔颖达疏曰:"舜各使陈进其治理之言,令自说己之治政。既得其言,乃依其言明试之,以要其功。以如其言,即功实成,则赐之车服,以表显其人有才能可用也。"[1] 可见舜帝也是通过"考言""试功"来"知人"。舜帝又命龙为"纳言"之官(《尧典》)并对群臣说:"工以纳言,时而飏之,格则承之庸之,否则威之。"(《皋陶谟》)所谓"纳言",也包括"考言",不仅有上传下达之责,亦有"纠举逸说殄行之责"[2]。

总之,皋陶的"知人"主张,正是对尧舜"知人"实践的继承与总结。我国古代史书之所以特重"记言"与"记事",就是由于人们认为,"言"与"事"(或"行")能全面表现一个人。又据上述,皋陶所谓"九德",实指体现处事才能尤其是道德品质的九种言行方式。因此关于"德"的本义虽然尚有分歧[3],但皋陶所谓"德"明显是指体现人之本质(包含处事才能尤其是道德品质)的言行方式。陈来指出:"这种从才和德方面建构统治的合法性的意识,不仅为君主和民众共同接受,而且在氏族部落禅让制度中更是必然如此的。"[4] 姜昆武综考《诗》《书》中的"德"字,也认为它"乃人之所秉,与人俱来者,即人之本质之谓"[5],此说颇有见地。当然,此时所谓"德"还不是抽象的,而是体现为具体的言行方式,因此可说是"才性""才质"层面的本质。[6]

大禹说"知人则哲"等于说"知人则智",亦即唯有大智才能"知人"。孔疏引舍人之言曰:"哲,大智也。"郝懿行也说:"知、智古字通,智、哲声相转,经典哲亦多作智。"[7] "哲"也作"悊"或"喆"。如《尚书·洪范》谓"明作哲",伏生本《洪范》谓"明作悊",《春秋繁露》转述为"明作哲"。[8] 陈英杰认为:

〔1〕 孔安国传,孔颖达疏《尚书正义》,北京大学出版社 1999 年版,第 65 页。
〔2〕 杨筠如《尚书核诂》,第 68 页。
〔3〕 对此问题的相关介绍及最新讨论,可参看俞绍宏《值、德及相关字字际关系考辨》,《大连大学学报》2020 年第 4 期。
〔4〕 陈来《古代宗教与伦理——儒家思想的根源》,生活·读书·新知三联书店 1996 年版,第 293、300 页。
〔5〕 姜昆武《诗书成词考释》,齐鲁书社 1989 年版,第 209 页。
〔6〕 牟宗三《才性与玄理》,台湾学生书局 2002 年版,第 46—47 页。
〔7〕 郝懿行《尔雅义疏》,齐鲁书社 2010 年版,第 3089 页。
〔8〕 皮锡瑞《尚书大传疏证》,吴仰湘主编《皮锡瑞全集》第 1 册,中华书局 2015 年版,第 177 页。

"从口之哲不见于西周金文及战国文字,只有从心之悊。……悊本义为明智、智慧,从心表义,从口于理无据。因此,哲之从口乃从心之讹误。克鼎'天子明悊',用其本义。"〔1〕可见,"悊"是表示智慧的本字。正如王先谦所说,"哲""悊""晢"三字"各有所属本义,而经多相假借"〔2〕。

那么作为知人之"哲"的"智"是指什么?古人言智,义有多端。王念孙指出:"智字古有二音二义,一为智慧之智,一为知识之知。……《广雅》曰:'觉、叡、闻、晓、哲,智也。'叡、哲为智慧之智,觉、闻、晓为知识之知,是智有二音二义也。"〔3〕"惟帝其难之"的知人之"哲"显然属于智慧之"智"。根据《皋陶谟》上下文,大禹所谓知人之"哲"首先是指明察情伪而不为表象、假相所欺所惑的智慧。正如王夫之所说:"盖人之难知,不在于贤不肖,而在于枉直。贤之无嫌于不肖,不肖之迥异于贤,亦粲然矣。特有枉者起焉,饰恶为善,矫非为是,于是乎欲与辨之而愈为所惑。"〔4〕换言之,人之难知实在其言行不一、表里乖违,常常"饰恶为善,矫非为是"。因此,只有明察情伪而不为表象与假相所惑所欺,才算是有知人之"哲"。故《管子·重令》曰"彼智者知吾情伪",《管子·八观》曰"不可欺者智也",《白虎通义·五藏六府主六情》则曰"智者进止无所疑惑"〔5〕。孔子所谓"知者不惑"(《论语·子罕》)也有这层意思。其次,大禹所谓知人之"哲"也指处事得当的实践智慧。故说"知人则哲,能官人",准确地"知人"便能恰当地"官人",既择其贤者而任之,又识其不贤者而黜之。后来孔子说"择不处仁,焉得智"(《论语·里仁》),就是以"得当"讲"智";《管子》所谓"智生于当"(《九守》)、"应变不失之谓当"(《宙合》)亦明此义;《荀子·劝学》所谓"知明而行无过",尤其是明清学者常说的"知明而处当",正是对这种实践智慧的恰切表述。

以上考察所依据的主要文献是《尧典》与《皋陶谟》,汉唐学者多认为它们是尧舜时代的史臣所作。自宋以后,逐渐有学者认为它们是夏、周史臣所作。至现

〔1〕 李学勤主编《字源》,天津古籍出版社、辽宁人民出版社2012年版,第81页。
〔2〕 王先谦《尚书孔传参正》,第558页。
〔3〕 王念孙《读书杂志》,上海古籍出版社2014年版,第1104-1105页。
〔4〕 王夫之《读四书大全说》,岳麓书社1991年版,第784页。
〔5〕 陈立《白虎通疏证》,中华书局1994年版,第385页。

代，则有不少学者认为此二篇写定于秦汉时期，甚至认为，尧、舜、禹是编造出来的人物。刘起釪先生对此已有较详细的介绍与辨析。[1] 他经反复探索，认为《尧典》当为孔子编定，《皋陶谟》虽在春秋早期已出现，最后也"由春秋时儒家编定"，即由孔子或其弟子编定。[2] 但他指出，此二篇的材料来源甚早，是利用"往古流传下来的皋陶和舜、禹等的一些散见的片段数据，按照儒家所要宣扬的德教，加工组织成篇"[3]。我们认为，《尧典》与《皋陶谟》虽在转述传抄过程中不可避免地有所改变，但其主要内容是真实可信的。理由有如下三点。

首先，陶寺遗址的考古发现与《尧典》《皋陶谟》所记事实多有拟合。山西襄汾的陶寺遗址尤其是陶寺文化中期城址，经碳 14 等技术手段和考古方法的测定以及多学科专家的考定，已基本认定正是 4000 年前尧舜时期的都城，其中不仅有用于精确天文观测的大型建筑，也有不少礼器和成套乐器，一个扁壶上还有用朱砂写的文字。这就证明了所谓"尧舜禹传说时代"不仅确有其事，而且"已经进入到邦国国家形态"，"礼乐形成了一套完整的制度"。更重要的是，"陶寺这 40 多年来的考古发掘与研究，已经发现了很多很多的迹象，可以与《尚书·尧典》的许多记载相拟合"[4]。据陶寺遗址的考古发现可知，其时已进入"文明"时代，为了有效治理而强调"知人"善任并认为官员们必须有正直的德行是题中应有之义。

其次，西周初年的《尚书·立政》可证《皋陶谟》与《尧典》中"知人"观主要内容的真实性。《立政》篇记载周公说："古之人迪惟有夏，乃有室大竞，吁俊尊上帝迪，知忱恂于九德之行。乃敢告教厥后曰……"此谓夏代不仅重视"知人""官人"，还以"九德"为标准。周公此说只可能有两个来源：要么是前代"典""册"所载，要么是商代遗民传述（正如武王通过箕子获知传自夏代的"洪范九畴"）[5]；而商人对此事的记载传述只可能来自夏代，因为他们用不着替不

〔1〕 顾颉刚、刘起釪《尚书校释译论》，中华书局 2005 年版，第 358-384、506-519 页。

〔2〕 顾颉刚、刘起釪《尚书校释译论》，第 379-384、510-517 页。

〔3〕 顾颉刚、刘起釪《尚书校释译论》，第 379、512 页。

〔4〕 何努《尧舜"中国"——陶寺遗址发掘与研究》，《艺术博物馆》2022 年第 6 期；武家璧《〈尧典〉的真实性及其星象的年代》，《晋阳学刊》2010 年第 5 期。

〔5〕 《乐记》载"武王克殷反商……下车而封夏后氏之后于杞"。此言如可信，则周公对夏代"知人""官人"之法的了解也可能直接来自"夏后氏之后"的传述。此处姑置不论。

是其祖先的夏人编造这种重视"知人""官人"的正面传说。故《立政》篇的上述说法当传自夏代。《皋陶谟》中以"九德"来"知人"的内容与《立政》篇所述类似，它们都不可能是夏朝人为美化大禹这位开国之君而造的传说，否则必会以大禹而不是皋陶为主角。由此看来，《皋陶谟》中所述"知人"观以及《尧典》中的相关内容是基本真实的。

最后，《尚书》虽经孔子编定而成为儒家"六经"之一，但这并不影响其所述主要内容的真实性。孔子特别强调"文献"有征（《论语·八佾》）和"述而不作"（《论语·述而》），注重传述"信史"而不擅改古史文字。《公羊传·昭公十二年》："春，齐高偃帅师纳北燕伯于阳。'伯于阳'者何？'公子阳生'也。子曰：'我乃知之矣。'在侧者曰：'子苟知之，何以不革。'曰：'如尔所不知何？《春秋》之信史也，其序则齐桓晋文，其会则主会者为之也，其词则丘有罪焉耳。'"何休注曰："虽优劣大小相越，不改更，信史也。"可见孔子于鲁国旧史之"文"，即使明知其误亦不轻作改动，故《春秋》可称为信史。当然孔子亦非完全袭用旧史之文，据《公羊传·庄公七年》，他将"不修《春秋》"中"雨星不及地尺而复"修改为"星陨如雨"，但这种改动是为了更准确地描述事实而不是改变事实。故如钟文烝所说，修改之后，"旧史之意，经悉该之，惟尺者约计之辞，非由实定，故置而不论"[1]。因此《皋陶谟》所述"九德"特别是《洪范》所述之"德"，虽与儒家所说之"德"不完全相同[2]，但并未因此而被删改。

综上所述，我国在舜帝时期就已明确提出了"知人"观并有如下四个明显特点。（1）"知人"以"官人"为主要目的。亦即是为了识别政治方面的贤能之士，而不是一般地了解别人，因此早期"知人"之法实是"官人"之术的一部分，是"官人"的基础性工作。（2）"知人"以其人之"德"为关注重点。这是基于政治目的而将"德"视为一个人最本质的东西，但此时所谓"德"还不是后世所谓内得于心的"德性"，而是体现处事才能尤其是道德品质的言行方式。（3）"知人"以"考言""迹行"为基本方法。这是因为人之"德"不仅表现为如何"行"，也表现为如何"言"。（4）"知人"之"哲"是明察情伪、知明处当的实践智慧。

---

〔1〕 钟文烝《春秋穀梁经传补注》，中华书局 2009 年版，第 161 页。

〔2〕 顾颉刚、刘起釪《尚书校释译论》，第 513-514 页。

二、夏、商、周"知人"观简述

夏、商二代传承了舜帝时代的"知人"观。

《尚书·立政》篇载周公说，无论夏代还是商代，凡英明之主都很重视"知人"并竞相招贤（"有室大竞"），并且都以"九德之行"标准为考察标准，夏、商之所以灭亡，正是由于夏桀与商纣违背了此种"知人""官人"传统。周公还特别引用了夏代群臣告诫君王"知人""官人"之法的话："宅乃事，宅乃牧，宅乃准，兹惟后矣。谋面，用丕训德，则乃宅人，兹乃三宅无义民。"曾运乾认为这几句正是"群臣陈官人之大法"："宅，度也，度量之也。……此以观行、观心为官人之法也。……文言观人者不考诸行，不审其心，徒听言观色，是'谋面用不训德'，是后文所谓'憸人不训于德'，是《皋陶谟》所谓'巧言令色孔壬'者也。……上言所当法，下言所当戒，千古官人之得失，尽兹二义。"[1] 可见夏代的"知人""官人"之法特别反对"不考诸行，不审其心"而徒"听言观色""以貌取人"。但说夏代就已重视"观心"，似无足够的文献依据。

《尚书·立政》载"亦越成汤陟，丕厘上帝之耿命，乃用三有宅；克即宅，曰三有俊，克即俊"等句，可说是商代"知人""用人"之法。蔡沈《书集传》解释说："三宅已授之位，故曰克知；三俊未任以事，故曰灼见。"[2] 吕祖谦《书说》亦谓："三宅，共政者也。……三俊，待用者也。"[3] 曾运乾据此认为："以事、牧、准之成绩考核官吏，曰'三有宅'。以事、牧、准之科目登进人才，曰'三有俊'。……由是商家用人，克用'三宅''三俊'，官无废事，野无遗贤。"[4] 可见所谓"三宅""三俊"即是商代的"知人""官人"之法，其中"三宅"之法用于考核官吏，"三俊"之法用于考察和选拔贤才，也就是"知人"之法。

〔1〕 曾运乾《尚书正读》，第261-262页。
〔2〕 蔡沈《书集传》，朱杰人等主编《朱子全书外编》第1册，华东师范大学出版社2010年版，第225页。
〔3〕 吕祖谦《东莱书说》，黄灵庚、吴战垒主编《吕祖谦全集》第3册，浙江古籍出版社2008年版，第372页。
〔4〕 曾运乾《尚书正读》，第263页。

由于史料无多，我们对夏、商二代的"知人""官人"之法已无法确知其详。但关于商代的"知人"之法，还可从《尚书·洪范》中获得一些信息。周武王克殷之后，向商纣王的叔父箕子请教治国大道。箕子陈述了自夏禹以来相传的"洪范九畴"，其中第二畴是"敬用五事"："一曰貌，二曰言，三曰视，四曰听，五曰思。貌曰恭，言曰从，视曰明，听曰聪，思曰睿。恭作肃，从作义，明作哲，聪作谋，睿作圣。"一般认为"五事"畴讲的是统治者的修身之法。[1] 但此中所谓肃、义、哲、谋、圣亦见于西周末年的《诗经·小雅·小旻》："国虽靡止，或圣或否；民虽靡膴，或哲或谋，或肃或艾。"据郑笺与孔疏可知，"五事"畴既是修身之法，也是"知人""官人"之法。这个说法当更准确，因为既然以"五事"作为统治者修身的规范，自然也会将其作为"知人""官人"的要求。又《礼记·乐记》载，武王克殷后，"释箕子之囚，使之行商容而复其位"。所谓"商容"，郑玄注曰："商礼乐之官也"。故孔颖达认为此句是说："使箕子检视殷家礼乐之官。若有贤者所处，皆令复居其故位也。"张怀通认为，所谓"商容"正是箕子所说的"五事"："五事作为人的五种面容、表情及其应该达到的效果，其实质是礼容，而且是所有统治者的礼容。只有从礼容的角度观察貌、言、视、听、思，及其应该表现或达到的恭与肃、从与义、明与哲、聪与谋、睿与圣，才能明白五事与八政、皇极等并列而成为九项统治大法之一的真谛。"[2] 可见"五事"畴既是商朝统治者的修身规范，也是其"知人""择贤"之法。

周人显然接受并继承了商人的这种思想。《尚书·立政》记载周公讲述西周的"知人""官人"之法说：

亦越文王、武王，克知三有宅心，灼见三有俊心，以敬事上帝，立民长伯。立政任人，准、夫、牧，作三事。……文王惟克厥宅心，乃克立兹常事司牧人，以克俊有德。……亦越武王，率惟敉功，不敢替厥义德，率惟谋从容德，以并受此丕丕基。……呜呼！孺子王矣！继自今我其立政。立事、准人、牧夫，我其克灼知厥若，丕乃俾乱；相我受民，和我庶狱庶慎。……我则末惟成德之彦，以乂我受民。

---

[1] 丁四新《儒家修身哲学之源：〈尚书·洪范〉五事畴的修身思想及其诠释》，《哲学动态》2022年第9期。

[2] 张怀通《商周礼容考论》，《古代文明》2016年第2期。

此谓文王、武王都极重视"知人""官人",成王(此段所谓"孺子王")也应如此。其中讲到文王、武王特别强调通过"宅心"来察见其人之德。曾运乾解释说:

灼,《说文》引作"焯",明也。"克知三有宅心",言能知事、牧、准三宅之心,而使在官。"灼见三有俊心"者,言明见事、牧、准三俊之心,而不失实也。"克知""灼见",互文也。"知""见"皆言心者,"忱恂"而不"谋面"也。……"克厥宅心"者,克度其心,即上文"忱恂于九德之行"也。……此言文王官人之法。[1]

可见所谓"克厥宅心"之"宅心"实谓"度心"或"知心",亦即"灼见"、明察其人之"心"。[2]重视"宅心"正是文王、武王"知人"之法的一个重要特点,意味着"知人"不仅要考察其人之言与行,还需要考察其人之心。

《大戴礼记·文王官人》和《逸周书·官人》详细记载了西周用以"知人"的"六征"之法。这两篇文字大体相同,但前者记为文王告太公望之言,后者则记为周公述文王之法以告成王,这可能是因为传闻异辞所致,也可能是由于《逸周书》有所删节和改动。[3]至于二篇之写定年代,或以为晚至战国,或以为"本出西周而经春秋加工改写"。但根据宁镇疆的考辨,二篇所述总归是西周"知人"之法无疑。[4]

《逸周书·官人》开篇说:

王曰:"呜呼,大师!朕维民务官,论、用有征,观诚、考言、视声、观色、观隐、揆德,可得闻乎?"周公曰:"亦有六征。呜呼!乃齐以揆之。"[5]

"论、用有征"亦即"知人""官人"皆有征验可据。[6]"齐以揆之"谓据

---

[1] 曾运乾《尚书正读》,第264-266页。
[2] 又可参见杨筠如《尚书覈诂》,第402-403页。
[3] 参见黄怀信《〈逸周书〉源流考辨》,西北大学出版社1992年版,第116-119页;黄怀信、张懋镕、田旭东《逸周书汇校集注》,上海古籍出版社1995年版,第809-810页。
[4] 宁镇疆《早期"官人"之术的文献源流与清华简〈芮良夫毖〉相关文句的释读问题》,《出土文献》第13辑,中西书局2018年版,第97-110页;宁镇疆、朱君杰《由楚简〈鲍叔牙与隰朋之谏〉篇的"考志"说到文王官人》,《史林》2020年第3期。
[5] 黄怀信、张懋镕、田旭东《逸周书汇校集注》,第757-758页。
[6] "论、用"即《管子·七法》所谓"论材审用"。颜昌峣说:"论,假为抡。《说文》:'抡,择也。'择,柬选也。"见颜昌峣《管子校释》,岳麓书社1996年版,第62页。

"六征"全面揆度其人。所谓"六征"即"观诚、考言、视声、观色、观隐、揆德"六大征验之法，其中"考言""视声"，《大戴礼记·文王官人》作"考志""视中"，王念孙认为"考言"当为"考志"。[1] 此中是非不必细究，重要的是"六征"之法的实际内容。[2] 以下略述之。

第一，所谓"观诚"，是指察其处以观其诚。"诚"指为人之实，处指处境，包括贵贱、显达、年龄、人伦关系、事为情境（居处、丧哀、出入）等。总之，是根据各种不同处境中的表现来观其为人之实。如曰"富贵者观其有礼施，贫贱者观其有德守。嬖宠者观其不骄奢，隐约者观其不慑惧。……远之以观其不二，昵之以观其不狎"[3] 等。

第二，所谓"考言"，是指"考其言以观其志"，即全面考察言语之神情（"色"、"气"、"貌"）、内容（"有质"与"无质"、"有虑"与"愚赣"）、态度（"平心而固守"或"鄙心而假气"、"果敢"或"弱志"、"质静"或"妒诬"）等，由此以"观其志"。如曰"微而能发，察而能深，宽顺而恭俭，温柔而能断，果敢而能屈，曰志治者也"[4]。此所谓"志"的含义较宽泛，大体相当于"心"。

第三，所谓"视声"，是指视其声以观其心气。其预设是"心气"（约当于今天所谓性格）不同则"声"亦有别。如曰"心气华诞者，其声流散。心气顺信者，其声顺节。心气鄙戾者，其声醒丑。心气宽柔者，其声温和"[5]。

第四，所谓"观色"，是指观其色以察其情实。色指脸色表情，情则兼指喜怒欲惧忧之情及其体现的德行之实。如曰"喜色犹然以出，怒色茀然以侮，欲色呕然以偷，惧色薄然以下，忧悲之色瞿然以静。诚智必有难尽之色，诚仁必有可尊之色，诚勇必有难慑之色，诚忠必有可新之色，诚洁必有难污之色，诚静必有可信之色"[6]。

----

〔1〕 王念孙《读书杂志》，第 53-54 页。
〔2〕 伏俊琏对此有过分析。参见伏俊琏《人物志译注·前言》，上海古籍出版社 2008 年，第 7-12 页。
〔3〕 黄怀信、张懋镕、田旭东《逸周书汇校集注》，第 811-817 页。
〔4〕 黄怀信、张懋镕、田旭东《逸周书汇校集注》，第 827 页。
〔5〕 黄怀信、张懋镕、田旭东《逸周书汇校集注》，第 829-830 页。
〔6〕 黄怀信、张懋镕、田旭东《逸周书汇校集注》，第 832-834 页。

第五，所谓"观隐"，是指观其言行以察其伪饰。其预设是"人多隐其情以饰其伪"，故需综观其言行以察其情伪。如曰"小施而好德，小让而争大，言愿以为质，伪爱以为忠，尊其得以攻其名，如此，隐于仁贤者也。前总唱功，虑诚弗及，佯为不言，内诚不足，色示有余。自顺而不让，措辞而不遂，[如]此，隐于智理者也"[1]。

第六，所谓"揆德"，实谓综观言行情貌以察其德行。如曰"言行不类，终始相悖，外内不合，虽有假节见行，曰非成质者也。言忠行夷，争靡及私，[施]弗求及，情忠而宽，貌庄而安，曰有仁者也。……少知而不大决，少能而不大成，规小物而不知大伦，曰华诞者也。规谏而不类，道行而不平，曰窃名者也"[2]。

由此可见，"六征"之法的基本预设是，人们往往表里不符、言行不一，但其真实面目无论如何掩饰都会有所表现和流露（"诚在其中，必见诸外"），故可通过综观其言、行、声、色及其"心""志"而察知其"德"。因此"六征"之法的实质是"以其见占其隐"[3]，这恰如中医可通过各种表征和脉象而知其真实的身体状况。《大戴礼记·文王官人》又载，文王讲完"六征"之后接着说："太师！女推其往言以揆其来行，听其来言以省其往行，观其阳以考其阴，察其外以揆其内[4]。是故隐节者可知，伪饰无情者可辨，质诚居善者可得，忠惠守义者可见也。"[5] 这正是对"六征"之法的实质的准确总结。

三、西周"知人"观的重要发展

西周"六征"之法实是根据《洪范》"五事"畴所示，更系统地指出了如何通过综合考察"貌、言、视、听、思"等方面来"知人"。这进一步证明"五事"畴既是修身规范，也是"知人"标准。当然，到了西周，"五事"已被纳入更系统的

---

[1] 黄怀信、张懋镕、田旭东《逸周书汇校集注》，第835—836页。
[2] 黄怀信、张懋镕、田旭东《逸周书汇校集注》，第841—847页。
[3] 《逸周书·官人》作"以其隐观其显"，当据《大戴礼记·文王官人》改正。参见王念孙《读书杂志》，第56页。
[4] 原文作"察其内以揆其外"，当据上下文义校改。
[5] 方向东《大戴礼记汇校集解》，中华书局2008年版，第1071页。

周代"礼容"中,凭借"礼容"规范就更容易由"貌、言、视、听、思"看出人的"德行"。从上述也可看出,西周"知人"观仍极注重"考言","六征"之中,除"观诚"与"观色"之外,其他四法即"考言""视声""观隐""揆德",都强调考察言语及其与行事之关系。这显然是对传统"考言"之法的继承与发展。

"六征"之法最具创意之处是,将"五事"畴中的"思"转换为内涵更丰富的"心""志"并予以高度重视。王念孙、孙星衍、皮锡瑞等学者根据汉代文献指出,"五事"畴中,"五曰思""思曰睿""睿作圣",在今文《尚书》中分别作"五曰思心""思心曰容""容作圣"〔1〕。王引之指出,"心与思同义"〔2〕。所以孟子说"心之官则思"(《孟子·告子上》)。但"思"的内涵显然不如"心""志"二字丰富。这说明周人鉴于夏、商二代衰亡的教训,不仅深刻意识到德行对于政治的至关重要性,也逐渐意识到"德行"与"心""志"有着内在关联,故而强调"知"人之"德"不仅要考察言行和实际效果,还要重视"宅心""考志"。

当然,此前对"心""志"与德行的关系已经有所认识。《尚书·尧典》载舜帝曰:"夔!命汝典乐,教胄子,直而温,宽而栗,刚而无虐,简而无傲。诗言志,歌永言,声依永,律和声。八音克谐,无相夺伦,神人以和。"可见舜帝已将"言志"的诗乐之教与"四德"的培养联系了起来。又《尚书·皋陶谟》载大禹对舜帝进言"溪志以昭受上帝"(《史记·夏本纪》作"清意以昭待上帝命"),意谓舜帝当清洁心志方能绍继上帝之命〔3〕。这就将"心志"与"天命"勾连了起来。《尚书·盘庚》又载商王盘庚教导臣民要"黜乃心"(去除傲慢安享之心)而不能"迁乃心"(迁,邪也),不要"戕则在乃心"("则"为"贼"字之讹)而当"各设中于乃心"("中"指"中正之道");还希望臣民与他"同心""一心"而不能"不忧朕心之攸困,乃咸大不宣乃心"(宣,明白),因此"今予其敷心腹肾肠,历告尔百姓于朕志"(我今开诚布公而以我志历告汝百官)〔4〕。盘庚不仅反复指出

〔1〕 参见王念孙《读书杂志》,第610-612页;孙星衍《尚书今古文注疏》,中华书局1986年版,第299页;皮锡瑞《今文尚书考证》,吴仰湘主编《皮锡瑞全集》第2册,第342-343页。
〔2〕 王引之《经义述闻》,上海书店出版社2012年版,第197页。
〔3〕 参见孙星衍《尚书今古文注疏》,第95-96页;杨筠如《尚书核诂》,第63页。
〔4〕 相关训解参见杨筠如《尚书核诂》,第161-168页;曾运乾《尚书正读》,第111-117页;周秉钧《尚书易解》,第98-106页;顾颉刚、刘起釪《尚书校释译论》,第908-930页。

"心"有正邪，还开诚布公地宣告自己的"心""志"以求大家与其"同心""一心"。不难看出，商朝人已经认识到知人"心""志"的重要性。

西周时期知人观的重要发展是明确将"心""志"动向看作德行的一种表现。《尚书·康诰》载周公告诫其弟康叔要向商朝老成人学习"宅心知训"，从而"尽乃心"而"无康好逸豫"，还要"定厥心"（安定民心），并说"丕则敏德，用康乃心，顾乃德"[1]，谓勉行其德，以广大汝心，省察汝德。这便将"尽心""康心"视作"敏德"之表现。周公又对康叔说，"朕心朕德，惟乃知"，这也是将"心"与"德"并列而同为所当"知"者。又《洛诰》载周公对成王说："汝其敬识百辟享，亦识其有不享。享多仪，仪不及物，惟曰不享。惟不役志于享，凡民惟曰不享，惟事其爽侮。"所谓"敬识百辟享，亦识其有不享"实指细察诸侯享献是否"役志"（用心、诚心）[2]，因为这是为民取则的一项重要德行。换言之，要在诸侯享献时"识"其"志"，也即上文所谓"考志"。由此可见，到了西周，"心""志"动向已被视为"德行"的一种表现。当然，此时还不像后来儒家那样明确将"心""志"视为德行的决定性因素；换言之，西周所重之"德"仍然主要指"德行"而非"德性"。

西周时期知人观的另一个重要发展是，"知人"之法不再局限于"官人"之术，也成为察知民心、格知天命之法。《大戴礼记·文王官人》在讲述"六征"之前说："太师！慎维深思，内观民务，察度情伪，变官民能，历其才艺。"可见"六征"之法也适用于察度民情。徐复观指出，西周对商代传统宗教的重要转化之一，就是基于政治上的敬畏之心，将作为政治对象的人民"抬高到与天命同等的地位"，于是"人民的意向，成为天命的代言人，要求统治者应通过人民生活去了解天命"，因为"当时认为天命并不先降在王身上，而系先降在民身上。……又以为天命不易把握，应当从巫卜的手中解放出来，面对着人民；天命乃显现于民情之中，从民情中去把握天命。……并且民情较天命为可信，当由人民来决定统治者的

---

[1] 此处"康"为"荒"之假借，广大也。《说文》："芜，水广也。"段注："引申为凡广大之称。""芜"通作"荒"。参见马瑞辰《毛诗传笺通释》，中华书局1989年版，第751-752页；宗福邦等主编《故训汇纂》，商务印书馆2003年版，第703-704页。
[2] 周秉钧《尚书易解》，第203页。

是非得失"。[1] 对于周人来说，通过"宅心""考志"来察度民情好恶、民心向背，也是"知人"的一个重要方面，而这正是"格知天命"的必由途径。

正因有了这种全新的观念，我们在《诗经》中可以看到大量明确抒写"我心"、感叹他"心"的诗句。如：

心之忧矣，曷维其已！……我思古人，实获我心！（《邶风·绿衣》）

心之忧矣，我歌且谣。不知我者，谓我士也骄。……心之忧矣，其谁知之？（《魏风·园有桃》）

行迈靡靡，中心摇摇。知我者，谓我心忧。不知我者，谓我何求。（《王风·黍离》）

忧心烈烈，载饥载渴。……我心伤悲，莫知我哀！（《小雅·采薇》）

彼何人斯？其心孔艰。……尔还而入，我心易也。还而不入，否难知也。……作此好歌，以极反侧。（《小雅·何人斯》）

维此王季，因心则友。……维此王季，帝度其心。（《大雅·皇矣》）

其维哲人，告之话言，顺德之行。其维愚人，覆谓我僭，民各有心。（《大雅·抑》）

所有这些诗句都体现了诗人对于"知心""度心"的强烈渴求。《小雅·巧言》更有为后来儒者反复引用的名句"他人有心，予忖度之"。值得注意的是，所谓"忖度"与后世的理解不同。对此，清代学者主要有两种看法。第一种看法可以桂馥、马瑞辰为代表。桂馥说："当为'刉劇'。《说文》：'刉，切也。''劇，判也。'"[2] 马瑞辰进一步说："忖度即刉劇之假借。……忖度谓代为判断之，如切物之度其长短也。"[3] 依此说，所谓"忖度"相当于后世的分判。第二种看法可以段玉裁、郝懿行为代表。段氏说，按照周制，"法度字多从寸"，因此"《诗》'他人有心，予寸度之'，俗作忖；其实作寸、作刉，皆得如切物之度其长短

---

〔1〕 徐复观《中国人性论史·先秦篇》，上海三联书店2001年版，第27—28页。
〔2〕 桂馥《札朴》，中华书局1992年版，第35页。
〔3〕 马瑞辰《毛诗传笺通释》，第651—652页。

也"。[1] 据此,"寸""度"用作名词皆有"法度"义,故用作动词便有以法度量之意。故《说文新补》曰:"忖,亦度也。"郝懿行也说:"度本丈尺之名。《诗》'予忖度之',忖即寸,'寸度'言若以尺寸量度之也。"[2] "以尺寸量度之"即以法度度量之。甲骨文中的"度"表示"手持直尺进行度量"之意。[3] 又,邓廷桢说:"《皇矣》:'爰究爰度。'传曰:'究,谋也。'训穷、训深、训谋,皆穷究之义。即《巧言》'他人有心,予忖度之'之度。"[4] 据此,所谓"忖度",亦有"穷究"之义。总之,所谓"忖度",都不是后世所理解的揣测、揣度,而是指准确分析与判断。故《巧言》又说:"跃跃毚兔,遇犬获之。荏染柔木,君子树之。往来行言,心焉数之。"这种意义上的"忖度"实相当于《尚书·立政》所谓文王、武王"克知三有宅心,灼见三有俊心"中的"克知""灼见","忖度"他人之心即是"灼见"他人之"心"。

结合周朝采诗制度以及《礼记·王制》所谓"五方之民,言语不通,嗜欲不同,达其志,通其欲,东方曰寄,南方曰象,西方曰狄鞮,北方曰译"等材料,可知周朝不仅有了察度民心的观念,而且形成了相关制度。因此,儒家兴起之后,也明确将察知民情民心作为一个重要的政治原则,故曰"君子莅民,不可以不知民之性而达诸民之情。既知其性,又习其情,然后民乃从命矣"(《大戴礼记·子张问入官》,又见《孔子家语·入官》),又曰"故圣人耐以天下为一家,以中国为一人者,非意之也,必知其情,辟于其义,明于其利,达于其患,然后能为之"(《礼记·礼运》)。总之,将"知人"扩展为"知民"并将其与"知天"初步联系起来,乃是周人对我国"知人"观的一个重要发展。

西周对"知人"之"哲"的理解也更进了一层,即视之为"以其见占其隐"、"察其外以揆其内",甚至"推其往言以揆其来行"的智慧,亦即"见微知著""推往知来"的智慧。《白虎通义·五性六情》曰:"智者,知也。独见前闻,不惑

---

[1] 段玉裁《说文解字注》,赖永海主编《段玉裁全书》第 3 册,江苏人民出版社 2015 年版,第 125、129、187 页。

[2] 郝懿行《尔雅义疏》,第 3010 页。

[3] 孙亚冰《释甲骨文中的"度"及相关诸字》,《中原文物》2018 年第 5 期。

[4] 邓廷桢《双砚斋笔记》,中华书局 1987 年版,第 90 页。

于事，见微知著也。"〔1〕这种说法即源于西周以来的观念。前述大禹所谓"知人"之"哲"主要指明察情伪而"不惑于事"，至于"见微知著"乃至"独见前闻"这层意思则须至西周始显。"独见前闻"也可表述为先知先觉。《尚书·大诰》载周成王说："爽邦由哲，亦惟十人迪知上帝命。"王先谦认为，此处所谓"哲"乃指"哲人"，"由哲"实即"先知觉后之义"；"迪，道也。众人不知上帝命所在，亦惟此民献之十夫道而知之"。〔2〕又，《尚书·无逸》载周公曰："自殷王中宗及高宗及祖甲及我周文王，兹四人迪哲。"此处"迪哲"亦即"由哲"，"迪哲，谓引导明智"〔3〕，亦即先知觉后知。这种"独见""先知"自然非一般人所能行，大概只有像《大诰》所谓"十人"或《无逸》所说"殷王中宗及高宗及祖甲及我周文王"才行。正因如此，周代又有"先哲王"的说法（《康诰》《酒诰》《召诰》三篇谓"殷先哲王""古先哲王""兹殷多先哲王"）。"哲王"也可说成"明王"（古文《尚书》之《说命中》《旅獒》《周官》诸篇已有"明王"之说）。无论"哲王"还是"明王"，都是指先知先觉之王。后起的"圣干"概念亦含有此义。

此种"独见前闻"的非常之"智"又是如何来的呢？《尚书·召诰》载召公说〔4〕，夏、商二代原本是接受天命而可长久的，但都因"不敬厥德"而"早坠厥命"，因此成王"不可不敬德"。召公接着说："王乃初服。呜呼！若生子，罔不在厥初生，自贻哲命。今天其命哲，命吉凶，命历年。……肆惟王其疾敬德。王其德之用，祈天永命。"这是说，正如养育小孩无不在其初生之始即传以明哲之教，今成王"初服"，上天也将赋予其作为新王的智慧、吉祥及国祚之"历年"；但成王须趁早敬行德政方能"祈天永命"。〔5〕其中，"天其命哲"是说人的智慧是由上天

---

〔1〕 陈立《白虎通疏证》，第382页。

〔2〕 王先谦《尚书孔传参正》，第637页。

〔3〕 周秉钧《尚书易解》，第226页。

〔4〕 于省吾认为《召诰》所记皆为周公所说。参见于省吾《双剑誃尚书新证》，《尚书新证》《诗经新证》《易经新证》合刊本，中华书局2009年版，第160-165页。兹姑仍旧说。

〔5〕 "初生"即"始生"；"哲命"指智慧的教命（教导）而非如孔颖达所说的"贤智之命（运）"。"自诒"之"自"，当训为"始"。《说文解字》："皇，大也。从自。自，始也。始皇者，三皇大君也。自，读若鼻，今俗以始生子为鼻子。"徐灏曰："自部曰：'自，象鼻形。'是自即古鼻字。因为自己之义所专，久昧其本义耳。"参见徐灏《说文解字注笺》，《续修四库全书》第225册，上海古籍出版社2002年版，第144页。

赋予的。[1] 孟子说"知之于贤者也……命也"(《孟子·尽心下》)——贤者之智由天所命,便是此种观念的延续。《孟子·万章上》记述伊尹说:"天之生此民也,使先知觉后知,使先觉觉后觉也。予先民之先觉者也,予将以斯道觉斯民也。非予觉之,而谁也?"若此说可信,则在夏末商初便已开始认为先知先觉者亦即哲人、智者乃是天之所生。

由于西周时代已将知"人心"视为知"天命"的重要途径,因此"知人"之"哲"也是"格知天命"所必须的智慧。《尚书·大诰》载周公曰:"洪惟我幼冲人,嗣无疆大历服。弗造哲,迪民康,矧曰其有能格知天命!"[2] 此中"造"与"遭"通,"哲迪"乃古成语,亦作"迪哲""迪吉""由哲"等。[3] 姜昆武指出:"哲,哲人;迪,道也。……故《尚书》中凡称'哲迪',乃言智高而天赐之有道,或能导知天意且足以顺天心以治其邦国者之谓也。'迪'字含导知天意,或天心所导之意,凡用及此词,常有旧宗教意义之遗痕,暗含天意在内,而非仅指一般之智者言,故得为成词。"[4] 并谓上引周公语是说"幼君新嗣,弗遇天所赐哲智之人,以顺天心导民于康,况能知天命?即无道知天意之哲人以治其邦国,则何谈可知天命也"[5]。又释《大诰》"爽邦由哲,亦惟十人迪知上帝命"句说,"'迪知''格知'并即知天道之义","众人不知上帝命所在,亦惟此民献之十夫能道而知之是也"。[6] 据此可知,周代所谓"哲人"实与以占卜知天命的"格人"意近,不过不是以占卜而是以智慧知天意、顺天心。西周所谓"格知天命"的智慧,都是指像巫觋、"格人"般可与"天帝""神明"相感通而能直觉其旨意的能力。"知人"之"哲"既然是"格知天命"的必要条件,自然也包含迥超于常人的直觉感通能力而非仅仅停留于一般的理性分析。此从《大戴礼记·文王官人》谓"六征"之法乃是"以其见占其隐"可见端倪,"占"之本义是卜问,引申为占卜,此句之

---

〔1〕 姜昆武《诗书成词考释》,第57页。
〔2〕 曾运乾《尚书正读》,第156页。
〔3〕 杨筠如《尚书核诂》,第238-239页。
〔4〕 姜昆武《诗书成词考释》,第111页。
〔5〕 姜昆武《诗书成词考释》,第111页。
〔6〕 姜昆武《诗书成词考释》,第114-115页。

"占"乃如阮元所谓"若卜也"[1]，即类似占卜的行为。总之，西周所谓"知人"之"哲"乃是一种既有理性分析又有直觉感通的智慧。这种智慧原是巫觋专有的神秘感通能力，但至西周时已开始"去魅"，到春秋战国时便不再为巫觋所专有，并且常以"神明"或"明""圣""哲"等词称之。

综上可知，我国"知人"观在西周已有五个方面的重要发展。（1）提出了全面而系统的"知人"之法，上述"六征"之法即是明证；（2）除传统的"考言""迹行"之外，还特别强调"宅心""考志"，"心""志"动向已被视为德行的重要表现；（3）即使对于传统的"考言""迹行"之法，也强调要结合"礼容"要求从多个方面加以考察；（4）扩展了"知人"之法的范围和功能，不仅可用于"官人"，也可用于察度民心以"知天命"；（5）"知人"之"哲"被视为一种既有理性分析又有直觉感通的天赋能力，是一种可以见微知著、推往知来甚至"格知天命"的高度智慧。

四、结　论

上述考察表明，我国早在 4000 年前就明确提出了"知人"观，强调"知人"乃是以"官人"为目的，故须以其人之"德"为关注重点，以"考言""迹行"为基本方法，并视"知人"为一种难得的实践智慧。至西周时，我国"知人"之法不仅已经相当系统而全面，在"考言""迹行"时特别注重"宅心""观志"，还将"知人"扩展为对民心民情乃至"天命"的把握，所谓"知人"之"哲"也被视为"见微知著"乃至"格知天命"的天赋能力和智慧。正是基于这种传统，春秋战国时期的哲人们对"知人"问题展开了更为深入的探讨。总体而言，我国早期"知人"观开启了五个基本观念。

其一，"知人"是具有政治意涵的活动。最初重视"知人"就是为了"官人"和"安民"，至西周时"知人"开始扩展为"察度民情"和"格知天命"。到春秋战国时，"知人"又扩展为一般意义上的了解他人，但仍具政治意涵，至少在儒家

---

[1]　方向东《大戴礼记汇校集解》，第 462 页。

看来,这种意义的"知人"不仅是为了"修己",也是为了"安人"。

其二,"知人"也是知"德"崇"德"活动。所谓"知人",主要是指知其人之"德","知人"活动本身也是一种具有政治意涵的"德行"。可以说,我国"知人"观既因崇"德"的政治观念而兴起,又反过来促使古人在探索"德政"时将"知人"作为一个重要方面。

其三,"知人"指向"知天"和"知道"。西周时代已将"知人"扩展为察度民心从而"格知天命"的重要途径,这便开始将"知人"与"知天"打通。至春秋战国时,随着"天命"观念逐渐分化出"天道"等观念,哲人们便很自然地将"知人"与"知天""知道""知命""知性"以及相关观念贯通起来。[1]

其四,"知人"需要一种既包含理性分析又包含直觉感通的高度智慧。从西周开始,"知人"之"哲"已被视为可知"人心"甚至"天命"的"知微之哲",它不仅能由表及里、见微知著,还可以推往知来,春秋战国时的哲人们对此有更深入的探索。

其五,"考言""知言"是"知人"的必由途径。孔子所谓"不知言,无以知人也"(《论语·尧问》)乃是我国"知人"传统的一贯观念。既然"知言"的目的是"知人",那么"知言"也须运用"知人"之法。因此,从春秋时期逐渐兴起新型的"知言"形态即经典诠释时起,"知人"之法便成了经典诠释之法。这说明,重视"知人"的政治传统乃是我国经典诠释传统的一个重要渊源。

---

[1] 参见李存山《"知人则哲":中国哲学的特色》,《哲学动态》2004 年第 5 期;王思惠《先秦儒家知人思想简论》,中国政法大学 2011 年硕士学位论文;王开元《早期儒家文献中的"知人"》,《济宁学院学报》2019 年第 6 期;苟东锋《从"尊贤"到"知贤"——论子思的"合外内之道"》,《中国哲学史》2023 年第 4 期。

戴震"闻道"论发微

——兼谈《孟子字义疏证》的著述宗旨问题

邓　林*

[内容提要]

　　"闻道"既是戴震一生治学的终极目标，也是《孟子字义疏证》一书的著述宗旨。关十"闻道"的方法，戴震虽然采用了两种不同的论说，但都以"道在六经"为前提，而且同样强调由文字训诂入手"解经"而达至"明道"。戴震所说的"道"大体上可以分为"本原"与"真理"两个层次，但只有后者才接近戴震学术宗旨的意义。就《孟子字义疏证》的著述宗旨而言，戴震所追求的"道"主要是指儒家的"圣人之道"，它与今人所说的"真理"类似，但也存在着"原儒"与"经世"两种取向的不同。

[关键词]

戴震；闻道；《孟子字义疏证》

---

*　邓林，湖南工业大学包装设计艺术学院讲师，历史学博士。

在清代学术思想史上，戴震是一位颇具个性特征的学者。在经学考证之风盛行的时候，他毅然将自己专门谈论"性道之学"的《孟子字义疏证》（以下简称《疏证》）称为"生平论述最大者"[1]。戴震多次明确表示，对他来说考证只是手段，义理才是目的，而且提倡治学应该以"闻道"为最终目标。比如，戴震说："凡学始乎离词，中乎辨言，终乎闻道。"[2] 又说："治经先考字义，次通文理，志存闻道，必空所依傍。"[3] 因此，与同时代的许多考证学家相比，戴震难能可贵也与众不同的地方在于：考证与义理相结合，将"闻道"作为自己读书治学的终极目标。关于戴震晚年代表作《疏证》一书的著述宗旨问题，前人的研究或多或少已经论及"闻道"这一核心，如朱维铮曾称"《孟子字义疏证》是戴震的讲道之书"[4]。只不过，关于戴震具体如何"闻道"或求道的问题，比较深入的专题性研究目前还不多见。[5] 有鉴于此，本文专门就戴震的"闻道"论述以及《疏证》著述宗旨问题，从以下三个方面来进行说明：第一，"闻道"的方法；第二，"道"的两个层次；第三，"闻道"的两种取向。

一、"闻道"方法的两种论说

戴震终其一生主要以治经学为业，并在治学的过程中多次强调"闻道"的重要性。而且，戴震不止一次论及"经"与"道"之间的关联，他提出"经之至者，道也"[6]。这原本算不上新奇的观点，只不过当时在普遍埋首经学却不问"道"

[1] 戴震《与段茂堂等十一札·第十札》，《戴震全书》（修订本）第6册，黄山书社2010年版，第533页。
[2] 戴震《沈学子文集序》，《戴震集》，上海古籍出版社2009年版，第210页。
[3] 戴震《与某书》，《戴震集》，第187页。
[4] 朱维铮《中国经学史选读文献提要》，《中国经学史十讲》，复旦大学出版社2002年版，第282页。
[5] 时贤多以戴震"道论"云云为题讨论戴震的思想。事实上，戴震多以"闻道"二字表达自己的思想追求。"闻道"之"闻"有探寻过程、有待质证之意。孔子曾说"朝闻道，夕死可矣"，老子则说"道可道，非常道"，其他人谁又敢自诩有一套"道论"呢？在中国思想史上，"闻道"对所有哲人而言都是一个永恒的课题。历史上谈"闻道"的人物甚多，通常都是接着孔子讲的，戴震也不例外。
[6] 参见戴震《与是仲明论学书》，《戴震集》，第183页；戴震《古经解钩沈序》，《戴震集》，第192页。

为何物的学术氛围中显得格外可贵。因为如戴震所指出，当时的学者"诵法康成、程、朱不必无人，而皆失康成、程、朱于诵法中，则不志乎闻道之过也"〔1〕。然而，问题在于"闻道"并不是那么容易的事情。"闻道"的途径与方法是什么呢？

为此，戴震明确指出："以今之去古既远，圣人之道在《六经》也。"〔2〕正因为"道"在"六经"之中，所以解经之法自然就成为"闻道"之法。也就是说，要想求取"圣人之道"，现在除了研治圣人之"遗经"，我们几乎别无他途。反过来，"六经"之所以受到历代儒家学者的重视，也是因为"六经"之中承载了"圣人之道"的内容。但是，今天我们面对"六经"显然会存在语言隔阂的问题，也就是"六经"的文字内容已经不便于理解和掌握。即便像戴震这样的经学大师级人物，早年的他同样面对"六经"难解的困境。戴震在《与是仲明论学书》中回忆说：

> 仆自少时家贫，不获亲师，闻圣人之中有孔子者，定《六经》示后之人，求其一经，启而读之，茫茫然无觉，寻思之久，计于心曰："经之至者道也，所以明道者其词也，所以成词者字也。由字以通其词，由词以通其道，必有渐。"求所谓字，考诸篆书，得许氏《说文解字》，三年知其节目，渐睹古圣人制作本始。又疑许氏于故训未能尽，从友人假《十三经注疏》读之，则知一字之义，当贯群经、本六书，然后为定。〔3〕

面对"六经"难以识读的问题，戴震所采取的主要方法就是通过文字的训诂，为此，他提出了一套由"字"通"词"、由"词"通"道"的方法理论。

在戴震看来，"六经"之所以难以识解，古今语言的变化是问题的关键。正是为了解决这个"古今之异言"〔4〕问题，戴震才多次强调文字训诂的重要性。如乾隆三十（1765）年，戴震在《题惠定宇先生授经图》中指出：

> 求之古经而遗文垂绝，今古悬隔也，然后求之故训。故训明则古经明，古经明则贤人圣人之理义明，而我心之所同然者，乃因之而明。贤人圣人之理义非它，存

---

〔1〕 戴震《与姚孝廉姬传书》，《戴震集》，第 185 页。
〔2〕 戴震《沈学子文集序》，《戴震集》，第 210 页。
〔3〕 戴震《与是仲明论学书》，《戴震集》，第 183 页。
〔4〕 戴震《尔雅文字考序》，《戴震集》，第 51 页。

乎典章制度者是也。[1]

戴震认为，为了化解今古之间的语言隔阂问题，现在我们只能依靠对语言文字进行训诂考据。所以，戴震才会反复强调"故训"之学对于解读"古经"、阐明"理义"的重要性。乾隆三十六（1771）年，戴震在《沈学子文集序》中再次论及这一问题：

> 以今之去古既远，圣人之道在《六经》也。当其时，不过据夫共闻习知，以阐幽而表微。然其名义制度，自千百世下，遥溯之至于莫之能通。是以凡学始乎离词，中乎辨言，终乎闻道。离词，则舍小学故训无所藉。辨言，则舍其立言之体无从而相接以心。[2]

在经典解释方法上，戴震依然主张从文字训诂入手。只不过，这里所说的"闻道"之法与《与是仲明论学书》中所论略有不同。此处分为"离词""辨言""闻道"三个阶段。所谓"离词"是指在字义训诂的基础上对文辞进行解析，相当于《与是仲明论学书》中所说的"由字以通其词"；"辨言"则是在对字义、词义有所了解之后把握整体的文义，相当于"由词以通其道"的过程。[3]虽然结果指向的都是"圣人之道"，但具体说法其实又有所不同。

因此，在阐释"闻道"具体方法的问题上，戴震实际上提出了两种不尽相同的论说。第一种是"字"—"词"—"道"三级序列，即所谓"由字以通词，由词以通道"，如：

> 经之至者道也，所以明道者其词也，所以成词者字也。由字以通其词，由词以通其道，必有渐。[4]

> 经之至者，道也；所以明道者，其词也；所以成词者，未有能外小学文字者也。[5]

第二种是"文字"—"语言"—"圣贤心志"三级序列，即所谓"由文字以

---

〔1〕 戴震《题惠定宇先生授经图》，《戴震集》，第214页。
〔2〕 戴震《沈学子文集序》，《戴震集》，第210页。
〔3〕 参见龙鑫《"通经以明道"如何可能——对戴震解经方法的诘难及其回应》，《儒家典籍与思想研究》第3辑，北京大学出版社2011年版，第408—409页。
〔4〕 戴震《与是仲明论学书》，《戴震集》，第183页。
〔5〕 戴震《古经解钩沈序》，《戴震集》，第192页。

通乎语言，由语言以通乎古圣贤之心志"，如：

> 由文字以通乎语言，由语言以通乎古圣贤之心志，譬之适堂坛之必循其阶，而不可以躐等。[1]

> 夫今人读书，尚未识字，辄目故训之学不足为。其究也，文字之鲜能通，妄谓通其语言；语言之鲜能通，妄谓通其心志。[2]

不难看出，上述关于"闻道"方法的两种论说表述虽然有别，但基本上是以"六经"文本作为主要途径，以语言文字的训诂作为入手方法。而且，戴震曾指出："古圣哲往矣，其心志与天地之心协，而为斯民道义之心，是之谓道。"[3] 因此，所谓"圣贤心志"的内容与戴震所求之"道"的内涵理应具有一致性。换言之，上述两种三级序列所表述的"闻道"方法在很大程度上其实是重合的。

问题在于：戴震为何会采取两种不同的论说来阐述"闻道"的方法？而且，这两种"闻道"方法的论说还同时出现在戴震所作《古经解钩沈序》的上下文中。本文认为，这是由于"闻道"论说在面向不同的对象群体时，戴震对具体方法的表述和侧重点也稍有差别所致。结合《古经解钩沈序》来看，"字""词""道"的说法主要针对的是"守讹传谬"的宋学家，这里强调在"闻道"过程中"小学文字"工夫是必不可少的。相比而言，"文字""语言""圣贤心志"的论述重点针对的是"缘词生训"的汉学家，这里强调在"解经"过程中"终乎闻道"是不可或缺的。在依"经"求"道"的路上，如果说前者侧重的是"字""词""道"三级序列的循序渐进和起点的准确，那么后者侧重的就是"文字""语言""圣贤心志"序列的逐级而上和终点的无误。只有如此，戴震认为才能改正他所说的数百年来在"说经"问题上的"凿空之弊"。[4] 由此可见，戴震对宋学家和汉学家都有所不满和批评，针对他们提出了两种不同的"闻道"之法。

另一方面，上述关于"闻道"方法的两种论说，说法虽然有异，但实质上不无共通之处。李纪祥认为："这两种展布的语言，无论是那一种，戴震皆是置于

---

[1] 戴震《古经解钩沈序》，《戴震集》，第 192 页。
[2] 戴震《尔雅注疏笺补序》，《戴震集》，第 52-53 页。
[3] 戴震《古经解钩沈序》，《戴震集》，第 191 页。
[4] 戴震《古经解钩沈序》，《戴震集》，第 191-192 页。

'诂经'意识下而为之说，是故《题惠定宇先生授经图》云'训故明则义理明'，此种说法是一种总说，细说则有上述两种表述方式，甚且是同出现在《古经解钩沈序》的上下文中。或由'字'始而以'道'终，或由'文字'始而通乎'圣人心志'，无非皆是强调了在这两种言说中的一种'文献主义'式的'训诂'进路。"〔1〕也就是说，在如何"诂经"以"明道"的问题上，戴震的具体表述虽然并不一致，但都属于一种"文献主义"式的"训诂"进路。因为"六经"本来就是一种"文献"，所以这种"文献主义"式的进路其实是由"道在六经"的理论前提所决定的。

因此，余英时曾指出戴震的这些说法背后显然存在一个基本的理论预设："即所谓'道'或圣贤之'理义'皆毕具于六经；但由于六经中之文字以及典章制度已非千载以下之人所能识解，故必须借径于训诂考证。换个话说，训诂考证是开启六经的钥匙，而六经则是蕴藏着圣人之'道'的惟一宝库。"〔2〕事实上，"六经"载道的观点并非戴震所专有，基本上属于经学家的普遍认识。只不过，从儒学史的角度来看，并非所有的经学家都认为应该将训诂考证作为研究"六经"的主要方法。戴震出于对宋明理学的不满，所以特别重视和强调训诂考证。戴震晚年写信给段玉裁说：

仆自十七岁时，有志闻道，谓非求之六经、孔、孟不得，非从事于字义、制度、名物，无由以通其语言。宋儒讥训诂之学，轻语言文字，是欲渡江河而弃舟辑，欲登高而无阶梯也。为之卅余年，灼然知古今治乱之源在是。〔3〕

这一段富有自传性质的回顾可以视为晚年的戴震对"闻道"的途径与方法所作的总结性陈述。一方面，"道"在"六经"、孔、孟确实具有立论基础的性质，这决定了戴震的"闻道"主要是采取"文献主义"的研究进路；另一方面，有鉴于今古之间的语言隔阂与宋明理学的弊病，戴震的"闻道"论述特别突出了语言文字的训诂方法。

〔1〕 李纪祥《继孟思维下的道统视域：戴东原与〈孟子字义疏证〉》，林庆彰、张寿安主编《乾嘉学者的义理学》，中央研究院中国文哲研究所 2003 年版，第 411-412 页。
〔2〕 余英时《章实斋的"六经皆史"说与"朱、陆异同"论》，氏著《论戴震与章学诚：清代中期学术思想史研究》，生活·读书·新知三联书店 2012 年版，第 50-51 页。
〔3〕 戴震《与段茂堂等十一札·第九札》，《戴震全书》（修订本）第 6 册，第 531 页。

在这一套由"解经"而达至"明道"的方法理论中，文字训诂确实具有举足轻重的作用。但需要注意的是，由"字"通"词"再由"词"通"道"的方法理论并不是一种单向的语义累积或集合。因为从戴震所说的为求"一字之义"还需要"贯群经、本六书"来看，经义的解释应该是一种双向互动的过程，即既包括从"部分"到"整体"，也包括从"整体"到"部分"。因此，由"字"、"词"通"道"就不宜简单地视为从"字义"到"词义"乃至"经义"的累积过程。正如龙鑫所指出："字义固然是理解经典的基本凭借，但这不意味着字义与经义之间只是'奠基'与'被奠基'的关系。对经典的理解不是先理解所有字义，然后再理解作为文字'集合体'的六经，而是双向进行的。理解者既需要理解字义，以便对经义形成贴近文本的意义预期；同时又必须从整部经典（甚至是'六经'这一圣人义理的文献整体）出发对文字给出定位，以便确认字与字之间以何种方式相互关联，从而准确地把握字义。这就是'贯群经、本六书'的意义所在，'本六书'是为了单纯的字义理解，而'贯群经'则是为了在经典所承载的意义整体中对每一个字做出恰当定位。"[1] 所以，在戴震的"解经"和"闻道"方法理论中，字义训诂的作用绝不可低估，因为这就相当于是一个起点或入手处；但另一方面，戴震对"字义"训诂的重视并没有达到"迷信"的程度，因为"字义"的最终确定还需要参考"经义"甚至是"六经"的整体关照。

二、"道"的两个层次："本原"与"真理"

从《疏证》对"道"字义的疏解来看，戴震将"道"分为"天道"与"人道"，然后用"性"作为沟通二者之间的中介和桥梁。戴震论"天道"致力于回归原始儒学尤其是《周易》对"道"的解释，并着力去除宋明理学在天道论问题上的形上色彩；戴震论"人道"基于《诗经》中"有物有则"的原理，强调不能脱离"人伦日用"来求"道"。"道"原本是古代思想史和哲学史上的核心范畴，在

---

[1] 龙鑫《"通经以明道"如何可能——对戴震解经方法的诘难及其回应》，《儒家典籍与思想研究》第 3 辑，第 410 页。

经历宋明理学的阐释和发展之后,逐渐成为一个具有抽象性和先验性乃至超越性的概念。有鉴于此,戴震在《疏证》中所做的实际上是一种关于"道"的思想还原工作,目的是使"道"概念的内涵更加平实,以实现"道"的具象化和经验化。戴震以"行"释"道",并将"阴阳五行"之气作为"道"的实体,就是一个具有代表性的例证。

但是,作为戴震学术宗旨的"道"与《疏证》对"道"的论述内容是否完全一致?如果不一致,它们之间又是什么关系?如果不厘清这个问题,恐怕会带来一些困惑。比如,郑吉雄认为:"'道'和'理'为戴震所重视的两大概念。大致而言,戴震早岁多提'道',至晚年始转而论'理',其晚年定论,已以'理'取代'道',而阐发于《孟子字义疏证》及《与彭进士允初书》。"[1] 从《疏证》中的内容分布来看,戴震对"理"字义的疏证就多达十五条,占据了全书的三分之一篇幅。相比而言,"天道"与"道"合在一起也才八条,显然比"理"的内容要少。从这个角度来说,晚年的戴震在《疏证》中重视"理"胜过于重视"道",这大体上也说得过去。那么,戴震自称一生以"闻道"为职志,难道这只是他的一种自我标榜?如若不然,戴震为何在晚年的代表作《疏证》中,对"理"字义的讨论篇幅反而超过了"道"?事实上,这里的"道"与作为戴震学术宗旨的"道"虽然不无联系,但毕竟不是一回事。确切地说,它们并不是同一个层次上的"道"。吴根友就曾提出,在戴震所生活的时代,"'道'既是一种超越任何具体学科、专门技术的崇高价值理想,也是一种与认识论相关的真理,而且还是统合理、气、心等前代核心哲学概念的最重要的概念"[2]。这里的"崇高价值理想"与"真理"在很大程度上是可以合二为一的,因为这种"理想"的实现是以对"真理"的认识或获得作为主要内容和前提的。

尽管在中国传统文化的语境中,要想说清楚"道"的确切含义并不容易。但是,戴震所说的"道"大体上还是可以分为两个层次:第一,作为类似于"本原"的"道",它是一个哲学概念,也是戴震思想理论体系中的一个核心环节;第二,作为类似于"真理"的"道",它才是戴震学术宗旨所求取的对象,是戴震读书治

〔1〕 郑吉雄《论戴震与章学诚的学术因缘——"道"与"理"的新诠》,《文史哲》2011 年第 3 期。
〔2〕 吴根友、孙邦金等《戴震、乾嘉学术与中国文化》中册,福建教育出版社 2015 年版,第 297 页。

学的主要目标。这里的"本原"与"真理"都是比较现代的说法，因此只能说是大体"类似"。还需要注意的是，这两个层次的"道"并不能截然分开，而是有着紧密的联系，因为作为"本原"的"道"也是作为"真理"的"道"的重要内容之一。换言之，戴震想要认识和追求的"真理"之"道"包含"本原"之"道"的内容。

《疏证》对"道"字义的疏解主要是在"本原"的意义上来说的，它分为"天道"与"人道"，是戴震思想理论体系中的核心概念。在《疏证》中，戴震所说的"道"只在少数时候是指"真理"的意义，如："程子、朱子其出入于老、释，皆以求道也，使见其道为是，虽人以为非而不顾。"[1] 在大多数情况下，尤其是在《疏证》中"天道"与"道"这二目之下，戴震所讨论的"道"基本上是在"本原"的意义上来说的。比如：

道，犹行也；气化流行，生生不息，是故谓之道。

一阴一阳，流行不已，夫是之谓道而已。

人道，人伦日用身之所行皆是也。在天地，则气化流行，生生不息，是谓道；在人物，则凡生生所有事，亦如气化之不可已，是谓道。

人道本于性，而性原于天道。

道者，居处、饮食、言动，自身而周于身之所亲，无不该焉也。[2]

在上述言论中，"道"都是作为一个有着"本原"意义的哲学概念出现的。这些言论基本上是戴震在对"道"这个哲学概念做出自己的阐释。在这个意义上，晚年的戴震发现要想纠正宋明理学给人们带来的观念错误，必须把宋明理学家所津津乐道的"理"或"天理"概念辨析清楚。因此，相比"道"这个概念，戴震在《疏证》中才用了更多的篇幅来讨论"理"观念的问题。但是，这并不代表晚年戴震的学术宗旨由"道"变成了"理"。在《疏证》中，不论是"理"概念，还是"道"概念，都是作为"真理"之"道"的重要内容。

关于作为"真理"的"道"，戴震认为它的主要承载者就是"六经"、孔、孟。所以，这种"道"是戴震需要通过"六经"、孔、孟才能认识的对象，也是他读书

〔1〕 戴震《孟子字义疏证》卷上，《戴震集》，第 282 页。
〔2〕 戴震《孟子字义疏证》，《戴震集》，第 287、288、311、312、314 页。

治学的主要目标。在这个意义上，戴震比较具有代表性的论述主要有：

圣人之道，在《六经》。[1]

经之至者道也，所以明道者其词也，所以成词者字也。由字以通其词，由词以通其道，必有渐。[2]

二三好古之儒，知此学之不仅在故训，则以志乎闻道也，或庶几焉。[3]

仆自十七岁时，有志闻道，谓非求之六经、孔、孟不得，非从事于字义、制度、名物，无由以通其语言。[4]

治经先考字义，次通文理，志存闻道，必空所依傍。汉儒故训有师承，亦有时傅会，晋人傅会凿空益多。宋人则恃胸臆为断，故其袭取者多谬，而不谬者在其所弃。我辈读书原非与后儒竞立说，宜平心体会经文，有一字非其的解，则于所言之意必差，而道从此失。[5]

显然，这里所谈的"道"才是与戴震学术宗旨紧密相连的"道"，类似于现代人所说的"真理"。之所以说是"类似于"真理，是因为戴震所追求的"道"与现代人所说的"真理"还不完全一样。正如吴根友所说："这种真理并不是近现代以来西方学术对客观自然现象进行准确把握的认识论意义上的真理，而是古代儒家圣贤所表达的人伦之真理。但因为这种人伦之真理涉及到是否符合古人之意的是与非问题，因而也多少包含有历史学意义上的认识论内容。"[6] 也就是说，现在我们所说的"真理"与戴震等传统儒家士人所追求的"道"之间存在认识内容或对象上的不同。而且，这二者之间的差别恐怕还不止于此，因为戴震所论之"道"与今人所谓"真理"还存在两种价值取向上的不同。

---

〔1〕 戴震《与方希原书》，《戴震集》，第189页。

〔2〕 戴震《与是仲明论学书》，《戴震集》，第183页。

〔3〕 戴震《古经解钩沈序》，《戴震集》，第192页。

〔4〕 戴震《与段茂堂等十一札·第九札》，《戴震全书》（修订本）第6册，第531页。

〔5〕 戴震《与某书》，《戴震集》，第187页。

〔6〕 吴根友《言、心、道——戴震语言哲学的形上学追求及其理论的开放性》，《哲学研究》2004年第11期。

三、"闻道"的两种取向:"原儒"与"经世"

作为《疏证》一书的著述宗旨和学术目标,戴震所追求的"道"也只是与"真理"相类似。因为在《疏证》中,戴震所追求的是儒家之"道"、圣人之"道",它与现代科学所推崇的具有普遍性和客观性的真理并不一致。具体来说,戴震这里的"闻道"有两种取向或特征:一是"原儒",这是一种理论性的取向;二是"经世",这是一种现实性的取向。无论是"原儒"取向还是"经世"取向,都主要是就"道"作为《疏证》的学术宗旨或著作意图来说的。简而言之,所谓"闻道"的"原儒"取向,是指戴震认为这个"道"就是蕴含在以"六经"、孔、孟为代表的原始儒学之中的,因此他在《疏证》中所追求的"道"有回归或推崇原始儒学的价值倾向;所谓"闻道"的"经世"取向,是指戴震认为这个"道"并不是纯知识性或理论性的,而是有着社会现实关怀的内涵和通经致用的目的,因此戴震在《疏证》中所追求的"道"其实寄托了他儒家经世济民的理想和情怀。

先说"闻道"的"原儒"取向。之所以称之为"原儒",是因为它既有回归原始儒学之意,也有还原儒学之意。对于戴震的《疏证》来说,"回归原始"与"还原"说法虽然有别,但其实是一回事。因为在戴震看来,"闻道"就需要回归原始,而回归的主要方法就是还原,即求取儒家圣人之"道"的本来面目。梁启超曾说:"东原这部书,把哲学上许多重要名辞,各各求出他本来的概念,确是思想上正本清源的工作。"[1] 胡适则将这种还原的方法称为"剥皮主义",他说:"剥皮的意思,就是拿一个观念,一层一层地剥去后世随时渲染上去的颜色,如剥芭蕉一样。越剥进去,越到中心。"[2] 对于有形可见之物而言,越"剥"确实是越到"中心";但对于思想观念而言,越"剥"其实就是越回归到原始的意涵。胡适还指出:"这个剥皮主义也可说是戴学的一种主要的精神。《孟子字义疏证》的宗旨

---

〔1〕 梁启超《戴东原哲学》,《梁启超论儒家哲学》,商务印书馆2012年版,第250页。
〔2〕 胡适《戴东原的哲学》,姜义华主编《胡适学术文集·中国哲学史》下册,中华书局1991年版,第1082页。

只是取哲学上的重要观念，逐个剥去后人加上去的颜色，而回到原来的朴素的意义。"〔1〕胡适的"剥皮"说法确实十分生动、形象，但在大体上仍不离还原的意旨。一方面如上所述，戴震认为"道"就在原始儒学之中，而且是"非求之六经、孔、孟不得"〔2〕；另一方面，戴震认为要想回归原始儒学，就必须做好某种类似于"剥皮"或还原的工作，既包括去除佛、道二氏对儒学的有害浸染，也包括纠正官方理学覆盖在原始儒学之上的错误影响。

对于这一点，戴震的后学洪榜与弟子段玉裁其实都有所揭示。如洪榜在《戴先生行状》中称戴震：

> 晚益窥于性与天道之传，于老、庄、释氏之说，入人心最深者，辞而辟之，使与六经、孔、孟之书，截然不可以相乱。〔3〕

所谓"不可以相乱"正是使儒学与佛、道之学各归各位的意思。又如，段玉裁曾概括《与彭进士允初书》的内容意旨称：

> 以六经、孔、孟之旨，还之六经、孔、孟，以程、朱之旨还之程、朱，以陆、王、佛氏之旨还之陆、王、佛氏。俾陆、王不得冒程、朱，释氏不得冒孔、孟。〔4〕

关于还原儒学或回归原始儒学之意，段玉裁这里的表达要更为明显。事实上，段玉裁的这个概括对于《疏证》来说依然是适用的，在胡适看来这讲的就是"剥皮主义"的意思。〔5〕此外，戴震作《疏证》之所以在书题中标举"孟子"之名，他所追求的"道"存在"原儒"的取向也是一个非常重要的原因。

再说"闻道"的"经世"取向。所谓"经世"，按照张灏的解释，最首要、最基本的含义是代表一种"入世"的精神或价值取向，即"希望改善现实世界以实现其理想"。而且，在儒家传统里面，"'经世'和宋明儒学常常提到的两个观念——'外王'和'治平'是同义的，而与'修身'、'内圣'则常常是对举

〔1〕 胡适《戴东原的哲学》，姜义华主编《胡适学术文集·中国哲学史》下册，第1083页。
〔2〕 戴震《与段茂堂等十一札·第九札》，《戴震全书》（修订本）第6册，第531页。
〔3〕 洪榜《戴先生行状》，《戴震全书》（修订本）第7册，黄山书社2010年版，第8页。
〔4〕 段玉裁撰，杨应芹订补《段著东原年谱订补》，《戴震全书》（修订本）第7册，第174页。
〔5〕 胡适《戴东原的哲学》，姜义华主编《胡适学术文集·中国哲学史》下册，第1083页。

的。"[1] 正如张灏所说:"经世与修身如车之两轮,鸟之双翼,并为儒家人文思想之中心观念。"[2] 因此,"道"的"经世"取向本来是"原儒"取向的题中应有之义。也就是说,儒家之"道"或原始儒学所说的"道"应该有经世取向的内涵。

然而,清代儒学尤其是乾嘉汉学常遭今人诟病之处正好就在于缺乏或丧失了"经世之志"。这种批评可以近人章太炎的说法为代表,章氏在《清儒》一文中称:"清世理学之言,竭而无余华;多忌,故歌诗文史栞;愚民,故经世先王之志衰。"[3] 按照章太炎的说法,清儒"经世"之志走向衰微,是政治避祸或朝廷"愚民"政策的结果。[4] 这种观点在学术界一直有着不小的影响,不过近年学者有了不同的看法。比如,漆永祥在其《乾嘉考据学研究》中曾专节论述乾嘉学者"直面人生、关注社会的用世精神",他提出:"乾嘉学者对待社会现实,是一种直面人生的态度,他们倡导学以致用,主张积极入仕;关心民生疾苦,批判黑暗现实。即此而论,他们与宋明学者的思想与做法一脉相承,并无二致。"[5] 此外,郭康松在《清代考据学研究》一书中也认为:"清代很多考据学者,包括乾嘉学者在内,并不是为了考据而考据,他们没有完全抛弃清初诸大师'经世致用'的精神,只不过因历史条件的变化在经世的形式和经世的目的上有所不同罢了。他们复兴古学,是为了寻找经典本义,为现世社会提供借鉴,并不是为了考据而考据,在考据古学的外壳之下,潜藏着学术经世的动机。"[6]

由此可见,乾嘉时期的儒家学者并不缺少"经世"的精神。梁启超曾说:"清

[1] 参见张灏《宋明以来儒家经世思想试释》,收入氏著《幽暗意识与民主传统》,新星出版社 2010 年版,第 72、74-75、77 页。
[2] 张灏《宋明以来儒家经世思想试释》,第 72 页。
[3] 章太炎《清儒(一)》,罗志田导读,徐亮工编校《中国近三百年学术史论》,上海古籍出版社 2006 年版,第 5 页。引文对标点稍有改动。
[4] 值得注意的是,章太炎还在此注解说:"三事皆有作者,然其弗逮宋明远甚。"换言之,这里提到的这三件事情或三种学问,无论是"理学""歌诗文史",还是"经世",清儒其实都还有人在做,只不过比不上宋明儒罢了。参见章太炎《清儒(一)》,罗志田导读,徐亮工编校《中国近三百年学术史论》,第 5 页。
[5] 参见漆永祥《乾嘉考据学研究》,中国社会科学出版社 1998 年版,第 282-288 页。
[6] 郭康松《清代考据学研究》,崇文书局 2001 年版,第 252 页。

儒的学问，若在学术史上还有相当价值，那么，经学就是他们惟一的生命。"[1]
也就是说，清儒主要从事着经学研究的工作，清代学术的成就也主要以经学而著
称。众所周知，历史上绝大部分儒家学者研究经学从来就不只是为了单纯地研读几
本"经书"。儒家经学既是"经典"之学，同时也是"经世"之学，难道唯独在清
儒这里是一个例外？这显然是不符合常理的。只不过，关于清儒"经世"的问题，
个案的分析是必不可少的，乾嘉学者"学术经世"的方式也还需要更为具体的说
明。所以，接下来本文就《疏证》的著述宗旨问题，即戴震所追求的"道"是否
包含有"经世"取向的问题略作澄清。

一方面，戴震内心怀有"经世"的志向或意图，这不仅从戴震本人的一些言
论中可以看出，而且洪榜和段玉裁等人都曾揭示此意。在《凤仪书院碑》一文中，
戴震就表达过儒家士人应该"通经致用"的主张："夫士不通经则材不纯，识不
粹，不足以适于化理。故用经义选士者，欲其通经；通经欲纯粹其材识，然后可俾
之化理斯民，克敬其事，供其职。"[2] 当看到好友毕沅即将去陇西赴任，戴震明
确表示：

> 益以信通经致用之学，非无验也。[3]

到了晚年，戴震还对儒家士人的出处问题提出了自己的看法，认为"君子或出或
处，可以不见用，用必措天下于治安"[4]。而且，戴震还认为学术应该能够见诸
行事，提出了学术应该能够有利于民生的观点。他说：

> 古人之学在行事，在通民之欲，体民之情，故学成而民赖以生。[5]

上文曾经论及，晚年的戴震自述十七岁时就有志于"闻道"，由于坚信"道"在
"六经"、孔、孟之中，所以很早就悟出了要明"道"就得从语言文字训诂入手的
道理。从"闻道"或治经的方法上来说，戴震不仅批评了宋儒的做法，而且将

〔1〕　梁启超《中国近三百年学术史》，朱维铮校注《梁启超论清学史二种》，复旦大学出版社 1985 年版，第 153 页。
〔2〕　戴震《凤仪书院碑》，《戴震集》，第 221 页。
〔3〕　戴震《送右庶子毕君赴巩秦阶道序》，《戴震集》，第 208 页。
〔4〕　戴震《与某书》，《戴震集》，第 187 页。
〔5〕　戴震《与某书》，《戴震集》，第 188 页。

"道"的问题与"古今治乱之源"联系在一起。[1]

　　劳思光曾说:"东原明谓其治学乃以明道为目的,且欲求古今治乱之源,则在东原个人心目中,其学固非只为知识而求知识。此则与清初'通经致用'之意相连,而非一般乾嘉学人所共承者。故戴氏在历史影响方面,虽奠定求客观知识之学风,然其本人之旨趣,则固仍重在由知识以通经明道也。"[2] 其他乾嘉儒者是否追求"通经致用"的问题姑且不论,但从戴震的自我表述来看,其志在"通经致用"或"通经明道"显然已无疑义。不止于此,关于戴震学术的"经世"之旨,后学洪榜与弟子段玉裁也有所揭示。洪榜在为戴震作行状时称:

　　先生抱经世之才,其论治以富民为本。[3]

段玉裁则在《戴东原集序》中评论戴震说:

　　由考核以通乎性与天道,既通乎性与天道矣,而考核益精,文章益盛,用则施政利民,舍则垂世立教而无蔽。浅者乃求先生于一名、一物、一字、一句之间,惑矣。[4]

段玉裁的这段话无疑将戴震的治学路径与经世目的揭示无余。此外,蔡锦芳也从"故训明道,求通圣人心志""励志赴考,期盼为世所用""垂世立教,驳程朱正人心"三个方面来阐述和说明戴震的"经世之志"。[5]

　　另一方面,戴震的考据从来都是为其"义理"服务的,《疏证》对理学的批评虽然立足于学术,但针对的其实是官方理学,批评指向的也是社会现实。章太炎最早揭示出戴震学术的现实意图,认为《疏证》"实则为反对当时政治之书"[6]。章太炎还说:

　　至言以理杀人,甚于以法杀人,此则目击雍正、乾隆时事,有为言之。当是

[1] 戴震《与段茂堂等十一札·第九札》,《戴震全书》(修订本)第6册,第531页。
[2] 劳思光《新编中国哲学史》第3卷下,广西师范大学出版社2005年版,第617页。
[3] 洪榜《戴先生行状》,《戴震全书》(修订本)第7册,第13页。
[4] 段玉裁《戴东原集序》,钟敬华校点《经韵楼集》,上海古籍出版社2008年版,第370页。
[5] 参见蔡锦芳《论戴震的经世之志》,收入氏著《戴震生平与作品考论》,广西师范大学出版社2006年版,第155-167页。
[6] 章太炎《清代学术之系统》,罗志田导读,徐亮工编校《中国近三百年学术史论》,第36页。

时，有言辞触忤与自道失职而兴怨望者，辄以大逆不道论罪。雍正朝尚只及官吏，乾隆朝遍及诸生齐民矣。其所诛者不尽正人，要之文致罪状，挤之死地，则事事如此也。……东原著书骨干不过在此，而身亦不敢质言，故托诸《孟子字义疏证》以文之。诚令昌言不讳者，但著论一首足矣，安用枝叶之辞为也！东原既殁，其弟子不憭师意，奋然以为凌驾宋、明诸儒，岂徒名实不应，夫亦岂东原之志乎?[1]

在这里，章太炎对《疏证》的著述意旨与现实针对性有着十分清楚的说明。只不过，章氏的这种看法历来在学术界有赞成者，也有反对者。在这个问题上，笔者基本同意章太炎的观点。本文认为，《疏证》对"理学"的批评所暗含的现实指向至少表现在两个方面：其一，晚年戴震在《疏证》中有意凸显"祸民"是"理学"的最大危害问题，这是早期稿本《孟子私淑录》和《绪言》都不曾出现的内容；其二，从《疏证》之中才有的"治己"与"治人"之分来看，戴震所批评的"理学"的主体其实并不是"程朱的理学"，而是"官方的理学"，其批评的矛头直指"今之治人者"。在这个过程中，戴震在《疏证》中提出的以"人心"为中间环节的理论逻辑既是他用来连接学术与现实之间的桥梁，也是其"反理学"的重要理论依据。[2]

综上所述，"闻道"既是《疏证》一书的著述宗旨，也是戴震一生治学的终极目标。关于"闻道"途径与方法，戴震使用了两套语言进行论述，但这两种说法在本质上并没有什么不同。从"道"在"六经"、孔、孟这一理论前提出发，几乎就已经决定了戴震只能以"六经"、孔、孟的文本作为基本途径。然后，鉴于"古今之异言"的问题与宋明理学的弊病，戴震选择了从语言文字训诂作为入手的主要方法。关于"道"的具体内容，戴震对有关"天道"与"人道"的问题在《疏证》中都有比较集中的论述，这些内容与作为戴震学术宗旨的"道"密切相关，但毕竟不是一回事。戴震所说的"道"大体上可以分为"本原"与"真理"两个层次，只有后者才接近戴震学术宗旨的意义。所谓的"天道"与"人道"都是在

[1] 章太炎《与李源澄论戴东原书》，罗志田导读、徐亮工编校《中国近三百年学术史论》，第84页。
[2] 详见拙文《戴震晚年理学批判的现实指向与内在逻辑》，《政治思想史》（录用待刊）。

类似于"本原"的意义上说的，其实只是作为"真理"之"道"的一部分。就《疏证》的著述宗旨而言，戴震所追求的"道"主要是指儒家的"圣人之道"，它与今人所说的"真理"相类似，但也存在着"原儒"与"经世"两种取向的不同。简单来讲，"道"的"原儒"取向代表了戴震回归原始儒学的理论期望，"道"的"经世"取向则寄寓了戴震儒家经世济民的现实关怀。

冯契对中国近代价值观革命及其曲折性的反思

李伏清　胡　颖*

[内容提要]

　　冯契对中国近代价值观革命及其曲折性进行了深入的分析与思考，认为中国近代价值观革命表现为三个方面，即天人之辨上进取精神的彰显、群己之辨上个性色彩的张扬、理欲之辨上功利取向的崇尚。其曲折性也表现为三个方面，即天人之辨上主体意志膨胀、群己关系上群体原则张扬、理欲关系上理性原则回潮。通过对中国近代价值观革命及其曲折性的表现进行分析，冯契总结了造成中国近代价值观革命曲折性的原因。基于此，他对合理的价值体系的构建提出了新的思路：以自由的劳动为目的因，正确处理好天人之辨、群己之辨、理欲之辨的关系，保障社会理想和个人理想的统一。

[关键词]

冯契；中国近代价值观革命；价值体系

＊　李伏清，湘潭大学马克思主义学院教授，哲学博士；胡颖，湘潭大学马克思主义学院博士研究生，湖南理工学院马克思主义学院讲师。本文系湖南省教育厅重点项目"中国化时代化的马克思主义研究"（23A0747）、国家社科基金项目"哲学'原创性'与冯契思想研究"（17BZX058）阶段性成果。

冯契对中国哲学的重大贡献之一就是提出并论证中国近代经历了一场哲学革命。"中国近代经历了空前的民族灾难和巨大的社会变革，同时在文化领域，也经历了一场'古今、中西'之争和一次伟大的哲学革命。"[1] 这场哲学革命"包括价值观的革命"[2]。冯契所说的中国近代区别于史学界的一般划分，以 1840 年的鸦片战争为起点，到 1949 年中华人民共和国成立这个历史时期，涵盖了中国近代和新民主主义革命两个历史时期。[3] 在《人的自由和真善美》一书的"价值体系"一章中，冯契专辟一节探讨中国近代价值观所产生的革命性变革。对此，高瑞泉教授曾就中国近代价值观变革的一个侧面即"天人之辨"的近代展开及其终结进行分析。[4] 刘静芳曾通过对从张岱年到冯契的价值观的梳理，对学术界忽视二十世纪三四十年代就开始的哲学工作，尤其是价值观变革进行了说明。[5] 但总体上，与冯契强调的近代价值观革命的学术价值相比，学术界的研究仍显不足。本文拟就冯契对中国近代价值观革命的成果、曲折、导致曲折的原因、建立合理价值体系的思路展开讨论。

一、中国近代价值观革命的表现

所谓近代价值观革命，是指近代思想家对一些重大价值问题的看法与中国传统社会即古代社会的思想家的看法呈现了根本性的差异。冯契将中国近代价值观的革命概括为三个问题：天人之辨、群己之辨、理欲之辨。[6]

----

〔1〕《冯契文集》第 8 卷《智慧的探索》，华东师范大学出版社 2016 年版，第 297 页。

〔2〕《冯契文集》第 3 卷《人的自由和真善美》，华东师范大学出版社 2016 年版，第 95 页。

〔3〕《冯契文集》第 7 卷《中国近代哲学的革命进程》，华东师范大学出版社 2016 年版，第 1 页。

〔4〕高瑞泉《"天人之辨"的近代展开及其终结——中国近代价值观变革的一个侧面》，《哲学研究》2001 年第 7 期。

〔5〕刘静芳《价值论研究：从张岱年到冯契》，《华东师范大学学报（哲学社会科学版）》2011 年第 1 期。

〔6〕《冯契文集》第 3 卷《人的自由和真善美》，第 95-96 页。注：《冯契文集》中谈到天人之辨、群己之辨、理欲之辨时用的是天人之辨、理欲之辨、群己之辨，如《人的自由和真善美》第四章第三节（《冯契文集》第 3 卷，第 84-95 页）。本文进行论证时，除所引用的原文与其保持一致外，统一用天人之辨、群己之辨、理欲之辨。

（一）天人之辨上主体进取精神的彰显

传统哲学中的天人之辨是关于"天道"和"人道"、"自然"和"人为"相互关系的论争。冯契明确指出，"天人"之辨是中国传统哲学率先探讨的问题。"在先秦，诸子百家主要围绕着'天人'和'名实'的争辩来探讨这一哲学根本问题，而由荀子作了比较全面的总结。"[1] 汉代以来，"天人"之辨以"道器""理气""心物""知行"之辨的形式体现出来。因此，"天人"之辨贯穿整个传统哲学的展开过程。

就先秦来说，在"天人"之辨上，"孔、墨和老、庄各有所偏"，儒、墨两家主张人道原则，道家则强调自然原则，"后来的发展是人道原则和自然原则的统一"[2]。中国传统哲学发展的总趋势是将自然原则和人道原则统一起来，实现"天人合一"。"天人合一"强调的是人道要遵循、顺从天道。而作为儒家思想重要发展阶段的宋明理学所说的天道大部分不是必然之理，是将纲常名教等"当然之则"提升为形而上学的"天理"，让人们遵从。这种意义下的"天人合一"主张信命、认命、天命、安命，滑向了宿命论。宋明理学诠释的"天人合一"理论，"它实际上把孔、墨的人道原则变成了反人道原则，因为它用天命来维护权威，为封建社会的人的依赖关系作理论论证，正是不尊重人的尊严和价值"[3]。这种"天人合一"论成了戴震所批评的"以理杀人"的软刀子。[4]

对于冯契揭示的传统哲学中"天人"之辨所推崇的"天人合一"的消极性，学术界给予充分阐发。高瑞泉以为，这种"天人合一"是"形而上学的合一。"天命是其终极的价值源头。……在这样一个价值体系中，人所能做和应该做的就是顺从'天命'，即顺从既有的社会规范。从中我们不难推出道德宿命论和历史宿命论。"[5] 在这里，传统"天人合一"蕴涵的"宿命论"拓展为道德宿命论和历史宿命论。

---

[1] 《冯契文集》第4卷《中国古代哲学的逻辑发展》上册，华东师范大学出版社2016年版，第329页。

[2] 《冯契文集》第3卷《人的自由和真善美》，第88页。

[3] 《冯契文集》第3卷《人的自由和真善美》，第87页。

[4] 《冯契文集》第3卷《人的自由和真善美》，第87页。

[5] 高瑞泉《"天人之辨"的近代展开及其终结——中国近代价值观变革的一个侧面》，《哲学研究》2001年第7期。

随着中国近代哲学革命的开展,"在天人之辩上,近代思想家反对儒、道的无为、调和、中庸,强调斗争,要与天斗、与地斗"[1]。近代思想家提倡的革命实践观点不仅仅包括人与人之间内在和外在的竞争,还包含人与自然之间的竞争与协同。他们反对在自然面前无所作为的态度,肯定人能运用科学方法来控制自然。冯契认为,这些都说明近代价值观方面经历了深刻变革,如天人之辩上重视主体进取精神的彰显。究其因,主要表现为如下方面。

其一,受到中国近代新的价值观的影响。冯契明确指出,"中国近代经历了社会革命,与此联系进行了哲学革命,包括价值观的革命"[2]。价值观的革命,目的在于促进人的主体性觉醒,精神独立性成为中华民族的灵魂。[3] 一方面,中国传统的封建价值观念受到资产阶级价值观念的冲击及影响,逐步被资产阶级提倡的自由、平等、民主价值观念所取代。另一方面,随着马克思主义在中国的传播和发展,无产阶级提倡的新型价值观念即从历史唯物主义出发,强调人民群众在历史创造中的重要作用,突出了作为"现实的人"的主体意识,对资产阶级观念产生了巨大冲击。天人之辩上主体进取精神的彰显通过人的主体性觉醒和人的主观能动性而体现。

其二,是传统天人关系的新发展。中国传统哲学总体上提倡"天人合一","总的趋势是要求把自然原则和人道原则统一起来"[4]。荀子提出天人不相预,区分天道与人道,主张"化性起伪"[5],"制天命而用之"[6]。近代以后,对传统天人之辩问题有了新的回答。中国近代价值观革命在推动天人关系新发展的同时提出了新的"天人合一"观。如龚自珍等人的主张,是"自我"的觉醒,是以个性自由为内容的近代人文主义的开端。[7] 这种新的"天人合一"观强调作为主体存在

〔1〕 《冯契文集》第 3 卷《人的自由和真善美》,第 96 页。
〔2〕 《冯契文集》第 3 卷《人的自由和真善美》,第 95 页。
〔3〕 向谨汝、向玉乔《中华传统美德的内涵要义和价值维度》,《湖南大学学报(社会科学版)》2023 年第 5 期。
〔4〕 《冯契文集》第 3 卷《人的自由和真善美》,第 86 页。讲到"天人合一"时,冯契指出,"当然仍有形而上学和辩证法的区别",后者如董仲舒的天人同类说,用人道来看天道,把仁和礼教形而上学化,成为神学目的论。
〔5〕 楼宇烈主撰《荀子新注》,中华书局 2018 年版,第 478 页。
〔6〕 楼宇烈主撰《荀子新注》,第 338 页。
〔7〕 《冯契文集》第 3 卷《人的自由和真善美》,第 96 页。

的人的精神意志、主体意识。一方面，通过强调人的自由意志和人的个性自由来突显个人主义的重要性。另一方面，通过对人的本质进行分析，认为人的本质力量的确证需要通过自由自觉的劳动来实现。

其三，集中表现为无产阶级价值观念对资产阶级和封建地主阶级价值观念的批判。随着马克思主义在中国的传播和发展，传统的"天之天"逐渐被"人之天"所取代。中国传统价值观将人视作三纲五常伦理道德规范下的产物，不具备个性。资产阶级价值观强调作为个体的人的主观价值的觉醒，用自由主义、个性主义来取代封建权威。而无产阶级价值观强调"现实的人"，从整体上来把握具体的人，将人视作能够自由劳动的个体、群体和类，通过人的自由劳动来推动人的主体性价值的觉醒，彰显人作为精神主体的进取精神。

（二）群己之辨上个性色彩的张扬

传统哲学中的"群己之辨"是关于群体、集体和个体、个人的相互关系的论争，其实质是推崇群体还是重视个体。冯契认为，"群体与社会总是由许多独特的个体组成。个体处在一定社会关系中，受历史条件制约"[1]。在他看来，一方面，人是历史的主体，历史是由现实的、具体的人创造的，离开一个个活生生的人，无所谓社会历史。另一方面，人的历史发展又是一个自然过程，众多个人的有目的的活动组成的历史有其规律，不以人们的意志为转移，个人的目的、愿望，只有当它与历史发展的规律相一致时才能实现。因而，群己之辨实际上蕴涵了集体主义和个人主义关系的论争。

但中国古代哲人没有认识到群体和个体的这种辩证关系，因而对二者作用的认识产生了分歧。"古代儒、墨讲人道原则，包含着尊重人的意思。但儒家讲'天命'，墨家讲'尚同'，个性都依赖于权威。庄子、禅宗、王阳明都讲个性，但他们的个性都以'无我'的形式出现。泰州学派讲'造命由我'，王夫之说'我者德之主'。他们提出了'我'，但这一思想并未展开。"[2] 在冯契看来，儒、墨两派都强调群体、社会，而其他思想家或学派虽然推崇个体、自我，但是以"无我"的形式表现出来，或者没有展开。这就是说，中国古代哲人特别是正统派儒家在群

---

[1] 《冯契文集》第3卷《人的自由和真善美》，第146页。
[2] 《冯契文集》第3卷《人的自由和真善美》，第95页。

己之辨上强调群体、社会，而非正统派儒家以及其他学派重视个体和自我。

冯契认为，除了"天人之辨"外，近代这个价值观革命突出地表现在群己之辨上。近代伊始，龚自珍"把'自我'作为世界第一原理提出来，标志着近代的'自我'开始悟醒，它反映了与商品经济相联系的人的独立性，是以个性自由为内容的近代人文主义的开端"[1]。龚自珍显然突出了个体的作用和重要性，却忽视了群体的作用和重要性。在冯契看来，受龚自珍突出"自我"思想的影响，谭嗣同、梁启超和严复等人，以及新文化运动中的陈独秀、李大钊、鲁迅和胡适等思想家都强调个性解放，反对权威主义价值观。

中国近代价值观革命集中表现为群己之辨上个性色彩的张扬。

首先，强调个人主义，追寻个性解放。中国近代价值观革命的核心内容之一是用资产阶级的价值观来取代中国传统的封建价值观。这种取代是用个人主义、个性主义来替代封建腐朽、落后的思想禁锢，将个人从家族、社会、国家中解放出来，获得真正的积极的、外在的自由。事实上，群己之辨虽然在中国近代有了新的发展，但并没有从真正意义上解决群和己的关系问题。自由主义、个性主义过于强调个人的价值理性而忽略了个人的工具理性，导致群和己的失位。

其次，反对封建统治对个性的压迫。群己之辨上个性色彩的张扬集中体现在两个方面。一是通过彰显个性来突出个体的存在。如龚自珍强调"我"是"众人之宰"，"自我"上升到作为世界第一原理的地位，这是近代"自我"开始悟醒的节奏，这也是严复讲合理的利己主义的理论基础。二是通过宣扬个性主义来反对封建统治对个性的压迫。如：谭嗣同主张"冲决网罗之仁学"、章太炎的"依自不依他"，都体现出对权威主义的批判；胡适更是如尼采般振聋发聩地直接提出要"重新估定一切价值"；鲁迅强调先驱要能完全清除奴才气和寇盗气。[2]

冯契之所以对近代思想家反对、批判权威主义的价值观给予特别关注，是因为在他看来，"这种独断论和权威主义的价值观后来成为社会发展的严重阻力，它保护自然经济，阻碍着商品经济和人的独立性的发展，使中国封建社会一直停滞不

---

[1] 《冯契文集》第3卷《人的自由和真善美》，第96页。
[2] 《冯契文集》第3卷《人的自由和真善美》，第96-97页。

前，不能进入社会形态的第二阶段"[1]。权威主义不仅抑制了人的发展，更阻碍了社会经济的健康发展。他观察到，权威主义价值观往往与自然经济相互维护，共同形成了一个难以打破的闭环，使得商品经济难以得到充分发展，人的独立性和自主性也受到了极大的限制。

最后，强调个性自由，夸大个人的主观能动性。群己之辨上个性色彩的张扬不仅要突出个人相对于集体、群体的价值，而且要彰显个人的主体意志和主观能动性。个人的主体意志和主观能动性的彰显不能超越具体的社会历史阶段的社会发展情况和自然规律。

有学者指出："古代儒家在'群己之辨'问题上总体上是强调群体（'公'）和伦常（'礼'和'纲常'）的价值，其所得在于重视维持社会传统和群体生活的秩序，其偏失在于导致对个人特别是对个性的忽略甚至压抑。而近代价值观念变革的一个持之以恒的主题，就是个性解放、人格平等。"[2] 这不但肯定了"群己之辨"是古代、近代思想家共同关注的价值观领域的问题，而且阐发了群体的内涵，群体具体化为"公"和"伦常"。这实际上是对冯契所阐发的"群己之辨"这一近代价值观革命的拓展。

（三）理欲之辨上功利主义的取向

传统的理欲之辨即天理与人欲之辨，或者义利之辨，是中国哲学史与伦理思想史中关于道德规范与物质欲求之间关系的论辩。在冯契看来，"从人道观来讲，孔、墨都讲仁爱，但内容不同，除了'爱有差等'与'兼爱'的区别外，还有一个重要的差异，就是价值观上的感性原则与理性原则的对立"[3]。换言之，儒、墨在人道观上的另外一个重要差别就是义与利的对立。墨家主张道义就是功利，把道德价值归结为功利，断言利就是人们得到后感到喜悦的东西，而害是人们得到后感到烦恼的东西，因而体现了感性原则。也就是说，"墨子则把人道原则与感性原

---

[1]《冯契文集》第3卷《人的自由和真善美》，第80—81页。
[2] 高瑞泉《近代价值观变革与晚清知识分子》，《华东师范大学学报（哲学社会科学版）》2004年第1期。
[3]《冯契文集》第3卷《人的自由和真善美》，第88—89页。

则、功利主义统一起来"[1]。孔子则以为小人懂得、追求的是利益；而君子懂得、追求的是道义，强调了"义"与"利"的对立。换言之，孔子将人道原则与理性原则、道义原则统一起来了。因而，儒、墨两家在义利之辨上体现为道义与功利、理性原则与感性原则的论争。

经过汉代董仲舒、宋代朱熹等正统派儒学的推进，先秦的义利之辨演变为理欲之辨，将天理与人欲、义与利对立起来。虽然陈亮、叶适等非正统儒学提倡事功之学，强调功利，但并非主流。

伴随近代中国价值观革命的到来，近代思想家对于"理欲之辨"给出了与以儒家为主体的思想家很不相同的解答：反对一味地追捧道义，转而推崇功利。

冯契指出："近代思想家在理欲之辨上反对'存天理、灭人欲'的口号，主张人的多方面能力的自由发展，也强调'事功'的重要性，不像理学家反对'事功'。某些近代思想家还很重视意志、情感。"[2]近代伊始，面对"万马齐喑"的衰世，龚自珍呼唤天公不拘一格降人才。作为近代中国睁眼看世界的先驱，魏源主张师夷长技以制夷，目的就是学习、引进西方的军事工业和商业，振兴国家的军力和财力，以建立强军富国的经世事功。冯契将理欲之辨理解为感性与理性、情感（意志）与客观必然之理间的辩证关系，认为中国近代价值观革命表现在以理欲之辨为根基的功利主义取向。与强调个性自由相联系，理欲之辨在近代有了新的特点。

首先，理智与情感之间的对立统一成为理欲之辨的新表现形式。中国传统的理欲之辨，更多地强调理性对感性欲求的支配，形成了"存天理，去人欲"的唯理论权威价值观，认为情动而至于滥，便是欲，理学家讲"无欲""忘情"，把实践理性的活动即道德活动、道德修养看成是唯一的，把文学艺术等看成是无关紧要的，认为"作文害道"，甚至求知识也是"无关本源的雕虫小技"。[3]随着中国社会的发展，传统的理欲之辨并不适用于新的社会基础，因此需要一种新的理欲关系来打破传统的理欲之争。一方面，理智与情感之间的对立统一作为新的理欲之辨的

〔1〕《冯契文集》第 3 卷《人的自由和真善美》，第 89 页。
〔2〕《冯契文集》第 3 卷《人的自由和真善美》，第 96 页。
〔3〕《冯契文集》第 3 卷《人的自由和真善美》，第 90 页。

表现形式，呈现出功利主义的倾向。另一方面，理智与情感、理性与非理性、实践理性与个人情意欲求的张力，成为中国近代理欲之辨的表现形式，打破了中国传统理欲之辨重视理性、蔑视物质欲求和情感的唯理性倾向。

其次，中国近代强调的理欲之辨注重人的认识活动过程，强调非理性在认识过程中的重要性。随着中国近代价值观革命的发展，理欲之辨呈现出对非理性的关注，尤其是人的认识活动中非理性对人的认识目的和认识能力的影响。近代中国，由于受到西方资产阶级价值观念和无产阶级价值观念的冲击，人具有了自身的价值。作为精神主体的人，必然会受到非理性的欲求和情感的影响。如冯契在《中国近代哲学的革命进程》中对龚自珍的"众人之宰，自名曰我"和谭嗣同"冲决网罗"之仁学，尤其是对章太炎"突出意志作用的伦理思想"等内容的分析，无不强调了这一点。[1]

再次，中国近代的理欲之辨带有功利主义的倾向。中国近代，随着传统价值观念的革新和西方新的价值观念的传入，理欲之辨有了新的发展：不仅强调理性对情意欲求的控制，而且重视非理性对理性的调和作用。传统的实用理性、实践理性逐渐被近代带有功利主义倾向的理性主义所取代，人们更加注重理欲之辨带来的实际效应和社会影响。

最后，中国近代理欲之辨不仅具有功利主义的倾向，而且强调非理性在人的感性实践活动、认识活动中的重要作用。中国传统理欲之辨重视理性，结合"德性自证"，忽视非理性，主张用理性控制非理性。到了近代，部分思想家开始强调"事功"的重要性，不像理学家反对"事功"，强调尊重非理性的意志和情感，更加注重凸显个性自由。[2]

有学者认为，从思想的发展角度着眼，传统价值观存在忽视价值的主体性、忽视个体、忽视主体的意志情感等局限。而"冯契在20世纪后期对价值主体性的肯定、对理性直觉的重视、对群体与个体关系中个体的强调、对主体精神世界中非理性因素的关注，在既重视中国传统哲学又赞同马克思主义的哲学家中是非常引人注

---

〔1〕《冯契文集》第7卷《中国近代哲学的革命进程》，第一章第一节，第二章第二节、第五节。
〔2〕《冯契文集》第3卷《人的自由和真善美》，第96页。

目和难能可贵的"[1]。这就肯定了冯契对近代价值观革命中强调个体、重视情感等非理性的因素的强调。

二、中国近代价值观革命曲折性的表现

中国近代价值观革命呈现出天人之辨、群己之辨、理欲之辨的相激互动，如何处理好三者之间的关系，是推进中国近代价值观革命的重要内容。在中国近代价值观革命的发展过程中，也出现过曲折和困难。中国近代价值观革命的曲折性表现在：天人之辨上主体意志膨胀，群己关系上群体原则抬头，理欲关系上理性原则回潮。

（一）天人之辨上主体意志膨胀

中国传统的天人之辨虽然注重天人合一，但并没有真正地让人道与天道合理地结合在一起，而是通过赋予"天人合一"特殊的内涵来满足统治阶级对普罗大众的统治、剥削和压榨。中国近代的先进知识分子在接受马克思列宁主义后，逐渐将"天之天"转化为"人之天"，对中国传统天人关系产生了质疑。冯契通过对中国传统和中国近代的天人关系进行阐发，认为中国近代价值观革命曲折发展的重要表现就在于天人之辨上主体意志的膨胀。

其一，中国近代价值观革命对中国传统天人关系开始重新审视，对传统天人关系产生冲击。中国近代天人之辨（天人关系）集中体现在"人定胜天"或者"人之天"取代"天之天"两种观点上，过于夸大人在面对自然界、社会发展时的积极作用。而真正意义上的天人之辨（天人关系）理应是在性与天道的相互作用下、天道与人道达到辩证统一的过程中呈现的动态的天人合一。换言之，不论是主体意志膨胀还是过于强调天的重要性，都不符合天人之辨（天人关系）的良性发展。中国近代价值观革命在天人之辨问题上过分强调主体意志，势必难以达到"天人合一"的动态平衡。

---

[1] 刘静芳《价值论研究：从张岱年到冯契》，《华东师范大学学报（哲学社会科学版）》2011年第1期。

其二，主体意志的膨胀即人作为精神主体的自我意识（自我意志）超越了自然界的基本准则和规律。人的主体意志的膨胀使得人与社会、人与自然的关系打破了固有的平衡状态。冯契指出，天人之辨在近代取得了新发展，产生了新变化。这种新型的天人关系，不仅重视对个人意愿、个人意志的尊崇，而且受到资产阶级价值观念的影响，"强调人与人、人与自然的关系是一种竞争的关系"[1]。这种主体意志的膨胀使得少数人在认识世界和认识自己、改造世界和改变自我的过程中违背了自然界的规律，必然会受到客观规律的反噬。

其三，主体意志的膨胀使得作为精神主体的人过分夸大自身的能动作用，忽视了历史规律的重要性。人作为历史的主体，必然要尊重历史的规律，合理地运用和把握历史规律，顺应历史大势和历史潮流。否则，就会开历史的倒车，陷入历史唯心主义和历史虚无主义的窠臼。

（二）群己关系上群体原则抬头

冯契将群己关系视为中国近代价值观革命的集中体现，认为群己关系是影响整个价值观体系发生转变的重要因素。他指出，"这个价值观革命突出地表现在群己之辩上"[2]。近代中国，群己关系受到新的价值观念的影响，产生了一定的转变。但这种转变是不彻底的、不完善的。随着中国近代价值观革命的深入发展，群己关系由于受到个人与社会、个人与自然、个人与集体关系的影响，新的价值观念在推进社会意识发展的同时也显露出弊端。

一方面，个人主观能动性的发挥受到限制。群己关系上群体原则的抬头，导致个人的合理需求没有办法得到满足，比如个人个性上、思想上的自由，人格上的尊重，这成为造成中国近代价值观革命曲折发展的主要原因。这些个人合理需求的缺失，势必造成个人与集体之间的矛盾。如前所述，冯契将群己关系视为中国近代价值观革命的集中体现。这种矛盾的产生使得中国近代价值观革命的发展呈现出曲折性。

另一方面，集体的观念始终大于个体的观念。群己关系上群体原则的抬头，限制了个人的主观能动性和主体价值的进一步突显和觉醒。这样就造成个人的想法、

---

[1]《冯契文集》第3卷《人的自由和真善美》，第96页。
[2]《冯契文集》第3卷《人的自由和真善美》，第95页。

需求得不到有效的实现，整个社会陷入无序、盲从的自发状态。不利于整个社会的发展，也导致个人理想信念的缺失和对集体的盲目服从，整个社会呈现出没有活力的状态，成为束缚个性的存在，造成个性自由和大同团结的理想与现实世界的疏离。这种疏离无法使普通人在社会实践中，将可以触及的现实的可能性和人性的要求进行结合。

（三）理欲关系上理性原则回潮

中国近代价值观革命集中表现为理欲之辨，即理性与感性的相互影响和相互制约上。冯契认为，理欲关系上理性原则的回潮，是造成中国近代价值观革命曲折发展的重要表现之一。

首先，理欲关系及其发展是影响人的认识过程的重要因素。冯契认为，人想要通过获取知识的过程来实现由知识到智慧的飞跃，必然要认清楚理欲之辨是什么，为什么理欲之辨会推动人的认识能力的发展。一方面，中国近代价值观革命表现在理欲之辨上虽然重视非理性表现出来的个人的主体意志和情感，但是忽视了传统价值观念持续、持久的影响。另一方面，中国近代价值观革命呈现出资产阶级价值观对传统封建价值观的批判和无产阶级价值观对资产阶级价值观、传统封建价值观的革命的现象。

其次，中国传统的理欲之辨重视理性对欲求的控制，强调"存天理，去人欲"，认为人的欲求是阻碍国家、社会发展的主要因素。中国近代的理欲之辨虽然逐渐破除了传统的理欲观，但是由于深受封建传统的影响和资产阶级、无产阶级内部出现的分歧，以及马克思主义在中国的传播过程中出现错误倾向，中国近代价值观革命在理欲关系上呈现出理性原则回溯的现象。这种理性原则的回溯，跟中国传统价值观重视理性、消灭物质欲求的意味是完全不同的。

最后，中国近代价值观革命的发展本身离不开中国传统理欲之辨的新发展。在传统理欲之辨发展的过程中，人的欲求逐渐超越了人的理性，人的主观能动性在认识事物的过程中进一步彰显。这是中国近代价值观革命的一个重要表现。反言之，这种主观能动性的过分张扬，随着马克思主义在中国得到广泛传播而逐渐被消解。

三、中国近代价值观革命曲折性的原因

正确分析及合理剖析中国近代价值观革命曲折性的深层次原因，是推动价值观革命进一步发展的重要环节。冯契从三个方面分析了中国近代价值观革命曲折性的原因。

（一）理论上长期将政治斗争、政治意识作为唯一的价值标准

中国近代价值观的革命呈现出对中国传统价值观的重构、对资产阶级价值观的批判、对无产阶级价值观的信奉与推行的行进路径，形成了以马克思主义为基本立场的无产阶级价值观，进一步推动了合理的价值体系的构建。但这种构建的进程呈现的是一种曲折性的前进状态。冯契认为，造成这一曲折性的首要原因就在于没有合理地划分政治斗争、政治意识与价值观念之间的界限。

其一，政治斗争成为价值观革命的先导。冯契认为，政治斗争的复杂性、严峻性，推动了价值观革命。一方面，政治斗争对价值观革命的推动，促进了中国传统价值观在近代的新发展。另一方面，政治斗争的复杂性、严峻性，在一定程度上阻碍了中国近代价值观革命的发展。因为政治斗争成为价值观革命的先导后，势必会将政治斗争与价值体系的构建联系在一起，价值体系的构建必然受到政治斗争发展的影响。当政治斗争取得胜利时，价值观革命也会蓬勃开展；而当政治斗争受到阻碍时，价值观革命就会缺失方向，成为无源之水、无本之木。

其二，政治意识始终作为核心的价值标准存在，深刻影响价值观革命的方向和目的。马克思主义者曾有这样一种倾向，"把政治斗争（阶级斗争）、政治意识（阶级意识）绝对化，把这些看成了唯一的价值标准"[1]。意识形态功能曾一度出现过度膨胀、利用行政手段发动意识形态领域的批斗运动等现象。随着政治意识在价值领域成为标准，政治的控制成为维护参与秩序的武器，精神生活中的"百花齐放、百家争鸣"扭曲为"全面专政"。马克思主义理论实践性被弱化，马克思主义者出现忽视个性解放和自愿原则的倾向。中国近代价值观逐渐形而上学化，这导

[1]《冯契文集》第3卷《人的自由和真善美》，第98页。

致了近代信仰危机的产生。

（二）中国传统价值观糟粕部分根除不彻底

冯契指出，"传统是个庞杂的库藏，精华与糟粕难分难解"[1]。他认为，中国固有的优秀传统在近代哲学革命和马克思主义中国化的过程中起了极重要的作用。但传统文化中的糟粕，如天命论、独断论与虚无主义、"居阴而为阳"的统治术等在近代哲学革命也在继续起作用，这种腐朽传统的破坏作用在特殊年代甚至达到史无前例的规模。

中国传统中如"礼教""天命""天理"等价值观虽然腐朽、落后，但长期以来影响着大部分底层劳苦民众，已然成为人们心中的权威价值观念，很难在短时间内消除和重构，甚至"在社会上造成了一种根深蒂固的习惯势力，养成一种鲁迅所说的坏的国民性"[2]。例如，"近代哲学革命的主要批评对象——天命论和经学独断论（以及它走向反面成为虚无主义），不仅是哲学的理论，而且体现于一种历史悠久和善于伪装的社会势力，所以要真正克服它，决不是轻而易举的事"[3]。

其一，中国近代价值观革命虽然用新的价值观来取代传统价值观，但是并没有真正意义上完成对传统价值观的全面批判和革新，这种批判和革新是不彻底的。一方面，中国传统价值观不仅存在糟粕的一面，而且集中体现了中华优秀传统文化的精华。对传统价值观的批判需要辩证的态度，不能忽略其中的精华部分，这一部分需要保留下来继续发展。另一方面，中国传统价值观的精华肯定是要大于或多于糟粕的。

其二，中国近代价值观革命的发展是与中国近代哲学革命的进程相统一的，两者都强调对传统价值观和传统哲学观的批判，而忽视了对传统价值观和传统哲学观中根深蒂固的教条的清理，尤其是在中国近代政治斗争、武装革命、价值观革命难以开展时，传统、教条的价值观念就会影响人们的社会心理，从而使得传统价值观中的糟粕死灰复燃。例如，中国的封建统治者长期玩弄的"居阴而为阳"的统治术，会通过通俗文艺小说，如《三国演义》等，传播到群众。到了近代，这种统

〔1〕《冯契文集》第7卷《中国近代哲学的革命进程》，第647页。
〔2〕《冯契文集》第3卷《人的自由和真善美》，第99页。
〔3〕《冯契文集》第7卷《中国近代哲学的革命进程》，第643-644页。

治术又和流氓手段结合，成为"做戏的虚无党"的手法，对社会造成极大的破坏。[1]"千百年来形成的社会习惯势力非常顽固，它能使马克思主义也变成'戏装'，把独断论与虚无主义互相补充的腐朽传统乔装打扮，登台表演。"[2] 甚至最终造成严重的"信仰危机"。因此，我们不得不对这种不彻底性提高警惕，时刻保持理性认识。

其三，中国近代价值观革命具有不彻底性和未完成性。虽然经过了近代哲学革命的批判，但是中国近代价值革命仍未完成，我们需要提醒人们仍然要警惕传统价值观革命的不彻底性问题，不能低估传统文化的糟粕如天命论、独断论与虚无主义等在近代哲学中的消极影响。如：中国马克思主义者 30 年代强烈反对个人主义和自由主义，提出"个人是历史的工具"的观点，忽视人的独立性、人的个性解放。后来还出现把斗争简单等同于阶级斗争，认为阶级斗争就是政治斗争，政治斗争就是一切，把政治斗争（阶级斗争）、政治意识（阶级意识）绝对化，甚至使其成为唯一的价值标准，以此取代传统哲学中以伦理为中心的实践理性的地位。这种形而上学的错误最后导致"十年动乱"的悲剧。对此，冯契指出，"这种悲剧不单纯是一个理论上的问题，并且有其深刻的社会历史原因"[3]。

冯契因而得出结论："以上说明对传统文化在近代哲学发展中的消极影响，决不可低估。"[4]

（三）中国近代社会的二难处境

中国近代社会在"集中的权力"与"一盘散沙"中处于一种二难境地。这种处境造成中国近代社会长期的价值迷失状态，出现了"做戏的虚无党"[5]。

价值观出现失落与真空的状态。鸦片战争以后，建基于农耕文明之上的传统的价值观被瓦解与抛弃。中国近代社会中华文明发展的颓势，使部分人产生文化自卑，原有价值观失落。但是由于西方国家并不愿意看到中国成为一个独立统一的现

---

[1]《冯契文集》第 3 卷《人的自由和真善美》，第 99 页。
[2]《冯契文集》第 7 卷《中国近代哲学的革命进程》，第 645 页。
[3]《冯契文集》第 3 卷《人的自由和真善美》，第 98 页。
[4]《冯契文集》第 7 卷《中国近代哲学的革命进程》，第 647 页。
[5]《冯契文集》第 7 卷《中国近代哲学的革命进程》，第 644 页。

代国家，促进西方完成社会转型和国家建构的自由主义价值观，在西方国家于内政外交上对中国采取双重标准的实施下，中国近代知识分子对西方自由主义价值观的迷恋和憧憬逐渐消散。冯契指出："这就造成了长期的价值迷失状态，使许多人彷徨而不知所措。传统的价值观被抛弃了，但新的价值观又确立不起来，形成了一种价值失落、价值真空的状态。……从理论上说，中国近代哲学革命在价值观领域尚未能得到总结。"[1]

同时，一些文化糟粕"披上戏装"。由于对传统思想的影响和习惯势力的顽固性失去警惕，没有系统地梳理总结对独断论和封建纲常教义的批判，中国近代革命哲学中兴起的唯意志论思想，为"无特操"的人格与传统天命论和独断论思想媾和助力，使得传统文化中糟粕的东西"披上戏装"，又重新出现在历史舞台，"社会上便形成了一种以'无特操'为特征的习惯势力或国民心理"，[2] 造成价值的虚无、真空和中国近代社会的"二难处境"。

四、建立合理的价值体系的思路

冯契通过对中国近代价值观革命的深入探索和反思，提供了一条建立合理的价值体系的思路。在冯契看来，合理的价值体系应以自由的劳动为目的因，正确地解决天人之辨、理欲之辨、群己之辨的关系，体现社会理想和个人理想的统一。基于这一思路，冯契建构了以自由劳动为基石的合理的价值体系，推动了中国马克思主义价值论的进一步发展。

（一）合理的价值体系应以自由的劳动为目的因

冯契认为，"合理的价值体系应以自由的劳动作为目的因"[3]。这样的自由是在使个人成为自由的人格，认识世界、认识自己和改造世界、改造自己的活动中逐步展开的。

其一，自由劳动是人的最本质特征。冯契认为，"自由的劳动就是人的总的目

---

〔1〕《冯契文集》第3卷《人的自由和真善美》，第100页。
〔2〕《冯契文集》第7卷《中国近代哲学的革命进程》，第645页。
〔3〕《冯契文集》第3卷《人的自由和真善美》，第101页。

的","是在人的本质的发展中展开的","人本身以及人所创造的价值,就目的因来说,无非就是要求人的自由、实现人的自由,所以作为价值体系的最基本的东西,就是自由的劳动"[1]。建立合理的价值体系,就需要在自由劳动这一感性对象性活动中确证人的本质力量。一方面,自由劳动作为人的最本质特征,可以通过"现实的人"的本质力量来确证。另一方面,自由劳动作为人的最本质特征,应该体现人作为实践主体和精神主体的价值。基于此,合理的价值体系应以自由的劳动为目的因从而体现人的本质。[2]

其二,自由劳动在人类的历史过程中展开。"自由劳动是合理的价值体系的目的因,它在社会历史中展开为曲折发展的过程。"[3] 可以说,人类历史就是一部使劳动成为自由的劳动的历史。人类文化的价值体系就是在以自由劳动为目的因的实践基础上形成,经历了若干阶段,并有民族差异。不同文化的价值体系虽有着不一样的价值观,但都遵循社会历史规律,必然通达的方向是共产主义。因此,建构合理的价值体系是一个历史的过程。

其三,自由的劳动是构建合理的价值体系的基石。冯契借鉴了马克思主义关于自由劳动的观点,认为要通过自由劳动来实现自身价值,创造人类自身的历史。基于此,他以自由劳动为基点,贯通认识论和伦理学,既以自由劳动的过程来确证人自身的本质力量,又以自由劳动为目的来达到合过程性与合目的性的统一。合理的价值体系的构建离不开以自由的劳动为基础的自我实现过程。

其四,自由的劳动是克服人的异化和实现人的自由的活动。一方面,克服人的异化的本质是消除人的异化劳动,真正实现自由、自觉的活动,创造属于人类的自由、自觉的历史。另一方面,自由的劳动作为实现人的自由的活动,要达到遵循客观规律与注重主观能动性的统一,在合理的要求和限度内真正实现人的自由而全面发展。

总之,自由的劳动是构建合理的价值体系的基石。"自由劳动是一个历史过程……自由是历史的产物",自由"是人在劳动、社会实践中即改造世界和发展自

[1] 《冯契文集》第3卷《人的自由和真善美》,第78页。
[2] 王向清、李伏清《冯契对人的本质的新见解》,《哲学研究》2004年第12期。
[3] 《冯契文集》第3卷《人的自由和真善美》,第73页。

己的活动中逐渐展开的"〔1〕。

（二）合理的价值体系应正确地解决的几对重要关系

如前文所述，天人之辨、理欲之辨、群己之辨在中国近代价值观革命中取得了新的论争形式和理论形态，呈现出天人关系、理欲关系、群己关系的转变。那么，在构建合理的价值体系过程中，应该正确地解决天人之辨、理欲之辩、群己之辩。

首先，正确对待天人关系的新发展。中国近代价值观革命的发展，推动了天人关系的新发展。中国传统天人关系强调"天人合一"，这种天人合一的实质是来统治人、禁锢人的思想和精神。随着中国近代价值观革命的推进，天人关系逐渐转变为以人的主体意志和主观能动性为主要方面的新的天人合一关系，打破了传统天人关系的桎梏，强调人的主体意志对天道和人道的影响，形成自然原则和人道原则的辩证统一。主体性与天道的交互、自然原则与人道原则的动态统一，成为中国近代价值观革命进程中新的"天人合一"关系。

其次，合理应对理欲关系的新变化。中国传统理欲关系强调人的理性对人的情意欲求的控制，人的理性不能超脱人的情意欲求，人的情意欲求也不能超脱人的理性而无限扩张。虽然在中国哲学史的进程中，有部分哲学家在某些语境下强调人的情意欲求是无限大的，可以无限扩张，但实际上人的情意欲求必然会受到统治者的压迫和控制，不可能无限地膨胀，情意欲求的生长要符合理性的发展。合理的价值体系原则，要求我们在处理理欲关系上，注重"人的理智和情意、精神的和物质的生产能力全面的和比较多样化的发展"〔2〕。

其三，正确把握群己关系的新转向。中国传统的群己关系强调集体主义与个人主义原则的统一。在权威主义的影响下，中国传统的群己关系强调个人必须服从和遵守三纲五常的伦理道德规范，没有显现个体自身的价值。中国近代价值观革命进程中，中国传统的群己关系产生了新转向。一是先进知识分子汲取了西方资产阶级价值观，开始关注个人在集体中的价值，突显了个人存在的意义。二是马克思主义传入中国后，群己关系得到了进一步的丰富和发展，这集中体现在群己之间的对抗

---

〔1〕《冯契文集》第3卷《人的自由和真善美》，第101页。
〔2〕《冯契文集》第3卷《人的自由和真善美》，第101页。

性得到了缓解，个人与集体相互融合，共同向前发展。合理的价值体系的原则，在处理群己关系上，注重"个性原则和集体精神互相促进，达到个性自由和大同团结相统一的理想目标"[1]。

总之，合理的价值体系，要求真正实现天人关系、群己关系、理欲关系的辩证统一。天人关系、群己关系、理欲关系通过天人之辨、群己之辨、理欲之辨表现出来，三者的辩证统一体现为合理的价值体系的确立及其构建过程。

（三）合理的价值体系应体现社会理想和个人理想的统一

如何构建合理的价值体系，是中国近现代哲学史上探讨的重要主题之一。随着中国近代价值观革命的发展，构建合理的价值体系成为解决个人与社会、人类与自然关系问题的重要方式之一。冯契指出，"价值是广义的理想的实现"[2]。在他看来，合理的价值体系的构建理应体现出社会理想和个人理想的统一。

首先，构建合理的价值体系的目的是推动中国近代价值观革命的进一步发展。冯契将理想的实现理解为自由的获得过程，"自由意味着理想化为现实"[3]。中国近代价值观革命是围绕封建主义价值观、资产阶级价值观、无产阶级价值观的相互斗争与批判而展开的。取得"进步"价值观念，是中国近代价值观革命的核心目标。合理的价值体系的构建不仅要解决"现实的人"的思想道德问题，而且要解决人与社会、人与自然的关系问题。遵循客观规律，尊重个体自由，将理想的可能性转化为自由的现实性，即精神主体和实践主体不断由自发到自觉、化自在之物为"为我之物"。

其次，合理的价值体系的构建目的是达到大同团结和个性解放的辩证统一。"社会主义和人道主义的统一，大同团结和个性解放的统一"，[4]是贯穿中国近代价值观革命进程的进步人类的最高理想，它凝结着共同的社会理想与个人的人生理想的辩证统一思想。基于此，冯契提出，进步人类或人民大众的真实利益是最基本的"好"，合理的价值体系所要达到的，就是"基于人民大众的利益又合乎人性自

〔1〕《冯契文集》第 3 卷《人的自由和真善美》，第 101-102 页。
〔2〕《冯契文集》第 3 卷《人的自由和真善美》，第 102 页。
〔3〕《冯契文集》第 7 卷《中国近代哲学的革命进程》，第 638 页。
〔4〕《冯契文集》第 3 卷《人的自由和真善美》，第 102 页。

由发展的真、善、美统一的理想境界"[1]。

再次，合理的价值体系的构建原则是达到"天人合一"的动态平衡。冯契所理解的"天人合一"，不同于传统意义上的以天道为尊的宇宙观，而是从马克思主义提出世界物质统一性原理出发来界定天道与人道的关系，认为"世界统一原理和发展原理的统一，就是天道"[2]。这种"天人合一"的动态平衡强调：自然界、人类社会首先都是物质的；自然界、人类社会、人与自然的关系、人类历史发展的规律都属于天道与人道的范畴；天道与人道的统一只是事物发展过程中的某一个阶段的暂时的统一，会随着事物发展而不断地复归这一状态。

最后，合理的价值体系的构建离不开社会理想和个人理想的统一。冯契认为，"价值体系就是理想体系"，"一个时代的合理的价值体系就是这个时代进步人类的最高理想，它是共同的社会理想，也是个人的人生理想"。[3] 一方面，合理的价值体系的构建目的就在于化理想为现实。广义的理想就是价值，社会理想和个人理想都属于理想的范畴，自然需要将两者统一起来。另一方面，个人理想不能脱离社会理想而存在。合理的价值体系的构建既要考虑到作为个人理想的个体差异性和多样性，又要考虑到作为社会理想的整体性和普遍性。基于现实的可能而确定规划或目标，才能构建以全人类共同价值为基础的合理的价值体系。

综上，冯契对中国近代价值革命及其艰巨性的沉思，为如何构建合理的价值体系提供了新的思维范式和建构图式，推动了马克思主义价值哲学在中国的传播与发展，初步实现了马克思主义基本原理同中华优秀传统文化的结合。值得注意的是，冯契所提供的这样一个思路，即以自由劳动为目的因来构建合理的价值体系，主张正确处理好天人之辨、群己之辨、理欲之辨的关系，保障社会理想和个人理想的统一，明确了合理的价值体系的基本原则与特征，强调自由与真、善、美、功利等价值之间的关系，正好体现了中国近代社会革命背景下沉淀的中国近代哲学革命进程中的中国近代价值革命的诉求。

---

[1] 《冯契文集》第 3 卷《人的自由和真善美》，第 102 页。
[2] 《冯契文集》第 3 卷《认识世界和认识自己》，第 242 页。
[3] 《冯契文集》第 3 卷《人的自由和真善美》，第 102 页。

理学与心学研究

朱熹对二程不明归属语录的判断与诠释

毕梦曦*

[内容提要]

朱熹除了对二程文献进行收集、整理、编订工作之外，也对部分不明归属的二程语录做了标记或者判断，其中蕴含了朱熹对二程思想和形象的理解与塑造。整理发现，《近思录》《朱子语类》《晦庵集》《晦庵续集》的讨论中记载了 46 段朱熹对不明归属的二程语录的判断，围绕这些语录有 200 多处讨论。朱熹的判断工作基本是审慎严谨的，具有较强的参考价值。但同时朱熹也会通过将部分不明归属语录"赋予"程颐或程颢来证明程颐或程颢具有某种思想，为其理论寻找来自道统的合法性根据。其中对程颐的塑造是朱熹的工作重点，涉及"中和""中庸""理一分殊"等很多重要的概念，而对程颢语录的拣择多涉及修养工夫。部分判断与诠释在二程文献中没有明显的文本依据，反映了朱熹对二程的印象与想象。

[关键词]

二程语录；朱熹；判断；诠释

---

* 毕梦曦，东南大学人文学院讲师，哲学博士。本文系中央高校基本科研业务费专项资金资助"二程经典诠释资料汇编与思想建构研究"（2242024S30007）阶段性成果，江苏省道德发展智库资助成果。

引　言

　　理学中的"道统"并不是一个固化的形象或思想，而是一个不断被解释的活的传统。二程（程颢、程颐）学说经过其弟子和朱熹的推崇，[1] 逐渐进入儒家道学群体公认的道统序列。自此，如何通过二程的文献解读二程，就类似于如何通过《论语》来理解孔子，已经不完全是一个客观的材料研读和解释的问题了。与二程思想一致意味着获得来自道统的合法性，道学家们会从自己的立场出发重新解释二程，所以二程在道学历史中一直不曾拥有一个稳定的形象，而是在道学家们的著作中被不断重新塑造。加之二程的性格气象和理论色彩不尽相同，可塑性强，又给道学家们二次塑造提供了更多的发挥空间。

　　朱熹编订了二程的文献，又编订了《近思录》，针对二程的文献留下了丰富的讨论。这些活动实则完成了对二程思想的改造与重塑，也为后人理解二程、理解道统的发展与流传建立了模型，在道学历史上影响深远。朱熹对二程语录当中不明归属的语录投以关注，并根据自己的理解进行了处理。

　　通过将不明归属的二程语录与朱熹的主要文献进行比对，在《朱子语类》《晦庵集》《晦庵续集》《近思录》这4部书中，朱熹及其弟子、朋友等以各种形式对二程文献当中的46段语录进行了判断（具体情况见下页表格）。其中，判断为程颢的有20段，判断为程颐的有22段。[2] 也正因为这些语录归属不明，朱熹如何判断、如何诠释，最能够集中反映朱熹对二程的认识与想象。

---

〔1〕 相关的研究可以参考：卢连章《论洛学在南方的传承》，《中州学刊》2004年第05期；卢广森、卢连章《洛学及其中州后学》，河南大学出版社1999年版。
〔2〕 其中包含4段语录，朱熹的判断前后不一致，有时称为程颐语，有时称为程颢语。

朱熹判断的语录分布表

卷数	计数
《程氏遗书》卷 1	8
《程氏遗书》卷 2 上	12
《程氏遗书》卷 2 下	2
《程氏遗书》卷 5	5
《程氏遗书》卷 6	7
《程氏遗书》卷 7	1
《程氏遗书》卷 8	1
《程氏遗书》卷 9	1
《程氏外书》卷 1	1
《程氏外书》卷 3	1
《程氏外书》卷 5	1
《程氏外书》卷 7	2
《程氏外书》卷 8	1
《程氏外书》卷 11	3

一、朱熹拣择语录的依据与方法

朱熹已经留意到二程说理的差异性:"虽明道、伊川,亦自有不同处。盖或有先后得失之殊,或是一时意各有指,不可强牵合为一说也。"[1] 朱熹认为,在具体的解释层面应该允许二程有差异性存在,但在根本的理论思想方面,并不认为二程存在差别。

朱熹和弟子本身就有归类讨论二程语录的习惯。比如:当他们讨论程颐如何理解"三月不违仁"的说法时,会穷举文献中的所有说法并归纳为"伊川第一说"

---

[1] 朱熹《晦庵先生朱文公文集》卷 35《别纸》,朱杰人等主编《朱子全书》第 21 册,上海古籍出版社、安徽教育出版社 2002 年版,第 1523 页。

"第二说"等等[1]；在讨论"子见南子"的时候，会提出"伊川六说，杨氏二说"[2]；在研究《论语》"博施于民"章时会总结"凡八说，明道五说，伊川十七说"[3]。然后，将这些说法放在一起研究取舍。朱熹及学生也会留意将二程文献中相似的说法归在一起进行讨论。比如他们就"万物皆备于我"这一话题，发现《遗书》中有数段，皆云人与物共有此理"[4]。

在此基础上，朱熹的学生们特别关注二程就某一个问题的不同说法。比如就"德不孤"问题，有学生提出"'德不孤'一章，按程子自有二说"[5]。虽然朱熹主观上不会去特别强调这些差异性，但他面对这些问题也需要进行拣择和解决。再加上朱熹在讨论中对二程的很多说法是信手拈来，也会将《程氏遗书》各卷语录混在一起引用，所以朱熹对二程的语录文献非常熟悉。

综上，分门别类考察二程就某话题提出的各种说法必定成为朱熹的重要判断依据。可以想象，朱熹在整理语录期间发现某些语录虽然不明归属，但能够从二程的其他文献当中找到一些文本依据，从而得出倾向性的归属判断，这些判断很可能被朱熹记录下来，甚至尝试系统地做这项工作。[6] 如果我们今天能在二程文献中找到比较明显而且一定数量的文本依据，这些依据也很有可能构成朱熹判断的文本参考。

朱熹对二程不明归属语录的判断呈现为两种方式。

首先是在文献整理和编订过程中对不明归属的语录进行归属标记，并全都保存在《近思录》当中。将《近思录》文本[7]与通行的二程文献[8]进行对照，《近思录》中有 9 段不明归属的语录被标记了归属，对此陈荣捷先生也进行过整

---

[1] 黎靖德编《朱子语类》卷 31，中华书局 1986 年版，第 791 页。

[2] 《朱子语类》卷 33，第 839 页。

[3] 《朱子语类》卷 33，第 853 页。

[4] 《朱子语类》卷 97，第 2483 页。

[5] 《晦庵先生朱文公文集》卷 56《答方宾王》，《朱子全书》第 23 册，第 2664 页。

[6] 来自二程文献的文本依据有三种情况：第一，二程说法本身就是互相有分歧的，这种文献证明力是最充足的；第二，二程的其他文献中有几乎一模一样的说法，只是个别字句有变动；最后，二程其他文献中表达过类似的观点。前两种证明力比较强，但三种情况都能帮助朱熹做出倾向性的判断。

[7] 程水龙《近思录集校集注集评》，上海古籍出版社 2012 年版。

[8] 程颢、程颐《二程集》，中华书局 2004 年版。

理。〔1〕《近思录》是理学典籍系统公认的重要文献,〔2〕陈荣捷先生认为朱熹的编订与修改秉持了严谨的态度,〔3〕力求保存二程文献的原貌。朱熹在《近思录》中对语录归属的标记是非常克制、谨慎的,不像后来的《近思录》历代注家那样强行判断。〔4〕在《程氏遗书》《程氏外书》的编订过程中,朱熹未对语录进行任何归属标记,而是尽力保持语录原貌。〔5〕赵振先生认为,《近思录》的拣择缺乏详细的辨析过程和依据,因此可信度存疑。〔6〕这一看法有其根据,因为在《近思录》中被标记为程颢的这些语录基本上在《朱子语类》和《晦庵集》中找不到相关的讨论和引用。

《近思录》标记的这些语录大多数涉及修养工夫,而且主要分布在《程氏遗书》卷1与卷2,9段语录中有8段被标记为程颢语录。1175年朱熹开始编订《近思录》时,《程氏遗书》《程氏外书》均已经编集完成并且也经过了比较精审的校对,目前没有明确的材料能证明这期间朱熹发现了重要的新版语录,所以这些标记更有可能是朱熹根据自己对二程的理解进行的归属判断。而且朱熹对这些判断是比较自信的,否则不会以经典化的方式编入《近思录》。鉴于这些语录都集中分布在《程氏遗书》卷1和卷2,我们有理由怀疑朱熹在完成二程语录的编订之后,并且是在编集《近思录》之前,尝试过从《程氏遗书》开始对不明归属的语录进行系统性的归属判断,尤其是尝试将程颢语录从不明归属的语录当中拣择出来,进而将程颢思想从一种暧昧不明的状态中清晰化。其部分成果体现在《近思录》当中,但这个工作并没有持续下去,或者并没有被继续纳入《近思录》的编订,而是在讲学讨论中讲给学生听,表达为一种个人判断,在文本编订方面则保持了二程语录的原貌。

经朱熹编订的《中庸辑略》〔7〕也在引用二程语录之后以"伊川"或"明道"

〔1〕 陈荣捷《朱学论集》,华东师范大学出版社2007年版,第86页。
〔2〕 吴国武《经术与性理》,学苑出版社2009年版,第122页。
〔3〕 陈荣捷《朱学论集》,第100页。
〔4〕 陈荣捷《朱学论集》,第100页。
〔5〕 金洪水《二程语录考证及思想异同》,南开大学2005年博士学位论文,第14页。
〔6〕 赵振《二程语录研究》,人民出版社2015年版,第4页。
〔7〕 朱杰人、严佐之、刘永翔主编《中庸辑略》,华东师范大学出版社2010年版。

标记了部分语录的归属，但这些标记不一定是由朱熹亲自完成的，更可能是石氏在编订时做的标记，而朱熹只是在删定《中庸集解》的过程里保留了下来。莫友芝所辑《十先生中庸集解》[1] 中，标记已经出现，而且与《中庸辑略》基本一致。另外，以朱熹对《近思录》和《四书章句集注》的编订作为参照，在二程文献中没有明确依据的情况下，朱熹不会贸然地在集解文献中给语录标定归属，因为这不符合朱熹的严谨作风。

其次是朱熹在讲学、讨论、书信中的个人判断。在朱熹给出归属判断的 46 段二程语录中，《朱子语类》记录了 37 段，《晦庵集》和《晦庵续集》记录了 11 段。今天的学者们在做二程研究的时候，也往往根据自己对二程文献与思想的理解，对语录归属做出倾向性的判断。学者们或出脚注，或以正文说明。朱熹对二程文献烂熟于心，所以他也曾在讲学、问答、书信中表达过他的判断。虽然朱熹对《近思录》当中的标记几乎没有留下讨论，但是围绕其他被朱熹标记归属的二程语录，朱熹和弟子共有 233 处讨论。所以这些被标记归属的二程语录，多数并不是被随口提及，而是得到了深入细致的讨论。朱熹的判断蕴含了他对二程思想的认识。

上述 233 处讨论主要保存在《朱子语类》《晦庵集》以及《晦庵续集》当中，朱熹及弟子在征引或者讨论中直接称"程颐语"或"程颢语"。有的归属辨认是学生在提问的时候提到的，但从文献整体情况来看，朱熹在讲学过程中应该提及了，而不只是学生的个人意见。[2] 学生提问中的引用表达与朱熹自己的说法基本一致，意味着有些语录的归属在朱熹与学生之间已然形成公论。书信中学生的表达与朱熹的判断偶有相悖，但考虑到当时二程语录版本繁多，学生手中的语录本子可能各不相同，所以这类书信中的判断不做重点参考。

将二程的原始语境与朱熹处理过的进行对照，发现朱熹对二程语录的判断与诠释有如下几种情况：（1）朱熹就某一话题通过归属判断杂糅二程的说法，以完成某种理论建构；（2）就某一话题，二程的看法有分歧，朱熹进行取舍并给出判断；（3）朱熹的判断在二程文献当中能够找到文本依据，符合二程文献的总体情况，

---

[1] 莫友芝《十先生中庸集解》，中华书局 2017 年版。
[2] 但是由学生在提问的引用中出现的判断不会作为朱熹判断的直接证据，只作为参考使用，具体情况需要结合朱熹自己的说法综合考虑来得出结论。

但是朱熹进行重新解释；（4）朱熹的判断符合二程文献的总体情况，其讨论也基本符合二程原意；（5）朱熹的判断没有明确的根据，主要反映朱熹对二程形象的认识与想象。下面将这批二程语录按照以上几类分别进行说明。

二、以己意杂糅二程说法并赋予判断

朱熹在判断与诠释中带有比较明显的理论意图，所以这种情况下朱熹的判断与其说是一种"判断"，不如说是一种"赋予"。朱熹在主观上不会刻意对二程语录进行歧解，但是从客观效果来看，杂糅了可能分别来自程颢和程颐的说法，以此完成理论建构。

（一）性气关系

就性气关系这一话题，朱熹将以下 2 段语录判归程颢：

"生之谓性"，性即气，气即性，生之谓也。……我无加损焉，此舜有天下而不与焉者也。[1]

论性，不论气，不备；论气，不论性，不明。[2]

"'生之谓性'，性即气，气即性"一段被朱熹认为属于程颢语，[3]《朱子语类》有 28 处讨论，其中有 8 处称"程颢语"；《晦庵集》和《晦庵续集》共有 29 处讨论，其中有 16 处称"程颢语"。从二程文献的整体情况来看，程颢更偏向于以气论性，朱熹的判断有一定的文献依据，这一判断也基本为后代思想家所沿用，并逐渐形成主流看法。

"论性，不论气"句在朱熹文献中能够找到 22 段相关讨论，有 4 处称程颢语、1 处称程颐语，但这 1 处称程颐语的讨论也有可能是朱熹的口误或者记录错误，因为《朱子语类》卷 4 "道夫问：'气质之说，始于何人'"[4] 段与这处讨论所记

---

〔1〕《程氏遗书》卷 1，《二程集》，第 10 页。

〔2〕《程氏遗书》卷 6，《二程集》，第 81 页。

〔3〕 他认为其根据来自程颢的一段话："明道又云：'善恶皆天理。谓之恶者，本非恶，但或过或不及，便如此。盖天下无性外之物，本皆善而流于恶耳。'"《朱子语类》卷 95，第 2429 页。

〔4〕《朱子语类》卷 4，第 70 页。

录的内容基本相同，应为同一场讨论，朱熹却称其为程颢语。但二程文献中并没有强烈的证据支持这一判断，所以朱熹的判断有其个人的意图。因为程颢在"性即气，气即性"句中的说法没有体现出明显的性气之区分而遭到学生的诸多质疑，朱熹在大量的讨论中与学生反复辩论，尝试将程颢的这一说法纳入"天命之性-气质之性"结构的人性观念。同时，为了进一步"回护"程颢，中年时期的朱熹多次将这两段语录相提并论，以论证程颢的观点就是性气不离不杂，为程颢的"性即气"说法纠偏。单从二程文献看，程颢的心性论思想是具有比较明显的气论色彩的，而朱熹的判断与诠释则基本成功地将程颢的说法纳入朱熹的"天命之性-气质之性"二分的心性论结构，这一诠释工作也造成后代思想家对程颢的理解方式的固化。[1]

（二）"理一分殊"

就"理一"这个话题，朱熹与弟子发现一组内容相似的语录，"《遗书》中有数段，皆云人与物共有此理，只是气昏推不得"[2]。这几段内容都被视为程颐语：

所以谓万物一体者，皆有此理，只为从那里来。"生生之谓易"，生则一时生，皆完此理。人则能推，物则气昏，推不得，不可道他物不与有也。……[3]

"万物皆备于我"，不独人尔，物皆然。都自这里出去，只是物不能推，人则能推之。虽能推之，几时添得一分？不能推之，几时减得一分？百理具在，平铺放着。……[4]

"万物皆备于我"，此通人物而言。禽兽与人绝相似，只是不能推。然禽兽之性却自然，不待学，不待教，如营巢养子之类是也。人虽是灵，却椓丧处极多，只有一件，婴儿饮乳是自然，非学也，其佗皆诱之也。欲得人家婴儿善，且自小不要引佗，留佗真性，待他自然，亦须完得些本性须别也。[5]

对这组语录，朱熹有6处讨论，2处称程颐语，其判断是有一定的二程文本依据的。因为"万物皆备于我，此通人物而言"句与《程氏遗书》卷19"万物皆有

---

[1] 具体研究可参考：张学智《心学论集》，中国社会科学出版社2006年版，第68页。
[2] 《朱子语类》卷97，第2483页。
[3] 《程氏遗书》卷2，《二程集》，第33页。
[4] 《程氏遗书》卷2，《二程集》，第34页。
[5] 《程氏遗书》卷2，《二程集》，第56页。

良能"句（程颐语）从使用的比喻到论证说理的方式基本相同，而程颢并没有发表过类似的看法，该句归属程颐的可能性更大。[1] 这组语录整体传达的含义是万物共享同一个理，即"万物皆备于我"。虽然朱熹所谓"万物皆备于我"对程颐的看法是有所发展的，[2] 但是朱熹基本继承了程颐"同出一理"的基本解释思路。

"分殊"则与话题"生生"有关，以下2段语录朱熹引为程颐语：

告子云"生之谓性"则可。凡天地所生之物，须是谓之性。皆谓之性则可，于中却须分别牛之性、马之性。……亦是万物各有成性存存，亦是生生不已之意。天只是以生为道。[3]

"生生之谓易"，是天之所以为道也。天只是以生为道，继此生理者，即是善也。善便有一个元底意思。"元者善之长"，万物皆有春意，便是"继之者善也"。"成之者性也"，成却待佗万物自成其性须得。[4]

"告子云"一段在朱熹的材料中能够找到11处讨论，其中有5处称"程颐语"。从二程文献的情况看，朱熹的判断不一定对。因为程颐是在一定程度上认同告子说法的，即认为告子和孟子说的是人性的不同方面，但程颢对告子之说持坚决反驳的态度，[5] 所以"告子云"句更有可能归属程颢。朱熹做此判断，主要是因为他认为这段语录讲的是"理一"前提下的"分殊"，即万物各赋其性。

"生生之谓易"句，朱熹有4处讨论，其中有3处称程颐语，二程文献中没有明显的证据证明其归属，但从"以生为道"的说法来看更接近程颢常讲的观点，但与程颐的看法并无分歧。而在朱熹看来，这段语录讲述了从"理一"到"分殊"的阶段性变化，描述了气不断生化流行的过程。对于二程而言，这里的"生生"指的就是抽象的生生之理，[6] 并不特别强调生化流行是在"理一"的前提下发生的，但朱熹的解释与讨论强调了这一点。

---

[1] 从二程文献整体情况来看，即便在二程对某个问题的看法相同，他们也比较少使用同一套论证的说辞，而更多地是从各自的思想出发表达各自的论述。

[2] 陈来《朱子哲学研究》，华东师范大学出版社2000年版，第125页。

[3] 《程氏遗书》卷2，《二程集》，第29页。

[4] 《程氏遗书》卷2，《二程集》，第29页。

[5] 可参考牟宗三《宋明儒学综述》，联经出版社2003年版，第82页。

[6] 陈荣捷《朱学论集》，第76页。

"理一分殊"的说法程颐只讲过一次，但彼时还没有成为一种固定说法，也没有涉及理气关系问题。[1] 而到了朱熹这里，"理一"和"分殊"已经成为成熟的逻辑，同时朱熹认为，"理一分殊"是程颐特殊的理论贡献，所以他认为这批语录都属于程颐。但是从客观的效果来看，朱熹把可能来自程颐和程颢的语录杂糅在一起，用于讲学过程中建构理一分殊理论。因此，朱熹理一分殊的建构客观上并不单独来自程颐或者程颢，而是两者思想集成的结果。

（三）持志不可急迫

以下几句，朱熹均标记或引用为程颐语：

学者须敬守此心，不可急迫，当栽培深厚，涵泳于其间，然后可以自得。但急迫求之，只是私己，终不足以达道。[2]

因论持其志。先生曰："只这个也是私。然学者不恁地不得。"[3]

颜子有不善未尝不知，知之未尝复行。如颜子地位，岂有不善？……曾子三省，只是紧约束，颜子便能三月之久。到这些地位，工夫尤难，直是峻绝，又大段着力不得。[4]

人心常要活，则周流无穷，而不滞于一隅。[5]

朱熹对"因论持其志"有 2 处讨论，其中 1 处引为程颐语；"学者须敬守此心"句在《近思录》中标记为程颐语；"颜子有不善"句有 8 处讨论，其中 3 处引为程颐语；"人心常要活"句有 1 处引为程颐语。

这几段内容表达一个共同的意思，即修养工夫不能急迫。从二程文献的整体情况来看，除了"学者须敬守此心"句程颐有过类似的说法，[6] 其余几段更有可能来自程颢。因为程颐虽然认为持敬太过急迫是私己，但是不会将"持志"工夫本身也视为一种"私"，反而是程颢认为防检穷索都是不得已的、暂时的工夫："若

---

〔1〕 唐纪宇《程颐〈周易程氏传〉研究》，人民出版社 2016 年版，159 页。

〔2〕《程氏遗书》卷 2，《二程集》，第 14 页。

〔3〕《程氏外书》卷 8，《二程集》，第 398 页。

〔4〕《程氏外书》卷 5，《二程集》，第 376 页。

〔5〕《程氏遗书》卷 5，《二程集》，第 76 页。

〔6〕 "志道恳切，固是诚意；若迫切不中理，则反为不诚。"《程氏遗书》卷 2，《二程集》，第 13 页。

心懈则有防，心苟不懈，何防之有？理有未得，故须穷索。存久自明，安待穷索？"[1] 程颐也没有说过工夫到了某一个地步就着力不得，而程颢则认为修养终会达到一个无所用力的阶段。[2] 朱熹的判断说明他主观上认为程颐的工夫除了有严谨持守的部分，也有周流无穷、不滞一隅的层面。朱熹客观上集成了程颐和程颢两人修养工夫的特点和长处，建构了一种理想的修养工夫形态，并且将这种理想的工夫赋予了程颐。

在"性气"关系话题中，朱熹将"论气不论性"句赋予程颢，以说明程颢并不是以气论性，而是讲性气不离不杂；在"理一分殊"话题中，朱熹将两段讲"生生"的语录赋予程颐，以说明程颐思想当中就已经有了成熟的"理一分殊"观念；在持敬修养话题下，朱熹将几段可能属于程颢的修养论赋予程颐，以说明程颐的工夫既有紧贴把捉的部分，也有周流涵泳的气象。

三、以二程文献为依据进行归属判断

在这种类型的判断中，存在三种情况。

第一种情况：就语录中提及的话题，二程文献本来就存在两种说法，朱熹的判断是在复盘了二程相关的各种说法之后给出的取舍判断。

（一）养气

就"养气"这个话题，有一段语录，朱熹引为程颢语。

今志于义理而心不安乐者，何也？此则正是剩一个助之长。虽则心操之则存，舍之则亡，然而持之太甚，便是必有事焉而正之也。亦须且恁去如此者，只是德孤。"德不孤，必有邻"，到德盛后，自无窒碍，左右逢其原也。[3]

"今志于义理"句朱熹有 4 处讨论，其中 1 处引为程颢语，其判断确有文本上

---

[1] 《程氏遗书》卷 2，《二程集》，第 17 页。
[2] "'穷理尽性'矣，曰'以至于命'，则全无着力处。"《程氏遗书》卷 12，《二程集》，第 136 页。"'兴于诗，立于礼'，自然见有着力处；至'成于乐'，自然见无所用力。"《程氏遗书》卷 1，《二程集》，第 5 页。
[3] 《程氏遗书》卷 2，《二程集》，第 42 页。

的根据。因为"必有事焉而勿正心"是典型的程颢断句方法，程颐则断在"勿正"后面，朱熹与弟子就此事有过详细的讨论。就《孟子》中"浩然之气"这段经典文字，二程从断句到解释差异极大，而且留下了很多的讨论，二程在世时就有弟子几次就此事对二程发难。朱熹基本上采用程颢的说法而没有遵从程颐的解释，所以朱熹持续遭到学生的质疑：朱熹的断句为何与古注和程颐的看法都不相同？朱熹不得不通过解释来弥缝，乃至某一次朱熹在解释了自己的看法之后起身说："此语若与《孟子》不合者，天厌之！天厌之！"[1]

（二）子见南子

有关"子见南子"话题，朱熹认为下面2段语录都来自程颐：

孔子之见南子，礼当见之也。南子之欲见孔子，亦其善心也，圣人岂得而拒之？子路不悦，故夫子陈之曰："予所否塞者天厌之。"言使我至此者天命也。[2]

"子见南子，子路不说"，以孔子本以见卫君行道，反以非礼见迫。孔子叹"予所否者天厌之"，天丧予之意。否，否泰之否，天厌吾道也。[3]

关于"子见南子"的典故，朱熹梳理了二程文献中的所有说法，指出"二十七章凡七说，伊川六说"[4]，以上两处讨论朱熹都看到了。上引二程的两处讨论其实看法不一致，有可能就是因为两兄弟说法不一：《程氏外书》卷3认为孔子见南子在礼节上没有问题，"礼当见之"；《程氏外书》卷1认为孔子去见南子是"非礼见迫"：暂时没有证据判断两种说法各自归属谁。对于二程文献中存在的说法差异，朱熹其实意识到了。朱熹同意前一种观点，认为孔子不可能被非礼的要求胁迫；后一种说法，朱熹在最终总结中含糊过去了。

综上，在"养气"这个话题中，朱熹与弟子讨论了二程说法的差异，并对一段语录给出了归属判断；与"子见南子"相关的两段语录，朱熹考察了二程文献

---

[1]《朱子语类》卷52，第1250页。另外，这段语录将"德不孤"解释为"德行不孤"，这也是典型的程颢的说法，而程颐则将"德不孤"解释为"有德行的人不孤"。关于这一点，朱熹与方宾王也曾有书信讨论："德不孤一章，按程子自有二说。"《晦庵先生朱文公文集》卷56《答方宾王》，《朱子全书》第23册，第2664页。但朱熹认为这是《周易》和《论语》不同说法，并不是二程自己的说法有差异。

[2]《程氏外书》卷3，《二程集》，第368页。

[3]《程氏外书》卷1，《二程集》，第353页。

[4]《朱子语类》卷33，《二程集》，第839页。

中所有与"子见南子"有关的说法，认为两段语录都属于程颐，对二程文献中有分歧的说法进行了模糊处理。朱熹一般不会特别突出二程之间的差异性，而是会尽量将二程塑造为一个共享所有学术思想的共同体，或许朱熹在主观上更希望道统序列当中的人物思想一脉相承，或者说互相兼容而不要有太大的分歧。

第二种情况：朱熹的判断可以在二程文献当中找到一定的根据，但是朱熹的解释对二程的说法完成了创造性诠释和重构。

（三）中和与中庸

就"中和"与"中庸"以及心性论话题，二程文献中有 4 段语录被朱熹引为程颐语：

> 敬而无失，便是"喜怒哀乐未发之谓中"也。敬不可谓之中，但敬而无失，即所以中也。[1]

朱熹对该语录有 5 处讨论，其中有 2 处引为程颐语。虽然语录中没有完全一样的表达，但程颐讲过类似的观点："但惟是动容貌、整思虑，则自然生敬，敬只是主一也。主一，则既不之东，又不之西，如是则只是中。"[2] 从二程文献的整体情况看，关心并讨论已发未发问题比较多的是程颐。朱熹的判断有文献方面的依据，但程颐讲"中"一般就是指一个"既不之东，又不之西"的心理状态，朱熹为未发之中赋予了理论上更深刻的含义以及更重要的地位。

> 不偏之谓中，不易之谓庸。中者天下之正道，庸者天下之定理。[3]

> 极为天地中，是也，然论地中尽有说。据测景，以三万里为中，若有穷然。有至一边已及一万五千里，而天地之运盖如初也。然则中者，亦时中耳。地形有高下，无适而不为中，故其中不可定下。……盖有数则终有尽处，不知如何为尽也。[4]

"不偏之谓中"句，朱熹有 6 处讨论，其中 3 处引为程颐语。[5] 在二程文献

---

〔1〕《程氏遗书》卷 2，《二程集》，第 44 页。
〔2〕《程氏遗书》卷 15，《二程集》，第 149 页。
〔3〕《程氏遗书》卷 7，《二程集》，第 100 页。
〔4〕《程氏遗书》卷 2，《二程集》，第 36 页。
〔5〕 一处书信在对方来信中称程颢语，可信度相对较低，所以不计入统计数字中。

中能看到程颐有类似的说法。[1] "极为天地中"句，朱熹有1处讨论，引为程颐语，从二程文献的整体情况来看，也是程颐的观点。[2] 朱熹的判断都有一定的文本依据。但是从朱熹的诠释中可以发现，程颐更倾向于认为"中"与"庸"所代表的"不偏"与"不易"就是对天道的两种形容，但朱熹为"中"与"庸"赋予了更多的含义，并且认为中庸之间存在着体用关系。朱熹借助程颐的说法完成了自己的心性理论建构。

与心性问题关系比较紧密的还有下面这段语录：

> 范淳夫之女读《孟子》"出入无时，莫知其乡，惟心之谓与"，语人曰："孟子不识心，心岂有出入？"先生闻之曰："此女虽不识孟子，却能识心。"[3]

朱熹的讨论中有3处引用，其中2处称程颐语，朱熹的这个判断也可以得到二程文献的支持。程颐将"出入无时"解释为天道的"显现"与"隐没"，即有事天道显现（出），无事天道隐没（入）；程颢则直接认为"出入无时"不可能是孔子所言，"非圣人之言"[4]，就是孟子的杜撰。所以二程文献当中凡是认为"出入无时"成立并尝试进行解释的都应该归属程颐。但是看朱熹对这段语录的讨论，他把"出入"解释为学者修养的"操持"与"放纵"，这与程颐的说法是不同的，这是因为就心性问题朱熹在程颐的基础上有所发展。

朱熹对这一组与心性论有关的语录的处理也比较典型，即他对语录的判断在二程文献内部是有一定依据的，但是因为朱熹对二程的心性学说是有发展和重构的，所以朱熹对这些语录的讨论和解释赋予了新的意思，以"六经注我"的方式将这些语录通过解释纳入自己的心性学说体系，甚至导致了二程原本语录的含义被隐没。

第三种情况：朱熹的判断能够得到二程文献的支持，其诠释也与二程语境当中的看法差异不大。

---

[1] "犹言中者是大中也，庸者是定理也。定理者，天下不易之理也，是经也。"《程氏遗书》卷15，《二程集》，第160页。这也是程颐对"中庸"的典型说法。
[2] "极为天地中"二程文献中有4处讨论，其中2处来自程颐。
[3] 《程氏外书》卷11，《二程集》，第415页。
[4] 《程氏外书》卷12，《二程集》，第425页。

（四）仁说

就话题"仁"，有 3 段语录被朱熹引为程颢语，2 段语录被引为程颐语。

"三月不违仁"，三月言其久，天道小变之节，盖言颜子经天道之变，而为仁如此，其能久于仁也。[1]

孔子言仁，只说"出门如见大宾，使民如承大祭"。看其气象，便须心广体胖，动容周旋中礼，自然惟慎独便是守之之法。……而终之以微之显，诚之不可掩如此。[2]

"三月不违仁"句，朱熹有 1 处引为程颐语，该判断未在二程文献中找到明显的证据。"孔子言仁"句，朱熹有 8 处讨论，其中 2 处引为程颐语，朱熹的判断有其依据。程颐就多次在讨论"仁"时引用《论语》"出门如见大宾"句，来说明想要修养仁的工夫，除了操持具体的道德行为之外，没有任何秘传方法。但这一观点属于二程共同强调的。

以下 3 段语录都与"仁"有关，朱熹都判断为程颢语：

学者识得仁体，实有诸己，只要义理栽培。如求经义，皆栽培之意。[3]

"博施济众"，非圣不能，何曾干仁事？故特曰：夫仁者达人立人，取譬，可谓仁之方而已，使人求之，自反便见得也。虽然，圣人未有不尽仁，然教人不得如此指杀。[4]

四端不言信，信本无在。在易则是至理，在孟子则是气。[5]

"学者识得仁体"句朱熹有 6 处讨论，其中 2 处引为程颢语。"识仁"就是程颢的典型说法，根据学生所记朱熹语录，朱熹判断的根据就在《程氏遗书》卷 2 "学者须先识仁"的说法。"博施济众"句有 1 处被引为程颢语，虽然程颢没有相似的说法作为直接的证明，但程颢确实常以能近取譬解释为仁，朱熹这一判断与二程的文献情况没有冲突。"四端不言信"句有 1 处被引为程颢语。二程对于四端不言信的原因意见分歧，程颐认为，"信"是相对于"不信"而言的，四端齐备的情

---

〔1〕《程氏外书》卷 7，《二程集》，第 395 页。
〔2〕《程氏遗书》卷 6，《二程集》，第 80 页。
〔3〕《程氏遗书》卷 2，《二程集》，第 15 页。
〔4〕《程氏遗书》卷 6，《二程集》，第 81 页。
〔5〕《程氏遗书》卷 6，《二程集》，第 88 页。

况下，不需要言信。程颢则认为，不说信是因为"信"无所不在，贯穿四端。这段语录与程颢的说法相同，朱熹的判断符合二程的文献情况。曾有来信以程颐的看法向朱熹发问（"信者，实有此仁义礼智而已"），指出程颐的解释思路不能与程颢的说法兼容，朱熹就以程颢的说法来进行答复（"信是义理之全体本质，不可得而分析者"[1]），也说明他对程颢的看法是认同的。

四、根据对二程的认识和想象进行的判断

在这种情况中，朱熹给出的判断在二程文献中难以找到较为明显的根据，其判断直接反映了朱熹对二程的印象与想象，《近思录》当中标记的几段语录都属于这种情况。

（一）引为程颢语

以下几组语录均在二程文献中没有特别明确的归属，所以归属判断应该主要来自朱熹对程颢的主观认识和想象。

求其放心：

圣贤千言万语，只是欲人将已放之心，约之使反，复入身来，自能寻向上去，下学而上达也。[2]

为学次序：

先传后倦，君子教人有序。先传以小者近者，而后教以大者远者，非是先传以近小，而后不教以远大也。[3]

忧子弟之轻俊者，只教以经学念书，不得令作文字。[4]

子弟凡百玩好皆夺志。至于书札，于儒者事最近，然一向好着，亦自丧志。如王、虞、颜、柳辈，诚为好人则有之。曾见有善书者知道否？平生精力一用于此，

---

〔1〕《晦庵先生朱文公文集》卷52《答吴伯丰》，《朱子全书》第22册，第2448页。
〔2〕《程氏遗书》卷1，《二程集》，第5页。
〔3〕《程氏遗书》卷8，《二程集》，第102页。
〔4〕《程氏遗书》卷1，《二程集》，第8页。

非惟徒废时日，于道便有妨处，足知丧志也。[1]

敦伦尽分：

天地生物，各无不足之理。常思天下，君臣、父子、兄弟、夫妇，有多少不尽分处。[2]

责上责下而中自恕己，岂可任职分？[3]

学者全体此心，学虽未尽，若事物之来，不可不应，但随分限应之，虽不中，不远矣。[4]

涵养工夫：

若不能存养，只是说话。[5]

百官万务、金革百万之众，饮水曲肱，乐在其中。万变皆在人，其实无一事。[6]

义理与客气常相胜，又看消长分数多少，为君子小人之别。义理所得渐多，则自然知得，客气消散得渐少，消尽者是大贤。[7]

以上这些话题多与修养工夫有关，从中可以看到朱熹眼中程颢的人格气象与修养方式，朱熹眼中的程颢明快中和，程颐初年严毅，晚年又逐渐走向宽平："今之想像大程夫子者，当识其明快中和处；小程夫子者，当识其初年之严毅，晚年又济以宽平处。"[8] 上面所引的这些语录总体上比较符合朱熹对程颢"明快中和"的印象。

（二）引为程颐语

另外还有几段被朱熹引为程颐语的语录，具体包括：《程氏遗书》卷5"孔子

〔1〕《程氏遗书》卷1，《二程集》，第8页。
〔2〕《程氏遗书》卷1，《二程集》，第2页。
〔3〕《程氏遗书》卷5，《二程集》，第77页。
〔4〕《程氏遗书》卷2，《二程集》，第14页。
〔5〕《程氏遗书》卷1，《二程集》，第5页。
〔6〕《程氏遗书》卷6，《二程集》，第83页。
〔7〕《程氏遗书》卷1，《二程集》，第5页。
〔8〕《朱子语类》卷93，第2361页。

言语，句句是自然"〔1〕句，《程氏外书》卷7"邦无道，则能沉晦以免祸"〔2〕句，《程氏遗书》卷2"孟子论王道便实"〔3〕句，《程氏外书》卷11"旱干水溢，则变置社稷"〔4〕句，《程氏外书》卷11"或谓孔子尊周"〔5〕句。以上几段语录朱熹均有1~2处引为程颐语，并且这些判断在二程文献当中没有特别明显的文本依据，这些语录涉及的话题也比较杂，朱熹引用当中的归属判断主要来自其对程颐思想的基本印象。

五、同时被引为程颐及程颢语

二程有4段语录，朱熹引用时既称程颐语也称程颢语，其中有2段有可能来自记录错误，〔6〕所以既被引为程颐语也被引为程颢语的语录在朱熹全部判断中所占的比例不大，即朱熹的判断还是相当一致的。剩下的2段语录如果记载没有错误，朱熹基本上认为是二程共有的看法，所以才会偶尔引为程颢语、偶尔引为程颐语：

所务于穷理者，非道须尽穷了天下万物之理，又不道是穷得一理便到，只是要积累多后，自然见去。〔7〕

上面这段语录朱熹讨论过7次，其中1次引为程颐语、1次引为程颢语。从二程文献情况来看，程颢没有提过与"天理"相对的"物理"的说法，"穷理"也说得比较少。程颐则对"穷理"有过大量的讨论，"穷理"是程颐思想体系当中的重要话题，所以这段语录归属程颐的可能性更大。如果记载没有错误，这从一个侧面说明朱熹认为穷理达到豁然贯通应为二程共有的看法，他在讨论中反复引用提及，

----

〔1〕《程氏遗书》卷5，《二程集》，第76页。
〔2〕《程氏外书》卷7，《二程集》，第395页。
〔3〕《程氏遗书》卷2，《二程集》，第37页。
〔4〕《程氏外书》卷11，《二程集》，第418页。
〔5〕《程氏外书》卷11，《二程集》，第415页。
〔6〕其中1处为《程氏遗书》卷1"性即气"句，前文已经有过详细说明。另外一段是《程氏遗书》卷2"目畏尖物"句，朱熹有3处讨论，其中1处引为程颐、1处引为程颢语。引为程颢语处为曾光祖来信首先提出，朱熹可能就是顺着曾氏的说法回信。引为程颐语处，朱熹还另外提到了《程氏外书》卷11程颐让人捉狮子以解心疾的案例，所以这段语录朱熹个人的归属判断应为程颐。
〔7〕《程氏遗书》卷2，《二程集》，第43页。

认为这一说法非常重要。

"不有躬，无攸利。"不立已，后虽向好事，犹为化物，不得以天下万物挠已，已立后，自能了当得天下万物。[1]

上面这段语录朱熹有 4 处讨论，其中 1 处引为程颐语、1 处引为程颢。二程文献中没有明显的证据说明这段语录的归属，其表达的观点也为二程共有，朱熹亦持此观点。

六、如何理解朱熹的判断与诠释

陈荣捷先生曾经指出，朱熹的归属判断较混乱，偶尔引为程颐语，偶尔又引为程颢语，所以不太可信，这个说法可能需要重新审视。陈荣捷先生主要整理的是《近思录》里的不明归属语录，将所有朱熹给出的判断重新审查，发现这种同时被引为程颐语和程颢语的情况所占比例不大，整体上保持了一致，朱熹的工作仍有相当的参考价值。朱熹语录判断的最大的优点是他非常熟悉二程语录，同时态度又比较谨慎。所以郭晓东先生[2]和葛瑞汉先生[3]都认为，朱熹的判断是最值得重视的判断。朱熹一半以上的判断都能在二程文献当中找到一定的依据。也正因为朱熹对二程非常了解，其有些判断文献依据不明，依然具有一定的参考价值，只是同时需要考虑到朱熹的判断也反映了其对二程的主观认识，在使用二程文献时不能仅以朱熹的说法为标准，而需要结合二程文献的情况来综合考察。

有些语录涉及的话题，二程本身的说法就存在分歧，这本来是可以作为比较明确的归属判断的依据的，朱熹及其弟子都看到了这些分歧。但朱熹总体上的态度是不特意强调二程在理论方面的分歧，而更倾向于认为二程是一个理论一致的整体，他通过解释把这种差异性模糊，这可以被视为朱熹对道统一致性的维护。

朱熹的判断与诠释工作也"夹带私货"，他会通过将一些语录"赋予"程颐或

---

[1] 《程氏遗书》卷6，《二程集》，第82页。
[2] 郭晓东《识仁与定性》，复旦大学出版社 2006 年版，第 41 页。
[3] 葛瑞汉《中国的两位哲学家：二程兄弟的新儒学》，程德祥等译，大象出版社 2000 年版，第 142 页。

程颢，从而将某种思想赋予他们，以此证明他的主张在二程时代就已经提出了，这是对朱熹理论合法性的一种强调。朱熹固然二程共尊，但对程颐尤其着意，他是带着对程颐的仰慕和喜爱编定《程氏遗书》的。[1] 其判断与诠释工作主要是围绕程颐展开的，以程颐为理论塑造的中心，判断与诠释中与程颐有关的语录更多涉及重要的理论概念，比如"理一分殊""中庸""中和""生生之道"等。被判断为程颢语的语录涉及的话题则以修养方法为主。正如赵振先生所言，朱熹彼时对二程语录的整理工作已经不完全是一种文献方面的工作，而是关系到二程思想解释的话语权问题，谁拥有这种话语权，就意味着谁是二程"衣钵"的真正继承者。[2] 所以朱熹在保持审慎态度的前提下，努力通过语录的判断诠释来证明他的主张都来自二程，以此为自己的理论提供合法性证据，这也是情理之中的。这些判断与诠释虽然主要保留在朱熹的语录和书信材料中，并没有编入经典化的二程语录文本，但也产生了深远的影响，在很大程度上决定了后代思想家如何理解二程。

---

〔1〕 陈荣捷《朱学论集》，第 49 页。
〔2〕 赵振《朱熹与二程语录的整理与编辑》，《天中学刊》2007 年第 04 期。

"真见得是如此，决然不可移易"

——朱熹论"知而不行"的根源及其解决方法

刘馨明[*]

[内容提要]

面对道德实践领域中的"知而不行"问题，朱熹给予了关注和讨论，主张"知而不行"的"知"是一种"不切""尚浅"的认知，"真知"是必定能行的。"真知"是一种知得深、知到至处的认知，是对"知"的理解与深入达到至极的状态，在这样的状态中，个人必然会发现相应的道德行为，是一个从知"其所当然"到知"其所以然"的过程。在道德认知向道德实践的转化过程中，理的"不容已"与"不可易"性质起着关键的作用，使得个人决然不可移易地将认知落实在实践中。"主敬涵养""格物穷理""切己体察"是朱熹提出的解决方法，通过克除私欲、涵养心体，树立真诚的意念，去穷究万事万物之理和在自家身心处亲切体察，以达到广大、透彻的"真知"，实现心与理的同一，保证道德认识与道德实践的相统一。

[关键词]

朱熹；知而不行；真知；格物穷理；切己体察

---

* 刘馨明，中山大学博雅学院博士研究生。

儒者的道德实践是以自身性命为对象而展开的自我探索、体证历程，期望通过修养工夫实现内圣外王理想、成就圣人之学。但是，在具体的道德实践中，"知而不行"的问题普遍存在，"知"与"行"的关系问题成为儒者们讨论的焦点。朱熹作为宋代理学的集大成者，对"知行"问题较为重视，用力颇多，提出了系统的论述。[1] 面对道德实践领域的"知而不行"问题，朱熹在与门下弟子的讨论中有"知不切""知尚浅""未尝真知"等表述，他认为道德认识与道德实践断裂的原因在于个人未能"真知"。"真知"是朱熹提出的解决"知而不行"问题的关键方法。目前，学界对朱熹论"知而不行"和"真知"的问题已有相当深入的研究，但主要是从特定层面去解读朱熹对"知而不行"和"真知"的论述，忽略他的以"理"为核心的思想架构，没有上升到他的整个为学致知工夫体系和"真知"背后理的"不容已""不可易"性质中去理解与把握。[2] 因此，这样可能无法全面、准确地理解朱熹对"知而不行"问题的看法，以及"真知"这一概念具有的理论深度。"真知"是朱熹面对"知而不行"问题给出的回答，那么进一步追问："知而不行"的"知"是何种知？它为何不能够将道德认识转化为道德实践？"真知"与"知而不行"的"知"有何区别？"真知"何以能够保证道德认识的必然实践？"真知必能行"的道德动力来源于何处？面对儒者们在实践中存在的"知而不行"

---

[1] 朱子对知行问题的基本观点主要表现为：知先行后、知行相须以及行重于知三个方面。参见任继愈《中国哲学史》第 3 册，人民出版社 1979 年版，第 239 页。陈来在谈论朱子知行观的时候也是承任继愈先生的说法。参见陈来《朱子哲学研究》，华东师范大学出版社 2000 年版，第 315 页。

[2] 方旭东运用道德哲学话语，从意愿、性格等非理性因素分析程朱对"知而不行"问题的解释；东方朔通过朱子的"真知"概念的内容和结构分析，聚焦于"真知何以必能行"的动机方面，以回应休谟式问题的诘难；姜妮伶指出，朱子的"真知必能行"是一种经由心所认可并落实在具体道德践履中的真实确信，试图克服意志软弱，但朱子对此缺乏理论前提自明性的合理解释，未能为自觉的道德行为提供充足的动力；杨祖汉借用康德关于"自然的辩证"的克服之说，对于伊川、朱子的常知、真知讲法给出合理的解释与证成；李瑞全覆检伊川、朱子之说，确定"见闻之知""德性之知""常知"与"真知"重要概念在成德工夫上的意义，指出发而为"真知"的实践是工夫的发用，与思辨无关。参见方旭东《道德实践中的认知、意愿与性格——论程朱对"知而不行"的解释》，《哲学研究》2011 年第 11 期；东方朔《"真知必能行"何以可能？——朱子论"真知"的理论特征及其动机效力》，《哲学研究》2017 年第 3 期；姜妮伶《意志软弱问题域下的知行关系：基于朱子哲学中"真知"概念的讨论》，《道德与文明》2018 年第 4 期；杨祖汉《程伊川、朱子"真知"说新论——从康德道德哲学的观点看》，《台湾东亚文明研究学刊》第 8 卷第 2 期，2011 年 12 月；李瑞全《论德性之知与见闻之知之实践意义：常知、真知与自然的辩证》，《鹅湖学志》2020 年 6 月，第 64 期。

问题，朱熹是否提出了具体的方法来获得"真知"，进而保证道德认识与道德实践的统一？上述问题正是本文要深入探讨的。

一、"真知"的提出："知而不行"问题的回答

儒家哲学是一门讲究亲身实践的学问，"知"与"行"的关系问题一直受到儒者们的重视，也引起了广泛的讨论。早在先秦时期，儒者们就对"知"与"行"的关系问题表达了各自的看法：《尚书》有言"非知之艰，行之惟艰"[1]；《左传》中有言"非知之实难，将在行之"[2]；孔子提出"知及之，仁能守之"[3]的期望；孟子有言"夫道若大路然，岂难知哉？人病不求耳"[4]。荀子亦言"知之而不行，虽敦必困"[5]。这些言论都在一定程度上说明了"知"与"行"的关系并不总是保持同步，即"知之"并不一定"行之"，儒者需要通过自身的修养工夫，将"知"真切地落实在"行"上，以保证道德认识与道德实践相统一。

在宋代，理学家们对"知"与"行"的关系问题有了更为深入的探究，对"知"也有了不同类型的划分。张载首先提出"德性之知"与"见闻之知"的区别，并言"德性所知不萌于见闻"[6]。张载将由耳目得来的经验认知称为"见闻之知"，将由尽心尽性得到的超越认知称为"德性之知"，这两种知是不同类型的，不能由前一种知一步步积累而达到后一种知。程颐认同张载提出的"德性之知"与"见闻之知"的划分，他明确主张"德性之知，不假闻见"[7]。程颐还对"知而不行"问题进行了讨论，他认为无法做出相应道德行为的"知"是"常知"，并非"真知"。文载：

真知与常知异。常见一田夫，曾被虎伤，有人说虎伤人，众莫不惊，独田夫色

---

〔1〕 陈戍国《尚书校注》，岳麓书社 2004 年版，第 70 页。

〔2〕 陈戍国《春秋左传校注》，岳麓书社 2006 年版，第 907 页。

〔3〕 朱熹《四书章句集注》，中华书局 2016 年版，第 156 页。

〔4〕 《四书章句集注》，第 318 页。

〔5〕 王先谦《荀子集解》，中华书局 2012 年版，第 141 页。

〔6〕 张载《张载集》，中华书局 2006 年版，第 24 页。

〔7〕 程颢、程颐《二程集》，中华书局 2006 年版，第 317 页。

动异于众。若虎能伤人，虽三尺童子莫不知之，然未尝真知。真知须如田夫乃是。故人知不善而犹为不善，是亦未尝真知。若真知，决不为矣。[1]

程颐以"虎伤人"的例子说明了"真知"与"常知"的区别，他指出，普通人由耳目器官听闻得来的认知即知道虎会伤人，这是"常知"；亲身经历过"虎伤人"的人，神色不同于常人，这样亲自体验得来的认知才是"真知"。"真知"与"常知"的区别在这里表现为是否亲身经历、神色是否有强烈的反应。同样，当个人明确知道这样的道德行为不善，却仍然选择这样实践，从道德实践结果反推道德认知，判断其所拥有的道德认知并非"真知"；若是"真知"，则决不会明知不善的事仍去践行。程颐认为，"知而不行"的"知"是由耳目得来的经验认知即"常知"，并非"真知"，它没有足够的道德动力保证"知"与"行"的统一；"真知"是指个人对某一事物的认识有着切身的感受与体会，并且会将道德认知落实在道德实践中。

面对儒者在道德实践中"知而不行"的问题，朱熹与门下弟子曾有过多次讨论。朱熹认为，道德认识与道德实践的断裂是由于个人拥有的"知"，是一种程度较为浅显的认知，并非广大、透彻的"真知"，当一个人真正认知与理解某一事物的时候，他必然会将道德认识落实在道德实践中。文载：

论知之与行，曰：方其知之而行未及之，则知尚浅。既亲历其域，则知之益明，非前日之意味。[2]

只争个知与不知，争个知得切与不切。且如人要做好事，到得见不好事，也似乎可做。方要做好事，又似乎有个做不好事底心从后面牵转去，这只是知不切。[3]

人于道理不能行，只是在我之道理有未尽耳。不当咎其不可行，当反而求尽其道。[4]

上面引用的这几则材料，从"知"的层面展示了朱熹对于"知而不行"问题的讨论。面对道德认识与道德实践不统一的问题，即个人知道应当如何做却并未如此去

---

〔1〕《二程集》，第 16 页。
〔2〕黎靖德编《朱子语类》卷 9，中华书局 2020 年版，第 160 页。
〔3〕《朱子语类》卷 9，第 166 页。
〔4〕《朱子语类》卷 13，第 238 页。

实践、知道应做好事却选择做恶事、个人无法将认知落实在行动中等情形，朱熹将其主要原因归结为："知尚浅"、未能亲历其域，即没有在自身的生命实践中体证所得来的认知；"知不切"、有做不好事的心牵转，即认知体会不深，将要道德实践时受到外界欲念的影响而未能落实在行动中；"知未尽"，即自身对事物的认知程度不够彻底，未达到完全的状态。在朱熹看来，"知而不行"的"知"首先是一种从程度上看较为浅显、不彻底的道德认知；其次，不能行的"知"是没有经过在生命实践中的理会，仅仅停留在文字表面上的思维见解，无法深入到个人的内心；最后，这样的一种"知"存在道德动力不足的问题，无法激发个人将道德认知必然落实在道德实践中。

儒者在道德实践中"知而不行"的问题，除了个人具有的是一种程度"尚浅、不切、未尽"的道德认知，是否还存有其他因素，使得个人虽然有一定程度的道德认知，但是无法必然地将这种道德认知转化成道德实践？结合朱熹对"知"与"行"关系问题的相关论述，可以发现，当个人的意志不够坚定时，本心容易受到外在气禀物欲的影响，无法作出正确的判断，自然也就无法保证道德认知必定转化为道德实践。文载：

问：固有人明得此理，而涵养未到，却为私意所夺。曰：只为明得不尽。若明得尽，私意自然留不得。[1]

天理人欲，无硬定底界，此是两界分上功夫。这边功夫多，那边不到占过来。若这边功夫少，那边必侵过来。[2]

又如临事时虽知其不义，不要做，又却不知不觉自去做了，是如何？……盖人心本善，方其见善欲为之时，此是真心发见之端。然才发，便被气禀物欲随即蔽锢之，不教它发。[3]

上面引用的几则材料从"行"的层面，解释了由"知"向"行"的落实过程中，个人受到私意、气禀物欲的影响，亦有可能出现"知而不行"问题。也就是说，个人虽然对某一事物有一定程度的认知，但是心性涵养工夫有所欠缺，受到私

---

〔1〕《朱子语类》卷18，第419页。
〔2〕《朱子语类》卷13，第240页。
〔3〕《朱子语类》卷13，第244页。

意干扰，无法主宰心体，进而做出错误的道德判断，导致"知而不行"的问题。其次，当个人的本心受到欲望的驱使，也有可能出现道德认知与道德实践的断裂。当个人追求的是人欲，贪图享受外在的富贵，其心体受到私欲的束缚，亦会造成"知"与"行"的不相统一。最后，当个人的意志不坚定，也可能出现知道要去做某事，但实际上并未去做的情况。尽管这个人知道要去做的事情是好事，但由于个人的意志不够坚定，本心才发用呈露便被气禀物欲禁锢，去做了不好的事情，从而导致"知而不行"的问题。可见，道德认识与道德实践能否统一，关键也在于个人的意志是否坚定，本心是否能够做得主宰而不受气禀物欲的影响。

面对儒者在道德实践中"知而不行"的问题，朱熹不仅界定了"知而不行"的"知"是何种程度的道德认知，也分析了个人拥有一定程度的道德认知为何无法落实在道德实践中，最后更是提出了"真知"的概念，主张"真知必能行"。"不真知得，如何践履得！若是真知，自住不得。"[1] 在朱熹看来，当一个人真知得某一事物的时候，他必定会发见出相应的道德行为，将认知落实在实践中。朱熹提出的"真知"概念，受到了程颐提出的"知而不行非真知"观点的影响，不过，他在与门下弟子讨论"真知"的时候，将其论述得更为明晰。文载：

人各有个知识，须是推致而极其至。不然，半上落下，终不济事。须是真知。[2]

致知所以求为真知。真知，是要彻骨都见得透。[3]

问：注谓信是"真知其如此，而无毫发之疑"，是如何？曰：便是"朝闻道"意思。须是自见得这道理分明，方得。[4]

上面引用的几则材料展示了朱熹对于"真知"概念的论述，指出了"真知"与"知而不行"的"知"之区别所在。首先，是认知程度上的差别。"真知"是一种推至极至处、完全彻底的认知，"知而不行"的"知"是一种程度尚浅、不彻、不尽的认知。在朱熹看来，个人只有知得极至，才能够将道德认识转化为道德实

〔1〕《朱子语类》卷116，第3005页。
〔2〕《朱子语类》卷18，第419页。
〔3〕《朱子语类》卷15，第302页。
〔4〕《朱子语类》卷28，第770页。

践；不然，临事时因认知不全面、上下缺落，终将导致无法践行。需要注意一点，朱熹并未像程颐一样将"知"划分为"德性之知"与"见闻之知"两种类型，而是将其看做同一种类型的"知"。"知，只是一个知，只是有深浅。"[1] 朱熹主张"知"只有认知程度深浅的差别，由"尚浅、不切、不尽"的"认知"可以推扩到"真知"。其次，是体会程度上的差别。"真知"是一种在自家身心处彻骨、见得透的认知，"知而不行"的"知"是一种体会程度不深，并没有在自身的生命中发生真实作用的认知。在朱熹看来，只有自身真实体验过的道德认知才能激发主体的道德动力，从而进一步转化为道德实践。不过，朱熹也指出，通过类比推理自身已有的道德认知得出来的新认知，也可以达到"真知"的境地。"曾被虎伤者，便知得是可畏。未曾被虎伤底，须逐旋思量个被伤底道理，见得与被伤者一般，方是。"[2] 朱熹引用程颐"虎伤人"的例子进行解释，对于被虎伤过的人，他亲身经历得到的"虎伤人"认知无疑是"真知"；而对于未曾被虎伤的人，如果他能够深入体会与理解"虎伤人"的情形，在自身生命中类比感受，得到相同程度的切身认知，那么这样的道德认知也可以被视为"真知"。再者，是在认知对象上的差异。"真知"不仅仅是一种知识层面的理解，更是一种见得道理分明的认知；"知而不行"的"知"是一种只停留在知识层面的理解，对于背后之理不察识，抑或是理会不透彻的认知。在朱熹看来，"真知"是个人对某一事物表里透彻的认知，是对"理"的真切体会，是由个人拥有的道德认知，必然会体现在相应的道德行动上。文载：

又问：真知者，还当真知人欲是不好物事否？曰：如"克、伐、怨、欲"，却不是要去就"克、伐、怨、欲"上面要知得到，只是自就道理这边看得透，则那许多不待除而自去。[3]

朱熹在与门生徐子融的对话中指出，"真知"并不是指停留在对某一事物的表面认知，而是要透过事物的表面，深入理解其中所蕴含的"道理"，最后清楚事物的本质境地，这样个人的道德动力充足，自然会去道德实践。最后，"真知"与"知而

[1]《朱子语类》卷28，第770页。
[2]《朱子语类》卷15，第330页。
[3]《朱子语类》卷13，第241页。

不行"的"知"的区别还体现在是否能够"信得及"上。"真知"是知得程度深，且信得及，知得某一事物确实如此，即去行动；而"知而不行"的"知"是知得不全，个人便心生所疑，不能肯信，自然也就无法保证道德认识必定落实在道德实践中。文载：

问：吾斯之未能信。曰：信是于这个道理上见得透，全无些疑处。[1]

问：张子所谓"德性之知不萌于见闻"，是如何？曰：此亦只是说心中自晓会得后，又信得及耳。[2]

在朱熹看来，当一个人知得透彻，心中便会毫无疑问，能够将获得的认知内化为自身的认知，由肯信、"信得及"使得个人道德动力充足，进而自觉去落实道德行动。可见，"真知"不同于"知而不行"的"知"，它能够给个人提供充足的道德动力，保证道德认识落实在道德实践中。

面对儒者"知而不行"的问题，朱熹提出"真知"的概念，指出"知而不行"的"知"与"真知"在认知程度、体认程度、认知对象和肯信等方面实有差别，"真知"是个人透彻的理会与认知，由肯信而自然去践行。那么，进一步追问：朱熹的"真知"概念是如何使得个人能够由肯信而自然去践行的？肯信的是何种东西，以及它在由"知"到"行"的转化中是如何能够保证道德认知与道德实践的相统一？在"真知"概念背后，是否还存在更深层次的理论支持，使得道德认识必然落实在道德实践中？

二、"真知"的性质："所当然不容已"与"所以然不可易"

在前面一节，已经讨论了朱熹针对道德认识与道德实践的断裂即"知而不行"问题的论述，以及他提出的"真知"概念以回应为何有人知道并了解某一事物、某一种道德规范，但是在实际行动中并未能够根据自身已有的道德认知做出相应的道德行为。那么，"真知"是如何保证个人必定将道德认识落实在道德实践中的？

----

[1]《朱子语类》卷28，第770页。
[2]《朱子语类》卷28，第770页。

它又是如何实现"知"与"行"相统一的？对这一问题的回答，需要回到朱熹提出"真知"概念的特点与性质中去。

"真知"的"知"从程度上看是一种完全、彻底的道德认知，这样一种认知的对象不仅包括知识，也涵盖着知识背后所具有的"理"。"事事都有个极至之理，便要知得到。若知不到，便都没分明；若知得到，便着定恁地做，更无第二著、第三著。"[1] 这有两方面的认知意味。从知识层面而言，"真知"是指对某一事物、某一道德规范有着清晰的理解，为道德实践准备了充足的认知前提。例如，当个人要去做一件好事情时，他知道什么样的事情才是好事情，如何才能做成一件好事情；当个人要去遵守一条道德规范时，他明白道德规范的内容以及理解如何做才算遵守道德规范。从"理"的层面而言，"真知"是指对"所当然之理""所以然之理"有着透彻的理解，一事一物之中，皆有其所当然之理与其所以然之理。"所当然之理"，"是穷得这事当如此，那事当如彼。如为人君，便当止于仁；为人臣，便当止于敬"。[2] 意思是个人知道应该如何去行动，将道德认识落实在道德实践中。例如：为人君就应该仁爱百姓，为人臣就应该敬重君上。"所以然之理"，"此两个花斛，打破一个，一个在。若只恁地，是人知得，说得。须知所以破，所以不破者如何。"[3] 意思是指某一事物、某一道德规范的根本性质，即某一事物为何会成为如此的原因。例如花瓶被打破了，则一定是有使得花瓶被打破的缘由；父慈子孝、君仁臣忠，一定也是有使得其如此的根据。朱熹言，当个人"真知"某一事物、某一道德规范的"所当然之理"，又理解某一事物、某一道德规范的"所以然之理"，那么他就会将道德认知落实在道德实践中。

个人为何认知到"所当然之理"与"所以然之理"就会将道德认知落实在实践中？对这一问题的理解，可以从朱熹对这两种"理"的特点的解读入手。[4] 理的"不容已"和"不可易"，使得个人无法抗拒，不得不去行。文载：

---

[1] 《朱子语类》卷15，第301页。
[2] 《朱子语类》卷15，第303-304页。
[3] 《朱子语类》卷9，第171页。
[4] 参见藤井伦明《朱熹思想结构探索——以"理"为考察中心》，台湾大学出版社2011年版，第205-220页；蒙培元《朱熹哲学十论》，中国人民大学出版社2010年版，第63-79页；刘克兵《朱熹融通知识与信仰的思想理路》，《湖南大学学报（社会科学版）》第37卷第1期，2023年1月。

如知"为人子止于孝",这是表;到得知所以必著孝是如何,所以为孝当如何,这便是里。见得到这般处,方知决定是著孝,方可以用力于孝,又方肯决然用力于孝。[1]

"真知"的"知"从体知层面上看,是一种在自家身心处真实理会而得来的道德认知。上面引用的材料,即是说明由"知"到"真知"的工夫阶次:首先,个人只是在浅层表面知道为人应该孝顺父母;然后,认知"孝"的"所以然之理",理会"孝"的根本性质,"知"得此境地,方知何是"孝"、可以行"孝"、肯用力于"孝"。这样一种层层推进、由表及里的"认知","所当然之理"的"不容已"和"所以然之理"的"不可易"起着关键的作用。

理的"不容已"表现为个人主观意愿无法抗拒的必然性。文载:

或问云:"天地鬼神之变,鸟兽草木之宜,莫不有以见其所当然而不容已。"所谓"不容已",是如何?曰:春生了便秋杀,他住不得。阴极了,阳便生。如人在背后,只管来相趱,如何住得![2]

或问:理之不容已者如何?曰:理之所当为者,自不容已。孟子最发明此处。如曰:"孩提之童,无不知爱其亲;及其长也,无不知敬其兄。"自是有住不得处。[3]

上述引文材料无一不在说明,当一个人真正理解了某一事物、某一道德规范之所以如此的"理",他就会因对"理"的切身体会从而在自家身心处产生一种"不容已"的情感发用,自然而然地将认知落实到行动。例如:天地鬼神、草木鸟兽与四季时节变化,都是有自身如此之"理",人是住不得;孩提之童自然而然地表现出的孝顺父母、爱亲敬长的行为,亦是其真切不容已的发用。

理的"不可易"是指个人主观无法改变的,"理"就是如此。文载:

心之为物,实主于身,其体则有仁义礼智之性;其用则有恻隐、羞恶、恭敬、是非之情。浑然在中,随感而应。以至身之所具,身之所接,皆有当然之则而自不

---

[1] 《朱子语类》卷16,第356页。
[2] 《朱子语类》卷18,第444页。
[3] 《朱子语类》卷18,第444-445页。

容已，所谓理也，元有一贯意思。[1]

其所以然者，理也。理如此，固不可易。又如人见赤子入井，皆有怵惕、恻隐之心，此其事"所当然而不容已"者也。然其所以如此者何故，必有个道理之不可易者。[2]

"所以然之理"是事物就是如此，指向事物之所以如此的根源。如果个人真认知到某一事物、某一道德规范之所以如此，那么他便会不可移易去行动，必定将认知落实在行动中。例如：本心发用，随感而应，是自不容已；见孺子入井，人皆会涌起恻隐之心，这也是源于每个人都先天具有的仁爱之心，其发用不可易。这就是说，在"理"的"不容已"与"不可易"作用下，推动主体个人以一种不可改变、不容自已的态度去落实行动。

再者，"真知"的"知"不仅是通过深入认知某一事物、某一道德规范的"所当然之理"和"所以然之理"；在自身的生命中真实体证与理会，更由事物之"理"进而上升到"天命"，知得"天命"即在事事物物之中，便畏惧"天命"，进而主动顺应"天命"，自觉落实行动。文载：

"畏天命"三字好。是理会得道理，便谨去做，不敢违，便是畏之也。如非礼勿视听言动，与夫戒慎恐惧，皆所以畏天命也。[3]

又问：若不知得这个道理，如何会畏？曰：须是先知得，方会畏。但知得有浅深，工夫便随深浅做去。事事物物皆有个天命。若知得尽，自是无所不畏，惟恐走失了。[4]

在朱熹看来，"天命"即是天理，它存在于事事物物之中，个人若是体察与理会到"天命"所在，便会谨慎言行，不敢有丝毫违背。面对儒者提出"不知得道理，如何会畏"的问题，朱熹先是肯定须要先知得，方会畏，后又指出，若是知得尽，即是"真知"，自然无所不畏惧。这大意是说个人知得"所当然之理"与"所以然之理"，见得"天命"，本心便会产生畏惧之情，时刻保持戒慎恐惧，力保

[1]《朱子语类》卷27，第733页。
[2]《朱子语类》卷18，第445页。
[3]《朱子语类》卷46，第1255页。
[4]《朱子语类》卷46，第1256页。

所做的事情都符合道德规范。

最后，"真知"的"知"是个人亲身所体会与理解，必然会产生所信，真信得某一事物、某一道德规范该如此样，个人自然会笃行实践，将道德认识落实在道德实践中。朱熹在与门下弟子讨论"漆雕开言'吾斯之未能信'"，指出个人若是真知道某一事物、某一道德规范实然，自然会对此有所信。文载：

> 事君以忠，事父以孝，皆是这个道理。若是自信得及，则虽欲不如此做，不可得矣。若自信不及，如何勉强做得！欲要自信得及，又须是自由所得无遗，方是信。[1]

> 所谓信者，真见得这道理是我底，不是问人假借将来。譬如五谷可以饱人，人皆知之。须是五谷灼然曾吃得饱，方是信得及。[2]

上面引用的材料都说明了"真知"必定产生"真信"。个人若是自信得及，明白知道要去做某事，自然会去做某事，知道不如此，便不会如此，已然实现"知"与"行"的统一。可见，朱熹的"真知"不仅指在知识层面的贯通，亦是对背后"所当然之理"与"所以然之理"的体察理会。个人通过"理"之所在认识到了"天命"之所在，产生情感上的真实信得，便会在理的"不容已"和"不可易"作用下，不得不如此、必须如此去实践，自觉地根据已有的道德认知做出相应的道德行为，实现"知"与"行"的统一。

三、"真知"的获得："知而不行"问题的解决

通过前两节的讨论可知，面对儒者"知而不行"的问题，朱熹提出了"真知"这一概念，主张"真知必能行"。由于朱熹认为"知"只有一个，"知而不行"的"知"与"真知"的"知"只是程度上的深浅，那么对于儒者而言，如何才能将这些"尚浅、不彻、不尽"的认知推扩为更加完全、切实的"真知"，进一步保证自身道德认知与道德实践的相统一？对此，朱熹主张个人要树立真诚的意念去做修养

---

[1]《朱子语类》卷28，第768页。
[2]《朱子语类》卷28，第768-769页。

工夫，通过"主敬涵养"、"格物穷理"与"切己体察"等工夫方式，将自身拥有的道德认识逐步提升到"真知"的层面，从而解决"知而不行"的问题。

（一）"立志"与"诚意"

针对"知而不行"问题中，儒者有所认知但是却不情愿去行动，或者是今日做一些，明日便休的现象，朱熹提出了"立志"与"诚意"的工夫主张。为学必须先"立志"，如果不立志，个人就缺乏足够的道德动力去道德实践。"人之为事，必先立志以为本，志不立则不能为得事。"[1] "凡事须当立志"[2]，"立志"是个人为学的重要一步，是以圣人为目标。文载：

凡人须以圣贤为己任。世人多以圣贤为高，而自视为卑，故不肯进。抑不知，使圣贤本自高，而己别是一样人，……既与常人一同，又安得不以圣贤为己任？[3]

世人多将圣贤之人看得高远，过分卑视自身，不肯上进，殊不知圣贤与普罗大众一般，并没有本质的区别。因此，个人为学应该以成为圣贤为道德目标，这样就会有足够的道德动力去实践。在"知"到"行"的过程中，树立真诚的意念也是至关重要的一环。"诚其意者，自修之首也。"[4] "诚意不立，如何能格物！"[5] 在朱熹看来，如果个人没有树立真诚的意念去践行，就容易出现知道要为善去恶，但是本心所发有未实，造成道德认知与道德实践的断裂。这样，如何能够正确认知事物与其背后的"所当然之理""所以然之理"？《大学》工夫的起点即在"立诚"，所谓的"立诚"，就是要使得个人"意"诚的工夫，即在念虑处为善去恶，使得意念真诚后不自欺，能够用力去格物认知与体察理会事物。因此，当一个人的志向高远、意念真诚，那么他就有足够的道德动力去格物穷理，去认知万事万物的理，最后达到"真知"。

（二）"主敬涵养"

面对"知而不行"问题中，儒者受到气禀物欲的禁锢，将要去道德实践时受到妄念的牵引而未能去落实在行动中的情形，朱熹有主张"主敬涵养"的工夫方

---

[1]《朱子语类》卷18，第450页。
[2]《朱子语类》卷18，第451页。
[3]《朱子语类》卷8，第145页。
[4]《四书章句集注》，第8页。
[5]《朱子语类》卷18，第431页。

法。通过"主敬涵养"来收敛身心与精神，使得妄念不生，亦无妄动。文载：

> 若是敬时，自然"主一无适"，自然"整齐严肃"，自然"常惺惺"，其心收敛不容一物。[1]

朱熹的"主敬涵养"工夫分为"主一""整齐严肃""常惺惺""收敛"四个方面。"主一"是专一于"理"，无事的时候内心安定不动，有事的时候随事应变。"整齐严肃"是从外表上要求严肃，所做所行皆要符合道德规范的要求，即要求身心必须肃然如一。"常惺惺"是一种常常提撕心体的工夫，强调要时刻警醒本心，使得此心不昏昧，不会受到邪思妄念的干扰和影响，这样才能保持心体的发用。"收敛"也是一种在心体上所做的工夫，主张通过收敛身心，达到"不容一物"的境界，这样心体就能时时保持虚明的状态。通过"主敬涵养"工夫，可以使个人心体不受气禀物欲的影响，自然能够去实践。

（三）"格物穷理"

针对"知而不行"问题中，儒者获得的认知是一种程度浅显、不彻且停留在知识层面的认知，造成有所认知却未能行的现象，朱熹提出"格物穷理"的工夫主张。"格物穷理"是个人获得"真知"的重要步骤，"致知在格物"[2]，"格物者，知之始也"[3]。个人通过"格物穷理"的工夫，能够将"理"与"心"合一，最终实现道德认知必定落实在道德实践中。文载：

> 所谓致知在格物者，言欲致吾之知，在即物而穷其理也。盖人心之灵莫不有知，而天下之物莫不有理，惟于理有未穷，故其知有不尽也。是以《大学》始教，必使学者即凡天下之物，莫不因其已知之理而益穷之，以求至乎其极。至于用力之久，而一旦豁然贯通焉，则众物之表里精粗无不到，而吾心之全体大用无不明矣。此谓物格，此谓知之至也。[4]

"格物穷理"的认知对象是万事万物之"理"，事事物物皆有"理"，事事物物之"理"都可以去格。小至吾人一身之中仁义礼智，恻隐辞让是非之心，耳目视听言

---

[1]《朱子语类》卷17，第397页。
[2]《四书章句集注》，第5页。
[3]《朱子语类》卷15，第326页。
[4]《四书章句集注》，第8页。

动，皆应当有所理会，明白其"所以然之理"；大到世间万事万物，是如何生成变化、如何流转运行，皆应当有所理会，明白其"所以然之理"。"格物穷理"的认知程度是需要穷到至极处，"穷至事物之理，欲其极处无不到也"[1]。"穷理"要穷到万事万物的至极处亦即"天理"，从而使得本心之"理"显现。可见，朱熹的"格物穷理"工夫是不仅去格万事万物的"所当然之理"与"所以然之理"，也不断格心中本具之"理"，借助"今日格一物，明日格一物"的方法，实现对事物表里精粗方面完全、彻底的认知，本心之"理"亦明，最终达到"物格"与"知之至"的统一，进而解决"知而不行"的问题。

（四）"切己体察"

面对"知而不行"问题中，儒者拥有的是一种未在自家身心处体察与理会的认知，因为知得不彻骨而造成未能落实在行动的情形，朱熹主张"切己体察"。"切己体察"是指将通过"格物穷理"所获得的认知，在个人身心推究察识，真切体会其中的"理"。文载：

如说仁义礼智，曾认得自家如何是仁，自家如何是义，如何是礼，如何是智，须是着身己体认得。[2]

或问：观物察己者，岂因见物而反求诸己乎？曰：不必然也，物我一理，才明彼即晓此，此合内外之道也。……曰：求之情性，固切于身，然一草一木，亦皆有理，不可不察。[3]

在朱熹看来，对于仁义礼智的认知与理解，需要在自家身心处着力体认。万事万物之理与己身之理是同一的，对万事万物之理体察多了，本心之理也会豁然贯通，道德认知亦能落实在道德行动中。"切己体察"工夫是如何实行的，朱熹用仁义礼智发用为恻隐、羞恶、辞让和是非进行说明。文载：

所谓恻隐者，是甚么意思？且如赤子入井，一井如彼深峻，入者必死，而赤子将入焉！自家见之，此心还是如何？有一事不善，在自家身上做出，这里定是可

---

〔1〕《四书章句集注》，第5页。
〔2〕《朱子语类》卷11，第195页。
〔3〕朱熹《四书或问》，朱杰人等主编《朱子全书》第6册，上海古籍出版社、安徽教育出版社2002年版，第525-526页。

羞；在别人做出，这里定是恶他。利之所不当得，或虽当得，而吾心有所未安，便要谦逊辞避，不敢当之。[1]

如恻隐是如何意思，看见一孺子将要入井，自家身心是何种感受；明知事情不好还继续选择做，自身这样做定是羞恶；面对不当之利，自身如果得到定会有所不安，便要谦逊辞避。可见，朱熹所言的"切己体察"是将"格物穷理"获得的认知在自家身心处真切体验，真实明白其含义，是一种在心体上的察识体认工夫。个人通过在自家身心处理解与体会，真实认知到"理"之所在即是"天命"之所在，便会不容自已去实践，从而将道德认识落实在道德行动中。

结　语

面对儒者"知而不行"的问题，朱熹提出了"真知"这一概念，并主张"真知"必定能行。在朱熹看来，"知而不行"的"知"是一种认知、体认程度尚浅的"知"，未能触及"所当然之理"与"所以然之理"层次，因而无法肯信，无法具有充足的道德实践动力。"真知"是完全、彻底的认知，是包括对万事万物"所当然之理"的领悟，也包含了对"所以然之理"的理解，是由"理"见得"天命"，使得个人在理的"不容已"与"不可易"的双重作用下，必然将道德认识落实在道德实践中。朱熹主张"知"只有一个，儒者通过"立志诚意"、"主敬涵养"、"格物穷理"与"切己体察"等工夫形式，可以将"知而不行"的"知"推扩、提升为"真知"，从而避免了道德认知与道德实践之间的断裂问题。对朱熹"真知"这一概念的分析与解读，不仅丰富了我们对朱熹哲学思想的理解，同时也为我们深入探索道德认识与道德实践之间的关系提供了不同的视角。

---

[1]《朱子语类》卷15，第304页。

宇宙内只是一个乾元变化

——论管志道的"乾元"说

牛 磊[*]

[内容提要]

晚明泰州学派思想家管志道兼采儒籍佛典，以《周易》乾卦的"乾元"为核心概念，构建出一套极具特色的本体论体系。管志道认为，"乾元"不仅是心识的根源，也是宇宙万物的本体，三教所云之"太极""大觉""毗卢性海""毗卢法界"等概念皆实指"乾元"。儒释道三教并非泾渭分明、互不相干，三教由"乾元"而分，终将由"乾元"而合，"宇宙内只是一个乾元变化"。管氏的"乾元"说丰富了《周易》乾卦的诠释路径，成为晚明时期融合心学与易学、儒释道三教的一个典型案例。

[关键词]

管志道；乾卦；乾元；毗卢性海；三教合一

---

* 牛磊，北京体育大学中国武术学院讲师，历史学博士。

管志道（1536—1608），字登之，号东溟，江苏太仓人，隆庆辛未进士，晚明著名思想家。黄宗羲在《明儒学案》中对他评价曰："东溟受业于耿天台，著书数十万言，大抵鸠合儒释，浩汗而不可方物。"[1]作为晚明时期主张"三教合一"的代表性学者，管氏"鸠合儒释"的总纲是"以乾元统天为法界，以群龙无首为行门"。[2]为证明己说，管氏将《周易》《楞伽经》《华严经》等三教典籍熔于一炉，将"乾元"释为"太极"，释为"毗卢性海"，"宇宙内只是一个乾元变化"。无论是出世与入世、无为法与有为法、天道与人道，甚至宇宙万事万物，皆为"乾元"所统摄。管志道的"乾元"说实现了自力与他力、一乘与三乘、智慧与信仰、精英化与大众化的深度融合，并具有统摄儒、释、道三教的理论深度与广度。尽管当时以及后世学者对此说多持反对态度，但管志道的"乾元"说仍是晚明时期儒家士人由理性与包容的精神出发，对三教融合所进行的一次有益尝试。

一、"四时之春"与"四德之仁"：管志道"乾元"说的批判对象

在《周易》文本中，提及"乾元"概念的有以下数处：其一是由卦名"乾"与卦辞"元亨利贞"之"元"相联结，其二是《彖传》曰"大哉乾元"，其三是《文言》曰"乾元用九，乃见天则"，其四是《文言》曰"乾元者，始而亨者也"。汉、唐儒者对"乾元"的解释，以孔颖达所编的《周易正义》为代表。孔氏说道："'大哉乾元'者，阳气昊大，乾体广远，又以元大始生万物，故曰'大哉乾元'。'万物资始'者，释其乾元称大之义。以万象之物皆资取乾元而各得始生，不失其

〔1〕黄宗羲《明儒学案》卷32，吴光执行主编《黄宗羲全集》第7册，浙江古籍出版社2012年版，第826页。
〔2〕对于管志道的"乾元"说，翟奎凤在专题论文《论阳明后学对〈周易〉乾卦义理的发挥》（载《哲学研究》2016年第12期）曾有涉及，不过仅是一笔带过。魏月萍《君师道合：晚明学者的三教合一论述》（联经出版事业股份有限公司2016年版）第三章第三节、吴孟谦《融贯与批判：管东溟的思想及其时代》（允晨文化实业股份有限公司2017年版）第二章第一节对该议题做了专门处理。魏氏、吴氏皆指出管氏的"乾元"说受到佛学的深刻影响，不过两人对管氏"乾元"说内涵的讨论仍有不足，且并未论及该学说的历史背景。笔者将由此入手，对该议题略做推进，以展现管氏在本体论建构方面的特殊思考。

宜，所以称大也。"〔1〕孔氏以气解"元"，"乾元"指乾之"元气"，它既是万物生成的根据，亦是一切道德意识的根源。孔氏又曰："此四德言君子之人，体包仁道，泛爱施生，足以尊长于人也。仁则善也，谓行仁德，法天之元德也。"〔2〕他将"四德"之"元"释为"元之长善"，君子体"元"即是体"仁"。这种儒家仁学脉络下的解释已经开启了将"元"由天道转化为人道的路径。〔3〕

对于"乾，元亨利贞"一语，宋儒程颐更注重对四德关系的辨析，并引出"仁"之"偏言"与"专言"的议题。程氏曰："四德之元，犹五常之仁，偏言则一事，专言则包四者。万物资始乃统天，言元也。乾元统言天之道也。天道始万物，物资始于天也。"〔4〕向世陵教授对此分析道："乾元的伟大，就在于其所贡献的创始万物之道。四德、五常的意义也都应建立在这一基础之上。程颐以五常之仁解说四德之元，立足点可以说是仁的生意。"〔5〕此说可从。程颐以"生道"定义"乾元"，乾元或仁的生气流淌，使得四德构成了一个德性整体。此说对朱子的"仁包四德"论有直接的影响。

程颐对《周易》"乾元"概念进行阐释的材料数量并不多，朱熹接续程颐的观点，进一步将"乾元"融入儒家仁学体系。例如，朱子曰：

这是从生处说来，如所谓"大哉乾元，万物资始"，"至哉坤元，万物资生"，那"元"字便是生物之仁，资始是得其气，资生是成其形。〔6〕

元者，乃天地生物之端。乾言"大哉乾元，万物资始"，"至哉坤元，万物资生"，乃知元者，天地生物之端倪也。元者生意，在亨则生意之长，在利则生意之遂，在贞则生意之成。若言仁，便是这意思。〔7〕

---

〔1〕 阮元校刻《十三经注疏》，中华书局 1980 年版，第 14 页。
〔2〕 阮元校刻《十三经注疏》，第 15 页。
〔3〕 对孔颖达"乾元"说的分析，请参考胡海忠《从元包四德到仁包四德——〈周易正义〉与道学一元论构建》，《中国哲学史》2020 年第 4 期。
〔4〕 程颢、程颐《二程集》，中华书局 2004 年版，第 697 页。
〔5〕 向世陵《仁的"偏言"与"专言"——程朱仁说的专门话题》，《中国哲学史》2018 年第 1 期。
〔6〕 黎靖德辑《朱子语类》卷 68，朱杰人等主编《朱子全书》第 16 册，上海古籍出版社、安徽教育出版社 2010 年版，第 2274 页。
〔7〕 黎靖德辑《朱子语类》卷 68，《朱子全书》第 16 册，第 2265 页。

朱熹将天道与人道进行关联，认为天之生物有春、夏、秋、冬之异，人之德性也具有元、亨、利、贞之分。无论是春、夏、秋、冬还是元、亨、利、贞，都可以理解为"乾元"始物、生物、利物、成物的过程。值得注意的是，朱子时常使用"春气"对"乾元"进行解说。例如，朱子曰："如春夏秋冬，须看他四时界限，又却看春如何包得三时。四时之气，温凉寒热，凉与寒既不能生物，夏气又热，亦非生物之时。惟春气温厚，乃见天地生物之心。"[1] "气""春气"是朱子解释"乾元"的一个基本点，朱子认为温厚的春气可以贯通春夏秋冬，最为真切地体现天地生物之心。同理，乾之"元"也可以贯通元、亨、利、贞四德，使其融入整体的生意之中。[2] 朱子的"仁包四德"论内涵丰富，绝非以"气"论"元"这一点可以囊括。他既强调从"气"观仁、从"气"识仁，同时也讲以"理"观仁。不过，朱子由生意流行之"气"论万物化育的观点，对明代儒者产生的影响更为直接、显著。

由"气"的角度诠释"乾元"构成明代易学家的一个普遍观点。例如，钱士升曰："元者，万物之初气也，故曰资始。天包万物，乾元包天，故曰统天。"[3] 曹学佺曰："天地之间只是这段元气耳，人与物总在元气包含之内。"[4] 郝敬曰："乾元者，即元气之始资乎物，而亨通无滞，是形气之发生也。"[5] 姚舜牧曰："乾元只是一气，此气继静而动，主万物之始。"[6] 诸家所说虽有不同，但由"气"的角度解释"乾元"则有相似之处。由"气""元气""初气""春气"的角度对"乾元"加以解释，相关材料在明代易学典籍中可谓俯拾皆是。

---

[1] 黎靖德辑《朱子语类》卷20，《朱子全书》第14册，第694页。

[2] "仁包四德"是朱子仁学体系的一个重要理论，朱子从"生意流行"、"四德"与"四端"之关系、"四德"与仁之关系等多个方面对该问题做出详尽论述。对该问题的分析，请参考钟小明《朱熹哲学中的"仁包四德"论》，《福建论坛·人文社会科学版》2013年第5期；向世陵《仁的"偏言"与"专言"——程朱仁说的专门话题》，《中国哲学史》2018年第1期；陈来《仁学本体论》，生活·读书·新知三联书店2014年版，第422-431页。

[3] 钱士升《周易揆》卷1，《四库全书存目丛书》经部第20册，齐鲁书社1997年版，第603页。

[4] 曹学佺《周易可说》卷1，《四库全书存目丛书》经部第16册，齐鲁书社1997年版，第430页。

[5] 郝敬《周易正解》卷1，《四库全书存目丛书》经部第15册，齐鲁书社1997年版，第45页。

[6] 张振渊《周易说统》卷1引姚舜牧说，《四库全书存目丛书》经部第26册，齐鲁书社1997年版，第24页。

较之由"气"论"元"的思路，阳明后学多倾向于由"性"的角度重新解释"乾元"。如陈嘉谟曰："天地万物孰为之始？咸资始于乾元。乾元，性也。"[1] 又如王时槐曰："仁者，乾元也，是生生之性。"[2] 我们不妨将这种新动向称为由"气"而"性"，管志道的相关论述亦是沿此脉络而展开（本文第三节会对该问题续做处理）。

宋儒从生气流行、仁心端倪的角度对"乾元"的至善义、流行义进行解释，其观点构成了管志道"乾元"说的理论基础。但是对宋儒之说，管志道并不满意，他认为此说仅仅解释了"乾"之"元"而非"乾元"，且程朱的观点在于说明"乾"之"元"的发用与流行，对其本体的内涵反而有所遮蔽。管氏对此批评道："言乾元者，不曰四时之春，则曰四德之仁，而其所谓仁体，不过见得方寸中有个昭昭灵灵之物，浑然与物同体，便以为乾元在是矣。岂知此昭昭灵灵之物，即死死生生之本，非不生不灭之乾元也。"[3] "四时之春""四德之仁"都是程朱释"乾元"时常使用的概念和观点，其重点在于解释"乾元"的发用流动如何表现，其缺点则是将"乾元"等同于"昭昭灵灵之物"。因此，管氏对程朱的"乾元"说颇为不满。此意管氏在与友人的信札中反复提及。例如，管氏曰：

《彖》曰："大哉乾元，万物资始，乃统天。"旧训专以天道明乾义，殆非也。天固属乾，而乾之元不属天，乃生天生地生人之本也。……而说者类以一岁气机当之。此后天之元，非先天之元也。[4]

然则圣人之所指者，岂果如宋儒所解，以乾元为混沌无知之物，仅将春生之气机当之？又以为仁道发见之端，仅将初起之业识当之也？[5]

管志道将宋儒的"乾元"说大体分为两类：其一是以春日之生气、生意言"乾元"（"四时之春"）；其二是以"恻隐之心"言"乾元"（"四德之仁"）。他

[1] 黄宗羲《明儒学案》卷21，《黄宗羲全集》第 7 册，第 573 页。
[2] 钱明等编校《王时槐集》，上海古籍出版社 2015 年版，第 530 页。
[3] 管志道《问辨牍》卷利《答顾选部泾阳丈书》，《四库全书存目丛书》子部第 87 册，齐鲁书社 1995 年版，第 760 页。
[4] 管志道《续问辨牍》卷1《答唐少卿凝庵年兄书》，《四库全书存目丛书》子部第 88 册，齐鲁书社 1995 年版，第 19 页。
[5] 管志道《问辨牍》卷贞《续答景逸书》，《四库全书存目丛书》子部第 87 册，第 794 页。

认为如依此说，则"乾元"或是一团无意识、无拣择、随意流动的"混沌无知之物"，或是随缘而生、起灭不定的"初起之业识"。如按理学先天、后天的划分，则宋儒所言的"乾元"皆是"后天之元"，并未涉及"先天之元"。

在批判地继承唐儒、宋儒观点的基础上，管志道创造性地将"乾元"释为宇宙万物、天地化育的大本大原，并广泛借用佛教的术语、概念、观点，构建出一套以"乾元"为核心概念的、极富特色的本体论体系。

二、融通儒释：管志道的"乾元"说

管志道用以诠释"乾元"的核心概念有二：一是"毗卢性海"，二是"太极"。

以"毗卢性海"解"乾元"是管志道本体论体系中最富创造性的一点。"毗卢性海"意谓毗卢遮那佛的体性广大无限，犹如大海，故又称"毗卢藏海"。对于"毗卢性海"一词的含义，管志道在致高攀龙的信中曾做过解释："梵语毗卢遮那，华言遍一切处。遍一切处之性海，非即统天之乾元乎？故曰'大德敦化'。敦化之中，川流出焉。《牍》中原谓释迦乘飞龙于西竺，孔子乘见龙于东震。其用皆属川流，而其敦化自在乾元之体也。"[1]"性"指如来之体性，"性海"意谓一切众生及世间万法均可为毗卢遮那佛之"海印三昧"所涵摄、所显现，所有时间与空间中的无尽事物、无尽秘藏都印显于作为绝对本体的佛性之中。

管志道认为佛典之"毗卢性海"与《周易》之"乾元"异名同实。借用《中庸》"大德敦化"和"小德川流"的划分，管氏认为释迦之说法近于乾卦九五爻之"飞龙"，孔子之删述近于乾卦九二爻之"见龙"。两人的际遇、作为皆属"川流"一边事，以显示"乾元之体"的遍在性，故儒释之间并不存在孰优孰劣的问题。

管志道认为三教之分是一种历史的必然，不过它们终将归宿、统合于"乾元"本体处，盖因"乾元"即是佛性，即是"天地人之总心"：

世教日漓，民神戒于杂糅，三教不得不分矣。天必有所以合之而后分。支离既

---

[1] 管志道《问辨牍》卷贞《续答景逸书》，《四库全书存目丛书》子部第87册，第791页。

极,真元亦当一还,三教不得不合矣。天必有所以分之而后合。合而欲分,文王之首揭乾元是已。乾元者,天地人之总心、三教圣人之敦化处也。[1]

管氏指出,三教在源头处是同一的,皆出自"乾元"。三教既分之后,文王揭示"乾元"以立治统,孔子述论"乾元"以立道统。"乾元"不仅统摄道与教、治统与道统,同样统摄儒、释、道三教。就道教而言,管氏认为"玄牝"一词与"乾元"同义。孔子访老子而问礼,以"犹龙"一词赞老子,其中便透露出道家之说与乾卦龙德同属一脉的消息。就佛教而言,管氏认为"毗卢法界""毗卢性海"与"乾元"亦为同义。"大哉乾元,万物资始,乃统天"以性体立论,意在引出万法存在根源处的"性海"。"乾元用九,乃见天则"以行教立论,意在引出离言绝虑、心事相融之"行门"。孔子未生之前,"老聃盖以藏用之乾元,待之于柱下;释迦实以显仁之乾元,开之竺方"[2]。两人分别开出后世道、释二教,因而"乾元"实为三教共同的根原。

在致顾宪成的信札中,管志道指出自家"乾元"说不得不出,端为世儒只把"乾元"视为混沌无知之物。至于顾宪成将管氏的用心理解为抬高佛氏、贬低孔教,管氏做出如下辩解:"'乾元'二字,括佛道之始终。如曰'大哉乾元,万物资始',此以三极之统体为乾元也,即佛之因地觉。又曰'乾元用九,乃见天则',此以立极之圣人为乾元也,即佛之果地觉。"[3] 一方面,"万物资始"之"乾元"为一切众生之因、一切众生之体性,此谓"因地觉"。另一方面,"用九"之"乾元"又为得妙觉圆满之极位的圣人立言,此谓"果地觉"。在儒释二教之内,由初发心到圆满成佛成圣的全部修行过程,皆为"乾元"所统摄。"乾元"二字实"括佛道之始终",故而并不存在抬高何者、贬低何者的问题。

在解释《文言》"元者善之长"时,管志道由佛性论的角度对"乾元"做出诠释。他说道:"此以人心之太极为乾元也,即佛之性自性觉。总之则生天生地之本、三教合一之原也。"[4] 管氏将"乾元"诠释为圆满之佛性、为真如之本性。

---

[1] 管志道《问辨牍》卷元《答屠仪部赤水丈书》,《四库全书存目丛书》子部第87册,第667页。
[2] 管志道《问辨牍》卷元《答屠仪部赤水丈书》,《四库全书存目丛书》子部第87册,第668页。
[3] 管志道《问辨牍》卷利《答顾选部泾阳丈书》,《四库全书存目丛书》子部第87册,第767页。
[4] 管志道《问辨牍》卷利《答顾选部泾阳丈书》,《四库全书存目丛书》子部第87册,第767页。

它自性清净，周遍无碍，一切理事由"乾元"所现。"生天生地"一词语出《庄子·大宗师》"夫道有情有信，无为无形；可传而不可受，可得而不可见；自本自根，未有天地，自古以固存，神鬼神帝，生天生地"一语。理学诸家对该词汇有颇多使用。例如，朱子曰："生天生地，成鬼成帝，即太极动静生阴阳之义。"[1]王阳明曰："良知是造化的精灵。这些精灵，生天生地，成鬼成帝，皆从此出，真是与物无对。"[2]顾宪成曰："太极，生天生地之本；阴阳，生天生地之具。"[3]李材曰："天地间只有这个主脑，生天生地，生人生物，无非此为根本。"[4]"生天生地"为理学家生生思想的一个表达，管志道对此言也极为青睐，"生天生地"成为其诠释"乾元"概念时频繁使用的一个词汇。

除使用"毗卢性海"对"乾元"概念进行诠释外，管志道也多次使用另一个理学重要概念"太极"来诠释"乾元"。在《答顾选部泾阳丈书》一书中，管志道指出，性体最为难言，儒家言性之书最为精深的著作为《周易》与《太极图说》。前者言"太极"，后者言"无极"。既言"无极"，则指向阴阳未分、善恶双泯的本体之境。当人心未触境、未涉事之时，"浑是无善无恶之真体耳"[5]。此即是"未发之中"，即是"至善"，"《易》所谓'乾元'、周子所谓'无极'之真面目，俨然在矣"[6]。管氏倾向于从佛性与万法关系的视角立论，一真法界乃是如来藏自证，在此处一切事法与理不二，更不存在善恶之执。不过此说落在顾宪成眼中，也成为管志道溺佛的一桩"罪证"。管氏不得不对己意再三申诉。在《续答顾泾阳丈书》中，管氏指出：

曰太极在阴阳之上，是曰乾元。太极在阴阳之中，是曰坤元。阴阳之中之太极，即阴阳之上之太极。愚尝以未发之中、已发之和配之。未发、已发有两时，而

〔1〕 胡广等奉敕撰《性理大全》卷1度正引朱熹之说，《景印文渊阁四库全书》第710册，台湾商务印书馆2008年版，第53页。
〔2〕 吴光等编校整理《王阳明全集》，上海古籍出版社2011年版，第119页。
〔3〕 王学伟校《顾宪成全集》，上海古籍出版社2022年版，第200页。
〔4〕 李材《见罗先生书》卷18，《四库全书存目丛书》子部第12册，齐鲁书社1995年版，第99页。
〔5〕 管志道《问辨牍》卷利《答顾选部泾阳丈书》，《四库全书存目丛书》子部第87册，第726页。
〔6〕 管志道《问辨牍》卷利《答顾选部泾阳丈书》，《四库全书存目丛书》子部第87册，第726页。

心无两体。乾坤有两象，而元无两体，盖宇宙间只是一个太极而已。[1]

管氏指出，一方面，"乾元"超越于阴阳之上而为造化之枢纽、品汇之根底。另一方面，"坤元"在阴阳之中，世间万事万物均可相即相入、圆融无碍。"乾元"与"坤元"虽有异名，却同为一"元"（有"两象"而无"两体"）。宇宙间只是一个"太极"，宇宙间也只是一个"乾元"。

既然"乾元"是绝对不变的本体，是一切佛、众生同具的天然觉性，那么宇宙间一切变化皆应为"乾元"的随缘显露。在致唐鹤征的信札中，管志道对此义做出解说：

宇宙内只是一个乾元变化而已，元体非有觉，非无觉，故曰"无极而太极"。太极一动，便分二兆。兆其非有觉者，成无情之国土，而天形为最大。兆其非无觉者，成有情之众生，而圣心为最灵，则皆资无始之乾元以有始者也。[2]

管志道认为，"乾元"决定了宇宙万事万物的本性，也决定了万事万物运行的法则与规律。世间万物无不以"乾元"为本体，其产生、运行、联结、止息皆是"乾元"变化的结果。"乾元"即是太极，"无极而太极"意在点出"乾元变化"既有觉亦无觉的性质。一方面，宇宙间一切事物的有序运转，显示出"乾元"的绝对主宰，此为"有觉"。另一方面，"乾元"之生物并非有思虑、有意识地安排，此为"无觉"。"国土""众生"之说语出《楞严经》卷六，管氏认为无论是"无情之国土"还是"有情之众生"，皆资始于"乾元"本体，且随理显现在开阖翕辟的运动中。

在管志道的学术视域中，"毗卢性海""太极"两个概念的内涵与"乾元"是相同的，世儒对这几个概念做出是儒是佛的区分实属无谓。管氏对此义解释道："若言'乾元''太极'非'毗卢性海'，是'乾元''太极'不能遍一切处也；若言'毗卢性海'非'乾元''太极'，则宇宙间岂另有一物遍一切处，在'乾元''太极'之上也？"[3] 无论是言"乾元"、言"太极"还是言"毗卢性海"，皆是

[1] 管志道《续问辨牍》卷3《续答顾泾阳丈书》，《四库全书存目丛书》子部第88册，第121页。
[2] 管志道《续问辨牍》卷1《答唐少卿凝庵年兄书》，《四库全书存目丛书》子部第88册，第24页。
[3] 管志道《问辨牍》卷贞《续答景逸书》，《四库全书存目丛书》子部第87册，第794页。

对道体的一种强名。君子以意通之，既要避免以识神为"太极"、避免以臆想为"乾元"，更要避免对"乾元""太极""毗卢性海"诸概念说同说异、评优评劣的成见成心。

对于管志道"乾元"说究竟归儒归佛的问题，我们不妨从管氏的两位友人屠隆、高攀龙的评论说起。

屠隆指出：

足下拈出《周易》"乾元"，而以二氏之言性道曰"真如"、曰"玄牝"，在儒门则皆"乾元"之别称也。又曰"大哉乾元，万物资始，乃统天"此三言者括尽毗卢之法界矣。……此等判断、此等主张，非道融三教、识冠千古，谁敢担当如此？[1]

高攀龙指出：

观先生以"神武不杀""飞龙大人""至圣至诚""过此以往，未之或知"之类，隐隐皆推重如来，而所谓"乾元"、所谓"太极"、所谓"敦化"，隐隐皆指毗卢性海，盖所见无非是物也。……故攀龙谓先生之学，全体大用总归佛门。[2]

屠隆基本援引管志道原话，并未做何调动。高攀龙则对管志道学问主旨做了一重概括。两人皆指出，"乾元"是管志道学问宗旨所在，且此说颇有"道融三教"的宗风。只不过屠氏对此大加赞叹，高氏则隐含讽刺。管志道以宇宙万物皆为"毗卢性海"、为佛之"大觉"所变现，世间一切理事合一、事事合一处亦是此

---

〔1〕 管志道《续问辨牍》卷2《答屠仪部赤水丈书》，《四库全书存目丛书》子部第88册，第68页。
〔2〕 尹楚兵辑校《高攀龙全集》，凤凰出版社2020年版，第427页。

"毗卢性海"。因而高氏对管氏"总归佛门"的评价是基本合乎实情的。[1]

对于管志道的"乾元"说，我们可以做如下总结。第一，"乾元"不仅是气化宇宙论，更具有本体实在的意涵，这是管氏"乾元"说的主要创新点所在。第二，管志道借用佛教的相关概念，将"乾元"释为"毗卢性海"，显示出浓厚的儒释融通的特色。第三，借助四法界圆融理论，管志道对"乾元"本体与宇宙万物间的关系做出灵活阐释。"乾元"之体与万物之用相即相融，体用全收，圆通一际，从而更加突出"乾元"本体普遍含摄、熔融万有的特性。

三、由"气"而"性"：管志道"乾元"说的时代背景

本节我们将视角从管志道身上暂时移开，关注与管氏同时代（或稍后）学者对"乾元"问题的讨论。

以"乾元"为"毗卢性海"虽为管氏个人创见，但以"乾元"为性、为理却是阳明后学的一个普遍看法。这方面材料颇多，笔者以罗汝芳、王时槐与万廷言为例稍做分析。

作为"二溪"之一，泰州学派的罗汝芳在阳明后学中属思想创造力和社会活动力颇为强劲的学者。罗氏在谈及易学问题时有很多本体论方面的新论，其中一例便体现于他对"乾元"的阐发。罗氏说道：

----

[1] 在晚明思想家群体中，管志道以倡导三教合一和重视礼治而著名。前者主要体现在《问辨牍》《续牍》所收录的论"乾元"、论"三教合一"的诸多信札中，后者则主要体现在《从先维俗议》中。两者似乎颇给人以撕裂的印象。一方面，管氏大谈世法出世法，突出"乾元"的绝待性、超越性，并"逼真露出毗卢遮那境界"（《续问辨牍》卷3《续答顾泾阳丈书》）；另一方面，管氏又极度重视礼治，并仔细规划出一套他自认为顾合于太祖宪章的礼仪体系。我们认为，"乾元"和"孔矩"构成了管志道思想的两个维度。前者重在本体构建，后者侧重礼治实践。用管氏自己的话说便是"以毗卢法界印'乾元'，以普贤行海印'孔矩'"（《问辨牍》卷元《答屠仪部赤水丈书》）。管志道虽溺佛却又不出世，其思想深受晚明三教合一风潮的影响，他也凭借自己的思想创造和社会活动推动了这一思潮的深入。我们可将管氏视为晚明弘扬三教合一思潮的士人的一个典型。对于管志道礼治思想的讨论，请参考魏家伦《晚明地方社会中的礼法与骚动》（浙江大学出版社2016年版）以及陈畅的专题论文《以礼化俗视野中的理学道统世界——以管志道、刘宗周的家礼实践为例》（载《同济大学学报（社会科学版）》2018年第1期）。

夫大哉乾元！生天生地，生人生物，浑融透彻，只是一团生理。吾人此身，自幼至老，涵育其中，知见云为，莫停一息，本与乾元合体。[1]

罗氏认为，"乾元"之生生为宇宙最基本的法则，它统摄宇宙、世间的一切。人之身体禀赋"乾元"而生，故生而爱亲敬长，体现出"本与乾元合体"的德性。众人虽被意欲暂时蒙蔽而失此明觉，但其良知良能并未丧失。只需用先圣明训格言加以启发，"则耳目聪明，顷增显亮，心思智慧，豁然开发，真是黄中通理，而寒谷春回"[2]。

与罗汝芳的思路相近，江右王门的万廷言也是从"生"与"仁"贯通的立场上谈"乾元"。他说道：

至文王演《易》，始以六十四卦全归人事，提《乾》《坤》为首。又首提"乾元"二字，以明生生之太始。见得造化翕聚发散，总是生理。[3]

天地间只一个乾元之理，《先天图》画出乾元根本，文王六十四卦演出乾元作用，孟子孩提爱敬指出他面目，曾点一段形容他气象。[4]

由"乾元之气"进至"乾元之理"，万氏的"乾元"说同样显示出不同于宋儒旧训的色彩。万氏认为，"乾元"即是生物、造物且流行于物的生生之理，即是"仁体"。人体此"乾元之理"并使此理具于人心，此即《文言》"元者善之长""君子体仁足以长人"之义。但"仁体"之具足，并不意谓人们可以欠缺"体仁"之工夫。他说道："然非人体之，则生理渐窒，精不存而形虚，必吾实体而行焉，使见于事，而各尽其分量，乾元乃为吾有，所谓体仁也。"[5]"仁体"既是"天地之心"，又是"乾元之理"，人能"体仁"则理与气、道与器、人心与天心皆可圆融无碍、一以贯之。

虽然罗汝芳与万廷言皆从本体层面讨论过"乾元"概念，但真正有意以"乾元"概念构建起一套本体论系统者，则以另一位江右王门学者王时槐为代表。王

---

[1] 方祖猷等编校整理《罗汝芳集》，凤凰出版社 2007 年版，第 28 页。
[2] 《罗汝芳集》，第 28 页。
[3] 张昭炜点校《万廷言集》，中华书局 2015 年版，第 445 页。
[4] 《万廷言集》，第 469 页。
[5] 《万廷言集》，第 93 页。

氏说道：

> 乾元之理，充塞宇宙，万古常生，而无生相。一切群有，赖其胎育显现，而此理无成坏，无始终，无欠剩，程子所谓"识仁体"者此也。[1]

> 宇宙生生之理，涵于性中而无声臭，故曰"元"，由微而著，乃为"亨、利、贞"，总之一元之贯彻而已。故但言"乾元"，则天地万物古今之变化皆举之矣，故圣学莫要于体元。[2]

> 学者体认乾元之理，果有真契，密密停涵，潜修邃诣，必习气尽消，底于纯一，如良贾深藏，无少炫露，此实得也。[3]

王时槐认为，"仁"的内涵即是天理，即是"乾元之理"，其呈现特别体现在一"生"字上。宇宙间一切事物虽然生灭无常，但此生生不已的"乾元之理"却无成坏欠剩可言。宇宙间一性而已，性万古不毁；宇宙间一元而已，元亦万古不坏。儒门言"仁"、言"一"、言"道"、言"性"，皆实指"乾元之理"。"圣学莫要于体元"，便是体此"乾元之理"、体此"生生之理"。

"生生"是儒家基本的生命情怀，在阐发"乾元"学说时，罗汝芳、万廷言、王时槐等阳明后学皆侧重于从性体、本体的角度谈"乾元"，也无一例外地赋予"乾元"概念"生生之理""生生之性"的色彩。"乾元"由"气"而"性"，进而与阳明学派的"良知"说相结合，演变出极切实而又灵动的"乾元"学说。管志道的"乾元"说也是这一脉络的产物。只不过管氏从佛教哲学着眼，提出一套以"毗卢性海"诠释"乾元"的新颖理论。虽非"后无来者"，但确属"前无古人"。

约在明代隆庆、万历时期，以"乾元"为核心概念诠释三教义理的新说不仅出现在理学家圈子里，也被释道二教人士加以讨论，典范人物为释智旭与"尹真人弟子"。

作为明末"四大高僧"之一，释智旭以博闻强识、著作等身闻名。他以佛教

---

[1]《王时槐集》，第531页。
[2]《王时槐集》，第528页。
[3]《王时槐集》，第531页。

义理来诠释儒家经典,对晚明儒释会通之风以及净土宗的兴盛有极大的推动作用。在《周易禅解》中,释智旭在诠释"时乘六龙以御天也,云行雨施天下平也"时涉及对"乾元"的解释:

> 佛性常住之理,名为乾元。无一法不从此法界而始,无一法不由此法界而建立、生长,亦无有一法而不即以此法界为其性情。所以佛性常住之理,遍能出生、成就百界千如之法,而实无能生所生、能利所利。[1]

释智旭认为,"乾元"即佛教所云之觉性、如来性。"法界"一词泛指宇宙万物与意识所缘之境,也可指称事物的类别、性质、因由与根据。一切法界皆因"乾元"以始、因"乾元"而成,并以"乾元"为其性情。那么,"乾元"之"性情"为何?释智旭解释道,以竖穷横遍、绝待难思而言,可名其为"大";以性质雄猛坚固、物莫能坏而言,可名其为"刚";以发菩提心、缘无上道而言,可名其为"健";以非真非俗、不落二边而言,可名其为"中";以非假非空而言,可名其为"正";以纯粹精一、充遍贯彻一切微尘处、为万法之体要而言,可名其为"纯""粹""精"。"六爻始终""十界迷悟"的圆融无碍实际是"乾元"遍在性、绝对性的展现。他对此总结道:"所以只此佛性,乾体法尔,具足六爻始终修证之相,以旁通乎十界迷悟之情。"[2]释智旭以佛性释"乾元",并以佛教义理诠释乾卦《文言》的"刚健中正纯粹精",可谓对"乾元"的本体义独辟蹊径、别出胜解。

除释智旭外,"尹真人弟子"在所著《性命圭旨》中也对"乾元"提出新解。值得注意的是,该书同样对"乾元"和"毗卢性海"做出关联:

> 盖无始之始,强名乾元,即本来妙觉。无终之终,强名道岸,即无余涅槃。[3]

> 夫金者坚之称,丹者圆之喻,是人毗卢性海、乾元面目。世尊名之空不空、如来藏,老君号之玄又玄、众妙门。以此而言道,谓之无上至真之道。以此而言法,谓之最上一乘之法。[4]

---

[1] 释智旭《周易禅解》卷1,《续修四库全书》第15册,上海古籍出版社2002年版,第632页。
[2] 释智旭《周易禅解》卷1,《续修四库全书》第15册,第632页。
[3] 汪登伟校注《性命圭旨校注》,中华书局2022年版,第18页。
[4] 汪登伟校注《性命圭旨校注》,第26页。

在晚明三教合一之风影响下，《性命圭旨》对儒释二教概念、术语（譬如"真如""空""妙觉""如来藏"等）的借用可谓满篇皆是，此处对"毗卢性海"的借用也是典型一例。在解释内丹学"金丹"概念时，"尹真人弟子"将其等同于儒释二教所言之"毗卢性海""乾元"。他认为，"乾元"性体常清常明，炯炯不昧，变化无方。通过内丹术的修行，一旦天机透露，则"慧性灵通，乍似莲花开，恍如睡梦觉，忽然现出'乾元'境界，充满于上天下地，而无尽藏也"〔1〕。同样是以"毗卢性海""法界"释"乾元"，管志道、释智旭、"尹真人弟子"的观点及表述可为"同一时代之作品，受环境影响，其格调本易相近"〔2〕一语添一注脚。对于以"毗卢性海"解"乾元"的"发明者"究竟是谁的问题，笔者认为不妨阙疑。

晚明士人以"乾元"为核心概念构建本体论学说者，多为阳明后学或受阳明学一定影响的人士。无论是使用"大觉""如来藏""太极"抑或是"乾元之理"，他们解释"乾元"的共同思路是将"乾元"释为性体、仁体而非生气、生意。管志道的相关论述即产生于这一时代背景之下。在管氏提出"乾元"即"毗卢性海"的观点后，同时代理学圈子内的学者对此说做出回应者并不多见。不过该概念却成了现代新儒家熊十力哲学体系的核心概念。〔3〕翟奎凤曾对熊十力"乾元"说思想来源的问题做出如下分析："'乾元性海'是现代新儒家熊十力哲学思想的重要概念，但实际上把'乾元'与'性''性海'关联起来并非熊先生首创。熊先生本人似未对此有交代，但我们可以推断，他的这一哲学用语当源自管志道。"〔4〕笔者认为，考虑到熊十力与管志道一样深受阳明学与佛学影响，在未确认熊氏学说一定借鉴了管氏思想之前，我们不妨将两人的"乾元"说视为"闭门造车，出门合辙"的结果。

---

〔1〕 汪登伟校注《性命圭旨校注》，第305页。

〔2〕 陈寅恪《寒柳堂集》，生活·读书·新知三联书店2015年版，第87页。

〔3〕 对熊十力"乾元"说的分析，请参考郭丽娟《熊十力乾元本体思想探析》，《周易研究》2008年第6期；郭丽娟、王明真《熊十力"乾元性海"思想探析》，《辽宁大学学报（哲学社会科学版）》2010年第4期；程志华《由"物"到"本心"再到"乾元"——熊十力关于本体之建构》，《华南师范大学学报（社会科学版）》2013年第1期；吴震《从本体到仁体——熊十力哲学及其与宋明理学的交汇》，《甘肃社会科学》2022年第4期。

〔4〕 翟奎凤《论阳明后学对〈周易〉乾卦义理的发挥》，《哲学研究》2016年第12期。

结　语

通过对乾卦义理的发挥来构建学术体系，这一现象在理学家群体中颇为普遍。如二程兄弟便极为强调四德之"元"与五常之"仁"的对应关系。朱子从具有宇宙论流行意义的实体——气的角度论"元"、论"仁"，元就是生气、生意，"仁义礼智不仅仅是性理，也被看作生气流行的不同发作形态"〔1〕。明代心学思潮兴起后，学者对"乾元"说做出进一步的推衍。他们试图脱开"气"的牵绊，直接将"乾元"视作与"太极""天理""性体"异名同实的最高范畴。诸家对"乾元"概念的创造性阐发，从深度和广度上都是易学史上少有的。管志道的"乾元"说亦归属于阳明后学本体论构建的大脉络之中。

与同门学侣相似之处在于，管志道对"乾元"的"生生之意"颇为重视。他将"乾元"释为"生天生地生人之本"，"乾元"构成了生命创生活动的根源，也构成了修身为本的心性工夫的基点。一切阴阳盈虚、六爻时位，甚至道德领域的格致诚正、戒惧慎独，皆为"乾元"所统摄，"宇宙内只是一个乾元变化而已"。不过管氏的"乾元"说也颇具独创之处，这体现于管志道融佛教哲学与儒家易学于一炉，将"乾元"诠释为"毗卢性海""太极"。儒与释、政与教、知与行、修与悟、先天与后天、入世法与出世法等一切原本处于矛盾中的范畴皆可被"乾元"本体贯通无余、混融无碍。孔矩与禅乘并重、发愿与行门双提，管志道从融通儒释的角度为《周易》乾卦义理提供了全新的诠释思路，其说也构成了晚明"三教合一"思潮中别具特色的一家论述。

在晚明时期，倡导三教合一者人数颇众，但是像管志道这样从《周易》与内典中提炼出"乾元""性海"两词，进而宣称自己已然寻求到实现君师道合、达到法界道岸的无上秘钥者并不多见。管氏提出新说之后，得到唐鹤征、瞿汝稷、屠隆、钱谦益等人的积极肯定，高攀龙、顾宪成等东林学派学者则对管氏之说提出质

〔1〕 陈来《仁学本体论》，第46页。

疑、批判。后世学者对管氏思想的评价一般不高，如黄宗羲批评说"其学不见道可知"[1]，陆世仪批评管氏"剿窃二氏""昌言无忌"[2]。单就学理是否具备坚实的文本依据而言，我们大可对管氏的"乾元"说提出质疑，并将其人归入"狂儒""妄人"的行列。不过管志道的"乾元"说并非毫无理论价值。管氏试图以"乾元"为核心概念，构造出一个融通三教、周遍法界、无所不赅的理论体系。这一极富创造性的学说推动了阳明学与易学的融合，也成为宋明理学本体论构建的一次有益尝试。

〔1〕 黄宗羲《明儒学案》卷32，《黄宗羲全集》第7册，第826页。
〔2〕 陆世仪《思辨录编要》卷33，《景印文渊阁四库全书》第724册，第315页。

论刘宗周慎独之学中的感通

王　驰　张茂泽*

[内容提要]

　　"感通"就其本义而言，主要指以感应为前提条件的天人同构基础上所实现的人与天的互动与合一。周敦颐融合《易》《庸》单独将"感通"摘出予以诠释，程朱则从"性即理"出发明确了感通的实现进路。王阳明另辟蹊径，将"感通"与"致良知"相关联，认为若能"致良知"，达到天地万物一体的圣人境界，则感通就能实现。然而，对于良知的自信却使得流弊不断。有鉴于此，刘宗周对王学的感通思想进行批判性重构。这种重构强调心、意、知、物为一体，将"意"与感通相衔接，认为感通乃圣人之发挥，要成圣人就要从诚意始。诚意之功则在慎独，诚意、慎独是即体即用的关系，如此才能融上行进路与下行进路于一体，既重本体也重工夫，避免了阳明后学的狂禅与任诞，由此也可以窥见理学之转向。

[关键词]

感应；感通；心

----

* 王驰，西北工业大学马克思主义学院讲师，法学博士；张茂泽，西北大学中国思想文化研究所教授，历史学博士。

《周易·系辞传上》曰："《易》无思也，无为也，寂然不动，感而遂通天下之故。"感通问题作为《周易》关注的重要问题之一，影响深远。理学兴起后，从周敦颐、二程、朱熹到王阳明对于这一问题十分关注，阳明后学如聂豹等人对此问题也多有阐发，却有流入狂禅、任诞之弊。有鉴于此，刘宗周试图从其慎独之学出发对感通进行批判性重构。关于刘宗周的慎独之学，学界已经形成了诸多重要研究成果，但总的来看，较少有学者直接将研究聚焦于刘宗周慎独之学中的感通，大多数研究者在涉及这一内容时甚少着墨。究其原因，主要在于刘宗周较少直接论述"感通"，以至于给人一种错觉，似乎"感通"在刘宗周慎独之学中并不占据重要地位。然而，通过对原始文献的搜集、整理就会发现，事实并非如此。那么，刘宗周慎独之学中的感通有何独特之处？本文将刘宗周置于宋明理学发展的历史脉络中研究其感通思想，在还原《周易》中感通之本义、展现理学家们对其所进行的诠释的基础上，尝试厘清刘宗周慎独之学中的感通与阳明心学中感通的差异，辨析这种差异形成的原因，以勾勒出刘宗周慎独之学中的感通所呈现出的新样态及其在宋明理学史上的地位。

一、《周易》中感通之本义

中国哲学重诠释，这就让经典文本具有本义与诠释义两个维度。要了解文本的诠释义，需要首先回到文本的本义中去，因此就有必要追溯《周易》中感通之本义。在《周易》文本中，"感应"构成了感通的基础，是感通的前提，而感应之所以可能乃是基于阴阳交感。对于此，着墨较多的是在《咸卦》中。《咸卦》从卦象上来看，艮下兑上䷞，艮刚而兑柔，乃"山泽通气"、男女相感之象。《咸·彖》曰："咸，感也。柔上而刚下，二气感应以相与。"《正义》曰："故以纯阳象天，纯阴象地，则咸以明人事。人物既生，共相感应。若二气不交，则不成于相感，自然天地各一，夫妇共卦。"[1] 阴阳本属一物两体，互为根本，独阴不生、独阳不长，阴阳交感、二气感应方能生生不已。《咸·彖》云："天地感而万物化生，圣

---

[1]《周易正义》卷4，北京大学出版社 2000 年版，第 163 页。

人感人心而天下和平。观其所感，而天地万物之情可见矣！"《正义》曰："感物而动，谓之情也。天地万物皆以气类共相感应，故'观其所感，而天地万物之情可见矣'。"〔1〕万物化生离不开阴阳二气之间的感应，感应包天地、赅万物，是天地万物之间的共有之性。但是，人与天地万物之间的感应虽然存在却是潜存着的，只有圣人方能真正认识、把握感应之理，见天地万物之情，从而从单纯的感应走向感通。在《咸卦》的进一步展开中，感应的意义不断丰富，并逐步过渡到了感通。张文智指出："咸卦六爻展现的乃是由外而内，再由内而外的感通过程，而其根本则在于先立其体，而后方克达其用。"〔2〕

如果说《咸卦》已经确立了"由外而内，由内而外"感通的基本过程，那么《系辞传》则围绕着感通何以可能、如何实现进行了更进一步的详细论证。在《系辞传》中，感通的实现需要以"观"和"化"作为支撑，"观"即"由用达体"，"化"则"由体达用"。"观"既包括"外观"，也包括"内观"。"外观"是观阴阳化生之道。《系辞传上》曰："一阴一阳之谓道。"这里的"道"指的就是一阴一阳变化之道。阴阳互为根本、动静相感，是宇宙万事万物盛衰存亡的根本，没有一阴一阳也就无所谓道。感应基于阴阳交感，阳有乾德，奋发有为；阴具坤德，退而静守，通过阴阳二气之间的互动，万物得以化生。这种互动是气自身运动的结果，即所谓的变化，这种变化基于阴阳互根、动静相感，因其不测而为神。这种阴阳互根、动静相感决定了由太极所衍生的万物既具有统一性，同时又各自相别，即所谓的"理一分殊"。而人作为阴阳二气的产物，一身之内莫不合阴阳之理，可以与天地相参，与日月相应，一体之盈虚消息，皆通于天地，应于物类。"内观"则是向内求索探究心性。《系辞传上》曰："继之者善也，成之者性也。"即认为能够继续阴阳之道而生生不息就是善，成就万事万物的就是性，亦即道德之义。人既是气化的产物，能够延续阴阳之道，同时又具有天所赋予之道德本性。因此，人不仅要能够认识阴阳变化之道，也要能返身而诚，认识自身所具有的道德本性，只有如此，才能进入至精、至变、至神的圣人境界。"化"则是以礼乐教化实现"天下和平"。就此，通过"观"和"化"两个维度实现了体用的合一，即体即用，而整个感通

---

〔1〕《周易正义》卷4，第164页。

〔2〕 张文智《感而遂通、化成天下——〈周易〉中的感通思想探微》，《孔子研究》2020年第2期。

的过程就是所谓的"穷神知化"，能达到此种境界的只能是圣人。《系辞传下》曰："穷神知化，德之盛也。"体现的就是圣人之德。"穷极微妙之神，晓知变化之道，乃是圣人德之盛极也。"[1] 可以看出，《系辞传》对于感通问题的解答是放在如何成圣这一儒家关注的终极问题的大框架下而展开的，这一思路也构成了理学回答这一问题的底层逻辑。

二、感通的心学化转向及其效应

理学兴起后，感通问题得到了从周敦颐、二程和朱子在内的诸多理学大家的关注。理学之宗周敦颐延续了《系辞传》回答感通问题的底层逻辑，将感通置于成圣问题的大框架下来探讨，通过融合《易》《庸》，以本体论建构创新了对于感通的理解。"寂然不动者，诚也；感而遂通者，神也；动而未形、有无之间者，几也……诚精故明，神应故妙，几微故幽……诚、神、几，曰圣人。"[2] 周敦颐借用了《中庸》的"诚"这一最高范畴，以诚为体、以感通之神为诚之用，强调体用一体。

二程对于感通也有自己的理解。"'寂然不动，感而遂通'者，天理具备，元无欠少，不为尧存，不为桀亡。父子君臣，常理不易，何曾动来？因不动，故言'寂然'；虽不动，感便通，感非自外也。"[3] 即认为天理长存，就其本然存在的形而上状态而言是"寂然"，然而这种"寂然"并不消解人与天地万物之间的关联，就理在天地万物中的映现而言，人与天地万物一体具有必然性，这就决定了感并非从外面来，感的显现不是以被动的刺激或感应的形式显现，而是在内触发，通过感人与天地万物间被遮蔽关联显现出来，便进入了通的状态。"人之一身，天理具备，元无少欠。但仅此不够，还必须有感。感由心发，而'非自外'，有感便可

---

[1]《周易正义》卷4，第359页。
[2] 周敦颐《周敦颐集》卷2《通书》，中华书局2009年版，第17-18页。
[3] 程颢、程颐《河南程氏遗书》卷2，《二程集》上册，中华书局2004年版，第43页。

通，无感便不通。"[1] 因此，对于二程而言，感通要实现就需要认识、把握理。"天下之理一也，涂虽殊而其归则同，虑虽百而其致则一。虽物有万殊，事有万变，统之以一，则无能违也。"[2] 认识了"理"、把握了"理"，感通就能实现。"心所感通者，只是理也。知天下事有即有，无即无，无古今前后。至如梦寐皆无形，只是有此理。"[3] 这里强调感通的实现依赖于对理的认识、把握。

朱熹继承了二程的思想，强调通过对理的认识和把握以实现感通。"按照朱熹的理解与诠释，内心之理与外在之理在内容上、本质上是一致的，因而当人们理会了外在之理后，理便由自在之物转变为我之物，成为人的知识中的内容。"[4] 朱子认为，感应作为阴阳二气之间的互动，感必有应、应必有感，在这种感应中，阴阳二气不断进行着互动，从而化生出万物。"凡在天地间，无非感应之理，造化与人事皆是。"[5] 而这种感应构成了感通的基础，正是由于阴阳互根、动静相感，人与宇宙万物作为阴阳化生的产物，本源上的同一决定了二者并无差别，人也是阴阳交感的产物，天人同构决定了人与天地万物能够感应。感应所体现的是阴阳变化之理，于天地万物而言感应无善恶，但是于人而言感应有善恶，私意一生便不能感通：

> 或说"贞吉悔亡，憧憧往来，朋从尔思"，云："一往一来，皆感应之常理也。加憧憧焉，则私矣。此以私感，彼以私应，所谓'朋从尔思'，非有感必通之道矣。"先生然之。[6]

朱子认为，感通以感应为基，但是感通以感应时无私意为前提。"心无私主，如天地一般，寒则遍天下皆寒，热则遍天下皆热，便是'有感皆通'。"[7] 如何"心无私主"，对于朱子而言就是要"克去己私"。"感，是事来感我；通，是自家

[1] 杨泽波《道德存有路线的展开——儒家生生伦理学对明道历史贡献的新判定》，《中原文化研究》2022 年第 2 期。
[2] 程颐《周易程氏传》卷 3，《二程集》下册，第 858 页。
[3] 《河南程氏遗书》卷 2，《二程集》上册，第 56 页。
[4] 刘克兵《朱熹融通知识与信仰的思想理路》，《湖南大学学报（社会科学版）》2023 年第 1 期。
[5] 黎靖德编《朱子语类》卷 72，中华书局 1986 年版，第 1813 页。
[6] 《朱子语类》卷 72，第 1816 页。
[7] 《朱子语类》卷 72，第 1814 页。

受他感处之意。"〔1〕要实现感通，只能通过"居敬穷理"来实现。"学者工夫，唯在居敬、穷理二事。此二事互相发。能穷理，则居敬工夫日益进；能居敬，则穷理工夫日益密。"〔2〕其关键在于格物致知，进而达到圣人境界。

由此可见，朱子继承了《周易》的传统观点，在论述感应时强调阴阳互根、动静相感，同时利用了北宋五子所提供的思想资源，尤其是二程的思想，认为感通需要通过格物致知来实现。朱子延续了《周易》、二程的思路，而在这一进路之外另辟蹊径的则是王阳明。

"感通一义在阳明良知学中具有关键性的位置与意义。"〔3〕在阳明学中，"感通"最初是以"感应"的面貌出现的。阳明早年就非常强调感应的重要作用，明确指出"圣人之心如明镜，只是一个明，则随感而应，无物不照"〔4〕。即认为心如明镜，物来则照，心即感知，必有所应。然而这样的感应实际上是被动性的作为外物向内的投射和自身的一种反应，存在时间上、逻辑上的先后。而到南镇观花时，从看到花到花颜色分明，阳明强调的是感应的同时性和天地万物一体的必然性：

先生游南镇，一友指岩中花树问曰："天下无心外之物，如此花树在深山中自开自落，于我心亦何相关？"先生曰："尔未看此花时，此花与尔心同归于寂。尔来看此花时，则此花颜色一时明白起来，便知此花不在尔的心外。"〔5〕

一般人认为，天地万物的存在与我自身的存在没有必然的联系，没有"我"这一主体，花"自开开落"。阳明则从万物一体的角度指出，花之开落并非与我没有任何的关系，二者之间是"寂"与"感"的关系，物之寂并非物不存在，而是物的存在我并未能"感"而产生的隔阂，正是这种隔阂让真实的物被遮蔽而呈现为与我无关的假象世界，将我的存在与物的存在相独立。而通过"看"这一感应性的动作，这种隔阂被打破，真实的世界呈现出来，万物存在的意义在这一刻被赋

〔1〕《朱子语类》卷72，第1815页。
〔2〕《朱子语类》卷9，第150页。
〔3〕刘乐恒《王阳明"良知"说的感通之维》，《人文论丛》2017年第2期。
〔4〕王守仁原著，施邦曜辑评《阳明先生集要·理学编》卷1《传习录二》，中华书局2008年版，第46页。
〔5〕《阳明先生集要·理学编》卷2《语录》，第119页。

予。"寂感非分为二，而是即寂即感、寂感一如、神感神应的关系；其指向的是天地万物互相敞开并处于动态的、内在关联的形上境域。由此，感应（寂感）构成了事物最基本的存在方式，是人物一切关系的基础。"[1] 感应作为一种打破物我之隔的中介，是万物一体的呈现。"目无体，以万物之色为体；耳无体，以万物之声为体；鼻无体，以万物之臭为体；口无体，以万物之味为体；心无体，以天地万物感应之是非为体。"[2] 而要把握"天地万物感应之是非"，则要从"感应之几"入手。"尔只在感应之几上看，岂但禽兽草木，虽天地也与我同体的，鬼神也与我同体的。"[3]

这种对于"感应"的强调，以及从"感应之几"来论证"天地万物一体"的逻辑理路到了阳明晚年更为凸显。晚年居越时，阳明指出："大人之能以天地万物为一体也，非意之也，其心之仁本若是，其与天地万物而为一也。岂惟大人，虽小人之心，亦莫不然，彼顾自小之耳。"[4] 直接从本体论的高度直接指出人与天地万物的一体性。陈来指出："王阳明晚年的感应论有两方面的意义。首先，以感应论来证明万物一体的思想。阳明通过心与物的感应关系来证明心物的一体性，主张在这种感应的关系中，不是心意构造对象物，而是感应关系构建起了心物二者的一体性，从而证明万物一的一体性。其次，用感应论重新定义何谓'物'。"[5] 那么，是不是阳明只强调感应而不重视感通？在阳明心学中，"感通"到底是一种什么样的存在？

事实上，阳明既关注"感应"，也关注"感通"，晚年时更是如此。感通的基础是感应，但是感应并不能取代感通，尤其是在阳明晚年以感应论证明万物一体的思想时，"感通"已经呼之欲出。事实上，从"天地万物一体"出发，真正要把握"感应之几"离不开良知，而致良知与感通是一体的，致良知的过程也是感通的实现过程。"'未发之中'即良知也，无前后内外而浑然一体者也。有事无事，可以

---

〔1〕 陈畅《良知与恕道——心学伦理的内在张力及其克服》，《道德与文明》2019 年第 5 期。
〔2〕 《阳明先生集要·理学编》卷 2《语录》，第 119 页。
〔3〕 《阳明先生集要·理学编》卷 2《语录》，第 130 页。
〔4〕 《阳明先生集要·理学编》卷 2《大学问》，第 145 页。
〔5〕 陈来《王阳明晚年思想的感应论》，《深圳社会科学》2020 年第 2 期。

言动静，而良知无分于有事无事也。寂然感通，可以言动静，而良知无分于寂然感通也。"〔1〕也就是说，良知能知"感应之几"，能由"寂然"到"感通"。"良知者，心之本体，即前所谓恒照者也。"〔2〕而良知之恒照在于良知能知、能感，而这种感作为良知之品格，是一种道德感知力，同时也是道德认知力，实则是直指"意"之善恶。在阳明看来，良知能"感"，故能"知善知恶"；能"通"，故能以"致良知"达到万物一体之境界。致良知的过程既是格物致知的过程，也是感通的过程。"天理原自寂然不动，原自感而遂通。学者用功，虽千思万虑，只是要复他本来体用而已，不是以私意去安排思索出来。"〔3〕也就是《周易》所谓的"知至至之"。"知至者，知也；至之者，致也。致知云者，非若后儒所谓充广知识之谓也，致吾心之良知焉耳。"〔4〕这就将"感通"与"致良知"相关联，若能致良知，达到天地万物一体的圣人境界，则感通自然实现。可以看出，在阳明这里，感通不再强调从下而上，而是一语截断。"阳明对良知的界定是真诚恻怛之心，其意义结构与'看花时颜色明白'情境中的明白感通是一致的——通过真实的情感与经验，祛除虚假与想象对于世界的遮蔽，激活万物之间的感应结构。基于万物一体的视野，人愈与万物感通，愈能摆脱狭隘自我的限制，愈能尽己之性、尽人物之性。"〔5〕在阳明后学那里，这一倾向更为明显。聂双江就认为："窃谓知，良知也，虚灵不昧，天命之性也；致者，充极其虚灵本体，而不以一毫意欲自蔽，而明德在我也。格物者，感而遂通天下之故，而修齐治平，一以贯之，是谓明明德于天下也。"〔6〕致知即致良知就是除去意欲，还本体之虚灵，方能随物而应是为格物，感通为其效用。

由此可以看出，阳明论感通与《周易》及程朱理学有别，走的是一条先立其大者的道路，然而这条道路却不无缺陷，阳明后学走向狂禅、任诞一路也与此相关。

---

〔1〕《阳明先生集要·理学编》卷3《与陆元静书》，第167页。
〔2〕《阳明先生集要·理学编》卷3《与陆元静书》，第164页。
〔3〕《阳明先生集要·理学编》卷3《答周道通书》，第188-189页。
〔4〕《阳明先生集要·理学编》卷2《大学问》，第150页。
〔5〕陈畅《良知与恕道——心学伦理的内在张力及其克服》，《道德与文明》2019年第5期。
〔6〕吴可为编校整理《聂豹集》卷10《答戴伯常》，凤凰出版社2007年版，第318-319页。

三、刘宗周所进行的批判性重构

阳明心学为感通问题的解答提供了一条新的思路，但是阳明后学的流弊却让这一思路备受怀疑。对于王学流弊，刘宗周有个总的判定："今天下争言良知矣，及其弊也，猖狂者参之以情识，而一是皆良；超洁者荡之以玄虚，而夷良于贼，亦用知者之过也。"[1] 即认为，庸俗化者将"情识"混同于"良知"，禅学化者将良知引入玄虚，导致"以任情适意、荡佚礼法、狂放不羁、肆情纵欲为'真性情'，从而落入'狂禅''任诞'一路"[2]。于此，刘宗周有着清醒的认识，如何消除王学流弊重新恢复儒学圣人之学、成人之学的本质，成为他关注的焦点，对以"四句教"为核心的王学进行了批判性重构。[3] 这种批判性重构集中于对"意"的再诠释，在阳明"四句教"中意有善有恶，致良知的过程就是纯意的过程。"（刘宗周）将'意'提升至本体高度，并区分了'意'与'念'，将'知''好'皆纳入'意'中，'意'由此得以从本体界贯穿至经验界，将儒学心性论所欲凸显的人的主体性推向了极致。"[4] 刘宗周也基于自己的诚意慎独之学重新诠释了感通。

刘宗周肯认感应的重要作用，但是与阳明不同，他在强调"感"的同时更突出"应"的地位。"感之妙，全在应处。推之天地万物可见。感以无心即为正，所感之谓也。所感者，理也；而感则必应者，其情也。"[5] 刘宗周认为感与理相对、应与情相对，感有正与不正，无心之感方为正，正感正应，只有圣人方能如此。"圣作物睹，自然之理，诚故也，以诚感，亦以诚应也。"[6] 诚感诚应体现出一心之神。在《周易古文抄》中，刘宗周指出："四灵有龟，百草有蓍。众人物之，圣人神之。神以知来，来本无知。知以藏往，善败攸期。吉凶悔吝，惟几惟时。其要

〔1〕 刘宗周《证学杂解》，吴光主编《刘宗周全集》第 2 册，浙江古籍出版社 2007 年版，第 278 页。
〔2〕 董平《别把阳明心学理解偏了》，《光明日报（国学版）》2016 年 11 月 7 日。
〔3〕 详见燕连福、王驰《试论刘宗周对阳明四句教的批判与重构》，《浙江社会科学》2019 年第 12 期。
〔4〕 王驰、雷震《内向与超越——刘宗周视域中的"四句教"》，《南昌大学学报（人文社会科学版）》2019 年第 4 期。
〔5〕 刘宗周《周易古文钞中》，《刘宗周全集》第 1 册，第 125 页。
〔6〕 刘宗周《周易古文钞上》，《刘宗周全集》第 1 册，第 36 页。

无咎，神若翼思。曷名神者？一心是矣。"[1] 刘宗周肯认心在感通中的重要地位，"圣人即心是易"[2]，认为《周易》说感通是以人心模拟《易》理。"此遂指卜筮尚占之义，以见其感通之妙，就人心以模拟《易》理，若一出于神之所为者。此占法之所以可尚，而尚辞与象变，至此始有全功也。"[3]《易》之理即是心之理，感通之妙反映的是人心之妙，而人心之妙在于感通，因此感通只能是向内求。"人心无思而无乎不思，无为而无乎不为，故能于寂然不动之中而遇感而遂通之妙，是以谓之神，实无截然动静之可言也。"[4]

那么，这个"心"到底是什么？对于阳明心学而言，这个心就是"良知"，表现为"意"。"意"是心感动而发，包含两种含义："一种是'应物起念'，另一种是'心之所发'"[5]，是作为主观性的心所产生的意识或意念，并非所有的意皆顺着良知而产生故而有善有恶。而"良知"是"天命之性，吾心之本体，自然灵昭明觉者也"[6]，作为先天原则，其"知"不仅表现为"知是知非"或"知善知恶"，还表现为"好善好恶"。而格致作为工夫，要求正其不正使归于正，是致良知的下手处。故而"良知的作用不是使我们只产生善的意念，而是作为监视我们意念活动的内在评价系统。"[7] 可以看出阳明四句教，从逻辑上是一个从认识到实践的过程。从"心"到"物"，从"无"到"有"，从"知"到"行"，从主观到客观，再到"知行合一"，最终要达到的是物我同体的境界，感通即得实现。

刘宗周则认为心只是虚指，心的本体是"意"，然而这个"意"与阳明所说的"意"不同。在刘宗周看来，"意者心之所存，非所发也。"[8] 而由于阳明将意与念进行混淆，认念为意导致致良知只能作用于发处，变成了事后工夫。"意者，心之所以为心也。止言心，则心只是径寸虚体耳。著个意字，方见下了定盘针，有子

[1] 刘宗周《周易古文钞上》，《刘宗周全集》第 1 册，第 30 页。
[2] 刘宗周《周易古文钞下》，《刘宗周全集》第 1 册，第 232 页。
[3] 刘宗周《周易古文钞下》，《刘宗周全集》第 1 册，第 230 页。
[4] 刘宗周《周易古文钞下》，《刘宗周全集》第 1 册，第 230 页。
[5] 陈来《有无之境——王阳明哲学的精神》，北京大学出版社 2013 年版，第 157 页。
[6] 《阳明先生集要·理学编》卷 2《大学问》，第 150 页。
[7] 陈来《有无之境——王阳明哲学的精神》，第 157 页。
[8] 刘宗周《学言中》，《刘宗周全集》第 2 册，第 411 页。

午可指。"[1] 刘宗周明确将意与念进行了区分，不把意当作是因外物映照而产生者，而是存有活动者。意无有善恶，所具有的乃是道德之意向，道德行为源于道德意向，受道德意向指引，在这种意向性中，心作为道德本体得到显现。因而所谓致知只能于存上用功，存意而意诚，意诚而心正：

> 仆则以为致知之功全在存处，不在发处。如在发处，则箭已离弦，如何控持？若箭未离弦时作控持，依旧在存处。惟泥意为心所发，并疑格致为所发之功，宜乎谓诚意之后又有正心之功也。[2]

在这样的逻辑框架中，致良知便不能成立，而只能归于"诚意"。因为至诚无有息时，诚感诚应。这一过程也并非可以进行时间上先后次序的划分，从而将之分割为未发、已发，刘宗周从体用合一的观点出发，指出："周子'诚、神'、几'只就中指点出名目，并不以未发为诚，感通为神，将发未发、方感未感为几。"[3]"周子曰：'寂然不动者诚也，感而遂通者神也，动而未形有无之间者几也。'可只就一时看出，未尝分前后三际也。"[4] 刘宗周认为，诚意的过程是一个连续无间断的过程，无动无静，这就体现出了人心之神。而作为心之主宰的意，也就是《大学》《中庸》中所说的慎独的独，即明代心学所津津乐道的性体，意与独表征心之体，诚与慎指功夫。诚意即慎独，慎独与诚意是一而二、二而一的，即体即用，而格致逐步向慎独诚意收摄。"独者物之本，而慎独者格之始事也。"[5] 慎独是格致之始，却不是格致之终，格致而意诚就可以推知修齐治平，此处刘宗周已经与阳明有别。"慎独也者，人以为诚意之功，而不知即格致之功也，人以为格致之功，而不知即明明德于天下之递先之功也。《大学》之道，一言以蔽之，曰慎独而已矣。"[6] 刘宗周认为，慎独贯穿于从格致到平天下这一过程的始终，也就能推至天地万物，自然能够实现感通。"夫人心有独体焉，即天命之性，而率性之道所

---

[1]　刘宗周《问答上》，《刘宗周全集》第 2 册，第 337 页。
[2]　刘宗周《答史子复》，《刘宗周全集》第 3 册，第 538 页。
[3]　刘宗周《答史子复》，《刘宗周全集》第 3 册，第 537–538 页。
[4]　刘宗周《周易古文钞下》，《刘宗周全集》第 1 册第 230 页。
[5]　刘宗周《大学古记约义》，《刘宗周全集》第 1 册，第 649 页。
[6]　刘宗周《大学古记约义》，《刘宗周全集》第 1 册，第 650 页。

从出也。慎独而中和位育，天下之能事毕矣。"[1] 即通过慎独诚意退藏于密向内用功。"刘宗周言宇宙之根源，'维天之命，于穆不已'之天，都是收于慎独之独体上说。独体即心体，心之所以为心即性体。性体一元常运，喜怒哀乐四气周流，此即是致中和，大本达道，体用一源，显微无间。"[2] 最终是成圣的实现。"是为穷天地之神，知天地之化，上下与天地同流，而称盛德之至也，圣人所谓感人心而天下和平者也。"[3] 从而为成圣问题提供了自己的答案。

由此可见，从回答感通问题的大框架来看，刘宗周所探讨的依然是成圣问题，他不认同阳明的"致良知"而强调诚意、慎独是为了避免陷入阳明后学的流弊泥淖中，而将感通落到笃实功夫上。通过以"心"为桥梁，将"意"与感通联系起来，将原来《易》中由感应到感通的逻辑改造为将"心"虚化、以"意"为标的的逻辑。以"诚意""慎独"作为感通实现之途径，强调只有笃实工夫才能到达圣人境界。刘宗周指出："不识本体，果如何下工夫？但既识本体，即须认定本体用工夫。工夫愈精密，则本体愈昭荧。"[4] 强调只有本体、工夫才能齐头并进，感通才能真正实现。至此，刘宗周完成了对阳明心学感通的批判性重构。

四、结　语

从《周易》文本中由"感应"到"感通"可以看出《周易》由卜筮之书向义理之书的转变。在《系辞传》中，对于感通问题的讨论最终落脚到了如何成圣这一儒家关注的核心问题上。关于这一问题的解答，在儒学内部存在着两条不同的进路：一条是上行的进路，一条是下行的进路，上行进路以程朱为代表，下行进路以王阳明为代表。阳明心学中的感通虽然高度肯定了人自身所具有的超越性，却也因对于"良知"的自信，流弊不断，感通日趋神秘化。刘宗周从消除阳明心学流弊

〔1〕 刘宗周《人谱》，《刘宗周全集》第 2 册，第 5 页。
〔2〕 黄敏浩《牟宗三对刘宗周思想的衡定——以"归显于密"为中心的检讨》，《云南大学学报〈社会科学版〉》2018 年第 3 期。
〔3〕 刘宗周《周易古文钞中》，《刘宗周全集》第 1 册，第 127 页。
〔4〕 刘宗周《会录》，《刘宗周全集》第 2 册，第 507 页

的维度出发，强调诚、慎笃实工夫。"宗周屡言'有善无恶'，结合濂溪'无极而太极'而阐论，终不肯认同于以'无善无恶'论至善之本体，从而与王龙溪等阳明后学者严分疆限，避免其'玄虚浮荡'所导致的工夫缺失。"[1] 刘宗周论感通融上行进路与下行进路于一体，既重本体，也重工夫，避免了阳明后学的玄虚浮荡，由此也可以窥见理学之转向。

[1] 姚才刚《论刘蕺山对王学的修正》，《武汉大学学报（人文社会科学版）》2000年第6期。

以气活理与尽心为实：船山对朱子、阳明仁说的反思与发展

汪美玲*

[内容提要]

    仁之内涵的发展与纠偏总是环环相扣。朱子为解决从境界与知觉言仁的弊端，主张以"心之德，爱之理"言仁，将仁"天理化"，但也存在着将仁形式化、外在化的危险。阳明为解决朱子"天理化"之仁的问题，一以良知为依，却又出现仁之标准主观化和为仁工夫空疏化的风险。船山鉴于朱子和阳明仁说中存在的问题，分别在本体层面和工夫论层面对二者进行纠偏。在本体论上，船山以"理之气"取代朱子之"理"，肯定"气"为万物之本源，使"仁"得到活化、亲切化；在工夫论层面，船山从道德实践角度重新理解"良知"，并以"尽心"为为仁工夫之核心，使"仁"得到切实的践履，获得真正的生命力。本体的活化以及工夫的切实化，将"仁"的"生生"特性表现出来，构成船山"生生之仁"的重要内容。

[关键词]

    仁；王船山；朱子；阳明；气

---

* 汪美玲，湖南大学岳麓书院博士研究生。本文系湖南省研究生科研创新项目"王船山仁学思想研究"（CX20230391）、国家社科基金重点项目"王船山孝道思想研究"（21FZXA002）阶段性成果。

学界对朱子、阳明的仁说研究成果丰硕，但关于船山之仁的相关研究成果比较有限。尤其遗憾的是，陈来在《仁学本体论》《诠释与重建》中皆缺乏对船山仁论的具体阐释。但这并不意味着他认为船山之仁论不重要；相反，船山之仁论极为重要，这可以从陈来认为"气"在"仁"实体化过程中具有重要意义的描述中表现出来。陈来言："存有论的气的概念服从于人生论的需要，使万物一体之仁的实体化成为可能。"[1] 李存山也指出："中国哲学就是波涛相连的一条大河。而贯穿这条大河始终、决定其基本发展方向的，厥有两端：一为仁学，一为气论。……仁学与气论是中国'天人之学'的主要内容和基本结构。"[2] 这些论述启迪笔者：作为明末清初气学之集大成者的船山，其关于仁的论说应当值得研究。而在当今学界关于船山仁学思想的有限研究成果中，大多侧重于船山之仁与其他德目或概念之间关系的研究，[3] 缺乏对船山论仁之宏观且整体的把握，较少关注船山言仁的问题意识及特色所在。本文通过分析船山关于朱子、阳明仁说之反思与发展，以"即哲学史而言哲学"的方法阐明船山仁学的问题意识，并揭示船山仁学的特色实不在"万物一体之仁"，而在生生化、活泼化的"生生之仁"。

一、问题钩沉：从仁的"天理化"到"良知化"

北宋关于仁的讨论较汉唐更为丰富和深入，其中尤以张载和程颢为代表。张载以"民胞物与"言"仁"，程颢则以"浑然与物同体""仁者以天地万物为一体"言"仁"，这些观念都深刻影响着后世仁说的发展。对此，陈来指出："北宋的道学发展到南宋前期，仁说处于其中的核心。宋儒程颢以'万物一体'论仁，是对儒家仁说思想的重大推进。"[4] 此外，陈来还指出，这种"与物同体"是"儒学

---

〔1〕 陈来《仁学视野中的"万物一体"论》（上），《河北学刊》2016 年第 3 期。

〔2〕 李存山《气论与仁学》，中州古籍出版社 2009 年版，第 241 页。

〔3〕 例如：王博在《王夫之仁学思想探析》一文中讨论了仁与礼、仁与义、仁与孝、仁与政道等内容（《船山学刊》2014 年第 3 期），陈力祥、张昊雷在《本仁行礼：王船山仁之理念与礼之践行模式探析》一文中讨论了仁礼之间的两层关系（《巢湖学院学报》2011 年第 2 期）。

〔4〕 陈来《仁学视野中的"万物一体"论》（上），《河北学刊》2016 年第 3 期。

精神性的一个表达，要人培养和追求一种精神境界"〔1〕。此"重大推进"是指，程颢将传统的以爱言仁（以"爱同类"为核心）的思维打开，推进到更为广阔的、与物为一而非与物为对的境界论。程颢之后，学者对于"境界之仁"尤为关注；同时，也有如何达至"境界之仁"的工夫探索，如"以知觉言仁"。

但对朱子而言，境界义的"与物为一之仁"不是其关注的核心，本体层面的"天理流行之仁"才是。朱熹批判仅从"万物一体"境界言仁，他说，"泛言同体者，使人含胡昏缓而无警切之功，其弊或至于认物为己者有之"〔2〕。他认为，如果仅从境界言仁，易使人懈怠为仁工夫，甚至出现混同物我的问题。故朱子非常强调境界前事，他说，"无私，是仁之前事；与天地万物为一体，是仁之后事。惟无私，然后仁；惟仁，然后与天地万物为一体"〔3〕。朱子认为，若能保证行动的无私，自然可以达到"与物为一"的境界。但"物我为一"并不即是仁。他说："彼谓物我为一者，可以见仁之无不爱矣，而非仁之所以为体之真。"〔4〕"万物为一，只是说得仁之量。"〔5〕忠实于朱子思想的陈淳也言："夫仁者固能与物为一，谓与物为一为仁则不可。……若能转一步看，只于与物为一之前，彻表里纯是天理，流行无间，便是仁也。"〔6〕朱子以"万物为一"为"仁之量"而非"仁"本身，明显将境界之仁降格，而他力图升格的则是本体之仁即"天理"之仁。

在工夫层面，朱子对"以觉言仁"十分警惕。他说："孟子之言知、觉，谓知此事、觉此理，乃学之至而知之尽也。上蔡之言知、觉，谓识痛痒、能酬酢者，乃心之用而知之端也。……今以言仁……学者不识仁之名义，又不知所以存养，而张眉努眼、说知说觉者，必至此耳。"〔7〕朱子认为，"以知觉言仁"本身不存在弊病，问题出在当时之学者仅以"知觉"言仁，而不知所知所觉之对象皆在"天

---

〔1〕 陈来《有无之境：王阳明哲学的精神》，生活·读书·新知三联书店 2009 年版，第 292 页。
〔2〕 朱熹《晦庵先生朱文公文集》卷 67《仁说》，朱杰人等主编《朱子全书》第 23 册，上海古籍出版社、安徽教育出版社 2010 年版，第 3281 页。
〔3〕 黎靖德编《朱子语类》卷 6，《朱子全书》第 14 册，第 259 页。
〔4〕 《晦庵先生朱文公文集》卷 67《仁说》，《朱子全书》第 23 册，第 3280-3281 页。
〔5〕 《朱子语类》卷 6，《朱子全书》第 14 册，第 261 页。
〔6〕 陈淳《北溪字义》，中华书局 1983 年版，第 25 页。
〔7〕 《晦庵先生朱文公文集》卷 42《答胡广仲》，《朱子全书》第 22 册，第 1903 页。

理"。他指出,"专言知觉者,使人张皇迫躁而无沉潜之味,其弊或至于认欲为理者有之矣"[1]。朱子认为,专从"知觉"言仁存在的问题有二:一是易使学者急躁而难以静心做存养仁之工夫;二是容易导致"学者不识仁之名义",将"人欲"误当作"天理",这是最为严重的问题。

朱子主张以"心之德,爱之理"[2]言仁,突出"天理"对仁的重要性。关于"心之德",他说:"天地以生物为心者也,而人物之生,又各得夫天地之心以为心者也。故语心之德,虽其总摄贯通无所不备,然一言以蔽之,则曰仁而已矣。"[3]此语中,朱子认为天地之心即人物之心(本心),又将"心之德"视为"仁"。根据"德者,得也,得其道于心而不失之谓也"[4],那么"心之德"便是得天地之道(天理)于心。可见,朱子以"心之德"为仁,是就"道""天理"而论。至于"爱之理",其中涉及"爱"和"天理"的关系,朱子也以"天理"为重。朱子认为,"爱之理"应当从两方面予以理解:一是未发之爱,也即爱的根据"天理";二是"已发之仁",也即爱的现象。朱子云:"所谓爱之理者,则正所谓仁是未发之爱、爱是已发之仁耳。"[5]可知朱子以"爱之理"言"仁"真正的目的在于:一方面不舍弃"爱",从而使"天理"有发见流行处;另一方面要凸显"理",不使"爱"没有根据。但这两方面并非并列关系,而是有差等的。朱子言:"今人说仁,多是把做空洞底物看,却不得。当此之时,仁义礼智之苗脉已在里许,只是未发动。"[6]可知,"天理"是"仁"不空洞的根本保障,且无论已发未发,根底苗脉在。为此,他甚至强调"仁是本有之理"[7]、"只是一个浑然天理"[8]。换言之,"爱"只是"天理"的溢流,如"泉之始流",也即在二者之间,朱子明显偏重于"天理"根据这一面。

〔1〕 《晦庵先生朱文公文集》卷 67《仁说》,《朱子全书》第 23 册,第 3281 页。
〔2〕 关于朱子以"心之德,爱之理"言仁的研究可参考赖尚清《朱子以"爱之理""心之德"训"仁"的内涵及其意义》,《哲学研究》2020 年第 12 期。
〔3〕 《晦庵先生朱文公文集》卷 67《仁说》,《朱子全书》第 23 册,第 3279 页。
〔4〕 朱熹《论语集注》卷 4《泰伯第八》校勘记引吴本,《朱子全书》第 6 册,第 137 页。
〔5〕 《晦庵先生朱文公文集》卷 50《答周舜弼》,《朱子全书》第 22 册,第 2333 页。
〔6〕 《朱子语类》卷 59,《朱子全书》第 16 册,第 1916 页。
〔7〕 《朱子语类》卷 6,《朱子全书》第 14 册,第 258 页。
〔8〕 《朱子语类》卷 6,《朱子全书》第 14 册,第 259 页。

由此而来的问题是，因为朱子无论是从"心之德"还是"爱之理"言"仁"，其核心和落脚点都在"（天）理"上，有过度关注仁与天理关系的倾向，以至于存在可能将仁"天理化"的风险。所谓仁之"天理化"的危险实际所指便是"仁"的形式化、外在化问题。如牟宗三便认为："其（笔者注：朱子）所了解之仁亦是抽象的、理智的、干枯的、死板的（以定义、名义的方式入）……而以'心之德爱之理'之方式去说，这便把仁定死了。"[1] 尽管有部分学者对牟宗三将朱子之"理"认为"死理"、将朱子之"仁"视为抽象之仁的观点很不认同，并以"生理""生物之心"等回应牟先生对朱子的批评，希望以心之动力化解理的寂然不动问题。[2] 但需要正视的是，朱子特别强调在事事物物中格"天理"，也即过于重视从认识论意义上探索"天理"；而以此认知之"天理"识"仁"，便会导致"仁"以一种知识概念的方式出现在人们的生活中。这种"仁"没有真正实现同人之体验、感受交融为一，因此缺乏真正的道德力量，继而由这种认知之"仁"指导下的道德实践便易流于形式，无法"走心"。总言之，这种认识论色彩浓重的"天理"自然难逃外在化的批评，而以"天理"为核心旨归的"仁"便存在外在化的可能。

阳明言仁则直面朱子言仁存在的"天理化"问题，他主张将外化之标准收归内心，倡导"心外无理""心外无物"，一以良知为依。阳明言："仁者以天地万物为一体，莫非己也。"[3] 又曰："此大人之学所以与天地万物一体也。一物有外，便是吾心未尽处，不足谓之学。"[4] 阳明从"吾心"（良知）上言"天地万物一体之仁"，认为"一物有外，便是吾心未尽处"，也即强调尽心（致良知）的究极性。而此尽心（致良知）的究极性保障了万物一体的现实性，也即实现了仁的普遍性。这与朱子强调以事事物物之格致以实现仁之普遍性的路径全然不同。同时，阳明还突出仁的亲切性，他说，"盖其天地万物一体之仁，疾痛迫切，虽欲已之而

〔1〕 牟宗三《心体与性体》（三），《牟宗三先生全集》第 7 册，联经出版事业股份有限公司 2003 年版，第 259 页。
〔2〕 见赖尚清《朱子"生理"思想研究》，《哲学研究》2016 年第 4 期。
〔3〕 王守仁《书王嘉秀请益卷》，吴光等编校《王阳明全集》上册，上海古籍出版社 2011 年版，第 302 页。
〔4〕 束景南、查明昊辑编《王阳明全集补编》（增补本），上海古籍出版社 2021 年版，第 486 页。

自有所不容已"〔1〕。他从主体的感受出发，主张从"疾痛迫切""自有所不容已"体会仁。尽管朱子从"爱"入手也突出了仁的亲切性，但阳明更突出主体"疾痛迫切"之感受的不可遏止之势，凸显内在道德的汹涌。所谓"疾痛迫切""自有所不容已"正是主体"不忍人之心"对"民"之境遇的体验和情感的感同身受，是救民于涂炭如救自己于水火一样急切的心情，是人道德行动的内在动力。陈来将其描述为："对生灵万物和他人的仁爱冲动是人的本性，人对于他们的爱是出于把他们视如自己身体的一部分。这种'一体'不仅在境界上应然如此，在心体上本然如此，在存有的状态说是实然如此。"〔2〕这种冲动正是道德行动的动力之源，是良知为道德主体的重要根据。

此外，阳明认为朱子之仁的"天理化"将会导致为仁工夫主客二分、内外两截，这种外在化、对象化的思维方式也是他所要反对的。以"亲民"代"新民"正是阳明反对主客二分思想的典型表现。阳明说："亲民'犹孟子亲亲仁民'之谓，亲之即仁之也。……说'亲民'便是兼教养意，说'新民'便觉偏了。"〔3〕在阳明看来，朱子将古本大学之"亲民"改为"新民"，其目的是要突出圣人对百姓的教化作用以及先觉的社会责任，如此便将"明德""新民"截为两撅。而"明德""新民"二分实际上是将明德之人与所要新的对象分为二物。二物意味着心外有物，这种"偏"自然是阳明所不能接受的。他主张将"新民"改回"亲民"，以见本末之为一物。阳明说："以新民为亲民，而曰明德为本，亲民为末，其说亦未为不可，但不当分本末为两物耳。夫木之干谓之本，木之梢谓之末，惟其一物也，是以谓之本末。"〔4〕他以木之干、梢关系譬喻明德、亲民之关系，就是认为二者虽有本末之别，但绝无二物之疑。

而"明德""亲民"之所以是"一"而不是"二"，其根本性保障在于"良知"的感应。阳明在回答其弟子"心与物同体，如吾身原是血气流通的，所以谓之同体，若于人便异体了，禽兽草木益远矣，而何谓之同体"一问时指出："你只

〔1〕《传习录中》，《王阳明全集》上册，第 91 页。
〔2〕 陈来《有无之境：王阳明哲学的精神》，第 302 页。
〔3〕《传习录上》，《王阳明全集》上册，第 2 页。
〔4〕《大学问》，《王阳明全集》中册，第 1069 页。

在感应之几上看，岂但禽兽草木，虽天地也与我同体的，鬼神也与我同体的。"〔1〕
此外，他还言："心无体，以天地万物感应之是非为体。"〔2〕"心无体"之"心"
便是"良知"。可见，良知之感应是保证万物为一的根本。那么"感应"到底是什
么？阳明说道：

> 可知充天塞地中间，只有这个灵明，人只为形体自间隔了。我的灵明，便是天
> 地鬼神的主宰。天没有我的灵明，谁去仰他高？地没有我的灵明，谁去俯他深？鬼
> 神没有我的灵明，谁去辩他吉凶灾祥？……我的灵明离却天地鬼神万物，亦没有我
> 的灵明。如此，便是一气流通的，如何与他间隔得？〔3〕

阳明强调天地间只是一个灵明，那么天地鬼神与我实际并无间隔。如此便可理解阳
明所谓的"去仰""去俯""去辩"，并不是将天地鬼神视为客观对象去审视，而
是意识到天地鬼神和我在存在意义上的连接，是"一气流通"之存在。所以"感
应"便是从自身去关照天地鬼神，是内在地观审。

可知，阳明以良知保证了道德行为的不竭动力，保障了为仁工夫的内外合一，
也以良知感应确保了万物一体之仁，也即实现了仁"良知化""内在化"的可能，
摆脱了朱子之仁"天理化"的外在性以及随之而来的为仁工夫的主客二分问题。
但阳明之仁说也并非完满。由于"良知"不具有客观化的标准，所以其仁说存在
流于主观化、空疏化的危险，尚不能为"为仁"工夫奠定坚实的理论基础。

二、以气活理：船山对朱子"天理化"之仁的反思与改造

针对朱子仁之"天理化"以致"为仁"工夫缺乏真正动力而形式化的问题，
船山以委婉的方式对其进行了反思与改造。

其一，船山对将仁义形式化发展的倾向持断然否定的态度。他说："仁义之藏，民
之所不知，其物匮也。以仁义驱人，使亲上死长，大为难也。责以礼教，使尽仁义，重

----

〔1〕《传习录下》，《王阳明全集》上册，第141页。
〔2〕《传习录下》，《王阳明全集》上册，第123页。
〔3〕《传习录下》，《王阳明全集》上册，第141页。

为任也。终身役于仁义礼教之事而不给，远为涂也。"〔1〕可见，船山认为仁义的形式化只会使百姓被仁义礼教之事所奴役、驱使，而离其内在本有的仁义越行越远。

其二，在去形式化思想的指引下，船山对朱子"心之德，爱之理"的表达有所反思，也即对此仁之"外在化"有所警惕。他曾言：

朱子曰"仁者爱之理"，此语自可颠倒互看。缘以显仁之藏，则曰"爱之理"；若欲于此分性情、仁未仁之别，则当云"理之爱"。先言爱，则因爱而辨其理；先言理，则吾得理之气，自然有此亲亲、仁民、爱物之成能油然顺序而生也，故曰"性之德"也。〔2〕

船山主张将朱子的"仁者爱之理"进行颠倒互看——既要从爱辨理，也要从理观爱，这不得不说是其对朱子思想的修正。或许是因为他对朱子的特殊情感，所以总是采用维护的方式对朱子的观点进行再阐释，但这种再阐释已经跃出朱子所论。朱子解"爱之理"都是从体用、未发已发两分架构而言。朱子有云："仁者，爱之理；爱者，仁之事。仁者，爱之体；爱者，仁之用。"〔3〕"仁是未发之爱，爱是已发之仁。"〔4〕但船山解"爱之理"是从"显隐"入手，更强调二者的一贯性：一面是"显仁之藏"，一面是"藏仁之显"，显藏之间理爱贯通无间。至于"心之德"，朱子则以"心之德"为"统言"，能涵括"爱之理"。他说："'心之德'是统言，'爱之理'是就仁义礼智上分说。"〔5〕船山没有使用"心之德"，而使用了"性之德"，并以"性之德"作为爱的根据；同时，"性之德"的根据也不同于朱子之"天理"，而是"理之气"〔6〕。他说："先言爱，则因爱而辨其理；先言理，则

---

〔1〕 王夫之《庄子解》卷25，《船山全书》第 13 册，岳麓书社 2011 年版，第 399 页。

〔2〕 王夫之《读四书大全说》卷10，《船山全书》第 6 册，第 1062 页。

〔3〕 《朱子语类》卷20，《朱子全书》第 14 册，第 692 页。

〔4〕 《朱子语类》卷20，《朱子全书》第 14 册，第 697 页。

〔5〕 《朱子语类》卷20，《朱子全书》第 14 册，第 692 页。

〔6〕 "理之气"乃是船山自身的术语，其基本意涵为"有理之气"。笔者之所以于此使用"理之气"而非学术界普遍流行的"气"本之说，乃是因为笔者以为船山并不是理气分离的"气"本论者，而是"理""气"合一的"元气"本体论者，仅仅说船山是气本论者是不够准确的。学界关于船山之"本体"到底为何的讨论到目前为止还是众说纷纭，如气本体、太虚本体、太和本体、太极本体等等。但这些讨论有一个基本趋向：目前，我国学者对船山之本体论的认识，已逐渐从萧萐父先生强调的"气"本而走向"理气合一"之本体道路。关于此问题，笔者有另文讨论，见《显隐之间：船山气的层次说辨证》。

吾得理之气，自然有此亲亲、仁民、爱物之成能油然顺序而生也，故曰'性之德'也。"〔1〕此外，关于"心之德"与"爱之理"的关系，船山也不同于朱子。朱子以"偏全"言，曰："'心之德'，是兼四端言之。'爱之理'，只是就仁体段说。"〔2〕船山则以"体用"言："此言'仁'者（笔者注：亲亲之仁），爱之理，仁之用也，道也。知仁勇之仁，言心之德，仁之体也，性也。"〔3〕可见，船山的解释尽管在形式上高度近似朱子的说法，并看似在为朱子之观点作辩护，但在具体内容的解释上却与朱子的说法存在明显的差异。可知并非如部分学者〔4〕判定的那样——船山思想基本是对程朱思想的承续。

在上述有关船山对朱子仁说的反思与改造中，最为核心的是船山以"理之气"代替朱子之"理"，这是对朱子"天理化"之仁根底的扭转，是使"仁"活化、亲切化的关键。在本体论上，船山不同于朱子将"理"视为本体，他认为气外并无孤立存在之理，从而肯定"有理之气"而非"理"为根本的存在。船山云："理只是以象二仪之妙，气方是二仪之实。健者，气之健也；顺者，气之顺也。天人之蕴，气而已。从乎气之善而谓之理，气外更无虚托孤立之理也。"〔5〕"气"是阴阳之实，理则是阴阳健顺之理，二者实不能相离，可见船山反对朱子所推崇之"理"的绝对至上地位。船山所主张之本体乃"理气合一"的"气"，因此"气"便内在地具有"健顺"之理，也即它自身兼具道德动力和道德准则。如此，以"气"为根据的"仁"便具有内在动力和客观标准，"仁"便不会被"定死"，也即"仁"便具有生机活力。

在工夫论上，一方面因为本体之"气"本身具有道德动力，所以"为仁"便不会成为一种他律道德行为，因而也就不会出现形式化、外在化的问题；另一方面

---

〔1〕《读四书大全说》卷10，《船山全书》第6册，第1062页。
〔2〕《朱子语类》卷20，《朱子全书》第14册，第692页。
〔3〕王夫之《礼记章句》卷31，《船山全书》第4册，第1279页。
〔4〕陈来对船山思想的定位："他始终都是把佛、老作为'正学'的主要敌人；而在理学内部他是鲜明地抨击陆王的，他对程朱的有限批评也大都是针对那些被他理解为受到佛教影响的论点。"陈来《诠释与重建——王船山的哲学精神》，北京大学出版社2013年版，第14页。
〔5〕《读四书大全说》卷10，《船山全书》第6册，第1054页。

则因为船山所言之理乃是气之条理，不是朱子汲汲所求的独立存在的天理实体。[1] 因此在具体的为仁工夫中，船山首先注重的是物本身的具体之理，而非其中的普遍之理，因此不对具体的为仁主体形成普遍性的约束和要求，反而能与为仁主体形成良性的互动关系。在解"万物皆备于我"时，他说："盖备我之理，而后知物之备焉，否也。我之不尽，而测物者恶足以知之！"[2] 根据"测物"可知此为探究事物之条理的行为，因此无论是"我之理"还是"物之理"，都首先是"条理"而非朱子所寻求之"天理"意。既然是"条理"，便不会对为仁主体形成普遍之约束。但这并不意味着"条理"之物与人之生命无涉。与朱子的观点相反，在船山看来，物或理不是一种被给定的对象性存在，而应当是一种与人存在生命关联的东西，所以不能将物视为客观对象予以探究。他认为，万物与人的关系是相互依赖的，是一种生命存在的交融，而不是纯粹认知型的主客关系。他说："我之待于物，一如物之待于我。……不但言我受物也，受则有与之者矣。"[3] 所谓"我待于物"，船山是从生存意义上突出物对人的价值。他说："我之既有于天下，必有藉以益其生，其待于物也无已时。"[4] 人依赖于各种不同条理之物以存活。而所谓"物待于我"，则主要是突出人对物的主动性、主导性，不被物所吞没。船山言："调其血气，导其心知，吾司与矣；……尽心之智，尽身之力，弗庸往也；有其所可尽者，尽之而已矣。"[5] 无论是"调"还是"导"，都是人对物的主导，但人对物的主导不纯粹是在物上做工夫，更是在自家身心上做工夫。如此，为仁主体待物但不物于物，在船山看来就达到"万物皆备"的仁之境界了。

另一方面因为"气"有"量"，[6] 使船山为仁工夫路径显然不同于从去人欲入手的消极收敛工夫路径，而是回到了孟子向外推扩善的积极工夫路径。具体而

---

〔1〕 可参见陈来《诠释与重建——王船山的哲学精神》，第 117 页。

〔2〕 王夫之《船山经义》，《船山全书》第 13 册，第 672 页。其中"而后知物之备焉否也"的标点应为"而后知物之备焉，否也"。

〔3〕 《船山经义》，《船山全书》第 13 册，第 672—673 页。

〔4〕 《船山经义》，《船山全书》第 13 册，第 672 页。

〔5〕 《船山经义》，《船山全书》第 13 册，第 673 页。

〔6〕 谢茂松也指出，志、量、识在船山思想中是非常重要的概念。参见谢茂松《志、量、识——王船山经义、史论对心性之学与政治实践之间关系的思考》，《中国哲学史》2011 年第 1 期。但到目前为止，学界关于船山思想中的"量"之重视依然有待加强。

言，人在达"万物皆备"之仁的过程中能对物进行主导而不是受物欲的蒙蔽，其关键在于养自身之浩然正气以大其量。而养气大量的过程，实际就是存仁之体、活仁之用的过程。他说："一日之间，而引万物以大吾之量……万物至重矣，而任之者气；气之不养，养之不直，则见芸生之情诡变纷纭……今而见吾之气，天地之气也……然后吾所立之志非虚扩之使大也，万物皆备也。"[1] 所谓"大吾之量"就是大吾"气"量，以至于同于"天地之气"，而后便可体"万物皆备"之仁。船山又云："实，充也；函，量也；充其量斯活矣，故曰：'实函斯活。'君子有取于此，以似仁焉。函之中，仁也，仁则活之理赅而存焉，仁则活之体赅而存焉，仁则活之用赅而存焉，然而必于实矣。"[2] 这里所谓的"充其量"也即对气之量的充满，是为仁工夫的扩展；而"函之中"则是"理之气"得以直养，也即仁得养。在气得以充满、全是浩然正气的场域中，仁便是活的生命形态，是具有盎然的生命力之存在。

三、尽心为实：船山对阳明"良知化"之仁的批判与重建

不同于对朱子"天理化"之仁的批判态度委婉，船山对阳明"良知化"之仁的批判是单刀直入且非常严厉的。他说："近世王氏'良知'之说，导淫邪，堕名义，举世狂和之而莫之能止。"[3] "'良知'之说起焉，决裂藩维以恣其无忌惮之诐行，而圣教泯。"[4] 船山简直将阳明之学视为圣学的毒瘤。但总体而言，船山并非反对"良知"本身，因为他在道德实践层面对"良知"是持肯定态度的。船山在解释"困学"时说道："所谓困者，非鲁钝不敏之谓也；天性之良欲见，而利欲掩之，力争其胜，交持而艰危之谓也。若使无求达其良知良能之心，而一用其情才于利欲，则固轻安便利而捷得。"[5] 尽管船山在此运用的"良知"是作为形容

---

[1] 《船山经义》，《船山全书》第 13 册，第 673 页。
[2] 王夫之《诗广传》卷 5，《船山全书》第 3 册，第 500-501 页。
[3] 《礼记章句》卷 12，《船山全书》第 4 册，第 669 页。
[4] 《礼记章句》卷 26，《船山全书》第 4 册，第 1171 页。
[5] 王夫之《周易内传》卷 3，《船山全书》第 1 册，第 380 页。

词，以其形容"本心"不受物欲遮蔽的状态。但其整体所言之"良知良能之心"实际上同于阳明在道德实践层面运用的"良知"概念。与"良知"紧密相关的是"心体"。船山曾言："存者，存其理也，存学、问、思、志所得之理也。若空立心体，泛言存之，既已偏遗仁之大用，而于鸢飞鱼跃、活泼泼地见得仁理昭著者，一概删抹，徒孤守其洞洞惺惺、觉了能知之主，则亦灵岩三唤主人之旨而已。"[1]船山认为，对于"心体"，要有"学""问""思""志"等存养工夫，不能泛言空说；否则，仁用得不到落实、仁理得不到显现。由此可知，船山批评"空立心体"，并非对"心体"本身的批评，而是对"空立"的批评，因为"空立"会导致"心体"有体无用，以至于不能实际作用于道德实践。可见，船山对"良知""心体"在道德实践层面还是给予了相当的肯定。

因此船山对良知学的反对，其实是在道德实践层面对以"无善无恶""不学不虑"为"良知"特性的反对。不同于阳明以"良知"为"无善无恶"，船山认为"良知"是"实有其善"。他说："'人之所不学而能者'，非但其能运动，固有其良能在也；'所不虑而知者'，非但其有知觉，固有其良知在也。此以明性非无善无不善而实有善。"[2]船山以"良知良能"说明人性是实有其善的，也即肯定"良知"是实有其善的。而针对阳明以"不学不虑"为"良知"之特性，船山则斥责其是"不知道者"。他说："仪物容貌之间，极乎至小而皆所性之德，体之而不遗，习于此则无不敬，安于敬则无不和，德涵于心而形于外，天理之节文皆仁之显也。不知道者视此为末，而别求不学不虑者以谓之'良知'，宜其终身而不见道之所藏也。"[3]船山认为，世俗生活中的一切礼节无论多么微小，都承载着道与德。"不知道者"则妄自以仪节礼俗为求道之细枝末节，认为不值得切实践履；以"不学不虑"为高明，汲汲于"不学不虑"之"良知"。在船山看来，这种本末倒置的做法自然是背道而驰的，不可能见道。

"无善无恶"，也即没有客观外在的标准，它显然会导致道德实践之"良知"的主观化；而"不学不虑"，因为没有切实践履，道德实践之"良知"就会流于空

[1]《读四书大全说》卷7，《船山全书》第6册，第884页。
[2] 王夫之《四书笺解》卷11，《船山全书》第6册，第364页。
[3]《礼记章句》卷12，《船山全书》第4册，第679页。

疏化。"良知"的主观化、空疏化，则会导致"为仁"工夫的空疏，而工夫之空疏
是船山真正担心之所在。他曾言：

> 学以能之，虑以知之，乃以充此心之全体大用，虽有不逮者，习而安焉，则因
> 事生心而心亦油然以兴矣，故曰"下学而上达"。学者能于此致慎以自勉，而治天
> 下者修明之以立治教，则至道之行不出于此矣。世教衰，民不兴行，其所谓贤知者
> 又为鲁莽灭裂之教以倡天下于苟简，如近世王氏"良知"之说，导淫邪，堕名义，
> 举世狂和之而莫之能止。[1]

> 姚江王氏知行合一之说得藉口以惑世；盖其旨本诸释氏，于无所可行之中，立
> 一介然之知曰悟，而废天下之实理，实理废则亦无所忌惮而已矣。[2]

船山认为圣学之教在于"下学上达"，是教导学者以学虑之功去发挥其本心之全体
大用，使仁流行不息，而阳明"良知"之说则反是。阳明之"良知"是"心外无
理""心外无物"之"良知"，所以工夫不必曲折，只要反躬自省，便能如释氏
"一悟即得"。尽管阳明有提"知行合一"之论，但在船山看来，阳明"知行合一"
实际是"销行以归知"[3]。这种简易之教显然对一般学者乃至贤知者都具有强大
的吸引力，船山以"举世狂和""莫之能止"形容之。这种疯狂在船山看来也付出
了巨大的代价，那就是世俗之道德伦理得不到切实的践行、圣门之切近实存事物之
理也得不到阐明，也即所谓的"实理废"也。

在为仁工夫上，一方面，船山认为阳明知行合一的简易工夫不适宜"为仁"
工夫之落实，于是主张将知行概念严格区分，尤其突出"行"的重要性，使"为
仁"可落到实处。他说："知行相资以为用，唯其各有致功而亦各有其效，故相资
以互用，则于其相互，益知其必分矣。同者不相为用，资于异者乃和同而起功，此
定理也。不知其各有功效而相资，于是而姚江王氏知行合一之说得藉口以惑
世。"[4] 在船山看来，"知行合一"之简说不过是阳明迷惑世人之言辞，其实质是

---

[1]《礼记章句》卷12，《船山全书》第4册，第669页。
[2]《礼记章句》卷31，《船山全书》第4册，第1256页。
[3] 王夫之《尚书引义》卷3，《船山全书》第2册，第312页。关于"销行以归知"本为船山批评
释氏之语，而何以能将此批评用于阳明"知行合一"的论述，具体可参见陈力祥、汪美玲《船山
对朱子后学及阳明知行观之解构与重构》，《燕山大学学报（哲学社会科学版）》2022年第1期。
[4]《礼记章句》卷31，《船山全书》第4册，第1256页。

"以知摄行"；只有"知行相分"才能将知和行的功用发挥出来，没有分的合、没有异的同都不能具有实际效力。同时，船山以"知不可兼行"，而"行可兼知"，突出"行"的特殊性，由此便可断绝俗儒在为仁之路上"以知为行"的托词。船山言："行可兼知，而知不可兼行。下学而上达，岂达焉而始学乎？君子之学，未尝离行以为知也必矣。"〔1〕船山极力突出"行"的重要性，以使为仁工夫落到实处。

另一方面，因为船山认可"良知"的道德义，所以船山强调"尽心"的重要性，并突出其作为"为仁"之实功的价值。船山通过"尽心"而突出"为仁"实功中借助了"尽性"概念。在文本上，他将《孟子》之"尽心"与《中庸》之"尽性"相贯通。《孟子·尽心上》曰："尽其心者，知其性也。知其性，则知天矣。存其心，养其性，所以事天也。殀寿不贰，修身以俟之，所以立命也。"《中庸》言："唯天下至诚，为能尽其性。能尽其性，则能尽人之性。能尽人之性，则能尽物之性。能尽物之性，则可以赞天地之化育。可以赞天地之化育，则可以与天地参矣。"船山则言："盖志之至者，尽心者也，尽心则尽性，故情有异用，而所性之德含容周遍，此天德王道之枢，大本之所自立而达道由之以行者也。存于中而未发，固不可得而见闻矣，乃函之为志而御气以周乎群动天地之间，物之所宜，事之所成，经纶尽变而不遗，则与父母于子存注周密而使各得其所之道同，抑所谓'能尽其性则能尽人物之性'也。"〔2〕船山认为，"尽心"的成就显然不能局限于"知性知天"之"知"的层次，而应当进一步发展到"尽性"的道德实践层面。若不把"尽心"进一步推扩到"尽性"上，那么所知之"性"依然是"存于中而未发"之"性"，是不能被经验感知到的。只有推扩至"尽性"，天地万物万事之"性"（也即天地万物万事内涵之"道"或"理"）才能被澄明。而对于人自身，"尽性"之"性"在根底上同于"仁"。船山指出："天人授受往来之际，止此生理为之初始。故推善之所自生，而赞其德曰'元'。成性以还，凝命在躬，元德绍而仁之名乃立。"〔3〕人之"性"乃继天而来，人之"仁"乃绍"天德"而有，

〔1〕《尚书引义》卷3，《船山全书》第2册，第314页。
〔2〕《礼记章句》卷29，《船山全书》第4册，第1205页。
〔3〕 王夫之《周易外传》卷1，《船山全书》第1册，第825-826页。

"仁"便成为人性之中最重要、最基础的德性。如此，"尽性"便是对仁的完满实现、切实落实。

综上，可知船山关于阳明"良知化"之仁的改造和重建主要集中在"为仁"工夫方面。他并不反对"良知"本身，而是从道德实践层面反对阳明以"无善无恶""不学不虑"为"良知"特性。他主张"良知"实有其善，因为只有实有其善，"为仁"之道德践履才能真正得到落实。要使"为仁"工夫得到落实，船山必须对阳明之在"良知"保障下的"知行合一"之知行观进行改造，因为"知行合一"太过浑合、简洁，以至于可能出现以知代行的问题。船山主张区分知行，并认为"行可兼知"，而"知不可兼行"，突出"行"的价值，使"为仁"落到实处。此外，船山突出"尽心"对"为仁"的意义。通过将《孟子》之"尽心"与《中庸》之"尽性"相结合，强调以"尽心"来"尽性"；而"仁"是性最根本的德性，因此"尽心"实际便是"为仁"实功，而"尽性"便是仁得到完满的实现、落实。"仁"在切实的为仁工夫下焕发生机活力。

四、结　语

船山论仁的问题意识建立在其对儒学史中各家各派之学术得失都有较清晰的认知基础之上。其子王敔曾在总结船山之学术时说道："守正道以屏邪说，则参伍于濂、洛、关、闽，以辟象山、阳明之谬，斥钱、王、罗、李之妄，作《思问录内外篇》，明人道以为实学，欲尽废古今虚妙之说而返之实。"[1] 这里所谓的"实学"并非指自然科学意义上的质测之学，也不是空谈心性意义上的虚伪的道德之学，而是指切实的道德践履之学也即仁学。面对朱子之仁的"天理化"所带来的"为仁"工夫形式化的问题，船山以委婉的方式对其进行改造，其中最为核心的是船山以"理之气"（有理之气）代替朱子之"理"，从本体论上对仁说之基础进行扭转，实现了为仁之动力在内而不在外，从而使仁获得生机与活力。面对阳明之仁的"良知化"，船山对其进行了尖锐的批判。他从道德实践层面主张"良知"实有其

[1]　王敔《大行府君行述》，《船山全书》第 16 册，第 73 页。

善，并将知行分开，突出"行"的重要性，也即突出"行仁"而非"知仁"的意
义。同时，船山以"尽心"为"为仁"之实功，使"仁"得到落实，获得生命力。
总体而言，船山在本体活化以及工夫切实化方面对朱子、阳明仁说的反思与发展，
构成了船山"生生之仁"的重要内容。

宗教思想研究

"循名责实"和"刑德相养"：论《黄帝四经》中无为治术的两大原则和实践

袁承维*

[内容提要]

《黄帝四经》是黄老道家的经典著作，以"无为"作为治理的重要原则。因君主的资质有别，治理层次也随之有异。在《黄帝四经》中，"太上无刑"和"其次正法"是理想治理的两种境界。书中不断以"循名责实"和"刑德相养"作为治术的重要原则，结合两种境界来观察，治术实有不同之呈现。先秦时期兵马倥偬，君主治理不只牵涉国内事务，同时面临因国际问题而用兵之事。文中尝试观察两大原则在兵事上的体现，讨论君主如何实践无为治术。不论统治作为如何呈现，其目标都指向妥善处理国内外的政治格局。在文末，结合不同层次的治理，讨论《黄帝四经》期待的政治秩序。

[关键词]

《黄帝四经》；循名责实；刑德相养；无为治术

---

* 袁承维，湖南大学岳麓书院助理教授，政治学博士。

在《黄帝四经》（以下简称《四经》，包括《经法》《十大经》《称》《道原》）中，揭示"道生法"的治理形式，成为道家黄老学的政治论述。[1] 书中的理想君主具有道家形象，大致以"黄帝"为代表。在描述黄帝的形象时，书中勾勒了君主的基本条件和治理责任：

> 昔者黄宗，质始好信，作自为象，方四面，傅一心，四达自中，前参后参，左参右参，践位履参，是以能为天下宗。"吾受命于天，定位于地，成名于人。唯余一人 [德] 乃配天，乃立王、三公，立国置君、三卿。数日、历月、计岁，以当日月之行。[吾] 允地广裕，类天大明。[2]

作者透过"黄帝"诠释理想君主之角色，由黄帝"方四面"而"傅一心"，反应君主取法自然，仰赖一心之运作。

君主之良窳端赖其一心，但其是否有好的治理表现，却需依照其外在作为的效能来衡量。人们不禁要问：君主一定要由圣人担任吗？《经法·道法》记载：

> 道生法。法者，引得失以绳，而明曲直者也。[故] 执道者，生法而弗敢犯也，法立而弗敢废 [也]。[故] 能自引以绳，然后见知天下而不惑矣。[3]

执道者似乎是道法转化过程中的关键。荆雨明确指出："'执道者'的提出，解决了道与法之间缺少必要的联系或中介的问题。"[4] 虽说执道者是中介者，却是不可或缺的角色。《十大经》中，力黑、阉冉、果童等臣子常是黄帝请教的对象，他们的建议让黄帝有所依循，透露出《四经》除了期待君主作为"执道者"外，臣子的内在修持不一定逊于君主，也可扮演"执道者"。因此深论《四经》中的"执

----

[1] 海峡两岸学者为《四经》的属性进行考证，留下丰富成果。将《四经》认定为法家的作品，以唐兰《黄帝四经初探》（《文物》，1974 年第 10 期）一文为代表。将《四经》认定为道家的作品，包括大陆学界成果，如吴光的《黄老之学通论》（浙江人民出版社 1985 年版）、余明光的《〈黄帝四经〉书名及成书年代考》（《道家文化研究》第 1 辑，上海古籍出版社 1992 年版）、丁原明的《黄老学论纲》（山东大学出版社 2000 年版）、胡家聪的《稷下争鸣与黄老新学》（中国社会科学出版社 1998 年版）、白奚的《稷下学研究》（三联书店 1998 年版）；台湾学界成果，如陈丽桂的《战国时期的黄老思想》（联经出版事业股份有限公司 1991 年版）、陈鼓应的《黄帝四经今注今译》（台湾商务印书馆 2001 年版）皆认定《四经》在黄老学发展中的重要意义。特别是陈鼓应认为配合上稷下黄老学的《管子》四篇，可以建构一个完整的理论体系，胡家聪和白奚皆认同和发挥之。

[2] 陈鼓应注译《黄帝四经今注今译·十大经·立命》，第 426 页。

[3] 陈鼓应注译《黄帝四经今注今译·经法·论》，第 422 页。

[4] 荆雨《试析帛书〈黄帝四经〉"道生法"思想的内涵及意义》，《中国哲学史》2005 年第 4 期。

道者"，可能是体此道者，或仅是行此道者，具备两种层次之别。"体道"乃是洞识道的存在、道理的运行；"执道"则是执守或运用"体道"的成果，"执道"之前必须经过己身的"体道"或是他人"体道"，进而实践道理。

对于《四经》而言，继承于体道者后的君主只要能够做到"法立而弗敢废"即可，并不刻意要求君主皆需"体道"，因此成为行此道者便已是理想君主的基本资格。《四经》之中揭示：

> 故执道者之观于天下也，必审观事之所始起，审其形名。形名已定，逆顺有位，死生有分，存亡兴坏有处，然后参之于天地之恒道，乃定祸福死生存亡兴坏之所在。[1]

在内在修为上，执道者有次于体道者的可能，不过执道者仍非平庸之才所能担当，如宋宽锋在强调执道者的重要性时，提及"确立形名"的任务实际上是由"执道者"或"人主"来承担和完成的，而不是由"本根之道"自发地完成的。[2] 执道者对于外在世界的探知和处理，能够也必须巧妙地切合道理，使天下随道理而化。

君主的层次有别，统治境界随之有别，《称》之中记载：

> 善为国者，大（太）上无刑，其［次正法］，［其］下斗果讼果，大（太）上不斗不讼（又）不果。［夫］大（太）上争于［化］，其次争于明，其下（救）患祸。[3]

"太上无刑"之境的"无刑"并非指涉君主去刑，而是指君主认识道理，为于问题之未发。君主应当是体道者，灵活而"化"，故不必用刑。"其次正法"之境的君主应当是执道者，指涉君主正定合"理"之法度，使人能遵守，故必须"明"。不论是"化"还是"明"，皆是顺道理而为，可被视为无为，无为并不是无所作为。

在《四经》中，"理"或"规律意义的法"乃是圣人制订"规范意义的法"之根据。书中反复强调君主必须"循名责实"和"刑德相养"，似乎即是圣人所制

---

〔1〕 陈鼓应注译《黄帝四经今注今译·经法·论约》，第424页。

〔2〕 宋宽锋《〈黄帝四经〉"道生法"命题辨正》，《船山学刊》2019年第3期。

〔3〕 陈鼓应注译《黄帝四经今注今译·称》，第439页。

规范的内容。故"太上无刑"和"其次正法"是本文论述的内在脉络，在段落安排上，本文根据"循名责实"和"刑德相养"两大原则进行讨论。先秦时期兵马倥偬，君主治理不只牵涉国内事务，同时面临因国际问题而用兵之事，故本文尝试观察两大原则在兵事上的体现，讨论君主如何实践无为治术。不论统治作为如何呈现，其目标都指向妥善处理国内外的政治格局，因此在总结本文时，希望结合不同层次的治理，讨论《四经》期待的政治秩序。

一、无为治术下的循名责实

先秦时受到各家热烈讨论的"形名关系"，其间隐含体用关系。"形"代表万物的实质，为关系之中的体；"名"则是万物的表象或是代称，为关系之中的用。"形名关系"含纳三个层次的意义：一是名实关系适用于任何范畴；二是它表现在世人认识过程；三是圣人将名实关系操作于统治术之用。与《四经》同时代的其他经典，对于"形名"的关注也较多，不过往往各有所偏，[1] 林俊宏对此分析道："第一个是关于名与实的清楚对应；第二个是名分的定制化；第三个层面则涉及了去伪的问题；第四个则是政治阶层与角色的区隔以及相伴而来的政治控制，其中起着较大政治作用的应该是政治控制。"[2] 形名在政治控制上的作用是最实际的，效果是最显著和重要的。战国中后期以后，各个学术集团莫不建立自己的形名理论。《四经》之中，"形名"理论多称为"刑名之学"，大都指涉治理层面，但在内涵上仍涉及从认识到实用两个层次。林聪舜对《四经》中的刑名之学的解释如

---

[1] 以《尹文子》和《公孙龙子》为例，《尹文子》："名者，名形者也；形者，应名者也。然形非正名也，名非正形也，则形之与名，居然别矣！不可相乱，亦不可相无。"（高流水、林桓森译注《慎子、尹文子、公孙龙子全译·尹文子·大道上》，台湾古籍出版社 2001 年版，第 127 页。）《尹文子》对于"形名"的讨论，主要放在形上抽象的思考，期待万物形质与外在表征能够合致，识清两者的真实关系。而《公孙龙子》云："夫名，实谓也。知此之非此也，知此之不在此也，则不谓也。知彼之非彼也，知彼之不在彼也，则不谓也。"（高流水、林桓森译注《慎子、尹文子、公孙龙子全译·公孙龙子·名实论》，第 249 页。）《公孙龙子》将"名实"的重点，集中在语言逻辑层次，实际事物、概念、名称可以区分为三个部分，之所以关注语言的"名实"意义，毕竟语言是承载知识的重要载体，重要却容易被忽略。

[2] 林俊宏《〈黄帝四经〉的政治思想》，《政治科学论丛》第 13 期，2000 年。

下：一是审核刑名，循名责实；二是严格规定名分，建立严格的等级秩序。[1] 治理的层次之别，便可以对应《四经》作者对"刑名之学"的理解架构。

先从"太上无刑"之境来看"形名"在治术上的实践：

欲知得失情，必审名察形。形恒自定，是我愈静；事恒自施，是我无为。静翳（壹）不动，来自至，去自往。能一乎？能止乎？能毋有己，能自择（释）而尊理乎？[糸子]（葆）也，毛（屯）也，其如莫存。万物群至，我无不能应。我不藏故，不挟陈（新）。向者已去，至者乃新。新故不缪（摎），我有所周。[2]

"太上无刑"的治理境界乃是"或隐或显、或静定或动出，维持一种若有若无的超然境界"[3]。不论是统治者还是被统治者，皆随物而化、顺任自然，无为既是手段更是目的。境界的达成有其操作节奏，圣人首先必须"审名察形"，审知万物确实的形名之理。《四经》勉励圣人持守虚静，避免人为介入而破坏原来的规律，要自然随理而行。

接着从"其次正法"之境来看"形名"如何运用于治理：

君臣当位谓之静，贤不肖当位谓之正，动静参于天地谓之文，诛[禁]时当谓之武。静则安，正[则]治，文[则]明，武则强。安[则]得本，治则得人，明则得天，强则威行。参于天地，合于民心。文武并立（莅），命之曰上同。[4]

"君臣当位"代表在政治场域中，各种角色必须有清楚的职责，以此指涉"名"的意义；"贤不肖当位"代表政治角色所需要具备的条件，意指"实"的意义。政治角色职责和条件反应形名关系在政治场域有两层意义。第一层次，从审核刑名的逻辑上来说，"君臣"和"贤不肖"两者必须合致。各种政治角色的职位和权力施展也要明确，政治职位是"名"本身，职位和权力也构成名实关系：

天子地方千里，诸侯百里，所以朕合之也。故立天子[者，不]使诸侯疑（拟）焉；立正嫡者，不使庶孽疑（拟）焉；立正妻者，不使婢（嬖）妾疑（拟）

〔1〕 林聪舜《汉初黄老思想中的法家倾向》，《汉学研究》第8卷第2期，1990年。
〔2〕 陈鼓应注译《黄帝四经今注今译·十大经·名形》，第436页。
〔3〕 陈鼓应注译《黄帝四经今注今译》，第408页。
〔4〕 陈鼓应注译《黄帝四经今注今译·经法·四度》，第420页。

焉：疑（拟）则相伤，杂则相方。[1]

天子、诸侯、王储等都是职责和权力明确的角色，所以圣人不论扮演何种角色，都必须使己身和政治场域中的他者建立合理、有效的互动模式。若是政治角色未能守住份际，将会导致"六危"："一曰嫡子父，二曰大臣主，三曰谋臣［外］其志，四曰听诸侯之废置，五曰左右比周以壅塞，六曰父兄党以（拂）。［六］危不胜，祸及于身。"[2] 每个角色都有其被赋予的责任，当其中有人脱离己身角色，瓜分了他者的权力，一方面，所逾越的职位将出现运作扞格、无所适从的乱象；另一方面，己身角色可能因而无法发挥，最终导致不同角色出现冲突、斗争；长久行之，治理效能低落，统治者与被治者都将受其害，以致社群整体动乱。

第二层次，就规定名分和建立秩序来说，君主要"循名责实"，必须因人的差异而使其扮演合适的角色。在"其次正法"的境界中，不论君主个人资质高低，"循名责实"是君主的任务：

国大人众，强国也。［若］身载于后，［主上不用之，则利国家社稷、万夫百姓。王公］而［不知之，乃国家之不］幸也。……［名］正者治，名奇（倚）者乱。正名不奇，奇（倚）名不立。正道不台（殆），可后可始。乃可小夫，乃可国家。小夫得之以成，国家得之以宁。小国得之以守其野，大国［得之以］并兼天下。[3]

国大而人众，应该可以晋升为强国，若君主不能循名责实，则仅是侥幸治国。君主依形名而用人，君臣共同依形名而治理有条，在此前提下，国家中成员与成员之间就能良好互动。名分产生对于社群内稳定的助益，《慎子》中有一传神比喻："一兔走街，百人追之，贪人具存，人莫之非者，以兔为未定分也。积兔满市，过而不顾，非不欲兔也，分定之后，虽鄙不争。"[4] 正定名分足以降低人与人之间的冲突，君主的责任就在于定名并且使名实相符。

《四经》中对于"实"的讨论，除了聚焦于政治角色的个人条件，还强调政治

〔1〕 陈鼓应注译《黄帝四经今注今译·称》，第 437 页。
〔2〕 陈鼓应注译《黄帝四经今注今译·经法·亡论》，第 423 页。
〔3〕 陈鼓应注译《黄帝四经今注今译·十大经·前道》，第 434 页。
〔4〕 高流水、林桓森译注《慎子、尹文子、公孙龙子全译·慎子·佚文》，第 66 页。

角色表现的绩效：

> 名功相抱（孚），是故长久。名功不相抱（孚），名进实退，是谓失道，其卒必〔有〕身咎。[1]

"名"兼具了职位和名声，"实"是针对臣子在治理行为中所创造的功绩。两者不相符，实过名者难以持续尽忠于上；名过实者易于心存侥幸，甚至会变相鼓励他人苟且。长久行之，政治角色都将名实不符，君主难保其身。就担任职位后的绩效来论形名关系，可被操作为君主统治术，被视为君主保护自己和稳定统治结构的重要凭借。《四经》对此乃是原则性的揭示，在《史记》中，《韩非子》被认为归本黄老，将"循名责实"清楚地论述，还搭配上赏罚手段以构筑完整的理论，可资反思。如《主道》有云：

> 有言者自为名，有事者自为形，形名参同，君乃无事焉，归之其情。……故群臣陈其言，君以其言授其事，事以责其功。功当其事，事当其言则赏；功不当其事，事不当其言则诛。明君之道，臣不得陈言而不当。[2]

审核名实被操作为统治术，需要操作判准和法律规范，并确实行之。关于"审核名实"，傅武光认为，"此术的运用，须有前置作业，以资配合，例如要考核官吏的绩效，必先对官职的划分、职权的确定有所设计"[3]。需要注意的是，为了能够简易使用，考核绩效而定下的标准可能有所缺漏。因此，为了弥补缺漏却可能走上治丝益棼的窘境，这是君主操作统治术不能不警觉的危机。

二、无为治术下的刑德相养

"刑德"二字揭示对偶性关系，"相养"代表刑、德二者非单纯的线性关系，而是不断循环的。金春峰认为，"刑德思想是帛书辩证法思想的组成部分"，"以刑德论阴阳，把刑德提高为主宰万物的两种根本力量和属性，确是以帛书为最令人醒

〔1〕 陈鼓应注译《黄帝四经今注今译·经法·四度》，第421页。
〔2〕 赖炎元、傅武光注译《新译韩非子·主道》，三民出版社，2003年版，第32-36页。
〔3〕 赖炎元、傅武光注译《新译韩非子》，第64页。

目"[1]。"刑德"的意义可作用于自然和人世，"德"代表孕生和开展；"刑"则是肃杀和收敛。从其溯源于"道"来看，对偶概念从宇宙生成论的阴阳两气而来，阴阳两气在形下世界是互补的，当一气出现变化，因连动而促使另一气变化。此一动态关系乃是执道者必须体知、因应和运用的，对此，张增田归纳说道："在帛书中具备'道生法'功能的不是'道'，而是包含着周期性法则（四时）和对立性法则（阴阳）的'天道'或天地之道。这一点可从该书以'天道'充当治国活动根本依据的有关设定中得到证明。'道'借助于'天道'来派生'法'。"[2] 阴阳交替变化是天道体现的重要内容，实践于治国便是君主操作刑德，此一理解也凸显"道生法"的"法"同时具有"天地道理"和"人事规范"的双重意义。

在"太上无刑"的境界下，依照前文所述，圣人无为而化，并非不作为，乃是体道而行"刑德"。在《十大经·观》中有云：

是［故］赢阴布德，［重阳长，昼气开］民功者，所以食之也；宿阳修刑，（重）阴长，夜气闭地绳（孕）者，［所］以继之也。不靡（縻）不黑（纆），而正之以刑与德。春夏为德，秋冬为刑。先得后刑以养生。姓生已定，而敌者生争，不谌不定。凡谌（戡）之极，在刑与德。刑德皇皇，日月相望，以明其当，而盈［绌］屈无匡（枉）。[3]

万物由气构成，可依阴阳归类。以"刑德"为例，德含纳厚赏和教化，刑包含刑罚和征伐，因此德属阳、刑属阴。将之延伸至四季运用，则春夏适于行德、秋冬适于执刑。

刑德关系在《四经》中，还用"文武"代称，如"因天之生也以养生，谓之文；因天之杀也以伐死，谓之武：文武并行，则天下从矣"[4]。采用文武并没有绝对的是非，仰赖圣人对形势的判断。圣人作为既是人对天的仿效，更可说是"道"或"天道"的体现。如《十大经·姓争》中云：

[1] 金春峰《论〈黄老帛书〉的主要思想》，《求索》1986年第2期。
[2] 张增田《"道"何以"生法"——关于〈黄老帛书〉"道生法"命题的追问》，《管子学刊》2004年第2期。
[3] 陈鼓应注译《黄帝四经今注今译·十大经·观》，第427页。
[4] 陈鼓应注译《黄帝四经今注今译·经法·君正》，第417页。

　　刑德皇皇，日月相望，以明其当。望失其当，环视（示）其殃。天德皇皇，非刑不行；缪（穆）缪（穆）天刑，非德必倾。刑德相养，逆顺若成。刑晦而德明，刑阴而德阳，刑微而德章（彰）。其明者以为法，而微道是行。[1]

　　刑德关系如同日月，乃是交错而现，运行互补于对方，却又不会逆时而犯。刑德要是无适当地安排，就如同日月失调一般，抵触道理而会带来灾难。

　　在"其次正法"的境界之下，"刑德相养"含纳于"法"，成为人所共守的规范。《经法·论约》载：

　　始于文而卒于武，天地之道也；四时有度，天地之李（理）也；日月星辰有数，天地之纪也。三时成功，一时刑杀，天地之道也；四时而定，不爽不代（忒），常有法式，[天地之理也]；一立一废，一生一杀，四时代正，终而复始，[人]事之理也。[2]

　　四时循环、日月交替均依循自然轨迹，圣人透过阴阳的对应可以识得轨迹，刑德、文武、生杀都在自然中体现。圣人一方面体道理于法之中，确定刑德的适用情况，启示后人；另一方面己身还要判断情况而采取生杀。

　　刑德相养呈现始卒若环，但《四经》中强调"始于文而卒于武"或"先德后刑以养生"的叙述，似乎与之矛盾。"先后"意味着线性发展，并且暗示着针对刑德两者的价值判断。回到文本中探求，可发现相关论述都伴随四时运行的叙述，因此关于"先后"的理解可从四时切入。四时构成生生不息的循环关系，但若以"四时"为一单位，可切割此一循环。一个单位构成一年，它是人类熟悉的作息规律。春总被当作一年之首，孕育生机，象征德之行，带动四时推进，故先后所指涉的是局限在人类作息的四时规律之内。

　　《四经》中，刑德和文武交替运行，展现自然和人事由相同道理统摄的意义，但在选择刚柔行为的两种倾向之间，却又另有主张。如《十大经》中有云：

　　夫雄节者，涅（盈）之徒也。雌节者，兼（谦）之徒也。夫雄节以得，乃不为福；雌节以亡，必将有赏。夫雄节而数得，是谓积殃；凶忧重至，几于死亡。雌节而数亡，是谓积德，慎戒毋法，大禄将极。凡彼祸难（福）也，先者恒凶，后

[1]　陈鼓应注译《黄帝四经今注今译·十大经·姓争》，第430页。
[2]　陈鼓应注译《黄帝四经今注今译·经法·论约》，第424页。

者恒吉。先而不凶者，恒备雌节存也。后［而不吉者，是］恒备雄节存也。先亦不凶，后亦不凶，是恒备雌节存也。先亦吉，后亦不吉，是恒备雄节存也。[1]
持雄节者将陷于祸患，持雌节者终能化吉。圣人统治并用刑德，可是又崇尚"雌节"，这两种理解是否矛盾？透过讨论圣人顺天而为可解释其间所生的疑惑：

> 天地已定，蚑蛲毕争。作争者凶，不争亦毋（无）以成功。顺天者昌，逆天者亡。毋逆天道，则不失所守。天地已成，黔首乃生。胜（姓）生已定，敌者生争，不谌（戡）不定。凡谌（戡）之极，在刑与德。[2]

圣人争与不争皆不涉己意，乃是顺天而为，故人的作为必须虚静己意而因循时势，一昧地争或不争，均无法成功。"刑德相养"与"持守雌节"分别指涉"外在作为"和"内在态度"。虚静己心便能"持守雌节"，顺天而行便能"刑德相养"。虚静是持守雌节的前提，意在强调内在态度。在《四经》中，以"内刑"描述虚静之义：

> 黄帝曰：吾身未自知，若何？对曰：后身未自知，乃深伏于渊，以求内刑。内刑已得，后［乃］自知屈吾身。黄帝曰：吾欲屈吾身，屈吾身若何？对曰：道同者，其事同；道异者，其事异。今天下大争，时至矣，后能慎勿争乎？黄帝曰：勿争若何？对曰：怒者血气也，争者脂肤也。怒若不发，浸廪（淫）是为痈疽。后能去四者，枯骨何能争矣。黄帝于是辞其国大夫，上于博望之山，谈卧三年以自求也。战哉，阆冉乃上起黄帝曰：可矣。夫作争者凶，不争［者］亦无成功。何不可矣？[3]

虚静内在是指减少个人意图以免影响行为、违于道理，降低形体干扰个人内在。黄帝"内刑"而后知"屈吾身"，不受形体影响以免带来怒争之意。一旦体知道理，可以无争之意，却操争之行。故"内刑"即是虚静、持守雌节，黄帝能因此避免违背道理，抉择刑德作为因循时势。一旦决定，必当彻底执行而不得有折扣。《四经》中云：

> 毋阳窃（察），毋阴窃（察），毋土敝，毋故（执），毋党别。阳窃（察）者

[1] 陈鼓应注译《黄帝四经今注今译·十大经·雌雄节》，第431页。
[2] 陈鼓应注译《黄帝四经今注今译·十大经·姓争》，第430页。
[3] 陈鼓应注译《黄帝四经今注今译·十大经·五正》，第428页。

天夺［其光，阴窃（察）］者土地荒，土敝者天加之以兵，人（执）者流之四方，党别［者外］内相攻。阳窃（察）者疾，阴窃（察）者饥；土敝者亡地，人（执）者失民，党别者乱，此谓五逆。[1]

圣人操作刑德乃是因道理而行，必须充分实践方能符映应于道理，故圣人进行诛伐征讨，不该存有存养之心；在投入耕作生产时，不该带有刑杀之意。因循道理不可因个人意志动摇而进退失据；否则，一方面使原有成果大打折扣，另一方面外在环境因为作为的反反复复而可能带来反噬力量。以兼人之国为例：

> 兼人之国，修其国郭，处其廊庙，听其钟鼓，利其资财，妻其子女，是谓［重］逆以荒，国危破亡。……故圣人之伐也，兼人之国，堕其城郭，焚其钟鼓，布其资财，散其子女，裂其地土，以封贤者。是谓天功。功成不废，后不逢殃。[2]

抵触道理的下场便是败亡，败亡者使己身、家族和国家都陷入险境；而执行征伐者乃是依于道理而行。所以，一方面不当以己身之意反复，否则也是逆于道理；另一方面，征伐所得之利不该归功于己，当与臣民共享，如此征伐的功绩才能维持，从而避免走上逆天而亡的路。

三、无为治术于兵事中的践行

《四经》成书的时代背景，呈现战争频仍的乱象，不论君主有无用兵企图，兵事都是不可回避的问题。用兵可归为"刑德关系"中的"刑"，是圣人统治之事。先看《四经》中如何讨论兵事：

> ［圣人］不埶（执）偃兵，不埶（执）用兵；兵者不得已而行。[3]

> 道之行也，由不得已。由不得已，则无穷。故（丐）者，（撫）者也；禁者，使者也：是以方行不留。[4]

> 兵不刑天，兵不可动；不法地，兵不可措；不法人，兵不可成。参［于天地，

---

[1] 陈鼓应注译《黄帝四经今注今译·经法·国次》，第416-417页。
[2] 陈鼓应注译《黄帝四经今注今译·经法·国次》，第416页。
[3] 陈鼓应注译《黄帝四经今注今译·称》，第437页。
[4] 陈鼓应注译《黄帝四经今注今译·十大经·本伐》，第434页。

稽之圣人。人自生］之，天地刑之，圣人因而成之。圣人之功，时为之庸（用），因时秉［宜］，［兵］必有成功。[1]

对于圣人来说，用兵只是工具而非目的，所以不会刻意反对或主张；否则，同样陷于偏废。兵事是不得已而施行之事，当用则用，当休则休。若出于"不得已"而行，天时、地利、人和所构成的时势便适于用兵。至于聚焦于用兵的具体策略，"循名责实"和"刑德相养"的原则含纳于其中。

先论君主操作"循名责实"，让各种角色符合其职位条件，而用兵亦复如是。战事讲求效率，每个环节都不能疏忽，所以调兵遣将要适才而用。另外，征伐过程中有一场场战役，君主必须论功行赏，使功过与赏罚一致，从而带动战力的提升。

就君主对"刑德相养"的运用，兵马当进则进、当退则退。除了己身备战、应战，我方与敌方的作战具有动态的关系，敌方条件的改变会深深影响到己身的抉择。敌方若持雄节，不妨诱敌深入，待其显露疲态，便是进攻时机。圣人因道用兵，用兵蕴含道理。《四经》中分析了当世的兵马倥偬，区分了用兵类型：

世兵道三：有为利者，有为义者，有行忿者。所谓为利者，见［生民有］饥，国家不暇，上下不当，举兵而栽之，唯（虽）无大利，亦无大害焉。所谓为义者，伐乱禁暴，起贤废不肖，所谓义也。［义］者，众之所死也。是故以国攻天下，万乘［之］主［并兼］希不自此始，鲜能终之；非心之恒也，穷而反矣。所谓行忿者，心虽忿，不能徒怒，怒必有为也。成功而无以求也，即兼始逆矣，非道也。[2]

用兵出于三种原因：为利、为义、行忿。为利指该国君主眼见他国失道，趁火打劫而从中取利。因为内在企图的偏差，纵使战胜后，兼人之国仍危机重重。行忿指君主心中带有愤怒，因而发动战争，愤怒阻塞了君主的思考，使判断有所偏颇，违于道理。不论其所伐之国有道与否，用兵终究难以取胜；就算取得短暂的胜利，也难以持久。为义象征《四经》所肯定的用兵之道，君主见他国内部失道混乱或统治者暴虐无道，因此出兵讨逆。为义之君依于道理，营造出有利时势而发动征伐。但值得注意的是，为义之君最大的敌人乃是自己，因伐逆过程可能增添复杂考量，以致偏于道理，成为"为利者"或是"行忿者"。

----

[1] 陈鼓应注译《黄帝四经今注今译·十大经·兵客》，第432页。
[2] 陈鼓应注译《黄帝四经今注今译·十大经·本伐》，第433-434页。

《四经》中的兵事不限于征战之时，从平时备战、发动义战到兼人之国均要一体适用道理：

若号令发，必厥而上九，壹道同心，[上] 下不 [走斥]，民无它志，然后可以守战矣。号令发必行，俗也。男女劝勉，爱也。动之静之，民无不听，时也。受赏无德，受罪无怨，当也。贵贱有别，贤不肖衰也。衣备（服）不相绣（逾），贵贱等也。国无盗贼，诈伪不生，民无邪心，衣食足而刑伐（罚）必也。以有余守，不可拔也；以不足攻，反自伐也。[1]

治理和用兵需要结合而观，征伐需要有形、无形的准备，要仰赖平时国力的累积。治理顺天应人，能政通人和。征战时，治者与被治者一心应战，能发挥最大的战斗力。值得一提的是，若无法因循道理而治国、备战和用兵，战力将有所欠缺，以不足的国力而意图征伐他国，将"反自伐也"，主动用兵却使自己灭亡。

四、结 论

在"太上无刑"之境，圣人使万物各安其位，各自随理而化。如此政治结构的存在意义大大减小，国内秩序和国际秩序的差别也随之消弭。国内和国际的差别消弭并非人为，因为人皆静定，人与人之间不生冲突。这是《四经》的终极目标，难度相当高，书中所涉篇幅较少。

对于"其次正法"之境，《四经》有明确的规范和要求，其主要内容设定于此。"道生法"指涉圣人体道而生法，是开创理想秩序的必要过程。下面先看看"其次正法"下的国内秩序：

号令发必行，俗也。男女劝勉，爱也。动之静之，民无不听，时也。受赏无德，受罪无怨，当也。贵贱有别，贤不肖衰也。衣备（服）不相绣（逾），贵贱等也。国无盗贼，诈伪不生，民无邪心，衣食足而刑伐（罚）必也。[2]

国内秩序以君、臣、民三种政治角色为支柱，期许三者良好互动。君主为政治

---

[1] 陈鼓应注译《黄帝四经今注今译·经法·君正》，第417页。
[2] 陈鼓应注译《黄帝四经今注今译·经法·君正》，第417页。

运作的发动者，故各种互动以君主为先；臣子为君主的辅助者，补君主之不足；人民为政治场域的最主要基础，所以安稳人民是政治运作的重要目标。要安稳人民，就要做到使民众衣食富足、静定，进而消除邪念，各安其所而不生盗贼；更进一步听命于统治者的引导，致力于农战，满足和保护共同的生存。君主的决策因于天时，君臣不为己而利于人民，君、臣、民之间，自利利人，共同支撑起理想的国家秩序。

统治者透过征战开创理想的国际秩序，便是"王天下"。《经法·六分》记载：

王天下者，轻县国而重士，故国重而身安；贱财而贵有知，故功德而财生；贱身而贵有道，故身贵而令行。［故王］天下［者］，天下则之。霸王积甲士而征不备（服），诛禁当罪而不私其利，故令天下而莫敢不听。[1]

要称王，君主是关键，但是也不能欠缺能臣和民众。称王天下强调的不是夺取现实利益，而是让政治运作符合道理。当国内秩序趋于理想时，国际秩序应当同时构筑，如"审知四度，可以定天下，可安一国。顺治其内，逆用于外，功成而伤。逆治其内，顺用其（于）外，功成而亡。内外皆逆，是谓重殃，身危为（有）戮，国危破亡。内外皆顺，功成而不废，后不逢殃"[2]。统治者审知四度，将毕其功于一役，使国内和国际秩序同时臻于理想化。

---

〔1〕 陈鼓应注译《黄帝四经今注今译·经法·六分》，第419页。
〔2〕 陈鼓应注译《黄帝四经今注今译·经法·四度》，第420页。

仙道与自然

——葛洪《抱朴子内篇》中的自然概念探析

萧　平[*]

[内容提要]

　　"自然"是葛洪仙道学说中的重要概念，既指天地万物（包括人类）的实体性存在，又指万物依照本性的存在状态。天地万物都是自然生成的，而"玄"是一切自然之物的终极本原。自然的第二层含义具有层级性。首先，葛洪将自然命定论分为两个层次：一是后天的自然之化，他批判早期道家的自然生死观，反对放任生命的纯粹自然演化，提倡学道服丹；二是先天的自然之命，他主张神仙之命是先天自然所禀，宣扬"仙命论"。其次，葛洪将"后天的自然之化"分为两种。一是纯粹的自然之化。他认为炼制之物可胜过纯粹自然之物，即人为胜过自然，这种"自然"是指纯粹的物性。二是融和人为的自然之化。他认为炼养服食遵循了万物的自然之性，本身就是自然之道的体现，即人为属于自然。这种"自然"是万物变化的终极依据，也是衡量炼养服食的标准。葛洪的仙道学说彰显了自然概念中的自由精神，但也因仙命论而抑制了人的主体性，故终不免虚幻。

[关键词]

葛洪；自然；自然命定论；仙命；炼养服食

----

* 萧平，湖南师范大学公共管理学院哲学系副教授，哲学博士。本文系国家社科基金项目"唐宋时期道家的自然观念及其与儒家、佛教思想的互动研究"（22BZX047）阶段性成果。

葛洪是东晋著名的道教学者，道教理论家、炼丹家，《抱朴子内篇》是他关于道教神仙学说的重要论著。长期以来，学界主要从神仙、丹道、养生、伦理、美学等角度对该书展开研究，也有一些学者探讨了书中的自然观，[1] 但都缺乏对"自然"概念的分析。本文尝试对该书的"自然"概念进行辨析，理清其内在结构与张力，进而从道家自然概念演变史的角度对"自然"加以反思。

一、玄者，自然之始祖

魏晋时期的学者们仍然关注着宇宙万物的本原问题，关心天地万物以及人类自身的存在根据问题。上述两个问题，前者可以演化出宇宙万物的生成论，从先秦至汉代，这种学说延绵不绝；后者可以发展出存有论，先秦道家已开其端，至魏晋玄学时始盛。葛洪则在这两方面都有所继承。

（一）以"玄"为本根的存有论

葛洪在《抱朴子内篇》的开篇即《畅玄》篇明确提出："玄者，自然之始祖，而万殊之大宗也。眇眛乎其深也，故称微焉。绵邈乎其远也，故称妙焉。"[2] 学界一般认为葛洪所讲的"玄"受扬雄的影响，笔者以为证据稍显不足。[3] 从观念

---

[1] 主要研究有陈克文《葛洪〈抱朴子内篇〉的自然哲学思想及其现代意义》《江汉论坛》1996 年第 10 期。戴建平《葛洪自然观探讨》，《中国道教》2000 年第 2 期。戴建平《葛洪自然观再探》，《淮阴师范学院学报（哲学社会科学版）》2002 年第 3 期。叶淑茵《葛洪的神仙思想及其名教与自然的调和》，《华冈哲学学报》2010 年第 2 期。刘诗阳《葛洪自然哲学思想研究》，湘潭大学 2013 年硕士论文。

[2] 王明《抱朴子内篇校释》（增订本），中华书局 1985 年版，第 1 页。

[3] 王明先生认为："此所谓玄，原自汉代扬雄之《太玄》，非魏晋玄学之玄。此论玄为宇宙之本体，尤着重于玄道。玄道亦即玄一之道。"参见《抱朴子内篇校释》（增订本），第 4 页。徐仪明、冷天吉认为葛洪继承了扬雄的太玄思想，参见《〈抱朴子〉与中国文化》，河南大学出版社 1998 年版，第 35 页。卢央、周立升等亦持此说（卢说见《葛洪评传》，南京大学出版社 2006 年版，第 203-204 页；周说见《评葛洪的仙道观》，杨世华主编《葛洪研究二集》，华中师范大学出版社 2008 年版，第 166 页）。但葛洪究竟在多大程度上受扬雄思想的影响，这是值得重新思考的问题。《抱朴子外篇》一共提及扬雄（含扬子云、扬云）7 次，《抱朴子内篇》提及 1 次，内外篇提及《太玄》仅 1 次，且无明确引用扬雄论著，似乎不宜据此论断葛洪受扬雄思想影响。事实上卢央也指出，"葛洪对扬雄的太玄体系兴趣有多大，不得而知。但据葛洪的兴趣来推想，可能也不会引起他太深入的关注。"参见《葛洪评传》，第 205 页。

的来源看，这里的"玄"应本源于《老子》。《老子》一书中多次谈到"玄"，第一章就明确提出"同谓之玄""玄之又玄"。此外，还提出"玄德""玄牝""玄同""玄鉴"等概念。《说文解字·玄部》曰："玄，幽远也。"引申为"深奥""玄妙""幽冥"，故葛洪常以"深""微""远""妙"等来描述"玄"。[1]《畅玄》篇首两段论述"玄"的文字显然是祖述《老子》第三十九章，与《庄子·大宗师》《淮南子·原道》中对"道"的描述一致。可见葛洪所讲的"玄"本质上就是"道"，或曰"玄道"，或曰"一"，这三个概念可以说是"同义异名"，[2]都是指宇宙万物的终极本原。"自然之始祖"与"万殊之大宗"实为互文。关于"万殊"，《淮南子·本经训》曰："包裹风俗，斟酌万殊。"[3]"万殊"指各种不同的现象与事物，是一种实体性存在，与之对应的"自然"显然就是指一切依照自身本性存在的事物。"自然"在这里作名词，指一种实体性存在，不过其含义不同于自然科学上的"自然界"（nature），因为这里的"自然"并非与"人"相对的作为对象物或"集合体"意义上的"自然界"[4]，它还包括人在内。很显然，"自然"概念在葛洪这里已经具有了实体性含义。"玄者，自然之始祖"意味着"玄道"是一切自然存在物的本原。"自然"的第一层含义是指一切依照自身本性存在的事物。

（二）天地万物的自然生成论

既然天地万物（包括人类）都是依照自身本性而存在的事物，统称为"自然"，那么天地万物是如何形成的呢？葛洪在《塞难》篇中认为：

浑茫剖判，清浊以陈，或升而动，或降而静，彼天地犹不知所以然也。万物感气，并亦自然，与彼天地，各为一物，但成有先后，体有巨细耳。有天地之大，故觉万物之小。有万物之小，故觉天地之大。且夫腹背虽包围五脏，而五脏非腹背之

---

[1] 王弼也曾使用这几个观念来阐述"道"，《老子指略》曰："'玄'也者，取乎幽冥之所出也；'深'也者，取乎探赜而不可究也；'大'也者，取乎弥纶而不可极也；'远'也者，取乎绵邈而不可及也；'微'也者，取乎幽微而不可睹也。"参见王弼著，楼宇烈校释《王弼集校释》，中华书局1980年版，第196页。

[2] 胡孚琛《魏晋神仙道教》，人民出版社1989年版，第200页。

[3] 刘文典《淮南鸿烈集解》，中华书局1980年版，第249页。

[4] 魏晋时期学者们使用的"自然"概念是否具有实体性的含义，学界一直有分歧。详见萧平《老庄自然观念新探》，花木兰文化出版社2015年版，第22—23页。

所作也。肌肤虽缠裹血气，而血气非肌肤之所造也。天地虽含囊万物，而万物非天地之所为也。譬犹草木之因山林以萌秀，而山林非有事焉。鱼鳖之托水泽以产育，而水泽非有为焉。俗人见天地之大也，以万物之小也，因曰天地为万物之父母，万物为天地之子孙。[1]

葛洪继承了汉代流行的元气论，认为宇宙原本是混沌的状态，混沌分化，由此有了清浊之分，清气上升为天，浊气下降为地，万物就在天地之间的"气"中感应而生。葛洪以"并亦自然"来解释万物的形成，"并亦"表明"万物"和"天地"形成的本质特征都是"自然"。葛洪以"不知所以然"来谈天地的形成，以"自然"论万物的成形，实际上已经将"自然"视为"不知所以然"。[2]"不知所以然"意味着造成天地存在状态（"然"）的原因不明，故将这种存在状态（"然"）归之于"自"所指代的对象自身，此即是自然。天地万物都是自然而生。这种自然生成论承认天地万物之间存在着客观的联系，但否认这种联系的目的性。天地与万物各自为体，形体有大有小，形成有先有后，但本质上都源于"气"。天地虽然包囊万物，但万物并不是天地所"生"，因此不能将天地视为万物之父母，亦不能将万物视为天地之子孙。这一观点有别于庄子的"天地者，万物之父母也"[3]。葛洪主张"天道无为，任物自然"[4]，万物之外并没有一个主宰式的存在，天地万物都是自然生成的，它们客观上虽然互相作用，但却无目的、无意

---

[1] 王明《抱朴子内篇校释》（增订本），第136-137页。

[2] 将"自然"诠释为"不知其所以然"渊源有自，最早《庄子》中就有类似表述，如《庄子·秋水》："今予动吾天机，而不知其所以然。"《庄子·达生》："不知吾所以然而然，命也。"王叔岷所辑《庄子》佚文亦云："不知所以然而然，故曰自然。"参见《庄子校诠》，中华书局2007年版，第704页。此外，王弼、郭象等都将"自然"诠释为"不知其所以然"。详见萧平《再论郭象〈庄子注〉中的自然观念》，王中江主编《老子学集刊》第3辑，中国社会科学出版社2019年版，第334页。

[3] 郭庆藩《庄子集释》，中华书局2004年版，第632页。

[4] 王明《抱朴子内篇校释》（增订本），第136页。

志，[1]天地万物都处在自然状态中。由此可见，"自然"的第二层含义是指事物依据自身本性发展所呈现出来的状态，这种状态同时又是不知其所以然而然的，因而具有神秘性。

总的来看，玄本论是葛洪仙道学说的理论基础，《畅玄》中提出"其唯玄道，可与为永"，表明人只有与"玄道"合一才能实现永生，而修道成仙正是唯一的方式。葛洪虽然认为天地万物（包括人类）都是自然生成的，但他的仙道学说主要是探讨人的成仙问题，因此必然要反对放任人之生命的自然生死，而主张通过修炼丹道来超越自然生命以获得永生。这就涉及"人为"与"自然"的关系问题。

二、学道服丹，诚非自然

"自然"是早期道家哲学的重要概念，主要包括两层含义：一是指根源于道的原初本性以及依照这种本性的存在状态，其本质是指物自身内在的必然性，因此可以称之为"物之自然"；二是指人自主而然的存在状态，其本质是指人的自觉与自由，因此可以称之为"人之自然"。[2]"自然"的这两层内涵之间存在着张力，人在追寻自由的过程中不得不遵循万物之性，尤其要面对人作为"物"所具有的必然性，如生老病死。庄子认为，人这种生命体的生死是自然（必然）的，因此，他反对各种违背自然去积极增益生命的做法，主张"常因自然而不益生"。[3]然而道教形成后，各种炼养服食等方术都是为了寻求长生以及成仙。那么，葛洪是如何看待早期道家的这种自然生死论？又将如何处理"自然"与"炼养服食"之间的关系呢？

---

[1] 这一思想其实源自老子的"天地不仁，以万物为刍狗"。王弼注曰："天地任自然，无为无造，万物自相治理，故不仁也。……地不为兽生刍，而兽食刍；不为人生狗，而人食狗。"参见《王弼集校释》，第13页。郭象注释《庄子》也阐发了类似观点，如注《齐物论》曰："故彼我相因，形景俱生，虽复玄合，而非待也。明斯理也，将使万物各反所宗于体中而不待乎外，外无所谢而内无所矜，是以诱然皆生而不知所以生，同焉皆得而不知所以得也。今罔两之因景，犹云俱生而非待也，则万物虽聚而共成乎天，而皆历然莫不独见矣。"参见郭庆藩《庄子集释》，第112页。
[2] 萧平《老庄自然观念新探》，第50—52页。
[3] 郭庆藩《庄子集释》，第221页。

（一）批判自然生死论，主张神仙存在

针对葛洪的仙道学说，有论敌提出了质疑：

> 夫有始者必有卒，有存者必有亡。故三五丘旦之圣，弃疾良平之智，端婴随郦之辩，贲育五丁之勇，而咸死者，人理之常然，必至之大端也。徒闻有先霜而枯瘁，当夏而凋青，含穗而不秀，未实而萎零，未闻有享于万年之寿，久视不已之期者矣。故古人学不求仙，言不语怪，杜彼异端，守此自然，推龟鹤于别类，以死生为朝暮也。[1]

早期道家认为，生命体作为具体的"物"而存在，必然有生死，此即庄子所说的"物有死生"[2]。庄子又曰："死生，命也，其有夜旦之常，天也。"[3]"命"意味着"必然"，是恒常存在的规律，亦即"天然"。"以死生为朝暮"表达的正是一种自然生死论。如果说"物有死生"是早期道家在生命观上的基本主张，那么"道无终始"[4]则是道家与道教共同追求超越的终极依据。不过早期道家并不主张作为有形生命体的人可以成仙，他们追求人精神的永恒与超越；而道教则强调人可以通过修炼肉身来实现与道合一，通过成仙而获得永生。作为道教徒的葛洪反对万物必然有死之说，对早期道家的自然生死观进行了批判：

> 又五千文虽出老子，然皆泛论较略耳。其中了不肯首尾全举其事，有可承按者也。但暗诵此经，而不得要道，直为徒劳耳，又况不及者乎？至于文子庄子关令尹喜之徒，其属文笔，虽祖述黄老，宪章玄虚，但演其大旨，永无至言。或复齐死生，谓无异以存活为徭役，以殂殁为休息，其去神仙，已千亿里矣，岂足耽玩哉？[5]

葛洪认为，《老子》一书很简略，书中精义并没有讲得特别透彻，还需要阐发，如果不能领会其旨意而一味地背诵，无益于仙道。庄子等人则没有讲出关于仙道的任何"真理"。他尤其反对庄子的齐死生之说，认为那种将活着看作是累赘、

[1] 王明《抱朴子内篇校释》（增订本），第12页。
[2] 郭庆藩《庄子集释》，第584页。
[3] 郭庆藩《庄子集释》，第241页。
[4] 郭庆藩《庄子集释》，第584页。
[5] 王明《抱朴子内篇校释》（增订本），第151页。

将死亡看作是解脱的思想与仙道学说相去甚远[1]，不值得重视。但同时，葛洪认为老庄其实也蕴含着长生的思想：

> 老子以长生久视为业，而庄周贵于摇尾涂中，不为被网之龟，被绣之牛，饿而求粟于河侯，以此知其不能齐死生也。[2]

葛洪显然意识到早期道家的生命观中本来就蕴含着一些"矛盾"的说法[3]：既主张生死自然，又主张养生长生。而老庄关于养生的思想客观上恰好为后世道教所发挥，尤其是用来论证长生与成仙。

（二）批判自然命定论，主张炼养服食成仙

魏晋时期，社会阶层固化，门阀制度盛行，社会上弥漫着浓厚的命定论，针对葛洪的仙道思想，有人提出了质疑：

> 或云见鬼者，在男为觋，在女为巫，当须自然，非可学而得。[4]

> 人中之有老彭，犹木中之有松柏，禀之自然，何可学得乎？[5]

> 富贵之家，岂乏医术，而更不寿，是命有自然也。[6]

命定论者认为，经验世界中人的寿夭以及特异功能等，都是命中注定的，天生自然如此，并不能通过后天的学习或修炼来实现。这种思想在魏晋时期颇为流行，如嵇康在《养生论》中就指出："夫神仙虽不目见，然记籍所载，前史所传，较而论之，其有必矣；似特受异气，禀之自然，非积学所能致也。"[7] 尽管嵇康和葛洪一样承认神仙存在，但他认为神仙禀受了某种特异之气，是自然如此，不是后天修为所致。这里的"自然"意味着"必然的""与生俱来的""命中注定的"，指一种先天的自然，而"学"是后天的活动。那么葛洪该如何处理这两者的关系呢？

---

[1] 庄子认为顺道之"死"乃是一种悬解，详见蔡林波《庄子"悬解"思想稽论》，《湖南大学学报（社会科学版）》2022年第1期。
[2] 王明《抱朴子内篇校释》（增订本），第253—254页。
[3] 卿希泰曾指出，葛洪长生不死的神仙理论，从根本上又是和道家主张的齐死生这一学说相对的，当道家学说和他的这一理论发生矛盾时，他就在同篇著作中对道家学说进行攻击。参见《从葛洪论儒道关系看神仙道教理论特点》，刘固盛、刘玲娣主编《葛洪研究论集》，华中师范大学出版社2006年版，第109页。
[4] 王明《抱朴子内篇校释》（增订本），第20页。
[5] 王明《抱朴子内篇校释》（增订本），第46页。
[6] 王明《抱朴子内篇校释》（增订本），第112页。
[7] 嵇康《养生论》，戴明扬校注《嵇康集校注》，中华书局2014年版，第252—253页。

对于这种质疑，葛洪主要从三个层面进行了反驳。

1. 人为炼制之物可以超越纯粹自然生成之物

葛洪是炼丹家，他熟知各种炼制之物，在《论仙》篇中，他说：

外国作水精椀，实是合五种灰以作之。今交广多有得其法而铸作之者。今以此语俗人，俗人殊不肯信。乃云水精本自然之物，玉石之类。况于世间，幸有自然之金，俗人当何信其有可作之理哉。[1]

葛洪认为，除了纯粹自然生成之物外，世间还有炼制之物。水精本为纯粹自然之物，然而却可以通过多种物质混杂而制作出来，世人往往不相信这一点。幸亏世间既有纯粹自然生成之金，又有人工炼制之金，两相比较就可以解除世人的疑惑。葛洪进而谈论宇宙万物的变化：

人之为物，贵性最灵，而男女易形，为鹤为石，为虎为猿，为沙为鼋，又不少焉。至于高山为渊，深谷为陵，此亦大物之变化。变化者，乃天地之自然，何为嫌金银之不可以异物作乎？譬诸阳燧所得之火，方诸所得之水，与常水火，岂有别哉？蛇之成龙，茅糁为膏，亦与自生者无异也。然其根源之所缘由，皆自然之感致，非穷理尽性者，不能知其指归，非原始见终者，不能得其情状也。[2]

葛洪认为"变化者，乃天地之自然"，这意味着经验世界中万物的变化都是自然的，[3] 而这些变化既有纯粹的自然演化，又有人为促成的变化。万物之所以能产生变化，根源在于万物之间的物性自然相感，这种"自然之感致"颇具神秘性，不是一般人所能洞察的，只有那种能穷究万物的道理与本性、从考察事物的开始就能预知其结果的人才能明白。正是基于此，葛洪认为金银也完全可以通过人为加工而从其他事物的变化中产生出来，并且人为炼制之物还可以达到与纯粹自然之物无差别的程度。他甚至认为，人工炼制之物还有可能超过纯粹自然之物："又化作之金，乃是诸药之精，胜于自然者也。"[4]（《黄白》）既然炼养服食等方术可以巧

---

[1] 王明《抱朴子内篇校释》（增订本），第 22 页。

[2] 王明《抱朴子内篇校释》（增订本），第 284 页。

[3] 胡孚琛认为，这种物质变化的思想，同道士追求超自然力的变化之术不同，明显地是道教学者在古代化学实验的细密观察中总结出来的，是一种自发的辩证自然观。参见《魏晋神仙道教》，第219 页。

[4] 王明《抱朴子内篇校释》（增订本），第 286 页。

夺天工，制造出超越天然药石之功效的丹药，那么通过炼养服食来超越经验世界中自然生命的限度并最终实现长寿与成仙也就成为可能。换言之，人的形体作为"物"固然是自然生成的，但人是万物之灵，可以对自己的肉身进行加工和改造，从而比纯粹自然之"身"更为长寿，直至成仙。

2. 炼制活动是自然之道的体现

魏晋时期，外丹术已经风行，然而一项成功的炼制活动必然要遵循一定的原则。对此，葛洪在《黄白》篇中说：

> 仙经云，丹精生金。此是以丹作金之说也。故山中有丹砂，其下多有金。且夫作金成则为真物，中表如一，百炼不减。故其方曰，可以为钉，明其坚劲也。此则得夫自然之道也。故其能之，何谓诈乎？……夫芝菌者，自然而生，而仙经有以五石五木种芝，芝生，取而服之，亦与自然芝无异，俱令人长生，此亦作金之类也。雉化为蜃，雀化为蛤，与自然者正同。故仙经曰，流珠九转，父不语子，化为黄白，自然相使。……又曰，金银可自作，自然之性也，长生可学得者也。[1]

葛洪认为，丹砂之所以能炼制成真金，乃是因为炼制活动遵循了"物"的自然之性，促成其相互作用。可见炼制活动本身就是自然之道的体现，不应将炼丹术称为诈术。由此可见，葛洪已经突破了自然与人为的对立，"自然"概念出现了层级性。一方面，万物之所以能产生变化，根源在于自然之性的相互作用，人为的炼制活动也必然要遵循这种"自然"，成功的炼制活动本身就是"自然之道"的体现。因此，"自然"是最高的准则，人为从属于自然，人为也能体现自然。另一方面，人为炼制之物可以超越纯粹自然之物，即"人为"促成事物的自然之化胜过"纯粹"的自然演化，"人为"可以胜过"自然"，这里的"自然"是指非人为的纯粹物性演化。这种"自然"并不是一种理想的状态，这就为炼养服食等人为活动改造和超越这种"自然"进行了辩护。

3. 成仙在于学道服食，非放任生命的自然演化

葛洪在《对俗》篇中指出：

> 夫陶冶造化，莫灵于人。故达其浅者，则能役用万物，得其深者，则能长生久

---

[1] 王明《抱朴子内篇校释》（增订本），第287页。

视。知上药之延年，故服其药以求仙。知龟鹤之遐寿，故效其道引以增年。且夫松柏枝叶，与众木则别。龟鹤体貌，与众虫则殊。至于彭老犹是人耳，非异类而寿独长者，由于得道，非自然也。[1]

人类是万物之灵，这种"灵"主要体现在既能役使万物，又能通过效法天地之间长寿物种的生存方式，以各种方术来益寿延年，从而实现长生久视。彭祖与老聃都属于人，并非其他物种，他们的长寿不是放任生命自然演化的结果，而是通过修炼而得道。葛洪主张积极开发人类自身的天赋灵根，反对将人这种生命体降低到没有自觉意识的万物层次，从而进入那种纯粹的物性演化。葛洪甚至主张以"学道服丹"来改造纯粹的自然之化：

元君者，大神仙之人也，能调和阴阳，役使鬼神风雨，骖驾九龙十二白虎，天下众仙皆隶焉，犹自言亦本学道服丹之所致也，非自然也。[2]

"元君"被认为是老子之师，是神通广大的仙人，但他也认为自己是学道服丹所致，并非天生的仙人。由此可见，仙人并非生命体纯粹自然演化的结果，而是通过学道修炼而成。此外，葛洪还注意到现实中的某些人顺任自然生命而长寿的现象，他指出："任自然无方者，未必不有终其天年者也，然不可以值暴鬼之横枉，大疫之流行，则无以却之矣。"[3] 完全放任生命的自然演化而不通过方术等来修炼，偶尔也有享尽天年的现象，然而一旦遇到鬼神与疾病的侵害，就无法全身，更谈不上长生和成仙了。葛洪主张人通过修道服食来得道成仙，认为人的生命应当由人自觉主宰，不应放任生命的自然演化，他曾引用《龟甲文》曰："我命在我不在天，还丹成金亿万年。"[4]

然而葛洪终究不得不面对芸芸众生都在不断走向死亡这个事实，信仰神仙之道、崇尚炼养服食之术等各种后天的人为活动显然还不足以证成仙道学说，他必须寻求一种更强的论证。为了实现这个目的，葛洪实际上将自然命定论区分为先天的自然之命和后天的自然之化，他对早期道家自然生死观和魏晋时期自然命定论的批

---

〔1〕 王明《抱朴子内篇校释》（增订本），第46页。
〔2〕 王明《抱朴子内篇校释》（增订本），第76页。
〔3〕 王明《抱朴子内篇校释》（增订本），第177页。
〔4〕 王明《抱朴子内篇校释》（增订本），第287页。

判，都集中在后天的自然之化上，即他反对放任后天生命的自然演化，主张通过修炼学道等"人为"活动来积极改进生命的纯粹自然之化；同时他推崇先天的自然之命，并且将"命"确定为人先天所禀受的"神仙之气"或"神仙之命"。为了凸显这种特性，笔者称之为"仙命论"。当然，"仙命论"本质上就是一种宿命论。

三、神仙之气，自然所禀

针对葛洪的仙道学说，有人提出以下质疑：

皇穹至神，赋命宜均，何为使乔松凡人受不死之寿，而周孔大圣无久视之祚哉？[1]

仲尼亲见老氏而不从学道，何也？[2]

上天赋予众生性命，应当一律均等，为何凡人可以成为神仙而历史上的一些圣人却不能呢？像孔子那样的圣贤为何见了老子却不学仙道？显然，除了面对众生不能长生与成仙的问题外，葛洪还要面对上述质疑。葛洪对此的回答是"所禀有自然之命"[3]，要理解这种"自然之命"，就得考察他的仙命论。

命之脩短，实由所值，受气结胎，各有星宿。……命属生星，则其人必好仙道。好仙道者，求之亦必得也。命属死星，则其人亦不信仙道。不信仙道，则亦不自修其事也。所乐善否，判于所禀，移易予夺，非天所能。譬犹金石之消于炉冶，瓦器之甄于陶灶，虽由之以成形，而铜铁之利钝，甖罍之邪正，适遇所遭，非复炉灶之事也。[4]

葛洪认为，人的寿命长短实际上有一个先天的决定因素。人的生命在受气结胎之时，各自会遭逢相应的星宿。生命属于生星的，则必好仙道，因而会去追求仙道，且必然能成仙。反之，生命属于死星的，则不相信仙道，因而也就不会去炼养服食追求成仙。因此，成仙的关键就在于人先天所禀之气所属的星宿，即"仙与

[1] 王明《抱朴子内篇校释》（增订本），第136页。
[2] 王明《抱朴子内篇校释》（增订本），第139页。
[3] 王明《抱朴子内篇校释》（增订本），第139页。
[4] 王明《抱朴子内篇校释》（增订本），第136页。

不仙，决在所值"。[1]"所值"就是指所遭逢的命。可见，仙有仙命，凡有凡命。其实这种仙命论并非葛洪独创，当时一些道教经书已经在宣扬这种观点，这一点可从葛洪的频繁引证中看到：

按仙经以为诸得仙者，皆其受命偶值神仙之气，自然所禀。故胞胎之中，已含信道之性，及其有识，则心好其事，必遭明师而得其法，不然，则不信不求，求亦不得也。《玉钤经》主命原曰：人之吉凶，制在结胎受气之日，皆上得列宿之精。其值圣宿则圣，值贤宿则贤，值文宿则文，值武宿则武，值贵宿则贵，值富宿则富，值贱宿则贱，值贫宿则贫，值寿宿则寿，值仙宿则仙。……为人生本有定命，张车子之说是也。苟不受神仙之命，则必无好仙之心，未有心不好之而求其事者也，未有不求而得之者也。自古至今，有高才明达，而不信有仙者，有平平许人学而得仙者，甲虽多所鉴识而或蔽于仙，乙则多所不通而偏达其理，此岂非天命之所使然乎？[2]

仙人之所以成仙，都是因为生命形成之时偶然遭遇了神仙之气，这种"神仙之气"亦即"星宿之精"，相当于一种基因或材质，[3]是天然的禀受，非后天所能修为。这里既言"偶值"，又言"自然"，前者意味着一种偶然性，表明神仙之气并非人人都能遭遇，后者则意味着必然性和神秘性，表明禀受神仙之气是先天之事，非后天人为所能干预，并且谁禀受了神仙之气是神秘而不可预知的，因而禀受仙气实际上是"不知其所以然"之事，最终只能归结为"天命之所使然"。正因为在胞胎中已经包含了信奉仙道之性，[4]所以等到成形为人具有意识之后，就必然信奉仙道，进而追求仙道，并且必定会得到明师的指导而修炼成仙。由此可见，成仙的决定性条件在于禀受"神仙之气"，由此获得"神仙之命"，即"仙命"，[5]"仙命"决定了后天必然信仙、修仙并最终成仙。这样，葛洪实际上肯定了"人生

[1] 王明《抱朴子内篇校释》（增订本），第137页。
[2] 王明《抱朴子内篇校释》（增订本），第226页。
[3] 顾久将"气"理解为"运气"，译为"接受生命时偶尔遇到了神仙的运气"，笔者认为这种理解不正确。参见《抱朴子内篇全译》，贵州人民出版社1995年版，第312页。
[4] 王明指出，葛洪把宿命论与先验的人性论相互联系起来，又把宿命论跟神秘的胎气说联系起来。参见《论葛洪》，刘固盛、刘玲娣主编《葛洪研究论集》，第13页。
[5] 王明《抱朴子内篇校释》（增订本），第252页。

本有定命"，即承认先天自然之命的决定性作用。

　　然而，葛洪毕竟是一个丹道修炼的实践者，因而始终强调后天的修炼对于成仙的必要性：

　　其受命不应仙者，虽日见仙人成群在世，犹必谓彼自异种人，天下别有此物，或呼为鬼魅之变化，或云偶值于自然，岂有肯谓修为之所得哉？[1]

　　那些命中注定无法成仙的人，即便每天看到神仙在世，也必定认为他们是异种人，或者是鬼魅变化产生的，或者天生就是神仙。"偶值于自然"与上文的"受命偶值神仙之气，自然所禀"意思一致，都是强调偶然遭遇神仙之气，也就必然成仙。事实上，后天的修炼是成仙的必要条件。至此可知，葛洪一方面承认神仙都先天禀受仙命；另一方面，他始终批判后天放任生命的自然之化，[2]即神仙并非纯粹自然演化的结果，必须经过后天的炼养服食。他进一步阐述道：

　　夫人生先受精神于天地，后禀气血于父母，然不得明师，告之以度世之道，则无由免死，凿石有余焰，年命已凋颓矣。[3]

　　昔黄帝生而能言，役使百灵，可谓天授自然之体者也，犹复不能端坐而得道。[4]

　　人这种生命体禀受了天地之精神，受血气于父母而成形，但如果没有明师以成仙之道相告，则仍然不免一死。即便是黄帝那样的资质聪慧之人，生来具有完善的自然之体，但也不能端坐得道，而需要去勤求和修炼。可见葛洪在遵循自然之道的基础上，始终强调人的积极炼养服食行为，即通过人为活动来克服经验世界中纯粹自然变化的不足，从而改造身体，实现成仙。

四、结　语

　　在葛洪的思想中，"自然"无疑是一个重要的概念，同时又是一个十分复杂的

---

〔1〕　王明《抱朴子内篇校释》（增订本），第252页。

〔2〕　容肇祖认为，葛洪的"此种命定论，反对天造之命定，而承认星宿之命值。后来方士星命之学，以此开其先河"。参见《读抱朴子》，刘固盛、刘玲娣主编《葛洪研究论集》，第34页。

〔3〕　王明《抱朴子内篇校释》（增订本），第255页。

〔4〕　王明《抱朴子内篇校释》（增订本），第241页。

概念。在《抱朴子·内篇》中，"自然"首先是指一切依照自身本性存在的事物，是一种实体性存在。作为一个道教学者，葛洪建立了以玄为本的宗教哲学本体论，主张"玄道"为"自然"（实体性的自然之物）的终极本原。不过葛洪较少使用实体意义上的"自然"概念。其次，"自然"是指万物依照自身本性的发展所呈现出来的状态。葛洪认为，天道无为，任由万物依其本性发展，天地万物包括人类的这种整体存在状态就是"自然"，"自然之道"正是这种意义上的用法。然而葛洪在自然的这一层含义之下又作了两类区分，从而使得自然概念出现了层级性。

第一，葛洪将自然命定论分为两个层次：一是先天的自然之命，二是后天的自然之化。一方面，为了论证神仙的存在，他对建立在经验观察基础上的早期道家的自然生死观进行了批判，反对万物必然有死之说，相信"我命在我不在天"，主张将炼养服食等活动纳入后天的自然之化；另一方面，为了解释过往圣贤未能成仙以及芸芸众生终难成仙的现象，他相信人生所禀有"自然之命"，宣扬以"仙命论"为核心的先天自然之命本质上是一种宿命论。

第二，葛洪突破了人为与自然的对立，将"后天的自然之化"区分为纯粹的自然之化与人为促成的自然之化。一方面，葛洪认为人工炼制之物可以媲美甚至超过纯粹自然进化之物，因此炼养服食完全可以积极地改进人的自然生命，延年益寿，乃至成仙，因而他反对放任生命的自然演化。简言之，人为胜过自然，这种"自然"是指纯粹的物性，并不是理想的标准。另一方面，他又认为炼养服食的活动必须遵循万物的自然之性，成功的炼养服食本身就是自然之道的体现，简言之，人为属于自然。这种"自然"是宇宙万物变化的终极依据，也是衡量或评价炼制活动的重要标准。自然之道就是宇宙万物的最高准则，也就是葛洪所谓的"玄道"。诚然，这种自然是"不知所以然而然"，往往带有神秘性，微妙难识，非"受命应仙，穷理独见"[1] 之士不能窥其妙。

葛洪对自然概念的阐发无疑是道家自然概念演变史上的重要一环。早期道家的自然概念蕴含着人之自然（自由）与物之自然（必然）的张力，老子通过"无为"概念来协调两者的关系，主张"辅万物之自然而不敢为"，[2] 庄子主张"顺

---

[1] 王明《抱朴子内篇校释》（增订本），第 110 页。
[2] 王弼《王弼集校释》，第 166 页。

物自然而无容私焉",[1] 在顺任万物自然之性的基础上超越"物之自然"的束缚，最终实现人的精神自由。然而这种人之自然终究局限在人的精神层面，过于理想与玄妙。魏晋之际，玄风大畅，当士人们尝试将这种精神自由转入社会现实中时，适逢天下多故，以至于"名士少有全者"（《晋书·阮籍传》）。在这种混乱之世，道教的兴起为实现人之自然开辟了一片新的实践领域，早期道家自然概念的内在张力在葛洪这里表现为"炼养服食成仙"与"纯粹自然生死"之间的矛盾。只有长生与成仙才能彻底摆脱人作为纯粹自然生命体的生死之限，实现绝对的自由，故道教徒积极追求成仙的炼养服食等活动体现了他们对纯粹自然生命的改造与超越，本质上是一种追求自由的活动，彰显了早期道家自然概念中所蕴含的自由精神。葛洪尝试化解人为与自然的对立，积极阐扬人的天赋灵性，反对放任生命的自然演化，主张在遵循万物自然之性的基础上，通过炼养服食等活动来改进纯粹的自然生命，以求通达自然之玄道，这是对道家自然概念的创造性阐发，无疑具有重要的价值。然而，葛洪将神仙存在的逻辑可能性等同于现实性，不承认人这种生命体必然具有生死，在积极倡导炼养服食等彰显人主体性精神的活动之时，又宣扬仙命论，客观上抑制了人的自由精神，故其仙道学说终究不免虚幻。

---

[1] 郭庆藩《庄子集释》，第 294 页。

拓跋鲜卑神祇信仰与北魏帝王的儒治

刘世明[*]

[内容提要]

北魏，是由鲜卑拓跋氏建立的王朝。他们的帝王不仅对天地之神崇拜信仰，还依靠儒学教化来治理国家。这种现象，集中表现在天地五行与人生五德、尊奉佛老与帝王决策、神祇祭祀与儒家礼治三个方面。然而，无论是五行生克的循环还是佛道两教的宣扬，又或是神祇祭祀的盛行，其目的都是为了儒治：为了体恤下民、巩固王权；为了捍卫正统、永保江山。这种将神祇信仰与帝王治政的相融相合，也是中国历史上一道独特的风景，不同寻常。

[关键词]

拓跋鲜卑；神祇信仰；北魏；帝王；儒治

* 刘世明，山西大同大学文学院副教授，文学博士。本文系山西省高校哲学社会科学研究一般项目"北魏儒学建构与山西民族文化研究"（201803094）、山西大同大学云冈学研究专项课题"北魏经学研究"（2022YGZX010）阶段性成果。

在魏晋南北朝时期，"鲜卑"是一个被叫得非常响亮的名字。因为，此民族创造了属于那个时代的辉煌。他们从大鲜卑山出发，逐渐分为段、秃发、拓跋、乞伏、柔然、慕容、宇文、吐谷浑等部族，而其中的拓跋鲜卑竟然建立了历史上赫赫有名的北魏王朝，统治中国北方地区长达 148 年。

北魏历史，共诞生了 14 位皇帝，[1] 然而其中大多夭折（寿命最短的孝明帝十九岁，享年最长的太武帝四十五岁）。他们虽然命短，虽然是少数民族君王，但其统治国家却都选择了中华正统的儒学。只不过，拓跋鲜卑自始便有一种习俗，即对天地之神的崇拜，我们称其为"神祇信仰"。如道武帝拓跋珪所言，"惟神祇其丕祚于魏室，永绥四方"[2]；又如太武帝拓跋焘所说，"蹈履锋刃，与朕均劳，赖神祇之助"[3]；等等。翻开有关北魏的史籍，处处都是神祇信仰与帝王儒治的融合。现在，我们便对这一问题进行具体的分析。

一、天地五行与人生五德

《尚书·洪范》曰："五行：一曰水，二曰火，三曰木，四曰金，五曰土。"[4]可见，金、木、水、火、土就是天地之五行。自然界有五行相生相克、交互更替，其内化到人类本身，亦有"五德"与之相匹配。"五德者，仁、义、礼、智、信也。"[5]北魏帝王正是出于对天地五行的敬畏与依赖，才选择了以德慎行、以儒治国。对此现象，我们可从以下三方面进行考察。

首先，拓跋鲜卑对数字"五"的推崇。北魏太祖皇帝拓跋珪一登基，便"诏有司正封畿，制郊甸，端径术，标道里，平五权，较五量，定五度"[6]。之后，

---

[1] 《魏书》与《北史》记载的北魏皇帝有13位，其中包括被拓跋濬追尊的景穆帝拓跋晃。但目前学界普遍认为拓跋晃生前未称帝，不应当列，而应当把南安王拓跋余和东海王元晔算在内，共计14位。

[2] 道武帝《即位告祭天地祝文》，《全上古三代秦汉三国六朝文·全后魏文》卷1，中华书局1958年版，第3512页。

[3] 太武帝《行庆赏诏》，《全上古三代秦汉三国六朝文·全后魏文》卷1，第3513页。

[4] 《尚书正义》卷11，《十三经注疏》整理本，上海古籍出版社2007年版，第452页。

[5] 黄省曾《申鉴注》，《文渊阁四库全书》第696册，上海古籍出版社2003年版，第435页。

[6] 《魏书》卷2《太祖纪》，中华书局1974年版，第33页。

文成帝拓跋濬"开窟五所"[1]，孝文帝拓跋宏议定五德，宣武帝元恪使"五典沦而复显"[2]，孝明帝元诩更是"迎气五郊"[3]、"制五时朝服"[4]、"祭五世之礼"[5]。这些，都可见北魏帝王对数字"五"的一种推崇心理。因何会出现这种现象？归根到底，都是为了儒治，为了争取正统，为了使拓跋鲜卑尽早地汉化。

《魏书·序纪》曰："昔黄帝有子二十五人，或内列诸华，或外分荒服。昌意少子，受封北土，国有大鲜卑山，因以为号。黄帝以土德王，北俗谓土为托，谓后为跋，故以为氏。"[6]《御批历代通鉴辑览》又曰："黄，土色，汉据土德，故尚黄；数用五，土数五，故用五。"[7] 可见，黄帝之时，大汉之世，德皆为土，色皆以黄，数皆用五。而道武帝拓跋珪在建国之初就齐聚官员于天文殿，"诏百司议定行次，尚书崔玄伯等奏从土德，服色尚黄，数用五"[8]。可见，北魏帝王颁布这样的诏令，就是要向天下人宣布自己是黄帝的后人，是大汉王朝真正的继承者。也只有这样，鲜卑人才可以名正言顺地做中华正统，使天下所有的百姓都臣服于拓跋家族。

其次，五行生克。五行相生相克，是大自然本有的规律。而北魏王朝尤重水与火，这一点可从孝文帝诏令"先恒有水火之神四十余名"[9] 见出。翻开《魏书》，几乎每一卷都会提到北魏时代的水旱灾害，如：孝文帝时"州镇二十余水旱"[10]，宣武帝时"水旱互侵，频年饥俭"[11]，孝明帝时"雨旱愆时，星运舛错"[12]，等等。对此水旱互侵的困境，北魏帝王想到的唯一办法就是祭祀。《魏书·礼志》云："有水旱灾厉，则牧守各随其界内祈谒，其祭皆用牲。王畿内诸山川，皆列祀

---

[1] 《魏书》卷114《释老志》，第3037页。

[2] 《魏书》卷108《礼志》，第2759页。

[3] 《魏书》卷108《礼志》，第2817页。

[4] 《魏书》卷108《礼志》，第2817页。

[5] 《魏书》卷108《礼志》，第2769页。

[6] 《魏书》卷1《序纪》，第1页。

[7] 傅恒《御批历代通鉴辑览》，《文渊阁四库全书》第335册，第396页。

[8] 《魏书》卷2《太祖纪》，第34页。

[9] 孝文帝《罢祀水火等神诏》，《全上古三代秦汉三国六朝文·全后魏文》卷5，第3535页。

[10] 《魏书》卷7《高祖纪》，第146页。

[11] 《魏书》卷8《世宗纪》，第213页。

[12] 《魏书》卷9《肃宗纪》，第235页。

次祭，各有水旱则祷之。"〔1〕可见，遇水旱之灾，必向山川神灵祈祷。而祈祷的效果，自然非常灵验。如太宗拓跋嗣"祀皇天上帝，以山神配，旱则祷之，多有效"〔2〕，显祖拓跋弘"旱，亲祈皇天，日月五星于苑中，祭之夕大雨"〔3〕，高祖拓跋宏"祈雨于北苑，闭阳门，是日澍雨大洽"〔4〕。旱属火，火盛则以水克之，此乃顺应五行也。而北魏帝王之所以忙于祭祀神祇，主要原因是安抚下民，防止百姓造反。他们认为，国家出现水旱灾害正是由自己不修德政、不体恤下民所导致。因此，北魏帝王便常常责己慎刑，以良好的德行来治理彼时的家国。世宗元恪曰："朕以匪德，政刑多舛，阳旱历旬，京甸枯瘁，在予之责，夙宵疚怀"〔5〕，肃宗元诩曰："时泽弗降，禾稼形损，在予之责，夙宵震惧"〔6〕，而孝文帝拓跋宏更是颁布《久旱得雨诏》："炎阳爽节，秋零卷澍，在予之责，实深悚栗，故辍膳三晨，以命上诉。灵鉴诚款，曲流云液。虽休勿休，宁敢怠怠。将有贤人湛德，高士凝栖，虽加铨采，未能招致。其精访幽谷，举兹贤彦，直言极谏，匡予不及。又邪佞毁朝，固唯治蠹，贪夫窃位，大政以亏。主者弹劾不肖，明黜盗禄。又法为治要，民命尤重，在京之囚，悉命条奏，朕将亲案，以时议决。又疾苦六极，人神所矜，宜时访恤，以拯穷废。鳏寡困乏、不能自存者，明加矜恤，令得存济。又轻徭薄赋，君人常理，岁中恒役，具以状闻。又夫妇之道，生民所先，仲春奔会，礼有达式，男女失时者，以礼会之。"〔7〕可见，发生旱灾，君王首先从自身找原因，然后便开始实行减膳彻悬、修德慎刑、矜恤鳏寡、招贤访幽、轻徭薄赋、礼会男女等儒治措施。这些，毫无疑问，都是为了更好地抚恤民心、安定社会。

除水旱祈神外，生克之理还体现在五行的失衡与动乱之上。天地五行消长互融，有一极盛，则灾祸必临。《魏书·灵徵志》记载："金像每流汗，国有事

---

〔1〕《魏书》卷108《礼志》，第2737页。
〔2〕《魏书》卷108《礼志》，第2736页。
〔3〕《魏书》卷108《礼志》，第2740页。
〔4〕《魏书》卷7《高祖纪》，第147页。
〔5〕《魏书》卷8《世宗纪》，第197页。
〔6〕《魏书》卷9《肃宗纪》，第232页。
〔7〕孝文帝《久旱得雨诏》，《全上古三代秦汉三国六朝文·全后魏文》卷6，第3544页。

变"[1]、"京师地震,沙门法秀谋反"[2]、"山崩泉涌,齐代魏之征"[3],等等,皆神祇震动、降祸于民之事也。此类五行怪象,则又一次触发帝王马上去敬奉神灵、施行儒治。如《全后魏文》所记献文帝"承天事神,以育群品"[4],孝文帝"祇崇至法,清敬神道"[5],尤其是遇到日食月食这类特殊景观时,帝王必定会认为"日蚀修德,月蚀修刑。乃癸巳夜月蚀尽,公卿已下,宜慎刑罚,以答天意"[6]。见五行异象,预兆国将有事,于是帝王立即清敬神灵、尊奉天命、修德慎刑以克之。这,便是北魏时期五行与儒治的第一层关系。

最后,五德终始。五德,既指金、木、水、火、土五种德性,又指仁、义、礼、智、信五种德行。而以五行周而复始之运转来看王朝的兴衰,就是历史上有名的五德终始说。战国末年,邹衍曾说:"五德各以所胜为行,秦谓周为火德,灭火者水,故自谓水德。"[7] 对此,北魏帝王深信不疑。开国之初,拓跋珪以黄帝之色定行次为土德;亡国之时,元善见又依五行递运禅位于高洋。以五德论国运最为显著的北魏帝王,则非孝文帝拓跋宏莫属了。他令文武百官齐聚朝堂,大谈五德相承相袭之道,势必要给北魏王朝定一个合适的行次不可。此论争辩最激烈者有二:一为高闾,依土德;一为李彪,倡水德。高闾认为,"(汉)承周为火德,(曹)魏承汉,火生土,故(曹)魏为土德。晋承魏,土生金,故晋为金德。赵承晋,金生水,故赵为水德。燕承赵,水生木,故燕为木德。秦承燕,木生火,故秦为火德。以魏承秦,魏为土德。"[8] 李彪则以为,"晋室之沦,平文始大,庙号太祖,抑亦有由。绍晋定德,孰曰不可"[9]。第二年正月,穆亮、陆叡、元孙、冯诞、游明根、邓侍祖、李恺、郭祚、卫庆、封琳、崔挺、贾元寿等臣共同奏议道:"晋既灭亡,天命在我。赵、秦、二燕虽地据中华,德祚微浅,并获推叙,于理未惬。

[1] 《魏书》卷 112《灵徵志》,第 2916 页。
[2] 《魏书》卷 112《灵徵志》,第 2894 页。
[3] 《魏书》卷 112《灵徵志》,第 2899 页。
[4] 献文帝《诏群祀无用牲》,《全上古三代秦汉三国六朝文·全后魏文》卷 2,第 3522 页。
[5] 孝文帝《立崇虚寺诏》,《全上古三代秦汉三国六朝文·全后魏文》卷 5,第 3535 页。
[6] 《魏书》卷 7《高祖纪》,第 164 页。
[7] 《汉书》卷 25《郊祀志》,中华书局 1962 年版,第 1204 页。
[8] 高闾《五德议》,《全上古三代秦汉三国六朝文·全后魏文》卷 30,第 3665 页。
[9] 《魏书》卷 108《礼志》,第 2746 页。

今欲从彪等所议，宜承晋为水德。"[1] 经过将近一年的辩论，孝文帝最终决定改革北魏的行次，废除土德，"依为水德，祖申腊辰"[2]。然究其原因，拓跋宏还是在争一个"正统"的名号。高闾所言土德，承袭的是苻坚的前秦帝国。而孝文帝根本看不起苻秦、石赵、二燕等小国，他认为大魏要承接的是中华正统的晋朝。因此，他要改革行次，废土为水以得正统。当然，运代相承不袭五胡诸国，而是承继中原两晋，还有一个重要的原因，那就是汉化。语言、服饰、礼制等方方面面都在汉化，五德也不例外。

君臣共聚朝堂以五德论国运，场面如此亲睦和谐，天下怎能不太平呢！当然，北魏帝王儒治家国，除了要议定天地五行外，还要修炼人之五德，即仁、义、礼、智、信也。《全后魏文》记载："非谋反、大逆、干纪、外奔，罪止其身"[3]，此是献文帝之仁；"道义，治之本；名爵，治之末"[4]，此是道武帝之义；"去衣裸体，男女媟见，岂齐之以法，示之以礼者也"[5]，此是孝文帝之礼；"所陈嘉谋，深是良计"[6]，此是宣武帝之智；"躬亲听览，民信所由"[7]，此又是孝明帝之信。北魏帝王不忍百姓受苦，禁止株连，废除裸刑，以仁、义、礼、智、信五德来修身治国，真是难能可贵。然而，纵观北魏史籍，"忠""孝"二字最能凸显帝王尊道重德的倾向。如明元帝拓跋嗣说，"士处家，必以孝敬为本，在朝则以忠节为先"[8]；太武帝拓跋焘言，"士之为行，在家必孝，处朝必忠"[9]；孝文帝拓跋宏屡屡作书曰：

> 三千之罪，莫大于不孝，而律不逊父母，罪止髡刑。于理未衷，可更详改。[10]
> 赞化畿甸，可宣孝道，必令风教洽和，文礼大备。自今有不孝不悌者，比其门

〔1〕《魏书》卷108《礼志》，第2747页。
〔2〕《魏书》卷108《礼志》，第2747页。
〔3〕献文帝《宽宥诏》，《全上古三代秦汉三国六朝文·全后魏文》卷2，第3523页。
〔4〕道武帝《官号诏》，《全上古三代秦汉三国六朝文·全后魏文》卷1，第3511页。
〔5〕孝文帝《又诏》，《全上古三代秦汉三国六朝文·全后魏文》卷3，第3525页。
〔6〕宣武帝《答元嵩谋取沔南诏》，《全上古三代秦汉三国六朝文·全后魏文》卷8，第3553页。
〔7〕孝明帝《月望亲听讼诏》，《全上古三代秦汉三国六朝文·全后魏文》卷11，第3566页。
〔8〕明元帝《诏赐王洛儿爵》，《全上古三代秦汉三国六朝文·全后魏文》卷1，第3512页。
〔9〕《魏书》卷4《世祖纪》，第76页。
〔10〕孝文帝《详改不孝罪诏》，《全上古三代秦汉三国六朝文·全后魏文》卷4，第3530页。

标，以刻其柱。[1]

　　謇謇兮比干，藉胄兮殷宗。剖心无补，迷机丧身。脱非武发，封墓谁因。呜呼介士，胡不我臣。[2]

　　五德终始，行次归正，孝敬为本，忠节为先，不孝有罪，不悌刻柱，日夜叹赏比干忠烈，以仁义礼智信修己对人，等等，皆君王以德治民之证也。这，又是五行与儒治的第二层关系。

　　以上，无论是五行生克中的水旱祈神，还是五德终始中的国运相承，又或是拓跋鲜卑对数字"五"的真心推崇，都可见出帝王儒治与神祇信仰的互融互通。正是天地有五行，人生有五德，此乃自然不可抗拒之规律。顺之则昌，逆之则亡，北魏君臣亦须敬奉遵从。

二、尊奉佛老与帝王决策

　　拓跋鲜卑的神祇信仰，除了对五行推崇外，还表现在尊奉佛、道二教之上。如：道武帝拓跋珪"好黄老，颇览佛经，作五级佛图"[3]；明元帝拓跋嗣"亦好黄老，又崇佛法，建立图像"[4]；太武帝拓跋焘"每引高德沙门，以致礼敬"[5]；文成帝拓跋濬"祇奉明灵，好乐道法，欲为沙门，播扬道教"[6]；献文帝拓跋弘"好老庄，构七级佛图"[7]；孝文帝拓跋宏"每玩《成实论》，于少室山阴，立少林寺而居之"[8]；宣武帝元恪"笃好佛理，亲讲经论，广集名僧"[9]；等等。而佛、道信仰又与儒治决策紧密相连，这又形成了北魏时期儒、释、道同生共长又相互抑制的局面。下面就此问题进行详细分析。

---

[1] 孝文帝《戒上谷侯赞》，《全上古三代秦汉三国六朝文·全后魏文》卷7，第3550页。
[2] 孝文帝《吊殷比干墓文》，《全上古三代秦汉三国六朝文·全后魏文》卷7，第3551页。
[3] 《魏书》卷114《释老志》，第3030页。
[4] 《魏书》卷114《释老志》，第3030页。
[5] 《魏书》卷114《释老志》，第3032页。
[6] 《魏书》卷114《释老志》，第3036页。
[7] 《魏书》卷114《释老志》，第3037页。
[8] 《魏书》卷114《释老志》，第3040页。
[9] 《魏书》卷114《释老志》，第3042页。

其一，兴佛与灭佛。北魏帝王绝大多数信佛礼佛，大力发展佛教事业，具体表现在重僧、铸像、建寺、开窟、翻译佛经等方面。如《魏书·释老志》所载：

高祖于永宁寺，设太法供，度良家男女为僧尼者百有余人，帝为剃发，施以僧服。

兴光元年秋，敕有司于五缎大寺内，为太祖已下五帝，铸释迦立像五，各长一丈六尺。

于时起永宁寺，构七级佛图，高三百余尺，基架博敞，为天下第一。

昙曜白帝，于京城西武州塞，凿山石壁，开窟五所，镌建佛像各一。

魏有天下，至于禅让，佛经流通，大集中国，凡有四百一十五部，合一千九百一十九卷。[1]

剃发立像、起寺开窟、佛经大量流通等，都是北魏帝王信佛兴佛的举措。之所以如此推崇佛法，除了其本身敬仰之外，主要原因是想利用佛教统一思想、安定社会。于是，有了君王儒治天下的许多决策。如孝文帝下诏："周旦著其朋之诰，释迦唱善知之文。然则位尊者以纳贤为贵，德优者以亲仁为尚"[2]；又如宣武帝诏令："众僧犯杀人已上罪者，仍依俗断，余悉付昭玄，以内律僧制之。"[3] 周公与释迦同诏、以纳贤亲仁为贵尚、制定僧制、管理僧籍等，其实都是为了稳定民心、治理天下。正如拓跋濬所言："夫为帝王者，必祇奉明灵，显彰仁道，其能惠著生民，济益群品者，虽在古昔，犹序其风烈。是以《春秋》嘉崇明之礼，祭典载功施之族。况释迦如来功济大千，惠流尘境，等生死者叹其达观，览文义者贵其妙明，助王政之禁律，益仁智之善性，排斥群邪，开演正觉。故前代已来，莫不崇尚，亦我国家常所尊事也。"[4] 益善性、演正觉、助王政、斥群邪、彰显仁道、惠著生民，此正帝王兴佛之目标也。

然而，正是由于统治者对佛教事业过分提倡，"于是所在编民，相与入道，假慕沙门，实避调役，猥滥之极，自中国之有佛法，未之有也。略而计之，僧尼大众

---

[1] 以上分别见《魏书》卷114《释老志》，第3039、3036、3037、3037、3048页。
[2] 孝文帝《听诸法师一月三入殿诏》，《全上古三代秦汉三国六朝文·全后魏文》卷7，第3549页。
[3] 宣武帝《僧犯付昭玄诏》，《全上古三代秦汉三国六朝文·全后魏文》卷9，第3561页。
[4] 《魏书》卷114《释老志》，第3035页。

二百万矣，其寺三万有余。流弊不归，一至于此。"[1] 可见，僧尼剧增、佛寺频起，借出家避役者有之，假沙门造反者有之，因此给国家带来的祸患也无休无止。终于，在太武帝太平真君七年，爆发了历史上有名的"三武一宗"灭佛事件（此是头一件）。世祖拓跋焘颁布杀胡令，烧佛经图像、毁佛像佛寺，"沙门无少长悉坑之"[2]，"自今以后敢有事胡神及造形像泥人、铜人者，门诛"[3]。然而，英雄一世的拓跋焘竟被后宫太监宗爱所弑。经此一难，北魏的佛教非但没有消失，反而迅速修复。可以说，自景穆太子拓跋晃缓宣诏书、窃济僧人起，北魏所有的帝王都在崇信佛法、祇奉佛教。只不过，为了江山社稷，他们也采取了一些必要的措施。如：孝文帝拓跋宏令"无籍僧人，罢遣还俗"[4]；明元帝元诩以"僧不满五十者，共相通容，小就大寺，必令充限"[5]；孝静帝元善见命"天下牧守令长，悉不听造寺。若有违者，不问财之所出，并计所营功庸，悉以枉法论"[6]。此皆以行政手段来干预宗教信仰也。

北魏王朝，以诏令的形式建寺立教，又以国家的名义灭佛限佛，如此矛盾，原因何在？损害礼义、有违政教则压制，功济百姓、有助王道则推崇，仅此而已。可见，北魏帝王弘扬佛法，只不过是要控制人们的思想、维护自身的统治。

其二，体道与用道。北魏是道教极度盛行的王朝，这一点仅从逯钦立《先秦汉魏晋南北朝诗》所收 35 首仙道诗中便可见一斑。拓跋鲜卑君王对于道教的信仰主要体现在服食符箓与斋祀设坛之上。太祖拓跋珪"服寒食散，喜怒乖常"[7]，太宗拓跋嗣亦"服寒食散，频年动发"[8]，世祖拓跋焘更是"修身练药，学长生之术"[9]。上有所好，下必甚焉，于是全国百姓很快就被道教文化所熏染。当然，除服食外，君王体道还有一个重要的表现，即对于符箓之术的信奉。符箓，起源于

---

[1]《魏书》卷 114《释老志》，第 3048 页。
[2]《魏书》卷 114《释老志》，第 3035 页。
[3]《魏书》卷 114《释老志》，第 3034 页。
[4]《魏书》卷 114《释老志》，第 3039 页。
[5]《魏书》卷 114《释老志》，第 3047 页。
[6]《魏书》卷 114《释老志》，第 3047 页。
[7]《魏书》卷 2《太祖纪》，第 44 页。
[8]《魏书》卷 3《太宗纪》，第 62 页。
[9]《魏书》卷 114《释老志》，第 3052 页。

巫觋，是一种招神劾鬼、趋吉避凶、降妖镇魔、治病除灾的方术。对此，北魏帝王极度崇拜。如太武帝拓跋焘、文成帝拓跋濬、献文帝拓跋弘等，皆能"至道坛，亲受符篆"[1]，可见他们对于道教法事的信任与敬重。也正是由于这种敬重，太武帝才会奉道人寇谦之为师，"起天师道场于京城之东南"[2]，并将年号改为"太平真君"。

然北魏之"道"又不独行，其总与儒治纠缠在一起，这便是用道。如：明元帝泰常八年盛行的《箓圆真经》重点讲求坛位、礼拜、衣冠仪式等礼仪；寇谦之卒，世祖葬以道士之礼，并说出"古之君子，进人以礼，退人以礼"[3] 这样的话语。可见，儒治天下之礼，亦可用在道教的身上。只不过道士越来越多，君王不得不扩建祠寺，供其斋祀之用。而最典型的修祠论争莫过于营造静轮天宫一事。《魏书·释老志》记载："真君三年，谦之奏曰：'今陛下以真君御世，建静轮天宫之法，开古以来，未之有也。应登受符书，以彰圣德。'世祖从之。于是亲至道坛，受符录。备法驾，旗帜尽青，以从道家之色也。自后诸帝，每即位皆如之。恭宗见谦之奏造静轮宫，必令其高不闻鸡鸣狗吠之声，欲上与天神交接，功役万计，经年不成。乃言于世祖曰：'人天道殊，卑高定分。今谦之欲要以无成之期，说以不然之事，财力费损，百姓疲劳，无乃不可乎？必如其言，未若因东山万仞之上，为功差易。'世祖深然恭宗之言，但以崔浩赞成，难违其意，沉吟者久之，乃曰：'吾亦知其无成，事既尔，何惜五三百功。'"[4] 因耗损费力、劳民伤财，焘晃父子相争。可惜因崔浩一人赞成，太武帝竟袖手旁观、置之不理。终于，惨案发生，主张崇道废佛的崔浩被诛杀并被夷族。此案又一次向时人宣示：皇权神圣，不容任何人挑衅。可见，无论崇佛还是信道，维护君主的权威才是播扬宗教的根本动机。

当然，尊奉佛老也是拓跋鲜卑神祇信仰的一大体现。北魏的君王大多释道同好、佛老共尊，用孝静帝元善见的话来说，就是"息栖儒门，驰骋玄肆，既启专家之学，且畅释老之言"[5]。可见，儒、释、道互斥互融的文化与北魏帝王的政

〔1〕 《魏书》卷4《世祖纪》，第94页。
〔2〕 《魏书》卷114《释老志》，第3035页。
〔3〕 《魏书》卷114《释老志》，第3054页。
〔4〕 《魏书》卷114《释老志》，第3053页。
〔5〕 孝静帝《诏答杜弼》，《全上古三代秦汉三国六朝文·全后魏文》卷13，第3580页。

令决策早已融为一体，难割难舍。

三、神祇祭祀与儒家礼治

陆德明《经典释文》释《尚书·微子》"今殷民乃攘窃神祇之牺牷牲"[1] 时说："天曰神，地曰祇。"[2] 今天，"神祇"亦可泛指一切神灵。而北魏历代的帝王都对天地之神顶礼膜拜，并将祭祀神祇看作是国家的头等大事。如：孝文帝改元太和时叹言"实赖神祇，七庙降福之助"[3]；宣武帝用秘书丞孙惠蔚之言曰"国之大礼，莫崇明祀"[4]；孝明帝采元澄、崔亮之奏亦言"国之大事，在祀与戎"[5]。可见，祭祀与战争同等重要。"神䴥二年，帝（拓跋焘）将征蠕蠕，省郊祀仪。四月，以小驾祭天神，毕，帝遂亲戎。大捷而还，归格于祖祢，遍告群神。"[6] 征战之前先祭天神，大捷之后再告群神，这种与神祇之间的交流即可称之为"礼"。《魏书·礼志》曰："在天莫明于日月，在人莫明于礼仪。先王以安上治民，本于人心，会于神道。"[7] 若"礼坏乐崩"，则"人神殄殄"。因此，孝文帝迁都必先行庙，改革首据《周易》，此乃神祇信仰与帝王儒治的完美结合。对于祭祀与礼治的关系，我们可从以下三方面进行详细分析。

首先，遍祀群神，本为祭礼。北魏时期，历代帝王祭祀的神灵很多。如明元帝拓跋嗣"置天日月之神及诸小神二十八所于宫内，岁二祭，各用羊一"[8]，文成帝拓跋濬"于西苑遍秩群神"[9]，孝文帝拓跋宏"以久旱，咸秩群神"[10] 等，皆属对神灵的祭拜。此类祭拜，不约而同地形成了一种礼仪，我们将其称为"祭

---

[1] 《尚书正义》卷 9，第 388 页。
[2] 陆德明撰，黄焯汇校《经典释文汇校》卷 3，中华书局 2006 年版，第 99 页。
[3] 《魏书》卷 7《高祖纪》，第 143 页。
[4] 《魏书》卷 108《礼志》，第 2759 页。
[5] 《魏书》卷 108《礼志》，第 2766 页。
[6] 《魏书》卷 108《礼志》，第 2738 页。
[7] 《魏书》卷 108《礼志》，第 2733 页。
[8] 《魏书》卷 108《礼志》，第 2736 页。
[9] 《魏书》卷 5《高宗纪》，第 114 页。
[10] 《魏书》卷 7《高祖纪》，第 179 页。

礼"。而所祭之对象，主要集中在天地与祖先之上。如拓跋珪、拓跋焘都亲祀于西郊，这是北魏前期西郊祭天的风俗；又如拓跋嗣、拓跋濬谴使礼恒岳，这是对恒山之神的祭祀。可见，山河大川皆可成为北魏帝王尊奉的神明。当然，除了天地之神外，祭拜祖先也是君王之礼的重头戏。如《魏书·礼志》所载：

（珪）立祖神，常以正月上未，设藉于端门内，祭牲用羊、豕、犬各一。又立神元、思帝、平文、昭成、献明五帝庙于宫中，岁四祭，用正、冬、腊、九月，牲用马、牛各一，太祖亲祀。

明年，（嗣）立太祖庙于白登山。岁一祭，具太牢，帝亲之。

（焘）遣中书侍郎李敞诣石室，告祭天地，以皇祖先妣配。

其（弘）命有司，非郊天地、宗庙、社稷之祀，皆无用牲。

六年十一月，（宏）将亲祀七庙，诏有司依礼具仪。[1]

他们奉祖为神、为祖立庙，甚至对该不该迁神主、能不能除丧服、可不可以将禘袷之祭一分为二等问题进行了探讨。直到孝文帝拓跋宏太和改制、迁都洛阳后，祭神之礼才发生变化。如："三月庚辰，罢西郊祭天"[2]，"诸有禁忌禳厌之方非典籍所载者，一皆除罢"[3]，"诏迁洛之民，死葬河南，不得还北"[4]，"非经世之远制，便可罢祀"[5]，"烈祖有创基之功，世祖有开拓之德，宜为祖宗，百世不迁"[6]，等等。拓跋宏废除禳厌、西郊之祀，重新制定葬礼，以功德定祖宗（变拓跋郁律为拓跋珪、拓跋焘），可谓大刀阔斧、有胆有识。然遍祀群神、敬拜祖宗的行为本属祭礼，其目的还是儒治，在于维护王权、安抚百姓。因为北魏帝王的祖先是黄帝少子昌意，拓跋鲜卑的族脉中本身就流淌着炎黄的鲜血，所以他们经过寻根问祖后，最终改姓为元。"元，始也"[7]，天下万姓，皆从"我"出。若由其来统治北魏民众，自然理所当然、无可厚非了。

[1] 以上见《魏书》卷108《礼志》，第2735、2736、2738、2740、2740页。
[2] 《魏书》卷7《高祖纪》，第174页。
[3] 《魏书》卷7《高祖纪》，第186页。
[4] 《魏书》卷7《高祖纪》，第178页。
[5] 《魏书》卷13《皇后列传》，第326页。
[6] 《魏书》卷108《礼志》，第2747页。
[7] 许慎《说文解字》，中华书局2013年版，第1页。

其次，祭祀孔颜与儒家教化。孝文帝拓跋宏太和改制后，决定废除淫祀，以儒家思想来教化百姓。其在诏令中言："国家自先朝以来，飨祀诸神，凡有一千二百余处。今欲减省群祀，务从简约。先恒有水火之神四十余名，及城北星神。今圜丘之下，既祭风伯、雨师、司中、司命，明堂祭门、户、井、灶、中溜，每神皆有。此四十神计不须立，悉可罢之。"〔1〕之后，孝明帝元诩亦"诏除淫祀，焚诸杂神"〔2〕。杂神被废，孰为正神？元诩接着说道："建国纬民，立教为本，尊师崇道，兹典自昔。来岁仲阳，节和气润，释奠孔颜，乃其时也。有司可豫缮国学，图饰圣贤，置官简牲，择吉备礼。"〔3〕润节气、缮国学、择吉礼、饰圣贤，可见，孔颜便是正神。而拓跋鲜卑作为一个兴起于草原的游牧民族，竟能选择尊孔倡儒，着实令人意想不到。今试据《魏书》举例如下：

（嗣）祀孔子于国学，以颜渊配。（《礼志》）

（焘）起太学于城东，祀孔子，以颜渊配。（《世祖纪》）

显祖（弘）皇兴二年，以青徐既平，遣中书令兼太常高允奉玉币祀于东岳，以太牢祀孔子。（《礼志》）

帝（宏）临宣文堂，引仪曹尚书刘昶、鸿胪卿游明根、行仪曹事李韶，授策孔子，崇文圣之谥。（《礼志》）

（宏）行幸鲁城，亲祠孔子庙。辛酉，诏拜孔氏四人、颜氏二人为官。（《高祖纪》）

帝（诩）幸国子学祠孔子，以颜渊配。（《肃宗纪》）〔4〕

祀孔、祭庙、称文圣、以颜渊配、诏孔颜子孙为官等，皆可见出北魏君主对孔子的尊崇。正如文帝元宝炬所说，"经师易求，人师难得"〔5〕，尊师重教，实是立国之要。帝王们博览经史，礼爱儒生，引经释经，制定科制，令中书省以经义量决疑狱，并拔擢大量文人参政议政，就连真假难断的《孔子家语》，北魏君王拓跋宏

---

〔1〕《魏书》卷108《礼志》，第2748-2749页。
〔2〕《魏书》卷9《肃宗纪》，第229页。
〔3〕《魏书》卷9《肃宗纪》，第229页。
〔4〕依次见《魏书》卷108、卷4、108、108、7、9，第2738、71、2739、2750、177、232页。
〔5〕《北史》卷30《卢诞传》，中华书局1974年版，第1109页。

也说"孔子之言，与正经何异"[1]。如此这般，又是为何？答案自是宣扬教化，维护正统。如拓跋宏"诏祀唐尧于平阳，虞舜于广宁，夏禹于安邑，周文于洛阳。丁未，改谥宣尼曰文圣尼父，告谥孔庙"[2]。又命祀令，祭数有五，"帝尧树则天之功，兴巍巍之治，可祀于平阳。虞舜播太平之风，致无为之化，可祀于广宁。夏禹御洪水之灾，建天下之利，可祀于安邑。周文公制礼作乐，垂范万叶，可祀于洛阳。其宣尼之庙，已于中省，当别敕有司。飨荐之礼，自文公已上，可令当界牧守，各随所近，摄行祀事，皆用清酌尹祭也"[3]。尧、舜、禹、汤、文、武、周公、孔子之教，本属儒家道统。孝文帝祭祀圣君明王，就是要接续、承传这个道统，令天下百姓信服。因此，祭祀孔颜，从表面看是为了施行儒家教化，其根本目的却是"肇经周制，光宅中区。永皇基于无穷，恢烈业于万祀"[4]。

最后，神祇感应与帝王之治。《魏书·灵徵志》开篇便说："帝王者，配德天地，协契阴阳，发号施令，动关幽显。是以克躬修政，畏天敬神，虽休勿休，而不敢怠也。化之所感，其徵必至，善恶之来，报应如响。斯盖神祇眷顾，告示祸福，人主所以仰瞻俯察，戒德慎行，弭谴咎，致休祯，圆首之类，咸纳于仁寿。"[5]可见，有感有徵、有响有应，神祇示祸福，君主须修政也。北魏时期，帝王见异象呈徵，必认为是神祇感应之故。如：拓跋珪见天空中出现两颗彗星，便祈之以扫定天下；拓跋嗣听见庙前有车骑之声，就言其是国祚永隆之兆；拓跋焘诵石文受命之符，顷刻自觉"德合乾坤，明并日月，固天纵圣，应运挺生，上灵垂顾，徵善备集"[6]也。再如：太延元年（435）六月，百官"未尽导扬之美，致令阴阳失序，和气不平，去春小旱，东作不茂。（拓跋焘）忧勤克己，祈请灵祇，上下咸秩。岂朕精诚有感，何报应之速，云雨震洒，流泽沾渥。有鄘妇人持方寸玉印，诣潞县侯孙家，既而亡去，莫知所在。玉色鲜白，光照内映。印有三字，为龙鸟之形，要妙

---

[1] 孝文帝《皇太子冠礼有三失诏》，《全上古三代秦汉三国六朝文·全后魏文》卷6，第3542页。
[2] 《魏书》卷7《高祖纪》，第169页。
[3] 《魏书》卷108《礼志》，第2750页。
[4] 孝文帝《退师诏》，《全上古三代秦汉三国六朝文·全后魏文》卷5，第3539页。
[5] 《魏书》卷111《灵徵志》，第2893页。
[6] 《魏书》卷112《灵徵志》，第2954页。

奇巧，不类人迹，文曰'旱疫平'。推寻其理，盖神灵之报应也。"[1] 正是由于这种崇信，所以每位天子一登基，便大告神祇，希图天贶具臻，地瑞并应，风和气暖，而天人交协也。于是，为了得到神祇的护佑，帝王们推出了许多相关的措施。如"立皇后必令手铸金人，以成者为吉，否者不得立也"[2]；又如拓跋宏遇日食，则"慎刑罚，以答天意"[3]；再如元诩见古帝诸陵多被践藉，马上宣布"帝王坟陵，四面各五十步勿听耕稼"[4]。慎刑意图安抚天下百姓，护陵旨在维护君主权威，手铸金人则是为国家选取德才兼备、顺应天命的女人。这一切，看似是对天神地祇的敬从，实则又与帝王治政紧密相关。正如宣武帝元恪所说："王者功成治定，制礼作乐，以宣风化，以通明神，理万品，赞阴阳，光功德，治之大本，所宜详之。"[5] 可见，人神互通、阴阳协和，乃是北魏国家治理的重要因素。

以上，祀神为正礼，祭孔宣教化、治政有灵应等，都是北魏统治者将神祇祭祀与儒家礼治相融合的产物。祭拜神祇，是拓跋鲜卑固有的传统；以儒治国，是北魏汉化必经的阶段。因此，他们立孔庙、尊圣人、举博士、设太学，制礼作乐，以答神祇，最后融入中华民族的大家庭。

四、结　语

综上所述，祭祀神祇、崇信灵应，佛道并举、共同治政，信仰天地五行、争取华夏正统，便是拓跋鲜卑神祇信仰与帝王儒治融合后的具体表现。太武帝拓跋焘斋戒企盼人神对接、孝文帝拓跋宏访恤以求人神所矜、孝明帝元诩颁历彰显人神交和，等等，都说明北魏帝王信仰神祇旨在关照现世。从帝王儒治的角度来看，便是恤民。拓跋焘抚慰幽魂、拓跋濬崇尚年齿、拓跋弘轻敛赋税、拓跋宏废除裸刑、元恪掩埋暴骨，即使是纪纲不张的元诩也在修政为民。可见，治之大本在于顺阴阳、

〔1〕《魏书》卷4《世祖纪》，第85页。
〔2〕《魏书》卷13《皇后列传》，第321页。
〔3〕《魏书》卷7《高祖纪》，第164页。
〔4〕《魏书》卷9《肃宗纪》，第224页。
〔5〕 宣武帝《令刘芳与主乐务诏》，《全上古三代秦汉三国六朝文·全后魏文》卷9，第3560页。

通人神，在于人与自然和谐相处、共同发展。总之，拓跋鲜卑的神祇信仰是那个时代民族意识的集体自觉。敬神也好，恤民也罢，都是为了维护社会与国家的稳定。而儒治，则是所有封建王朝必须的选择。作为一个从游牧民族政权主动向封建专制政权靠拢的北魏政权，当然也不能例外。

英国汉学家庄士敦佛教思想述论

——兼与其他汉学家比较

李 博 刘大正*

[内容提要]

庄士敦（Reginald Fleming Johnston）是近代来华英国传教士、百科全书式的汉学家，佛教是其汉学研究的重要领域之一，他的佛教思想博大精深，《佛教中国》是其佛教研究的代表作，堪称"中国佛教简史"。庄士敦以域外他者视角观察现实中的佛教，对佛教有深刻、理性的认知；他积极向国际社会宣扬佛教的价值，同时主张理性信仰佛教，阐发与改造佛教的世俗功能，适应了近代佛教改革的时代要求。庄士敦的佛教研究吸收了许多西方杰出汉学家的理论研究成果，可以代表20世纪初西方汉学界佛教研究的较高水平。研究庄士敦的佛教思想，可以丰富我们对近代佛教的认知，理解近代中国复杂而激变的社会面相；同时，对当代佛教的改革也有重要的参考价值。

[关键词]

庄士敦；佛教；观音文化；大乘佛教；《佛教中国》；艾约瑟

---

* 李博，曲阜师范大学历史文化学院历史学博士；刘大正，曲阜师范大学文学院讲师，文学博士。

由于佛教典籍浩瀚、派系众多、教义艰深晦涩，研究佛教的近代西方汉学家实属"凤毛麟角"。西方汉学家大多对佛教研究望而却步或浅尝辄止，少有深入研究佛教经典与实地考察中国佛教者。英国泰斗级汉学家、翻译大师理雅各翻译了众多儒家经典，但在佛教研究方面仅仅翻译了《佛国记》。英国汉学家翟里斯毕生研究中国文学史、翻译文学经典，虽然在《中国古代宗教》中提及佛教，但无佛教译著与专著。英国汉学家慕雅德对佛教有一定的研究，但是更多的是比较佛教与基督教的不同，对佛教在总体上持批判态度。在佛教研究的深度与广度上，庄士敦超越了这些杰出的汉学家，他是近代为数不多的既阅读了大量佛教经典，又实地考察了大量佛教名胜的汉学家。他还阅读了辜鸿铭翻译的佛教经典，与达赖喇嘛以及中国地方僧侣探讨过佛教问题，也曾向王国维等人请教过佛教问题。

庄士敦（1874—1938），苏格兰人，英文名 Reginald Fleming Johnston，中文名应译为"雷金纳德·弗莱明·约翰斯顿"。约翰斯顿崇尚儒家文化，来华后自名"庄士敦"，字"志道"，取自《论语》"士志于道"。庄士敦的汉学研究领域众多，对儒学、史学、社会学、佛教、道教、文学、民俗、戏剧、艺术、少数民族文化等有深入的研究。著有《儒学与近代中国》《紫禁城的黄昏》《佛教中国》《狮龙共舞》《从北京到曼德勒》《中国戏剧》《关于山东省的评议》《山东之行记述——从威海卫到孔墓》《给传教士的几封信》《中国古代哲学》等，以及大量的公文、演讲、报告、信件、摄影、绘画作品等。

庄士敦对近代中国社会有深刻而独到的见解并持"英国式的保守主义"立场。他的儒学观、历史观、革命观、社会观、法治观、宗教观、戏剧观、乡村观等，既具有丰富的历史内涵，也具有一定的历史局限。他的见解既不同于西方主流社会对中国的看法，也不同于以往的革命史观；既不同于国民党的三民主义史观，也不同于马克思主义的"基于社会发展阶段论"的线性革命论。他对中国社会的未来充满信心与期待，却又看不清中国社会的真正出路。他既有对儒学宗教般的虔诚信仰，也有对儒学教条的怀疑与批判；既有对清朝腐败的揭露和谴责，也有对清朝统治阶级的同情与开脱；既主张法治反对人治，又推崇儒家的德治。研究庄士敦的汉学思想，可以打开观察近代中国社会的独特视角，在一定程度上打破我们所固有的成见，理解近代中国复杂而激变的社会面相。

长期以来，学界对庄士敦的重视不足，缺乏系统深入的研究。笔者认为其主要原因有如下三点。首先，对庄士敦的身份认知存在一定的偏差。庄士敦最为人们熟知的身份是溥仪的英文教师，其实庄士敦还是英国驻华外交官、署理威海卫行政长官、旅行家、社会活动家等。其次，庄士敦的著作在中国没有得到系统的搜集、整理、翻译、出版。庄士敦虽然精通中文，但是著述几乎都是用英文写成。再次，庄士敦的汉学研究博大精深，汉学理论与汉学研究方法在当时具有一定的超前性，难以归入相应的汉学体系或研究范式。

《佛教中国》是庄士敦佛教研究的结晶。佛教研究是庄士敦汉学研究的重要组成部分，庄士敦一生都对佛教有着浓厚的兴趣，游历过许多佛教名山。学界关于庄士敦佛教思想的研究成果非常少，据笔者目力所及，仅有翁洁净、刘群芳《一个西方人的佛教情缘——从〈佛教中国〉一书解读庄士敦的佛教观》;[1] 翁洁净《关联视阈下〈佛教中国〉文化意象的翻译》。[2]《佛教中国》至今尚无全译本，翁洁净《馨香永溢的"小白花"——庄士敦眼中的普陀山》选译其中第十一、十二、十三章。庄士敦在给《佛教中国》的编辑约翰·玛瑞信件中说道："我的书比你所想象的要长得多，无怪乎我花了很长时间才写完，如果一点儿也不删，全部出版的话，该书将几乎厚达 700 页。"[3] 庄士敦频繁游览佛教名山，"在华西方人纷纷猜测他准备辞职到普陀山出家，甚至说他已经受过具足戒。"[4] 这给他带来很大的压力，但他依然认为，"佛教比基督教要高明得多，佛教是世界上唯一一支伟大的宗教体系，是世人获得精神救赎的唯一形式"[5]。庄士敦的佛学研究可谓独出心裁，达到了较高的水平，其佛教思想对当代佛教研究具有重要启示。

《佛教中国》共有十三章，梳理了佛教发展的历史，佛教的教派、教义、教

---

〔1〕 翁洁净、刘群芳《一个西方人的佛教情缘——从〈佛教中国〉一书解读庄士敦的佛教观》，《浙江国际海运职业技术学院学报》2016 年第 1 期。

〔2〕 翁洁净《关联城视城下〈佛教中国〉文化意象的翻译》，《温州职业技术学院学报》2018 年第 3 期。

〔3〕 史奥娜·艾尔利《回望庄士敦》，马向红译，山东画报出版社 2009 年版，第 65 页。

〔4〕 赵毅衡《我的老同事庄士敦》，收入氏著《对岸的诱惑：中西文化交流记》，上海人民出版社 2007 年版，第 149 页。

〔5〕 翁洁净、刘群芳《一个西方人的佛教情缘——从〈佛教中国〉一书解读庄士敦的佛教观》，《浙江国际海运职业技术学院学报》2016 年第 1 期。

规，佛教对中国社会各阶层的影响；还就佛教在晚清民国时期的处境做了详细记述与评价；对近代佛教的改革提出了大量的建议。笔者以为，《佛教中国》代表了20世纪初西方汉学界佛教研究的较高水平。

表1　《佛教中国》目录（英文原著）

章	目　录
第1章	中国三大宗教
第2章	阿育王和加尼卡时代的佛教
第3章	早期佛教及其哲学
第4章	大乘佛教与小乘佛教的区别
第5章	中国的佛教学校与教派
第6章	朝圣者和佛教圣山
第7章	朝圣者指南
第8章	地藏菩萨
第9章	九华山的王子隐士及其后继者
第10章	九华山的僧侣和寺院
第11章	普陀山和观音菩萨
第12章	普陀山的佛寺史
第13章	北寺和佛顶山寺

一、庄士敦佛教研究缘起

晚清民国之际，越来越多的西方传教士开始关注佛教。《南京条约》签订后，宁波被作为通商口岸开放，舟山作为宁波港的外港，一时成为西方传教士的集散地。舟山正是中国佛教名胜之一、观音文化的发源地。舟山的美丽风光与佛教文化吸引了一批来华传教士汉学家的兴趣。艾约瑟、丁韪良、李提摩太等在佛教方面都有一定的研究。他们不再一味贬低佛教，不再把佛教看成传播基督教的最大障碍，而是用比较宗教学的方法对佛教的经典、教规、仪式等进行研究，承认佛教理论具有一定的合理性。在西方汉学家的影响下，国内的学者也开始以新的理论、新的方法、新的视角来研究佛教。如谭嗣同、梁启超、章太炎等都在佛教研究上取得了巨大成就：他们或为佛教世俗化提出新的路径；或提出佛教自身的革命；或发挥佛教教义来宣传革命思想。"清末民初，出现了一股振兴佛教的力量。他们使得近代中国佛教走上复兴之路，也成为近代中华民族救亡图存运动的一个重要组成部分。"〔1〕晚清民国之际是佛教发展的重要阶段。

庄士敦正是晚清民国之际来华的英国传教士。庄士敦 1898 年来华，1930 年回国，在华期间致力于中国文化的研究与传播工作，对佛教有很深的研究。"1908年，庄士敦来到普陀山，考察佛教圣地，为他研究佛教理论了解和搜集第一手资料。1913 年，他又一次来到普陀山，研究观音文化。"〔2〕 1913 年，庄士敦最重要的佛教研究成果《佛教中国》出版。为创作此书，庄士敦曾专门游历了峨眉山、九华山、五台山等汉传佛教名山，以及藏传佛教的喇嘛庙和南传佛教在缅甸等地的寺庙。在从北京到曼德勒的旅行中，庄士敦经常寓居寺庙，与僧人讨论宗教问题。庄士敦对汉传佛教、藏传佛教、南传佛教都有深入的考察与研究。在对佛教的实地考察研究方面，庄士敦的足迹之广令人惊叹。在深入研究佛教之后，庄士敦称，"佛教是比基督教更高深完善的宗教；佛教是世界上唯一一支伟大的宗教体系，是世人获得精神救赎的途径"〔3〕。1911 年，庄士敦发表《中国人对基督徒关于基督使命的呼吁》一文，呼吁基督教传教士放弃用基督教代替儒教、佛教的想法，并提出大乘佛教主张的慈悲观念类似于人人平等的思想。1918 年，庄士敦发表《给传教士的一封信》一文，呼吁西方传教士尊重中国的文化传统，学习中国博大悠久的传统文化。虽然这两篇文章都是他匿名发表的，但还是被英国宗教界识破，贬称他为"古怪的佛教徒""愿意生活在野地里的怪人""头脑不清醒""十足的糊涂虫英奸""差一点成为一名和尚"〔4〕。可以说，庄士敦推崇佛教的言论，彻底激怒了西方宗教界、美国和欧洲国家的外交部以及殖民当局。有人造谣称庄士敦准备

〔1〕 德光《东西方文化思潮中近代中国佛教的复兴》，《佛学研究》2018 年第 1 期。
〔2〕 王文洪等《西方人眼中的近代舟山》，宁波出版社 2014 年版，第 254 页。
〔3〕 Reginald Fleming Johnston, *Buddhist China*, John Murray（约翰默里出版社），1913, p. 37.
〔4〕 尹长山、张凤杰《威海名人》，华文出版社 2006 年版，第 75 页。

辞职出家当和尚。[1] 庄士敦在《佛教中国》一书中给予佛教极高的评价:"中国安内攘外之道,不在武力之强大,应当归功于孔教与佛教。只有把儒教与佛教相结合,才能彰显中国文化的精髓,才是拯救中国的救世良方。"[2] 与此同时,庄士敦也意识到佛教对于中西文化交流的重要性。他认为,佛教不再是基督教在华传播的障碍,佛教应该成为基督教的朋友,西方学界对佛教进行研究有利于西方社会思想的开放。

庄士敦的佛教思想主要集中在《佛教中国》,也散见于他的其他汉学著作中。学界很少有人系统研究庄士敦的佛教思想,已有的研究成果或简单提及或笼统概述,尚未有深入的专题性研究。翁洁净《一个西方人的佛教情缘——从〈佛教中国〉一书解读庄士敦的佛教观》一文,[3] 考证了庄士敦对普陀山观音文化的研究、对佛教关于宗教与信仰的看法、对佛教苦行禅定的看法、对佛教戒律的看法。翁洁净《关联域视域下〈佛教中国〉文化意象的翻译》[4] 一文认为,庄士敦对佛教概念的翻译比较严谨审慎,尽可能契合西方人的思维方式。翁洁净《基于关联和异化归化的佛教文化意象翻译——以庄士敦〈佛教中国〉为例》一文[5] 力求精准把握庄士敦佛教思想的时代特征。王文洪等介绍了庄士敦两次游历普陀山的经历以及对观音文化的思考,认为庄士敦对普陀山众多寺庙的记述与摄影,或为其佛学研究所搜集的大量资料的一部分。[6]

二、庄士敦的主要佛教思想

近代以来,随着民族危机的加深,佛教与儒学一样难以置身事外,革命志士或

[1] 赵毅衡《对岸的诱惑:中西文化交流记》,上海人民出版社 2007 年版,第 154 页。
[2] Reginald Fleming Johnston. *Buddhist China*, p. 319.
[3] 翁洁净、刘群芳《一个西方人的佛教情缘——从〈佛教中国〉一书解读庄士敦的佛教观》,《浙江国际海运职业技术学院学报》2016 年第 1 期。
[4] 翁洁静《关联域视域下〈佛教中国〉文化意象的翻译》,《温州职业技术学院学报》2018 年第 3 期。
[5] 翁洁静《基于关联和异化归化的佛教文化意象翻译——以庄士敦〈佛教中国〉为例》,《散文百家》(新语文活页)2018 年第 5 期。
[6] 王文洪等《西方人眼中的近代舟山》,宁波出版社 2014 年版,第 254 页。

主张用佛教来培养革命道德，如谭嗣同、章太炎等；或主张"庙产兴学"，以佛教的物质力量来兴办近代教育，如张之洞、袁世凯等；或主张参考欧洲宗教改革来改革佛教，如太虚法师、印顺法师等。佛教与西学的结合形成了许多新颖的佛教改革理论。在上述背景下，具有深厚西学素养的庄士敦对佛教有深入研究，又是近代中国佛教发展的见证者，其佛教思想立足于古今中西融汇的聚焦点上，具有相当大的代表性。庄士敦的佛教研究成果相对集中在其著作《佛教中国》之中。

（一）关于佛教是宗教还是哲学的问题

佛教是宗教还是哲学的问题，是中国学人与西方汉学家研究佛教时都无法回避的问题。庄士敦主张"佛教既是宗教又是哲学"。他认为，可以对印度佛教与中国佛教进行区分："佛教在古代印度经常被认为是哲学而非宗教，如果让印度的圣贤们把宗教与哲学划分清楚，他们一定会感到困惑。至于在中国盛行的佛教形式，也许我们可以公平地说，它不仅是一种宗教和哲学，而且它还涵盖了许多宗教与哲学的共同要素，而这些宗教与哲学并不总是一致，中国佛教的教义从许多宗教和哲学中吸取精华，印度、中亚、波斯，都对中国佛教做出了重要贡献。"[1] 庄士敦对基督教与佛教进行了简单对比，他说："基督教和汉传佛教在许多方面是相似的，在教义与仪式上虽然有很大不同，两者也没有直接的联系与交流，而是彼此独立的宗教体系。基督教在西方是中世纪的主流哲学，佛教则是一种包容性开放性更强的理论体系，它能够与儒教、道教以及民间信仰友好相处，佛教是比基督教更加高深的宗教。"[2] 庄士敦还认为，基督教的派系较少，佛教的派系较多，传播的地域较广，与当地文化融合较多，所以佛教的哲学理论较为松散而不统一，有别于基督教经院哲学明晰的逻辑脉络。佛教的泛神论与等级制度也不同于基督教的一神论信仰，佛教具有包容性，而基督教具有排他性。

晚清来华传教士汉学家对于这些问题的看法各不相同。1854—1855 年，艾约瑟在《北华捷报》发表佛教研究的系列文章；1859 年，艾约瑟又出版《中国宗教状况》一书。艾约瑟认为佛教是一种"他者宗教"，在教理、教仪、戒律、信众群体等方面具有模糊性，是一种低级宗教："佛教是一种没有祷告，没有神的宗教，

---

[1] Reginald Fleming Johnston. *Buddhist China*, p. 15.
[2] Reginald Fleming Johnston. *Buddhist China*, p. 18.

佛陀迷惑了知识阶层，使他们陷入无神论的陷阱之中。佛教更像一种民间信仰，而不是一种高深的哲学。"[1] 艾德是艾约瑟之子，也是佛教研究专家，出版了《中国佛教学习手册》《中国佛教三讲》等著作。艾德也认为佛教既是宗教也是哲学，但佛教是比基督教低级的世俗化宗教。晚清来华传教士毕尔也有《中国佛典纪要》《佛教在中国》等佛教研究专著，毕尔认为佛教能够有效填补儒学在形而上学领域的空白，在道德层面与社会层面对中国民众的性格有深刻影响，可以提升民众的爱美之心、道德之爱，推进社会的健康发展与文学艺术的进步。总之，晚清来华传教士虽然不再以封建迷信、偶像崇拜来简单地看待佛教，而是更多地从佛教的世俗功能来审视佛教，但是他们大多仍然认为基督教是高于佛教的宗教，主张以基督教来取代佛教，甚至认为佛教是基督教在中国传播的严重阻碍。从中西文化交流的角度看，庄士敦敢于打破西方汉学界对佛教的偏见。

国内一些当代佛教研究者也认为佛教既是宗教也是哲学。陈桥驿认为："佛教是一种宗教，佛学是一门哲学。二者相互区别，又内在联系着。信仰是区别二者的主要依据。"[2] 罗颢认为："信仰与知识并非对立，虽然信仰妨碍人们获得真理性知识。佛教是佛学的来源与基础，佛学是对佛教实践的总结和概括，信奉佛教以佛学为基础，研究佛学应以佛教信仰为基础，二者不可偏废。"[3] 总之，这个问题至今仍言人人殊，庄士敦在一百多年前既看到了佛教的宗教性也看到了佛教的哲学性，既看到了佛教的出世价值也看到了佛教的世俗价值。

（二）对佛教起源时间与大小乘教派的考证

由于古印度人疏于历史记载，佛教的起源时间很难考证，甚至连释迦牟尼的诞辰也无法精确推断，现有前 623、前 565、前 622 年等多种说法。庄士敦认为佛教起源时间难以考证的原因是："释迦牟尼本人在生前没有留下著作，佛经也是由其弟子编纂的，佛陀的生卒年月很难推断。阿育王时代，佛教被定为国教，人们就已经不清楚佛陀的生卒年月，现代人就更难推断了。印度与中国的历史不同，中国是长期的统一与短暂的分裂，印度则是短暂的统一与长期的分裂，长期的分裂导致了

〔1〕 熊文华《英国汉学史》，学苑出版社 2007 年版，第 175 页。

〔2〕 陈桥驿《佛教与佛学》，《思想战线》2000 年第 6 期。

〔3〕 罗颢《佛教与佛学》，《法音》1989 年第 7 期。

印度人对自己的历史记载的疏漏。"〔1〕庄士敦还认为,另一个原因是受到古印度
教"宗教神秘主义"的影响:"释迦牟尼所创立的佛教吸收了古印度教的许多教义
与仪式,在当时很难与古印度教的神秘主义完全分别开来。"〔2〕由于受古印度教
的影响太深,以及后来的人们曲解了佛教早期的教义,很难将佛教与古印度教完全
区分开来。民国佛学家蒋维乔认为:"十二世纪后,佛教在印度中原,几至绝
迹。"〔3〕蒋氏把佛教在印度的消亡归结为德里苏丹国与莫卧儿帝国对佛教的打击
与破坏。

关于佛教的大小乘的分化,《佛教中国》专辟一章来研究。一般认为大乘佛教
就是汉传佛教,庄士敦则认为佛教在古代印度内部流传时期就已经形成了"大乘
佛教",并非传入中国后才形成大乘佛教。"印度佛典分为梵文佛典与巴利文佛典,
印度贵族本流行一种雅语,即巴利文。佛在世说教时,对四个种姓平等施教,语梵
文信众较多,巴利文信众少,梵文佛典为大乘,而巴利文佛典为小乘,即贵族与平
民之区别。"〔4〕庄士敦认为,小乘与大乘在印度本为种姓之别。庄士敦还认为,
佛教传入汉地后,由于中国的佛教信徒众多,远远超过了印度的信徒,所以被称为
大乘佛教:"佛教所宣扬的因果报应、来世信仰、伦理道德以及内心的虔诚,不仅
在中国,在日本也是如此,几乎成为一种人民宗教,故以大乘自居。"〔5〕庄士敦
辨析了印度佛教的大小乘与中国佛教大小乘之分别:"事实上,我们有理由相信,
即使在阿育王时代,这也完全符合世俗大众的不成文的佛教,与隐居哲学家的正典
佛教截然不同。无论是地狱还是炼狱,都不是印度佛教的发明,而是中国佛教徒的
期待。"〔6〕庄士敦认为佛教的地狱说是受儒教和道教影响的结果。

大约与庄士敦同时期的汉学家李提摩太、苏慧廉等人也意识到了小乘佛教与大
乘佛教的区别:"随着传教士对中国佛教研究的深入,他们开始区别小乘佛教和大

〔1〕 Reginald Fleming Johnston. *Buddhist China*, p. 23.
〔2〕 Reginald Fleming Johnston. *Buddhist China*, p. 24.
〔3〕 蒋维乔《佛教概论》,岳麓书社2013年版,第8页。
〔4〕 Reginald Fleming Johnston. *Buddhist China*, p. 37.
〔5〕 庄士敦《狮龙共舞:一个英国人笔下的威海卫与中国传统文化》,刘本森译,江苏人民出版社
2014年版,第293页。
〔6〕 Reginald Fleming Johnston. *Buddhist China*, p. 63.

乘佛教，以及大乘佛教对中国人精神的深远影响。晚清传教士李提摩太、苏慧廉就对大乘佛教特别推崇。"[1] 李提摩太称大乘佛教是佛教的新约。苏慧廉则称大乘佛教之于佛教，犹如基督教之于犹太教。艾约瑟认为："与小乘佛教相比，大乘佛教主要包括在形而上学与宇宙观方面的发展。在形而上学方面，《大般若经》反复强调极端唯心主义思想，如名色皆空；在宇宙观方面，大乘佛教体现出新的神话倾向，如在东西方世界的传说中与新的神祇的形成中。大乘佛教的典籍是在迦湿弥罗结集佛典时出现的，大乘佛教的神话肯定在迦湿弥罗结集之前的古印度已经产生了。"[2] 艾约瑟也认为大乘佛教在古印度迦湿弥罗时期就产生了。当代美国汉学家、宗教学家刘易斯在《世界宗教》中指出："当佛教作为一个传教性质的宗教在东亚和东南亚取得巨大成功的时候，它在印度却逐渐衰亡了。由于印度教的吸纳，佛教惨遭厄运。因为印度教能够吸纳耆那教和佛教这两个主要的具有挑战性的宗教的特征……随着佛教王国的毁灭，印度教以某种方式存活下来，但是佛教却消亡了。"[3] 庄士敦与这些汉学家都认为，佛教的大小乘是原始佛教的发展与完善，这一认识基本符合逻辑与历史事实。

（三）对佛教的世俗价值的理解

佛教的世俗价值是任何一位佛教研究者都无法回避的问题，西方汉学家在研究佛教时自然要回答这一问题。在近代革命潮流的冲击下，世俗化、人生化、革命化等正是近代中国佛教的特征。"中国宗教的核心问题，并非对天国与彼岸世界的关注，而是其世俗化的价值。"[4] 太虚法师、虚云法师、印光法师、弘一法师等近代中国僧侣均提出佛教世俗化改革的构想，一方面，佛教世俗化改革有回应近代社会革命潮流的作用；另一方面，在外来宗教文化的冲击下，佛教自身也存在流弊日盛、腐败加剧等问题，提出佛教自身改革，是为佛教的发展寻求新路径。

在庄士敦看来，佛教既有积极方面也有消极方面。"佛教呈现一种宽容、忍辱

〔1〕 李新德《晚清新教传教士的中国佛教观》，《宗教学研究》2007 年第 1 期。
〔2〕 Joseph Edkins. *Chinese Buddhism*, London：Trübner & Co., Ludgate Hill（伦敦：特吕布纳·卢德盖特山出版社），1880，p. 273.
〔3〕 刘易斯·霍普费、马克·伍德·沃德《世界宗教》，辛岩译，北京联合出版有限责任公司 2018 年版，第 159 页。
〔4〕 李向平《佛教信仰与社会变迁》，宗教文化出版社 2007 年版，第 352 页。

的态度，有助于使人们在苦难的生活里保持平衡心态。但是忍辱并不能改变大清帝国受压迫的处境。"[1] 佛教所宣扬的"忍辱之道"在饱受外国侵略的近代中国受到质疑是在所难免的，庄士敦显然也看到了这一点。太虚法师在 1941 年发表《出钱劳军与布施》："集中力量奉献给国家做财施；以抵抗侵略做无畏施。"[2] 团结国民抵御外辱，几乎成为那个时期佛学家一致认同的价值观。在佛教的世俗化改革方面，庄士敦虽然不赞同革命，但是认同改革："佛教与儒学是中华帝国文化的两翼，是几千年的传统，毁弃这些传统，对社会造成的震荡是可想而知的。这种损失并不能由西方科技文明的引入来完全填补。"[3] 庄士敦高度肯定佛教的世俗价值具有不可替代性。庄士敦甚至把罗马帝国的灭亡也归结为毁弃自身的传统文化的结果，以此来警醒中国人重视传统文化。

同时，庄士敦还认为佛教的世界观过于空泛，一般人很难理解。佛教的因果观过于繁琐，而世俗之人只关心眼前的利益；佛教的人生态度具有一定的消极性，也不利于社会改革与进步，这些是造成近代中国贫弱的原因之一。其他汉学家也对佛教的世俗功能作出探索。丁韪良认为："从我们观察所得，佛教已经在很大程度上丰富了中国人的宗教语言。对于从印度全盘引入的佛教梵语祈祷词和大量的神学术语，我不必称赞或辩解。但是在纯粹的中文领域里，佛教的确丰富了汉语的词汇，正如它开拓了民众的思想一样。"[4] 宗教史家马库斯·多得斯认为："佛教虽然在教义上主张众生平等，但在修行上秉持一种精英主义，佛教的伦理要求太高，只能让世俗之人望而却步，故而很难挽救近代中国的民族危机。"[5] 丁韪良在《佛教——基督教传入中国的准备阶段》中认为："佛教的世俗功能多而不强，佛教的信仰众多但不明确，教义教规也迥异，所以在中国很难起到整合信仰统一民众思想的作用。基督教在这方面要比佛教优秀很多。"[6] 丁韪良在《汉学菁华》中提到：

----

[1] Reginald Fleming Johnston. *Buddhist China*, p. 11.
[2] 太虚法师《出钱劳军与布施》，《海潮音》，1941 年第 22 卷第 5 期。
[3] Reginald Fleming Johnston. *Buddhist China*, p. 13.
[4] 丁韪良《汉学菁华：中国人的精神世界及其影响力》，沈弘等译，世界图书出版公司 2010 年版，第 171 页。
[5] Marcus Dodds. *Mohammed, Buddha and Christ*, London：Hodder and Stoughton Press, 1877, p. 177.
[6] 沈福伟《中西文化交流史》，上海人民出版社 2006 年版，第 167 页。

"佛教信条否定物质世界的现实和一个支配世间一切的理智的存在；然而它使一个唯心的宇宙充满了一大堆唯心的神祇，所有这些神祇在大众的信仰中都能找到其实体。"[1] 庄士敦与多得斯、丁韪良一样，肯定近代佛教的世俗价值，看到了近代佛教世俗化所面临的困境。

（四）对佛教苦行的理性批判

庄士敦推崇佛教，经常提及佛教的优越性："绝大部分最健康的思想内涵和最完善的生活准则，早就已经渗透到中国人的生活中，而它们在文学和艺术上也已经较为深刻地集中到佛教里。佛教使中国人崇尚善良、崇尚美德，也具有创造美的能力。"[2] 但是庄士敦并不迷信佛教的教义教规等，而是经常理性思考乃至批判。如对佛教教义、教规中关于禁欲苦行的观点，庄士敦就明确表示反对。在佛教修行上，有些极端信徒采取极端的修行方式，如"燃指供佛""燃身供佛"等，认为这样能表示自己对佛教的皈依与虔诚。庄士敦对唐代印度僧侣在普陀山燃指供佛的行为进行了批判。根据《普陀山志》记载，公元 847 年，一名印度苦行僧来到普陀山潮音洞参拜观音菩萨，在洞内燃烧十指，以明佛志。据说，这名僧侣看到观音菩萨显圣欣喜若狂。庄士敦表示，宗教狂热行为在基督教中也时有发生。由于宗教狂热行为不断受到世人的谴责，同时在宗教改革运动中也受到了罗马教廷的谴责与禁止，之后才逐渐减少。庄士敦评价这位印度僧侣："这位僧人能够忍受肉体的巨大痛苦，他实际上已经陷入了癫狂的状态，菩萨显圣只是他的大脑所产生的幻觉。如果菩萨真的显灵了，大慈大悲的观音菩萨应该阻止他这么做，她会对这种极端的行为极度不悦。"[3] 庄士敦不只从逻辑上反驳这种宗教狂热主义，还以"释迦牟尼放弃苦行""达摩禅师放弃苦行"的事例来予以反驳，认为对于宗教教义的片面的、错误的认知容易导致宗教狂热主义。

庄士敦还以儒家孝道来反驳这种宗教狂热主义："他的行为除了有悖于佛教正见等八正道外，也与儒家孝道背道而驰。孝要求人们保持身体健康、体态均匀健

---

[1] 丁韪良《汉学菁华：中国人的精神世界及其影响力》，第 122 页。
[2] Reginald Fleming Johnston. *Buddhist China*, p. 221.
[3] Reginald Fleming Johnston. *Buddhist China*, p. 223.

硕，才能完成对父母与子女的职责和义务。"[1] 孝道也要求人爱惜自己的身体。[2] 庄士敦看到当时类似的自残行为已经大大减少，为此感到欣慰："佛教徒与普通信众的自残行为已经大大减少，有些人退出佛教寺庙，过上简朴的生活，在普陀山就有许多这样的隐居之所。"[3] 庄士敦还主张佛教徒应该成为"自由的思想家"，而不是被这些教规束缚的人。庄士敦认为佛教本身就是包容性、灵活性、变通性很强的宗教，佛教徒也应当理性地信仰与修行。

（五）对观音文化的阐释

普陀山是中国佛教名山之一，被称为"海天佛国"，是中国观音文化的圣地。庄士敦曾多次到普陀山游历，拜访过宗仰法师等人并与之探讨佛教文化。庄士敦还获知民国修《大藏经》等事迹。《佛教中国》共十三章，其中普陀山观音文化独占三章。庄士敦认为："在佛教四大名山中，最为繁荣的是普陀山……普陀山完全值得狂热的中国佛教信徒去任意褒奖，它是一个拥有独特魅力和迷人景色的岛屿，如果我们转述一位英国诗人的话来形容，那绝对是恰如其分、真实可信的。"[4] 关于观音文化，庄士敦认为："在中国，观音的地位比其他菩萨尊贵，观音信仰是最普遍的信仰，几乎无人不知无人不晓。"[5] 为何观音信仰在中国佛教信仰对象中最为流行？庄士敦的解释是，观音文化是《华严经》《法华经》的重要内容，这两部佛教经典最为著名且影响巨大，而且只需要称念观音菩萨的名号就可以得到救赎，这种教义简单可行，所以观音信仰最流行。

庄士敦还对观音形象的形成过程进行考证。一直以来，在中国信众与传教士心中，观音总是以女性形象示现。西方汉学家普遍将其翻译为"慈悲女神"，庄士敦则认为翻译成"大悲天父"更合适。这涉及观音性别的演变，庄士敦提出了观音形象的变化是"集体想象的产物"。庄士敦引证佛教经典《法华经》《普陀山志》以及王勃所写《观音大士赞并序》等文，来考证观音的性别。庄士敦认为："七八

---

[1] Reginald Fleming Johnston. *Buddhist China*, p. 223.

[2] 史少博《孝经》之"孝道"在日本的传播和研究及发展——以远藤隆吉的研究视角》，《湖南大学学报（社会科学版）2023 年第 2 期。

[3] Reginald Fleming Johnston. *Buddhist China*, p. 224.

[4] 翁洁净《馨香永溢的"小白花"——庄士敦眼中的普陀山》，宁波出版社 2017 年版，第 3 页。

[5] 翁洁净《馨香永溢的"小白花"——庄士敦眼中的普陀山》，第 20 页。

世纪的文学作品中，观音还是男性形象。在绘画作品中，则男女形象兼有，以男性形象居多。宋代以后才开始出现女性观音形象。"[1] 比庄士敦略早来华的汉学家艾约瑟也研究了观音形象的演变，他的观点跟庄士敦的基本相同："直至 12 世纪初，人们才认为观音是一位女性菩萨。"[2] 观音形象的丰富性，正是观音信仰逐渐深入人心的表现。有学者认为："中国的女性观音既反映了女性的精神美和形体美，同时为了适应中国的礼俗，在具体造型处理上，动静相宜、含露得体，充分体现了中国民族化的审美要求。"[3] 庄士敦认为，关于观音形象"这一想象触动了人类情感，也缩短了人类与高高在上、不可冒犯的神明之间的距离"[4]。庄士敦还强调在佛教的各个宗派中，观音形象都不尽相同。观音本身是无形无性的，她能够根据人们的想象而呈现各种形态：或为送子观音，或为救苦救难的慈悲女神，或为"大悲天父"。庄士敦认为，观音形象正是佛教不断世俗化的产物，是中华民族共同想象的产物。

三、结　语

庄士敦在华生活 32 年之久，对中国文化与近代社会进行了全方位的考察与深入的研究，汉学造诣精深。庄士敦不拘于汉学研究的某一个领域，佛教是其最感兴趣的领域之一。他视野宏阔、立意甚高，曾试图揭开中华文化的底层密码，为此他走访三山五岳、游历四川、云南、贵州、青海、西藏、蒙古等地，足迹几乎遍及全国。庄士敦以域外他者身份观察与研究中国佛教，《佛教中国》是一部佛教思想简史，庄士敦创作此书的目的是向西方社会介绍与传播佛教。庄士敦的佛教研究既不同于国内学者的研究，也不同于其他西方汉学家的研究，他更注重对佛教的实地考察，更关心佛教的世俗功能。他主张理性信仰佛教，发挥佛教积极救世的作用，批判打着佛教旗帜做危害社会的事情。总之，庄士敦的佛教思想充满着理性主义色彩

---

[1] 翁洁净《馨香永溢的"小白花"——庄士敦眼中的普陀山》，第 23 页。
[2] Joseph Edkins. *Chinese Buddhism*, p. 382.
[3] 曹厚德、杨古城《中国佛像艺术》，世界语出版社 1993 年版，第 143 页。
[4] 翁洁净《馨香永溢的"小白花"——庄士敦眼中的普陀山》，第 24 页。

与浓厚的生活气息，与近代佛教的世俗化改革要求基本相符。同时，他的佛教思想具有前瞻性与启发性，丰富了我们对中国近代佛教的认知，也对近代以来的佛教改革提供了大量有益的参考。21 世纪是中华民族走向伟大复兴的世纪，也必将是中华文化在世界文化舞台上大放异彩的世纪，可以说，佛教是西方人最难理解的中国文化领域之一，因此研究庄士敦的佛教著述与佛教思想既可以起到弘扬中国佛教文化的重要作用；也有助于对佛教存在偏见的西方人打破其固有的认知，重新审视佛教的价值。

书　评

纵贯千年，横通百家

——朱汉民、邓洪波主编《中国书院通史》评议

徐　梓[*]

从 1985 年共同撰写《岳麓书院史略》以来，朱汉民和邓洪波两位教授以岳麓书院为阵地，以中国书院为研究对象，他们之间既有合作，又各有专门，或博涉广营，驰骋于思想文化史、学术教育史的广阔领域，或心无旁骛，潜心于中国书院史的深入钻研。近 40 年来，不仅发表了众多高质量的学术成果，而且培养了大量有发展潜力的后备人才，一直引领着中国书院研究的前行节奏，代表着中国书院研究的最高水平。新近更是在自己学术生命力的鼎盛时期，带领岳麓书院的同事和已经走出书院的同道，精心撰著了四卷本《中国书院通史》（以下简称《通史》），这是中国书院研究史百年来（邓洪波教授以 1923 年为书院研究的起始之年）最为浓墨重彩的一笔。

与西方史学相比，中国史学往往以"通"命题，以"疏通知远"即依据历史知识观察当前的历史动向、知晓未来的发展趋势和"通古今之变"也就是通晓古往今来社会演变的进程为宗旨，形成了人们乐道的"通史家风"或者说"通史"写作的传统。现在看来，"通史"之所以被推尊崇奉，因为它不仅是一种相对于断代史而言的编写体例，而且是一种跨越王朝壁垒、在历史的长时段中考察特定历史问题兴衰起伏的视野，是一种绝不孤立看待特定的问题，而是将这一问题放置在社

* 徐梓，本名徐勇，首都师范大学教育学院教授。

会各种要素互动格局中系统考察的方法。换言之，"通史"不仅要求时间上的纵贯，而且要求所研究的问题与相关要素的横通，是历时性考察和共时性探究的统一。

中国书院的发展，由唐五代孕育发轫，中经宋代书院制度成型、书院精神得以确立，到元代走向官学化之路，直至明清时期借助阳明心学、乾嘉汉学等学术思潮蔚为大观，经历了千年的历史演变。《通史》不仅立体呈现了中国书院发展变化的全过程，原原本本，本末详俱，而且原始察终，追根溯源，详细考察了这一教育、学术、文化机构的构成要素和渊源。在作者看来，如果没有宋朝以前长期的积累，就不可能有宋代书院的成型。具体地说，儒家士大夫对强化其文化主体地位的追求、对主导构建政教形态的渴慕，直接导致了士人在官方即"政"主导的太学和府州县学之外，另立由"教"即士人自行创立、自由主导的书院这种教育机构，以实现自己的政教理想。而书院中研究经典、养性修身、自由讲学、相互辩难的学风，则脱胎于春秋战国时的百家争鸣、两汉精舍的经典研读、魏晋名士的山林清谈和隋唐高僧的寺院禅修。

正因为书院的种子早已播下，历史资源积储丰厚，所以要正确理解书院的制度和精神，就不能只紧盯它出现的那一时刻。任何一个哪怕是具有里程碑意义的事件，都不过是历史发展的一个截面，是整个过程瞬时的停顿。因此，静止、孤立地研究历史事件，根本不可能认识该事件，更不可能获得对其本质的认识。从时间上讲，在它前面有无数的原因，在它后面又有众多的结果。理解历史事件的唯一方法，首先是拉开和它的距离，以避免"只缘身在此山中"的尴尬，将它看作是连续发展过程中的一个环节，看作是整个变化系统中的一个部分。而且，通常来说，一个历史事实的时空容量越大，或者说与它相关的时空背景越大，它所具有的历史意义就越丰富、越深刻。《通史》的"通"，就体现在它不是孤立、静止地讨论书院的历史，而是将书院的发生、发展和演变的过程，放置在一个宏大的时空背景之下。

如果说历时性的纵贯相对简素单一，那么共时性的横通就涉及太多的要素。如果细大不遗，面面俱到，那就难免眉毛胡子一把抓，让读者看不清影响书院发展演变的关键因素，难以理解构成书院制度的核心要素。《通史》高屋建瓴，分析提炼出了对书院发展至关重要的几个线索或要素。

一是教育。中国传统书院具有多重属性，它既是特定学派的学术思想重镇，又是一方实施教化的基地，还是藏书和刻书的机构。但最为明显和突出的，还在于它教育教学的性质，我们甚至可以说，没有教师和学生，没有教育教学，就不能成其为书院，或者但有书院之名而无书院之实。书院作为一个教育机构，作为教育机构一种独特的组织形式，决定了它与整个教育的发展息息相关。比如，书院在北宋时期之所以异军突起，就在于它能解决当时"士病无所于学"的问题；而在北宋三次大规模兴学之后，随着较为完善的官学体系的建立，又使得书院到崇宁末年基本上废弃。《通史》的作者认为，中华政教文明形态的"教"，是教育而不是宗教，这就更放大了、充实了教育和书院的关系。不只是教育机构、制度和政策，而且教育思想、理念和精神，都与书院存在着双向互动的关系。

二是学术。与家塾、私塾、义塾等学塾代表的"小学"不同，书院是更高层次的"大学"，它不仅积聚了一些名师硕儒，而且招徕了一大批信仰景从这些名师硕儒以及有一定学术水平和辨识能力、能参与学术研讨的生徒。住院学习的师生，不仅是一个朝夕相处、同居共爨的生活共同体，更是一个传授知识并有能力创新知识的学术共同体。所以，书院不只是有教学，教学也不是单纯地师授生受，而是师生共同研读经典，探究学术，甚至引入外部资源，延请著名学者来院讲学，交流学术，又走出院外，面向社会会讲或讲会，传播学术，或者刊刻出版学术成果。这样，一时的学术风气会影响书院学术方向的选择，甚至左右学术方法的使用和研究的结论，或者说，一所书院的学术，往往鲜明地体现了时代的性格和气质。另一方面，书院独具个性的学术特质，也构成了特定时期学术的丰富性和多样性，尤其是对特定地区的学术产生了直接影响。在《通史》中，《唐宋卷》的《宋代书院讲学明道的演变》《宋代书院讲义的兴起及其特色》，《元代卷》的《理学与书院北传》《书院与新安理学》《元儒与书院》，《明代卷》的《明代书院的讲学之会》《明代书院与地域学术》，《清代卷》的《清代书院与传统学术文化的演变趋势》《清代书院的讲学余风》等，都是探讨书院与学术互动关系的专门章节。

三是文化。文化好似一只硕大的口袋，很多的内容都可以收纳其中。除了上述的教育和学术之外，面向社会的教化也是很重要的内容，这三者近似于现代大学教师的主要工作，集中体现在教学、科研和社会服务三个方面。此外，一般认为，传统书院具有教学、祭祀和藏书三大功能。"院者，取名周垣也。"所谓的书院，是指有围墙的、用来藏书的屋子。无论是教育教学还是研究学术，都不能没有书，可以说，书是书院与生俱来的属性，没有书也就没有所谓的书院。在商品经济不发达、图书不易获得更不能保证正确无误的古代社会，刻书就成了书院的重要工作，而"书院本"也就成了图书品质的保证。在古代，书院也被称为祠学，人们认为山长的职责不过是教与祀，可见祭祀对于书院的意义。有别于各级各类官学主要祭祀孔子，书院有其自身的血缘渊源或学术师承，典型地体现为祭祀本学派的宗师，祭祀"过化"和"经行"书院所在地的先贤。这种在我们今天看来没有多大意义的活动，对于古人却是一种有意味的仪式。它有表彰圣贤、崇德报功的用心，也体现出对祭祀对象所代表学说的尊信，意味着对学术思想和学派归宿的选择，它寓教于其中，是一种感性的教育、榜样的教育，它使得书本知识更加直观形象，使教育形式更加生动有效。正是因为刻书和藏书、祭祀对于书院如此重要，所以《通史》除了《元代卷》之外，在其他三卷中，都有专章介绍祭祀和藏书。

综括而言，《中国书院通史》中"通"的精髓，体现为纵贯千年书院发展史，并注重追根溯源，横通构成和影响书院发展的诸要素，将中国书院的历史放置在一个宏大的时空背景下来考察，因而发掘出了传统书院丰富、深刻的意蕴。